U0874014

法律硕士精品系列教材

国际私法专题研究

GUOJI SIFA ZHUANTI YANJIU

主　编　张春良
副主编　梅　傲
撰稿人　（以撰写章节先后为序）
王晓燕　徐　鹏　刘元元　王淑君　刘娟娟
刘　新　禹华英　梅　傲　张春良

中国人民大学出版社
·北京·

法律硕士精品系列教材编审委员会

主　任：付子堂

副主任：唐　力

编　委（以姓氏笔画为序）：

马登科　王玫黎　王学辉　邓　斌　石必胜　石经海

龙大轩　任惠华　闫召华　孙长永　孙海龙　李　林

李　雄　李　燕　李雨峰　杨建学　汪青松　张　力

张　波　张　怡　张　震　张永和　张春良　张晓君

陆幸福　陈　亮　岳树梅　岳彩申　周　江　周祖成

赵万一　段文波　铁　燕　徐以祥　高建民　梅传强

盛学军　喻少如　谭启平　谭宗泽

作者简介（以撰写章节先后为序）

王晓燕，安徽马鞍山人，法学博士，西南政法大学副教授，硕士研究生导师。主要从事国际私法、国际商事仲裁法和国际民事诉讼法的教学研究工作。

徐鹏，湖北黄石人，法学博士，西南政法大学国际法学院教授。主要从事国际私法教学研究工作。在法学期刊发表论文数篇。

刘元元，湖北监利人，法学博士，西南政法大学讲师，硕士研究生导师，德国马克斯-普朗克比较法与国际私法研究所访问学者，中国国际私法学会理事。主要从事国际私法、国际民商事争议解决、文化遗产法的教学研究工作。出版独著 1 部、合著多部；在核心期刊独立发表论文 10 余篇；主持国家社会科学基金项目 1 项、省部级项目多项。

王淑君，河北承德人，法学博士，西南政法大学国际法学院副教授，硕士研究生导师。主要从事国际私法、国际知识产权法、国际商事仲裁法的教学研究工作。主持省部级以上课题 3 项，参与研究国家级、省部级项目 10 余项，在核心期刊独立发表论文 10 余篇。

刘娟娟，重庆人，法学硕士，重庆市高级人民法院民三庭副庭长，西南政法大学兼职硕士研究生导师。主要从事涉外商事审判、知识产权审判、仲裁司法审查等工作，所承办案件曾入选最高人民法院指导性案例、涉“一带一路”建设典型案例等。

刘新，山西原平人，俄罗斯联邦法学博士，西南政法大学俄罗斯法研究中心副主任，西南政法大学金砖国家法律研究院执行院长，副教授，硕士研究生导师。主要从事国际法、国际私法、欧盟法、国际航空法和国际空间法研究。在俄罗斯联邦核心期刊以及欧洲国际学术会议上公开发表多篇学术论文，并出版外文专著。

禹华英，重庆人，西南政法大学副教授，硕士研究生导师。主要从事国际私法和海商法的教学研究工作。著有《出入境与国际经贸法律问题研究》《法人与公证律师事务》《中国海商法通论》《海商法学》，并参编多部教材，公开发表《论海事国际私法中的法律适用》《国际技术贸易中的限制性商业条款》《海难救助的性质与法律适用》等多篇学术论文。

梅傲，四川达州人，法学博士，西南政法大学国际法学院副教授，国际私法教研室主任。主要从事国际私法、国际数据治理、国际娱乐法的教学研究工作。主持或参与国家级、省部级项目十余项，在核心期刊发表学术论文50余篇。

张春良，四川泸县人，法学博士，西南政法大学教授，博士研究生导师、博士后合作导师。中、外双博士后，先后访问德国马克斯-普朗克比较法与国际私法研究所、比利时根特大学、美国凯斯西储大学、英国邓迪大学。曾任西南政法大学国际法学院副院长，西南政法大学教务处副处长。现任西南政法大学争端解决国际竞争力研究中心主任，兼任中国国际私法学会副会长、国际中学生体育联合会法律与道德委员会委员、最高人民法院"一带一路"司法研究中心研究员。主要从事国际私法、国际商事仲裁法和体育法的教学研究工作。出版独著4部、合著11部；在《中国法学》《法学研究》《体育科学》等发表论文70余篇。主持国家社会科学基金、教育部等国家级、省部级项目10余项。获评重庆市首届高校优秀中青年骨干教师、重庆英才创新领军人才、"巴渝学者"（特聘教授），研究成果获国家级教学成果奖等多次。

总 序

2022年10月16日，习近平总书记在中国共产党第二十次全国代表大会上的报告中强调："深化教育领域综合改革，加强教材建设和管理"。同时，党的二十大报告第七部分"坚持全面依法治国，推进法治中国建设"专门部署法治建设，要求发挥法治固根本、稳预期、利长远的保障作用，在法治轨道上全面建设社会主义现代化国家。习近平总书记指出，全面推进依法治国，建设一支德才兼备的高素质法治队伍至关重要。① 高校是法治人才培养的第一阵地，高校法学教育在法治人才培养中发挥着基础性、先导性作用。

在法治轨道上全面建设社会主义现代化国家，迫切需要法律硕士专业学位研究生（以下简称"法律硕士"）教育开辟一条加快培养高层次应用型法治人才的新渠道。法律硕士是具有特定法律职业背景的专业性学位，在培养目标上强调实务特点，主要培养立法、司法、行政执法和法律服务以及各行业领域德才兼备的高层次的复合型（专门型）、应用型法治人才。根据新时代法治人才培养的要求"立德树人、德法兼修、明法笃行"，要将法律硕士培养成具有坚定政治立场和崇高法律职业道德的法治人才，培养成具有宽基础、复合型、跨学科知识结构的法治人才，培养成能够综合运用法律、经济、管理、科技、外语、计算机以及其他方面专业知识，独立从事法律实务和管理工作的法治人才。

近年来，各高校、科研院所及法律实务部门在应用型高级法律实务人才培养方面不断探索。西南政法大学作为新中国最早建立的高等政法学府，是国家首批卓越法律人才教育培养基地。自1979年开展研究生教育以来，西南政法大学坚持科学的研究生教育质量观，把研究生教育作为提升学校品牌的重要支点，坚定不移地推进改革，凝心聚力，攻坚克难，不断增强研究生教育的竞争力、吸引力和培养能力，以实施科教兴国战略和满足经济发展对高层次、高素质、创新型人才的需求为出发点，努力发展研究生教育。2010年，西南政法大学被确定为教育部法律硕士教育综合改革试点高校；2013年，西南政法大学被评为全国法律硕士优秀培养院校。西南政法大学紧紧围绕党中央的要求和国家经济、社会发展的需要，明确目标和功能定位，充分发挥培养复合型、实践型法律人才的作用，以培养德才兼备、系统掌握法

① 中共中央文献研究室．十八大以来重要文献选编：中．北京：中央文献出版社，2016：190.

学理论知识、具备实践能力、具有社会主义法治理念、能够独立从事法律实务或理论研究工作的高层次专门人才为目标，不断进行探索和创新：

——实施责任教授制度，创新课程管理模式。针对法律硕士专业必修课程实施责任教授制度，实行团队教学。课程所属学科确定一名课程责任教授，由其负责组建教学团队、主持课程建设的各项工作，包括课程规划、教学内容安排、课程进度控制、教学方法使用、考核评价方式等。课程责任教授制度的确立，改变了任课教师单打独斗的授课局面，形成了课程教学合力。

——推进课程教学改革，创新课程教学方法。自 2013 年大力推进研究生课程教学改革以来，制定并实施了《西南政法大学研究生课程教学改革办法（试点）》，推行基于问题、基于项目、基于案例的教学方法和学习方法，探索建立以学生为主体、以培养学生创新能力为主要特征的研究型教学方式，促进课程教学与科研训练、实习实践相结合。已立项建设 4 批次共 37 门改革课程，培育重庆市优质研究生课程 12 门。

——强化教学案例建设，注重实践能力培养。重视案例编写，积极开展案例教学，已组织编写校级法律硕士教学案例 21 个，其中 4 个教学案例入选首批全国法律硕士教学案例库，使本校成为首批入库案例最多的院校。在积极开展案例库建设的同时，大力推进案例教学，在法律硕士专业课程教学过程中，引用案例进行讲解的教学内容占比达到 30%以上。

——开设实践训练课程，强化职业能力培养。为适应职业型与复合型的人才培养定位，法律硕士人才培养要把学习理论知识与开展实务的能力加以复合，要开展更加注重实务与应用的实践性教学。本校专门开设了法律实践训练课程，占法律硕士课程的四分之一，任课教师大都为校外行业专家，由此大大提升了学生的法律逻辑分析能力与知识运用能力。

法律硕士的招生院校及招生规模不断扩大，对专业法律人才的培养提出了新的挑战，对法律硕士教学规范化也提出了比较高的要求。党的二十大报告指出：要“深化教育领域综合改革，加强教材建设和管理，完善学校管理和教育评价体系，健全学校家庭社会育人机制。”这说明深化教育领域综合改革，扎实推进法律硕士教育、加强相关教材建设非常关键。在 2012 年前后，西南政法大学与中国人民大学出版社共同推出针对法律硕士的“应用型高级法律人才系列教材”。该套教材内容设计贴近教学需要，编写质量优良，打下了较好的教材基础。为遵循法律硕士的教学特点和更加贴近司法实务的教学要求，西南政法大学根据全国专业学位研究生教育指导委员会《专业学位研究生核心课程指南（试行）》，更新编写了这套“法律硕士精品系列教材”。该系列教材体系的构建主要有几点考虑：

第一，提升教材的普适性，按照全国专业学位研究生教育指导委员会《专业学位研究生核心课程指南（试行）》的目录搭建对应的系统性教材。

第二，立足教材的应用性，结合实务训练课程需要编写案例丰富、实践性强、以案说法的实务性教材。

第三，侧重特色交叉教材，以满足学校新兴学科发展需要和法律硕士教育特色发展为目标，编写特色教材。

该系列教材得以面世，首先要感谢校内外多位主编、编委和作者的精诚合作和辛勤笔耕；还要感谢中国人民大学出版社的大力支持，感谢郭虹社长对教材编写和出版的精心策划与宝贵建议。西南政法大学副校长唐力教授及校党委常委、研究生院院长李燕教授在教材设计和编写方面做了大量的开创性工作；还有很多工作人员在教材编写和出版过程中默默付出辛劳，我代表编委会对他们一并表示诚挚的敬意和谢忱。

付子堂

2022 年 10 月 29 日

于西南政法大学

前　言

如何培养政治立场坚定、专业素质过硬、通晓国际规则、精通涉外法律实务的涉外法治人才，这是摆在我们面前的时代之问、民族之问和历史之问。为统筹推进国内法治与涉外法治建设，培养服务国家战略需求的具备捍卫国家主权、安全和发展利益能力的复合型应用型高端涉外法治人才，积极回答上述“三问”，西南政法大学国际私法教研室以校内师资力量为基础，整合涉外司法实践领域精英资源，组建高水平涉外法治人才培养共同体，携手高质量撰写本书，作为我校涉外法治人才培养的教学用书。

首先，本书弥补了我校长期以来缺乏同类教材的空白。我校在涉外法治领域的研究生培养阶段主要采取多师接力授课的开放式教学模式，基本没有统一、稳定的教学用书和相对固定的教学内容。本书改变了这一教学方式，填补了我校同类教材的编写空白，为我校涉外法治领域的研究生培养提供了教学的“金剧本”。

其次，本书革新了同类教材的体例，采取了以问题为导向的编写模式。本书各章均在起始处设置了“引案”，抛出问题，通过问题聚焦并引领学生思维导向，继而循序展开，引导学生深入思考、辩证分析，训练学生研究真问题、真研究问题，最终培养并塑造其批判思维和独立求解问题的能力。

最后，本书还特别注重涉外法治理论与实践的体系化讲授。本书编写时突出硕士研究生培养的两个核心：一是知识传授的关键点，二是知识构建的体系化。编写中，各章的设置力求构成一个相对完整的知识体系，同时在各章中遴选理论上的节点性问题和实践中的疑难性问题，通过以点带面的编写方式，点面共现地为涉外法治人才塑造能用、管用、好用的知识体系。

西南政法大学始终秉持“心系天下、自强不息、和衷共济、严谨求实”的精神，在百年未有之大变局下胸怀“国之大者”，栉风沐雨，砥砺前行。近年来，西南政法大学在高端法治人才培养方面锐意革新，“法律硕士精品系列教材”即为其中的重大改革举措之一。本书忝列该系列教材，冀望助力我国涉外法治人才培养质效的提升。

本书是集体智慧、群策群力的成果，各章作者及分工如下：

专题一	涉外仲裁管辖	王晓燕
专题二	涉外诉讼管辖	徐　鹏
专题三	涉外物权	刘元元

专题四　涉外知识产权　王淑君
专题五　涉外合同（一）　刘娟娟
专题六　涉外合同（二）　徐　鹏
专题七　涉外侵权　刘元元
专题八　国际航空　刘　新
专题九　海事海商　禹华英
专题十　涉外婚姻　梅　傲
专题十一　涉外家庭　梅　傲
专题十二　涉外继承　梅　傲
专题十三　域外送达、取证与公证　刘娟娟
专题十四　涉外仲裁的司法审查　张春良
专题十五　外国法院判决的承认与执行　刘　新
专题十六　外国仲裁裁决的承认与执行　王晓燕

教材是教学资源的“底座”，教材编写实为人才培养的基础性工程。基础不牢，地动山摇；差之毫厘，谬以千里。鉴于教材编写之艰难，本书编写团队虽兢业勤勉，但不当错谬之处在所难免，恳请读者指正。

作者

2024 年 1 月

目 录

专题一　涉外仲裁管辖

一、引　案

仲裁是国际通行的一种非讼纠纷解决方式，是营商环境建设和涉外法治工作的重要内容。习近平总书记高度重视仲裁事业发展，要求“把非诉讼纠纷解决机制挺在前面”。涉外民商事案件中时常会发生仲裁与诉讼的管辖冲突，并集中体现在案涉仲裁条款或协议的效力认定上①，仲裁协议有效性的认定结果往往直接影响最终的处理结果。广州飞机维修工程有限公司诉泰国东方航空有限公司留置权纠纷案②展示了在涉外民事纠纷处理过程中，当仲裁与诉讼管辖权发生积极冲突时，人民法院如何协调冲突的思路。

（一）案情简介

2016年7月，广州飞机维修工程有限公司（以下简称“广州维修公司”）与泰国东方航空有限公司（以下简称“泰国东方公司”）签订合同，约定由广州维修公司对泰国东方公司的飞机进行维修。合同约定：“凡因本协议引起的或与本协议有关的任何争议，均应提交中国国际经济贸易仲裁委员会，按照申请仲裁时该会现行有效的仲裁规则进行仲裁。仲裁裁决是终局的，对双方均有约束力。仲裁的语言为中文。”合同签订后，广州维修公司对泰国东方公司送修的飞机进行维修后，泰国东方公司拖欠相关费用。后广州维修公司向中国国际经济贸易仲裁委员会（以下简称“贸仲”）申请仲裁，贸仲于2019年9月3日裁决泰国东方公司向广州维修公司支付相关费用。

2020年4月，广州维修公司另行在广州市中级人民法院（以下简称“广州中院”）以泰国东方公司为被告起诉，诉由为留置权纠纷。广州维修公司请求法院判决：确认其对泰国东方公司交由其维修的飞机享有留置权，并将对飞机拍卖、变卖

---

①　仲裁协议包括合同中的仲裁条款、单独的仲裁协议书等形式。本书不区分二者的差异，除非作出单独、特别的说明。

②　参见最高人民法院（2020）最高法商初4号民事裁定书。

的价款优先用于清偿泰国东方公司拖欠的维修费等费用。

泰国东方公司对管辖权提出异议，认为：本案为合同纠纷，根据双方约定的仲裁条款，不应由广州中院审理，本案应由贸仲仲裁。

广州维修公司提交的意见经整理如下：第一，本案为留置权纠纷而非维修合同纠纷。留置权系法定权利而非合同约定权利，由此引发的争议属于物权争议而非合同争议，不应适用维修合同的仲裁条款。留置权法律关系还涉及仲裁条款以外的当事人，通过仲裁解决会导致超裁。根据《最高人民法院关于适用〈中华人民共和国仲裁法〉若干问题的解释》（以下简称"《仲裁法》司法解释"）第2条的规定，维修合同仲裁条款中的"任何争议"仍是当事人协议约定的范围，而留置并非约定事项。第二，关于维修合同纠纷相关事项已经通过仲裁程序进行审理并作出裁决，双方之间的债权债务及违约责任问题已厘清。第三，维修合同仲裁条款中的"与本协议有关的任何争议"不能被扩大解释为包括本案留置权争议，以留置权为由申请仲裁可能导致不受理或超裁，本案只能由人民法院主管。

2020年9月29日，最高人民法院裁定本案由最高人民法院第一国际商事法庭（以下简称"CICC"）审理。CICC经审查认为：本案系具有涉外因素的留置权纠纷。本案所涉争议系由当事人履行维修合同所引起，属于仲裁条款约定的"因本协议引起的或与本协议有关的争议"。因此，应将该争议提交贸仲仲裁解决。最终，CICC于2021年8月12日作出了裁定：驳回广州维修公司的起诉。

（二）涉及问题

（1）仲裁协议有哪些法律效力？

（2）对涉外仲裁协议如何适用法律？

（3）仲裁事项的范围如何认定？

二、法官释法

（一）有效仲裁协议的法律效果

《民事诉讼法》第271条第1款规定："涉外经济贸易、运输和海事中发生的纠纷，当事人在合同中订有仲裁条款或者事后达成书面仲裁协议，提交中华人民共和国涉外仲裁机构或者其他仲裁机构仲裁的，当事人不得向人民法院起诉。"[①] 该条规定明确了当事人负有不得违反仲裁协议而向法院起诉的合同义务，同时明确了有效仲裁协议排除法院管辖权的原则，人民法院对有效仲裁协议应予尊重并执行。

（二）案涉仲裁协议是否有效

《中华人民共和国涉外民事关系法律适用法》（以下简称"《涉外民事关系法律适

① 1991年《民事诉讼法》经过多次修订/正，本书中如涉及条款援引，均系案件审理或审查当时有效的修订版本，本书不再单独标注具体的修订/正版本，除非另有特别说明。

用法》”）第 18 条规定：“当事人可以协议选择仲裁协议适用的法律。当事人没有选择的，适用仲裁机构所在地法律或者仲裁地法律。”虽然当事人在仲裁协议中未选择协议所适用的法律，但选择了贸仲，故应适用仲裁机构所在地法——《中华人民共和国仲裁法》（以下简称《仲裁法》），并据此认定该协议的效力。鉴于该协议中已经包含了明确的请求仲裁的意思表示、仲裁事项以及选定的仲裁机构，符合《仲裁法》第 16 条的规定，故应认定其为有效。并且，本案当事人对该仲裁条款的有效性也并无异议。

（三）留置权纠纷是否属于仲裁事项

该问题涉及对仲裁条款的解释。仲裁条款是当事人就纠纷解决方式订立的合同，对仲裁条款应当依照合同解释的一般原则进行解释，即按照仲裁条款所使用的措辞、上下文、目的、交易习惯以及诚实信用原则，确定仲裁条款的真实意思。当事人在前述仲裁条款中没有区分合同争议或物权争议，也未将仲裁事项限定为合同纠纷，而是约定“凡因本协议引起的或与本协议有关的任何争议，均应提交中国国际经济贸易仲裁委员会仲裁”，此系概括性地宽泛约定仲裁事项，依对措辞文义的通常理解，应当包括因维修合同的成立、效力、变更、转让、履行、违约、解释、解除等引起的合同争议、侵权争议、物权争议或与维修合同有关的其他争议。广州维修公司向广州中院提起本案诉讼，主张泰国东方公司拖欠维修合同项下维修费等费用，故请求确认其对该公司送修的四架飞机享有留置权，有权就该四架飞机拍卖、变卖的价款优先受偿。本案虽然是留置权纠纷，但所涉争议系由当事人履行维修合同所引起，属于仲裁条款约定的“因本协议引起的或与本协议有关的争议”。因此，应将该争议提交贸仲仲裁解决。广州维修公司主张仲裁条款约定的仲裁事项仅限于合同争议，不包括留置权争议，与双方约定的仲裁条款的文义不符，没有事实依据。

此外，广州维修公司在本案中仅起诉了合同相对人泰国东方公司，并不涉及仲裁条款以外的其他当事人。贸仲仲裁解决的是广州维修公司和泰国东方公司之间就维修服务费、材料费、代垫费、停场费等费用产生的债权债务纠纷，该裁决并未涉及留置权纠纷。本案系因留置产生的物权纠纷，与前述仲裁案不属于同一纠纷，且本案提请解决的事项为广州维修公司是否可以留置其占有的泰国东方公司的飞机并就飞机拍卖或者变卖的价款优先受偿，而该争议事项亦未经贸仲裁决，故广州维修公司就留置权纠纷申请仲裁，不违反《仲裁法》第 9 条第 1 款有关一裁终局的规定。

三、学理评析

在涉外民商事纠纷的争端解决机制中，仲裁与诉讼是两种主要的纠纷解决方式，并可能导致仲裁管辖与诉讼管辖的冲突。党的二十大报告指出，高质量发展是全面建设社会主义现代化国家的首要任务。仲裁与诉讼的管辖权协调问题对我国涉外民商事纠纷解决机制的高质量发展，推动中国式现代化具有重要意义。涉外商事仲裁管辖权是以双方当事人的合意为基础，由仲裁机构根据仲裁协议处理当事人之间的涉外民事纠纷，并作出有拘束力裁决的资格或权限。[①] 涉外民事诉讼管辖权是指一国法院或具有审判权的其他司法机关根据本国缔结或参加的国际条约以及国内法的规定，对特定的涉外民事案件行使审判权的资格或权限。后者以国家权力为基础，除协议管辖外，无须对方当事人同意，即可提起诉讼。

（一）仲裁与诉讼的管辖冲突

因仲裁与诉讼的管辖范围存在交叉，实践中时常发生这两种管辖权的冲突问题，并具体表现为积极冲突和消极冲突两种情形。

1. 积极冲突

管辖权积极冲突是指，仲裁机构和法院对同一涉外民事案件竞相行使管辖权。其最终可发展为两种形态，即单一程序与平行程序。

单一程序是指在发生仲裁与诉讼管辖权积极冲突的情况下，通过协调，仅由仲裁机构或仅由法院继续行使管辖权的程序。有效的仲裁协议，可以排除法院的司法管辖权。在此情况下，法院应拒绝管辖，而由仲裁机构继续行使管辖权。相应地，如仲裁协议被认定无效，则仲裁机构无权仲裁，案件将进入诉讼程序。

平行程序是指在发生仲裁与诉讼管辖权积极冲突后，两种程序各自独立进行，并分别作出仲裁裁决与法院判决的情形。

一方面，实践中可能因仲裁协议有效性认定结果的差异，仲裁机构和法院分别认为仲裁协议有效和无效，从而导致仲裁与诉讼两种程序平行进行。如 Wicor Holding AG、泰州浩普投资有限公司等申请承认与执行法院判决、仲裁裁决案件、仲裁程序案件案[②]中，一方向江苏省泰州市中级人民法院起诉，法院以该仲裁协议中仅约定适用仲裁院仲裁规则、未明确指定仲裁机构为由，认定该仲裁协议无效，裁定法院具有管辖权；另一方则向国际商会（International Chamber of Commerce，以下简称 ICC）仲裁院提出仲裁申请，ICC 仲裁院认定仲裁协议有效，并作出仲裁裁决。无独有偶，在 Revpower Ltd. v. Shanghai Far-East Aero-Technology Import & Export Corporation 案（以下简称"锐夫动力公司案"）[③] 中，上海市中级人民法院也以仲裁协议中未约定仲裁机构为由，否认仲裁协议的效力，并受理了案件。而在此之前，斯德哥尔摩商会仲裁院已受理了锐夫动力公司提出的仲裁申请。由此出现国内诉讼与外国仲裁的平行程序。

另一方面，法院可能因获得应诉管辖权，而与仲裁管辖权形成积极冲突。如恒光有限公司等与四宝咨询有限公司等股权转让纠纷上诉案[④]中，当恒光有限公司依据仲裁协议向香港国际仲裁中心提出仲裁申请后，超级汽车公司就同一纠纷向广东省高级人民法院提起诉讼。因恒光有限公司未以存在仲裁协议为由对法院提出管辖

---

① 仲裁分为机构仲裁和临时仲裁。本书以我国立法和实践为基础，故本书中所述仲裁主要是指机构仲裁。

② 参见江苏省泰州市中级人民法院（2015）泰中商仲审字第 00004 号民事裁定书。

③ 刘景一. 涉外仲裁实务与案例评析. 北京：人民法院出版社，2001：320.

④ 参见最高人民法院（2013）民四终字第 3 号民事判决书。

权异议，故广东省高级人民法院继续审理该案，并作出判决。

显然，平行程序造成了不必要的司法与仲裁资源消耗，且会导致裁判结果的不一致，进而影响司法判决和仲裁裁决的跨国承认与执行。

2. 消极冲突

对某一涉外民事案件，仲裁机构与法院均认定自身无管辖权时，便会引发管辖权的消极冲突。此时，当事人会陷入诉讼、仲裁无门的困境。例如，因仲裁协议有效性认定结果的差异，法院认为仲裁协议有效而拒绝管辖，但当事人所约定的仲裁机构认为该仲裁协议无效而拒绝管辖。一般而言，消极冲突的情形在实践中相对少见。

瑞福船舶管理有限公司与山东振宏能源有限公司的合同纠纷案[①]中即出现了诉讼与仲裁的管辖权消极冲突的问题。案涉“订租确认书”约定：在中国厦门福建仲裁，适用英国法（ENGLISH LAW TO APPLY ARBITRATION IN XIAMEN/FUJIAN/CHINA）。广东省高级人民法院认定，福建省厦门市只有一个仲裁委员会，即厦门仲裁委员会，根据《仲裁法》司法解释第 6 条的规定，应视为涉案仲裁条款约定了明确的仲裁委员会。然而，瑞福公司曾在上诉过程中向该院提交一份厦门仲裁委员会向瑞福公司出具的“不予受理通知书”。该通知书载明：该争议解决条款仅约定仲裁地点，并未明确相应的仲裁机构，不符合《仲裁法》第 16 条规定的有效仲裁协议要件，故本会对于你司提出的上述仲裁申请不予受理。这就造成了诉讼与仲裁的消极冲突。

值得关注的是，2021 年《全国法院涉外商事海事审判工作座谈会会议纪要》（以下简称《纪要》）第 93 条（仲裁协议效力的认定）规定：“根据仲裁法司法解释第三条的规定，人民法院在审查仲裁协议是否约定了明确的仲裁机构时，应当按照有利于仲裁协议有效的原则予以认定。”根据这一新规定，仲裁机构在认定仲裁协议效力时如过于严苛，就可能导致管辖权的消极冲突。

（二）仲裁与诉讼管辖冲突的协调

无论是管辖权积极冲突还是消极冲突，都不利于涉外民事纠纷的及时解决，无法有效发挥法律定分止争的功能价值。因此，仲裁和诉讼管辖冲突时需要协调。

1. 仲裁管辖权优先

《承认及执行外国仲裁裁决公约》（以下简称《纽约公约》）第 2 条第 3 款明确规定：“当事人就诉讼事项订有本条所称之协定（指书面仲裁协议）者，缔约国法院受理该诉讼时，应依一方当事人的请求，命当事人提交仲裁，但前述协定经法院认定无效、失效或不能实行者不在此限。”依据该条规定，仲裁机构基于有效仲裁协议，在仲裁管辖权与诉讼管辖权发生冲突时具有优先管辖权。目前看来，仲裁管辖权优先已成为大多数国家的共识。

在司法实践中，各国法院落实该条规定的具体做法主要有以下两种：其一，相

---

① 参见广东省高级人民法院（2015）粤高法立民终字第 766 号民事裁定书。

关法院签发禁诉令，强制当事人撤诉，将争议提交仲裁；其二，受诉法院驳回起诉或中止诉讼。最终的效果表现为法院尊重仲裁协议，授予仲裁机构管辖权，在明确仲裁协议的有效性之前，法院不对仲裁协议所涉争议事项作实体审查。在这个意义上说，《纽约公约》不但是一份执行外国仲裁裁决的公约，而且是一份执行仲裁协议的公约。承认和保障执行仲裁协议，从源头上保证了仲裁的优先性，确保了仲裁机构对仲裁管辖的决定权，保证了仲裁程序免受平行诉讼程序的干扰。①

2. 仲裁机构自裁管辖权

在全球范围内，尊重仲裁机构自裁管辖权已成为协调仲裁和诉讼管辖权冲突的重要原则。该原则是指仲裁机构有权自行决定仲裁协议的效力以及仲裁机构是否具有管辖权，且不受法院相关程序的干预，以保证仲裁机构独立认定仲裁协议的效力。根据这一原则，仲裁庭被推定为有权考量和判断自己是否有管辖权。② 在国际公约中该原则被普遍确立。《联合国国际贸易法委员会仲裁规则》③ 第 23 条第 1 款规定："仲裁庭有权力对其自身管辖权作出裁定，包括对与仲裁协议的存在或效力有关的任何异议作出裁定。"《欧洲国际商事仲裁公约》第 6 条第 3 款规定，如果当事人已经先将争议事项提交仲裁，那么法院应中止司法程序，等待仲裁机构的管辖权的确定。

有观点认为，完整的仲裁机构自裁管辖权的效力分为积极效力与消极效力。前者是指仲裁机构所固有的确认其自身管辖权的权力，后者是指法院对仲裁机构管辖权的审查权限应受到限制。④ 实践中，当发生此种管辖权争议时，仲裁机构自裁管辖权原则并不绝对排斥法院对仲裁程序的司法监督，而是允许司法监督以保障仲裁程序的平稳运行。这种仲裁机构自裁管辖权与法院司法监督权的并存控制，已成为国际上大多数国家认可的协调仲裁与诉讼管辖权的方法。⑤

为在仲裁自治与司法监督之间实现相对的平衡，在并存控制下，需对法院介入仲裁程序的时间与条件予以必要限制。具体而言，主要体现为两种模式。第一种模式是以法国、瑞士、荷兰等国家为代表，规定法院只有在仲裁裁决作出之后，才能介入仲裁程序实施司法监督。如《法国民事诉讼法典》第 1458 条规定："根据仲裁协议提交仲裁庭的争议若提交到国家的法院，该法院应拒绝管辖。如果仲裁庭仍未受理此事，法院也应拒绝管辖，除非仲裁协议是明显无效的。在两种情况下法院都不可自行决定它没有管辖权。"此种做法虽然可以减少司法监督对仲裁程序的干扰，但后续启动的司法监督程序仍可能会得出仲裁机构无管辖权的结论，进而推翻此前的仲裁程序。显然，过于迟延的监督结果，不仅会损害当事人高效解决争议的本意，

---

① 涂广建. 论国际民商事仲裁与诉讼的平行程序. 南大法学，2021 (4)：17.

② 加里·B. 博恩. 国际仲裁：法律与实践. 白麟，等译. 北京：商务印书馆，2015：70.

③ 1976 年通过并于 2010 年、2021 年修改的《联合国国际贸易法委员会仲裁规则》虽然不具有法律拘束力，但已广泛地被当事人选择适用于解决各种争议。该文件主要供临时仲裁程序使用，被公认是仲裁领域最成功的国际性文件之一。目前，其适用问题已在我国有所规定。《纪要》第 96 条规定："当事人在仲裁协议中约定内地仲裁机构适用《联合国国际贸易法委员会仲裁规则》仲裁的，一方当事人以该约定系关于临时仲裁的约定为由主张仲裁协议无效的，人民法院不予支持。"

④ 孙南申，胡荻. 国际商事仲裁的自裁管辖与司法审查之法律分析. 武大国际法评论，2017 (3)：15.

⑤ 韩健. 现代国际商事仲裁法的理论与实践. 北京：法律出版社，1993：158.

也不利于仲裁的健康发展。

第二种模式以德国、爱尔兰等采纳《国际商事仲裁示范法》之规定的国家与地区为代表，其允许法院在仲裁程序中，依当事人申请，对仲裁机构作出的初步裁定以及最终裁决进行监督。①《国际商事仲裁示范法》第16条第3款规定，仲裁庭在仲裁程序中专门对当事人的管辖权异议作出裁定后，任何一方当事人均可以在收到仲裁庭裁定之日起30日内向有关法院提出异议。尽管案件管辖权的归属最终仍由法院决定，但在法院对仲裁管辖权进行审查期间，仲裁程序不需要中止，故可以兼顾仲裁的效率。

目前，由于仲裁与诉讼管辖冲突愈发突出，理论界与实务界对该冲突的协调机制十分关注。总体而言，在条约层面的探讨将继续成为一个重要的研究方向。在国内层面，各国程序法与仲裁规则的发展也值得期待。例如，以中国CICC为代表的“一站式”纠纷解决平台，为协调仲裁与诉讼的管辖权冲突提供一种新的探索。

四、延伸问题

在解决涉外民事纠纷的过程中，仲裁管辖权与诉讼管辖权之间的冲突时有发生。目前，在国际层面除《纽约公约》外，尚无更加直接与广泛适用的协调机制。但因该公约并未统一仲裁协议有效性的具体判断标准，只是在第5条第1款第1项中规定，拒绝承认与执行外国仲裁裁决的理由之一为“根据双方当事人选定适用的法律，或在没有这种选定的时候，根据作出裁决的国家的法律，上述协议是无效的”②。故司法实践中，各国一般根据国内法中的有关冲突规则来自行决定仲裁协议有效与否，并进而协调仲裁与诉讼的管辖权冲突。本专题的重点与难点在于正确认识管辖冲突产生原因及不同的处理结果，并理性地对待可能发生的司法判决与仲裁裁决互异的情形。应意识到，同案之下仲裁与诉讼的管辖权冲突也许无法避免，且最终可能出现无法协调的结果。国际条约与国内立法为协调该冲突发挥了重要作用。

(一) 国际条约与规范性文件

为适应国际商事仲裁实践的需求，缓和各国仲裁立法的冲突，国际社会从20世纪早期就开始了统一各国立法的国际仲裁立法工作，且成果丰硕。以下仅列举部分在国际商事仲裁领域中影响较大的普遍性条约和文件。

1.《纽约公约》

1958年，在纽约召开的联合国经社理事会通过了《纽约公约》。我国已于1986年加入该公约，是公约的成员国之一。在协调仲裁与诉讼管辖权方面，该公约第2

---

① 赵健. 国际商事仲裁的司法监督. 北京：法律出版社，2000：97-100.

② 该项规定的原文为“the said agreement is not valid under the law to which the parties have subjected it or，failing any indication thereon，under the law of the country where the award was made”。

条第 3 款规定，当缔约国的法院已经受理了双方当事人已达成仲裁协议的案件，在法院无法证明该协议无效、未生效或无法执行的情况下，法院应依任何一方当事人的请求将案件提交仲裁。该公约确立了在存在有效的仲裁协议的情况下，处理仲裁与诉讼的管辖冲突时，仲裁管辖权优先的做法。目前，这一做法已获得了多数国家的立法与司法实践的支持。

2.《欧洲国际商事仲裁公约》

1961 年 4 月 21 日，联合国欧洲经济委员会在日内瓦主持召集签订了《欧洲国际商事仲裁公约》(自 1964 年 1 月 7 日起生效)。该公约的目的并非替代《纽约公约》，而是对《纽约公约》进行承继与发展。该公约第 6 条第 3 款规定："如仲裁协议一方当事人在向法院起诉之前，已经提请仲裁，缔约国的法院以后在审理该当事人间的同事项，或审理该仲裁协议是否存在或无效，或已失效等问题时，在仲裁裁决作出之前，应停止对仲裁员的管辖权作出裁决；有正当而真实的相反理由者除外。"该规定对仲裁机构自裁管辖权给予了充分的保障，不仅仲裁机构可以决定自己的管辖权，而且法院只可在仲裁裁决作出后实施审查，仲裁机构可以不中止仲裁程序。目前，法国、比利时、丹麦、意大利等国家批准了这一条约。《比利时司法法典》第 1697 条规定，仲裁庭具有自裁管辖权；且在仲裁裁决作出之前，法院不得介入仲裁程序、干预仲裁庭的决定。这表明法院只有在仲裁裁决作出之后，才能对仲裁庭的管辖权问题进行监督。

3.《美洲国家间国际商事仲裁公约》

《美洲国家间国际商事仲裁公约》由美洲国家组织主持制定，于 1975 年 1 月 30 日在巴拿马签订，自 1976 年 6 月 16 日起生效。拉美国家因不充分信任《纽约公约》，故专门制定了该公约。不过，《纽约公约》的许多原则还是为该公约所采纳，如其第 5 条第 1 款第 1 项规定，拒绝承认与执行仲裁裁决的理由之一为"依照当事人自愿遵守的法律，协议是无效的，或者在这种法律未规定时，依裁决地国家的法律，协议是无效的"。该规定与《纽约公约》的一致，均未直接明确仲裁协议的有效要件。不过，该公约并未规定仲裁协议的强制执行，故在发生仲裁与诉讼的管辖权冲突时，不能适用仲裁管辖优先。许多美洲国家均已同是该公约与《纽约公约》的缔约国，因此，这两个公约的适用关系已成了一个无法回避的问题。

在美国，《美洲国家间国际商事仲裁公约》和《纽约公约》在司法实践中均有适用，但何者优先的问题并不明确。在 Rossisa Participações S. A. v. the Reynolds and Reynolds Co. 案[①]中，当事人分别来自美国和巴西，而这两个国家都是《美洲国家间国际商事仲裁公约》和《纽约公约》的缔约国。申请人申请美国法院依照美国《联邦仲裁法》和《美洲国家间国际商事仲裁公约》确认案涉仲裁裁决；被申请人基于《美洲国家间国际商事仲裁公约》，以该争议无法通过仲裁解决及仲裁违反公共政

① United States District Court for the Southern District of Ohio, Western Division, No. 3: 18 - cv - 00297.

策这两个理由拒绝承认和执行裁决。美国联邦第六巡回法院则在综合考察《美洲国家间国际商事仲裁公约》第1条的基础上，作出了拒绝"确认仲裁裁决和作出判决的请求"的裁定。

4.《国际商事仲裁示范法》

1985年，联合国国际贸易法委员会主持制定了《国际商事仲裁示范法》，旨在协调世界各国的国际商事仲裁法律，并起到了示范作用。《国际商事仲裁示范法》采用并存控制制度来协调仲裁与诉讼的管辖权冲突，其第8条第2款规定：在本条第1款提及的诉讼已提起时，仍然可以开始或继续进行仲裁程序，并可作出裁决，同时等待法院对该问题的判决。其第16条第3款规定："仲裁庭可以根据案情将本条第2款所指的抗辩作为一个初步问题裁定或在裁决中裁定。如果仲裁庭作为一个初步问题裁定它有管辖权，当事任何一方均可在收到裁定通知后30天内要求第6条规定的法院对这一问题作出决定。该决定不容上诉，在等待对这种要求作出决定的同时，仲裁庭可以继续进行仲裁程序和作出裁决。"不少国家在协调仲裁和诉讼的管辖权冲突时，吸收了《国际商事仲裁示范法》中的并存控制制度，《瑞典仲裁法》第2条即是如此。

(二) 我国国内立法

我国自于1986年加入《纽约公约》后，一直致力于积极履行公约义务，落实公约的相关内容。

早在1992年，最高人民法院关于民事诉讼法的司法解释就规定了涉外仲裁管辖权不受法院专属管辖的限制。此后，该条规定一直被延续下来[①]，体现了仲裁管辖权的优先性。自2024年起施行的《民事诉讼法》第288条第1款规定："涉外经济贸易、运输和海事中发生的纠纷，当事人在合同中订有仲裁条款或者事后达成书面仲裁协议，提交中华人民共和国涉外仲裁机构或者其他仲裁机构仲裁的，当事人不得向人民法院起诉。"该条明确了当存在仲裁协议时，当事人负有不向法院起诉的义务。这有利于避免仲裁与诉讼的管辖权冲突。

《仲裁法》总体上借鉴了《纽约公约》中的规定，对于仲裁管辖优先的地位十分重视。2017年修订的《仲裁法》第5条规定，"当事人达成仲裁协议，一方向人民法院起诉的，人民法院不予受理，但仲裁协议无效的除外"，从而明确了仲裁协议具有排除司法管辖权的效力。第26条则对这种排除效力进行了必要的限制，即"当事人达成仲裁协议，一方向人民法院起诉未声明有仲裁协议，人民法院受理后，另一方在首次开庭前提交仲裁协议的，人民法院应当驳回起诉，但仲裁协议无效的除外；另一方在首次开庭前未对人民法院受理该案提出异议的，视为放弃仲裁协议，人民法院应当继续审理"。该条除重申了仲裁管辖权优先之外，也明确了仲裁协议不能排

---

① 2022年《最高人民法院关于适用〈中华人民共和国民事诉讼法〉的解释》第529条第2款规定："根据民事诉讼法第三十四条和第二百七十三条规定，属于中华人民共和国法院专属管辖的案件，当事人不得协议选择外国法院管辖，但协议选择仲裁的除外。"

斥法院的应诉管辖权。[①] 2021 年《纪要》第 92 条在重申上述内容的基础上，又对仲裁管辖权与诉讼管辖权的冲突问题作了更进一步的明确："原告向人民法院起诉时未声明有仲裁协议，被告在首次开庭前未以存在仲裁协议为由提出异议的，视为其放弃仲裁协议。原告其后撤回起诉，不影响人民法院认定双方当事人已经通过诉讼行为放弃了仲裁协议。被告未应诉答辩且缺席审理的，不应视为其放弃仲裁协议。人民法院在审理过程中发现存在有效仲裁协议的，应当裁定驳回原告起诉。"

修订中的《仲裁法（征求意见稿）》虽不具有法律效力，但值得参考。相较之下，其规定更有力地维护了仲裁管辖优先。其第 28 条规定："当事人对仲裁协议是否存在、有效等效力问题或者仲裁案件的管辖权有异议的，由仲裁庭作出决定，当事人未经前款规定程序直接向人民法院提出异议的，人民法院不予受理。人民法院的审查不影响仲裁程序的进行。"该条在前述规定的基础上，对仲裁案件处理过程中诉讼管辖权的可能介入予以了限制，通过保障仲裁管辖优先与仲裁机构自裁管辖权，可以更加有效地协调仲裁与诉讼的管辖权冲突。

多年来，我国一直非常重视法院对仲裁协议有效性的司法审查问题，相关审查标准也在不断提高。2017 年《最高人民法院关于审理仲裁司法审查案件若干问题的规定》（以下简称《仲裁司法审查规定》）第 10、20 条明确了对人民法院的不予受理裁定可以上诉。2021 年《最高人民法院关于仲裁司法审查案件报核问题的有关规定》第 2 条第 1 款规定："各中级人民法院或者专门人民法院办理涉外涉港澳台仲裁司法审查案件，经审查拟认定仲裁协议无效，不予执行或者撤销我国内地仲裁机构的仲裁裁决，不予认可和执行香港特别行政区、澳门特别行政区、台湾地区仲裁裁决，不予承认和执行外国仲裁裁决，应当向本辖区所属高级人民法院报核；高级人民法院经审查拟同意的，应当向最高人民法院报核。待最高人民法院审核后，方可依最高人民法院的审核意见作出裁定。"涉外仲裁审查报告制度的确立与不断完善，凸显我国对仲裁协议效力司法审查的审慎态度，符合我国长期以来支持仲裁的立场；此外，通过明确"报"与"核"的流程，维护了仲裁协议效力案件应有的严肃性，有利于缓解仲裁与诉讼的管辖权冲突。

2021 年《纪要》第 94 条规定："当事人在仲裁协议中约定争议发生后'先仲裁、后诉讼'的，不属于仲裁法司法解释第七条规定的仲裁协议无效的情形。根据仲裁法第九条第一款关于仲裁裁决作出后当事人不得就同一纠纷向人民法院起诉的规定，'先仲裁、后诉讼'关于诉讼的约定无效，但不影响仲裁协议的效力。"此前，"先仲裁、后诉讼"的约定一般被纳入"或裁或审"情形处理，但该规定将其作为有效仲裁约定的情形处理，不但有利于高效协调仲裁与诉讼的管辖权冲突，而且适当避免了法院对仲裁程序的过度干预。

---

① 《民事诉讼法》第 130 条规定了应诉管辖的内容："人民法院受理案件后，当事人对管辖权有异议的，应当在提交答辩状期间提出。人民法院对当事人提出的异议，应当审查。异议成立的，裁定将案件移送有管辖权的人民法院；异议不成立的，裁定驳回。当事人未提出管辖异议，并应诉答辩或者提出反诉的，视为受诉人民法院有管辖权，但违反级别管辖和专属管辖规定的除外。"

不过，我国关于协调仲裁与诉讼的管辖冲突的规定仍存在空白与不足之处。首先，1998 年《最高人民法院关于确认仲裁协议效力几个问题的批复》第 3 条规定：“当事人对仲裁协议的效力有异议，一方当事人申请仲裁机构确认仲裁协议效力，另一方当事人请求人民法院确认仲裁协议无效，如果仲裁机构先于人民法院接受申请并已作出决定，人民法院不予受理；如果仲裁机构接受申请后尚未作出决定，人民法院应予受理，同时通知仲裁机构终止仲裁。”该条关于“通知仲裁机构终止仲裁”的规定，实则在一定程度上赋予了诉讼优于仲裁的地位，与《纽约公约》有不合之处。其次，我国立法在协调境内涉外仲裁与诉讼平行程序，特别是境外仲裁与境内诉讼平行程序方面尚属空白，尽管近年来法院已经处理过多起存在类似情形的案件。

五、类案练习

(一) 江苏省物资集团轻工纺织总公司案

1996 年 5 月 5 日，原告轻纺公司与被告裕亿公司签订销售合同，约定由裕亿公司销售普通旧电机 5 000 吨给轻纺公司。同年 5 月 6 日，轻纺公司与被告太子公司签订销售合同，约定由太子公司销售普通旧电机 5 000 吨给轻纺公司。上述两份合同的第 8 条均明确约定：“凡因执行本合约所发生的或与本合约有关的一切争议，双方可以通过友好协商解决；如果协商不能解决，应提交中国国际经济贸易仲裁委员会，根据该会的仲裁规则进行仲裁。仲裁裁决是终局的，对双方均有约束力。”货物到港后，经商检查明，货物总重量为 9 586.323 吨，“……主要为各类废结构件、废钢管、废齿轮箱、废元钢等”。轻纺公司遂以裕亿公司和太子公司侵权给其造成损失为由提起诉讼。裕亿公司和太子公司在答辩期内提出管辖权异议，称：本案当事人之间对合同纠纷已自愿达成仲裁协议，人民法院依法不应受理。

江苏省高级人民法院认为：本案是由欺诈引起的侵权损害赔偿纠纷。虽然原告轻纺公司和被告裕亿公司、太子公司之间的买卖合同中订有仲裁条款，但由于被告是利用合同进行欺诈，已超出履行合同的范围，构成了侵权。双方当事人的纠纷已非合同权利义务的争议，而是侵权损害赔偿纠纷。轻纺公司有权向法院提起侵权之诉，而不受双方所订立的仲裁条款的约束。裕亿公司、太子公司所提管辖权异议，理由不能成立。据此，该院裁定驳回裕亿公司、太子公司对本案管辖权提出的异议。

第一审宣判后，被告裕亿公司、太子公司不服，向最高人民法院提起上诉。裕亿公司和太子公司诉称：(1) 轻纺公司诉讼状中的案由没有事实予以支持，其故意混淆侵权责任和合同责任，企图规避法律规定和合同约定。根据案件内容，本案案由应为合同纠纷。当事人之间对合同纠纷已自愿达成仲裁协议，依照法律，原审法院不应受理此案。(2) 原审法院在程序审理过程中，未经实体审理，就对轻纺公司指控裕亿公司和太子公司进行“欺诈”的诉讼请求作出认定，是违法裁定。故请求撤销原审裁定，裁定人民法院不予受理本案。

最高人民法院认为：本案争议的焦点在于仲裁机构是否有权对当事人之间的侵权纠纷作出裁决，涉及《仲裁法》第 2 条、第 3 条及贸仲仲裁规则第 2 条等的规定。

从被上诉人轻纺公司在原审起诉状中所陈述的事实和理由看，其所述上诉人裕亿公司和太子公司的侵权行为，均是在签订和履行两份销售合同过程中产生的，同时也是在《仲裁法》实施后发生的。而该两份合同的第8条均明确规定："凡因执行本合约所发生的或与本合约有关的一切争议，双方可以通过友好协商予以解决；如果协商不能解决，应提交中国国际经济贸易仲裁委员会，根据该会的仲裁规则进行仲裁。仲裁裁决是终局的，对双方均有约束力。"根据仲裁法和贸仲仲裁规则的上述规定，贸仲有权受理侵权纠纷，因此本案应通过仲裁解决，人民法院无管辖权。原审法院认为轻纺公司提起侵权之诉，不受双方所订立的仲裁条款的约束，显然是与仲裁法和贸仲仲裁规则相悖的；况且原审法院在轻纺公司诉称裕亿公司和太子公司利用合同进行欺诈的情况下，未经实体审理就以实体判决确认，并以裁定的方式认定二上诉人利用合同进行欺诈，违反了我国《民事诉讼法》第140条关于裁定适用范围的规定，在程序上也是错误的。

最终，最高人民法院认定本案各方当事人均应受合同中订立的仲裁条款的约束，所发生的纠纷应通过仲裁解决，人民法院无管辖权。江苏省高院所作裁定适用法律错误，应予撤销。①

思考题：

（1）案涉仲裁协议中关于仲裁事项的约定"因执行本合约所发生的或与本合约有关的一切争议"，是否包括侵权争议？

（2）如何理解"因执行本合约所发生的或与本合约有关的一切争议"？

（二）厦门豪嘉利商贸发展有限公司案

2008年3月1日，洋马公司（外商独资公司）和豪嘉利公司签订英文文本的"出口和分销协议"（Export and Distribution Agreement）。该协议第19条约定：

Article 19 (Settlement of Dispute)　The construction and legal validity of this Agreement shall be governed by the laws of Singapore. Any and all disputes arising from this Agreement or transactions under this Agreement shall be settled by arbitration to be held in Singapore, under the rules of Commercial Arbitration of the Singapore Commercial Arbitration Association. ②

各方当事人对中文译本的内容均无异议。2010年6月4日，豪嘉利公司以上述仲裁条款约定的新加坡商事仲裁委员会及其商事仲裁规则客观上并不存在为由，向上海市第一中级人民法院申请确认该仲裁条款无效。上海市第一中级人民法院认定：仲裁条款约定的仲裁地点为新加坡，应当适用新加坡的法律确定其效力。依据在新加坡施行的《新加坡国际仲裁法》和《国际商事仲裁示范法》的规定，仲裁协议应

① 江苏省物资集团轻工纺织总公司诉（香港）裕亿集团有限公司、（加拿大）太子发展有限公司侵权损害赔偿纠纷上诉案．最高人民法院公报，1998（3）．

② 译文：本协议的解释和法律效力均受新加坡法律管辖。因本协议或本协议项下进行交易而产生的任何或所有争议，均在新加坡仲裁。仲裁根据新加坡商事仲裁委员会的商事仲裁规则作出。

当有明确的仲裁意愿，并采用书面形式，而并不要求约定明确具体的仲裁机构或者仲裁规则，因此，依照新加坡法律，仲裁机构、仲裁规则约定不正确、不明确的，并不能导致仲裁协议无效。当事人双方在书面合同中的仲裁条款所约定的仲裁意愿明确，应当认定为有效。① 据此，裁定驳回豪嘉利公司申请确认仲裁协议无效的请求。

2014 年 10 月，豪嘉利公司向福建省高级人民法院起诉，但福建省高级人民法院裁定驳回洋马公司对本案管辖权提出的异议。② 洋马公司不服裁定，遂向最高人民法院提起上诉。

最高人民法院经审查认为：本案系名誉权纠纷管辖权异议之诉。争议焦点为本案纠纷是否受“出口和分销协议”仲裁条款的约束而应当提交仲裁，福建省高级人民法院对本案纠纷是否享有管辖权。

我国法律确立了当事人不得将有效仲裁协议约定的仲裁事项提交法院诉讼解决的原则。本案洋马公司和豪嘉利公司签订的“出口和分销协议”含有仲裁条款，且该仲裁条款已经由上海市第一中级人民法院生效裁定认定为有效，对此各方当事人均无异议。争议在于应当如何解释案涉仲裁条款约定的仲裁事项，即本案纠纷是否属于仲裁条款的范围。

仲裁条款是当事人围绕争议解决方式而订立的合同，因此判断当事人关于仲裁事项的合意时，应当遵循合同解释的基本原则。从本案仲裁条款使用的措辞看，其约定的仲裁事项为“因协议或协议项下进行交易而产生的任何或所有争议”，采取的是概括性约定仲裁事项的方式。依照通常理解，该条款约定了两方面的条件：一是提交仲裁的争议性质为任何争议，即不限于合同争议，还包括非合同性质的侵权争议或其他争议；二是提交仲裁的争议必须是因“出口和分销协议”或该协议项下进行交易而产生的，即争议应当基于“出口和分销协议”约定的权利义务关系而产生，与该协议项下的权利行使或义务履行有关。

洋马公司上诉认为，本案诉称侵权行为与“出口和分销协议”的解除行为具有实质关联，两者密不可分，实质仍属于因“出口和分销协议”而产生的纠纷。但从豪嘉利公司起诉主张看，其诉称的侵权行为是洋马公司在解除“出口和分销协议”后，向豪嘉利公司的业务网络成员即合同以外的当事人传递豪嘉利公司已被解除分销权等不实信息。上述诉称行为虽然与洋马公司的解除合同行为有一定的事实关联，但上述行为本身并不属于“出口和分销协议”调整的合同权利义务范畴，也不是因该协议项下权利的行使或义务的履行而产生的，而是一项独立的民事行为。因上述行为所产生的名誉权侵权责任，与“出口和分销协议”项下的违约责任并无竞合关系，不存在重复审理的问题。因此，福建省高级人民法院认定本案纠纷不属于涉案仲裁条款约定的仲裁事项，并无不当，本院予以维持。

需要指出的是，在解释仲裁条款的范围时，如侵权争议因违反合同义务而产生，

① 参见上海市第一中级人民法院（2010）沪一中民认（仲协）字第 7 号民事裁定书。

② 参见福建省高级人民法院（2014）闽民初字第 114 号民事裁定书。

违约责任和侵权责任有竞合关系，则原告即使选择以侵权为由提起诉讼，仍应受到合同仲裁条款的约束，不应允许当事人通过事后选择诉因来逃避仲裁条款的适用。且即便原告提起诉讼时增列了未与其签订仲裁协议的其他被告，亦不影响对有仲裁协议的原、被告之间的纠纷适用仲裁协议。因此，福建省高级人民法院认为对仲裁协议范围的认定不涉及请求权竞合的审查，其关于法律适用的表述欠准确，本院予以纠正。①

最高人民法院遂裁定驳回上诉，维持原裁定。

思考题：

（1）如何区分案涉争议是否属于“因本协议或本协议项下进行交易而产生的任何或所有争议”？

（2）如何合理识别并解决当事人通过事后选择诉因来逃避仲裁条款适用的问题？

（三）广西投资集团国际有限公司案

广西投资集团国际有限公司（以下简称“投资集团公司”）因不服一审裁定②，向最高人民法院提起上诉，被上诉人为广西嘉和投资有限公司（以下简称“嘉和公司”）与广西投资集团恒元贸易有限责任公司（以下简称“恒元公司”）。

投资集团公司上诉请求驳回嘉和公司对投资集团公司的起诉，其事实与理由为：一审法院认定事实不清，适用法律错误。首先，一审法院一方面认定嘉和公司将“承诺函”作为证据提交的效力，另一方面又否认嘉和公司对将“承诺函”下相关纠纷提交香港国际仲裁中心仲裁之内容作出接受或同意的意思表示，自相矛盾。其次，“承诺函”明确约定：“本承诺函适用中华人民共和国香港特别行政区法律解释，如存在任何因本承诺函而产生的或相关联的纠纷，不能友好协商解决的，任何相关方均可将该纠纷提交至香港国际仲裁中心，按照其届时有效的仲裁规则仲裁终局解决，该等终局仲裁裁决对各方具有约束力。”嘉和公司将“承诺函”作为证据向一审法院提交并确认其效力，即表明嘉和公司愿意接受“承诺函”的所有约束（包括但不限于仲裁条款）；且该仲裁条款符合《仲裁法》第16条的规定，并不具有第17条规定的情形。根据《最高人民法院关于适用〈中华人民共和国民事诉讼法〉的解释》（以下简称“《民事诉讼法》司法解释”）第216条关于“在人民法院首次开庭前，被告以有书面仲裁协议为由对受理民事案件提出异议的，人民法院应当进行审查。经审查符合下列情形之一的，人民法院应当裁定驳回起诉：（一）仲裁机构或者人民法院已经确认仲裁协议有效的；（二）当事人没有在仲裁庭首次开庭前对仲裁协议的效力提出异议的；（三）仲裁协议符合仲裁法第十六条规定且不具有仲裁法第十七条规定情形的”之规定，一审法院对本案无管辖权，依法应裁定驳回嘉和公司的起诉。

嘉和公司答辩称：嘉和公司与投资集团公司之间未达成仲裁合意，无合法有效

① 厦门豪嘉利商贸发展有限公司与洋马发动机（上海）有限公司、洋马株式会社管辖权异议二审案，参见最高人民法院（2015）民四终字第15号民事裁定书。

② 参见广西壮族自治区高级人民法院（2018）桂民初16号之三民事裁定书。

的仲裁协议，本案中不应适用仲裁管辖。首先，自愿性为仲裁的基本原则之一，当事人如需采用仲裁方式解决纠纷，则应有自愿将争议提交仲裁裁决的明确意思表示。“承诺函”系投资集团公司单方出具，虽然嘉和公司将其作为要求投资集团公司承担保证责任的证据提交法院，但此举仅表明嘉和公司对双方形成合法有效的保证合同关系的确认，并非对“承诺函”中“相关纠纷提交香港国际仲裁中心仲裁”之内容的接受。根据《仲裁法》第4条及最高人民法院在［2010］民四他字第76号复函中的批复意见[①]，对本案不适用仲裁管辖。管辖的约定需要双方的共同合意，嘉和公司向主合同约定的有管辖权的法院提起诉讼，是以实际行为表明其不接受“承诺函”中的仲裁条款，与其认可投资集团公司的担保行为并不矛盾。

最高人民法院经审查认为：当事人如需采用仲裁方式解决纠纷，则应就该争议达成提交仲裁裁决的书面仲裁协议。而本案中的“承诺函”均由投资集团公司单方出具，没有嘉和公司的签章，故双方并未达成书面仲裁协议。嘉和公司虽然向一审法院提交“承诺函”向投资集团公司主张保证责任，但并未将本案纠纷提交香港国际仲裁中心仲裁，且在本案中明确表示不予接受该内容。可见，嘉和公司并未对“承诺函”中“将纠纷提交香港国际仲裁中心仲裁”这一内容予以认可。一审法院认定投资集团公司与嘉和公司对将相关纠纷提交仲裁裁决没有达成一致，双方之间并不存在仲裁协议，并无不当。最终，最高人民法院裁定投资集团公司的上诉请求不成立，驳回上诉，维持原裁定。[②]

思考题：

根据《仲裁法》关于仲裁协议应当具有“请求仲裁的意思表示”的规定，结合本案，讨论应如何认定双方当事人是否形成了请求仲裁的意思表示。

六、知识拓展

（一）拓展阅读

1. 刘想树. 中国涉外仲裁裁决制度与学理研究. 北京：法律出版社，2001.

2. 肖建国，黎弘博. 仲裁协议默示放弃规则的重构：以《仲裁法》第26条后半部分为中心. 法律适用，2021（8）.

3. 赵秀举. 诉讼视角下的仲裁管辖权限的扩张及问题. 当代法学，2015（6）.

4. 杨玲. 论“或裁或审”条款中仲裁条款的效力：以海峡两岸司法实践为视角. 西北大学学报（哲学社会科学版），2014，44（4）.

5. 高薇. 论诉讼与仲裁关系中的既判力问题. 法学家，2010（6）.

6. Born，GARY B. The Law Governing International Arbitration Agreements：

---

① 在该复函中，最高人民法院认为：涉案六份“购销合同”系由庆阳市恒盛果汁有限公司单方制作，安德利果汁股份有限公司并未确认，故双方当事人之间未就涉案六份“购销合同”产生争议达成一致的提交仲裁的意思表示。

② 广西投资集团国际有限公司、广西嘉和投资有限公司买卖合同纠纷二审案，参见最高人民法院（2019）最高法民辖终19号民事裁定书。

An International Perspective. Singapore Academy of Law Journal，2014（26）.

7. Cara Reichard. Keeping Litigation at Home：The Role of States in Preventing Unjust Choice of Forum. The Yale Law Journal，2020（129）.

8. EZURMENDIA J. Res Judicata：A Gap between Civil Litigation and Arbitration?. Nottingham Law Journal，2019（28）.

9. BOOKMAN PAMELA K. The Arbitration-Litigation Paradox. Vand. L. Rev.，2019（72）.

10. SINAI Y，ALBERSTEIN M. Expanding Judicial Discretion：Between Legal and Conflict Considerations. Harv. Negot. L. Rev.，2015（21）.

11. BUNDY K L，HERO M，HOLLANDER P. Choice of Law，Venue and Jurisdiction，Arbitration v. Litigation. Int'l J. Franchising L.，2012（10）.

（二）拓展写作[①]

1. “先裁后审”条款的效力认定

2. 涉外仲裁协议的法律适用

3. 涉外民商事合同管辖条款的拟定

（三）其他资料

1. 中信信托有限责任公司与高某某等金融借款合同纠纷案，北京市第四中级人民法院（2021）京04民初57号民事判决书。

2. 赵某与王某某等民间借贷纠纷案，北京市第四中级人民法院（2021）京04民初29号民事判决书。

3. 大连春安国际物流有限公司与荣洋国际物流（大连）有限公司船舶租用合同纠纷案，大连海事法院（2020）辽72民初1222号之一民事裁定书。

4. 施某某、郑某某合同纠纷民事管辖案，广东省广州市中级人民法院（2019）粤01民辖终1790号民事裁定书。

5. IM全球有限责任公司与天津北方电影集团有限公司申请承认和执行外国仲裁裁决案，天津市第一中级人民法院（2018）津01协外认2号民事裁定书。

6. 詹某某与广东壮丽彩印股份有限公司、曾某某企业借贷纠纷案，广东省高级人民法院（2018）粤民初67号民事裁定书。

7. 巴可有限公司（Barco N. V.）等与李某知识产权合同纠纷案，北京市高级人民法院（2008）高民终字第1070号民事裁定书。

8. 西南政法大学国际私法学线上课程链接：国际私法学_西南政法大学_中国大学MOOC（慕课）（https：//www. icourse163. org/course/swupl-1205596801）。

---

① 拓展写作旨在延伸课堂思考，并以小论文写作方式巩固课堂教学效果，引导学生在课堂外做问题导向的深入研究。

专题二　涉外诉讼管辖

一、引　案

在涉外民事诉讼中，受诉法院虽然具有系争纠纷的管辖权，但基于被告的请求，认定本法院不适合审理案件，同时在域外存在着解决纠纷的更为适当的法院时，可以裁定中止诉讼而要求原告在域外合适的法院提起诉讼，这被称为涉外民事诉讼中拒绝管辖的不方便法院原则。在黄某盛与黄某豪等侵权责任纠纷案[①]中，不方便法院原则的适用得到较为全面的展示。通过回顾不方便法院原则引入我国的利弊之争，经由考察不方便法院原则从法院零星实践演变为成文规则的过程，可以更加深入和全面地把握不方便法院原则的含义、功能和意义。

（一）案情简介

上诉人黄某盛因与被上诉人黄某豪、加拿大海外投资管理有限公司（以下简称“海外投资公司”）、恒昇香港集团有限公司（以下简称“恒昇公司”）、珠海保税区加华货柜码头有限公司（以下简称“加华公司”）侵权责任纠纷一案，不服广东省高级人民法院（2018）粤民初 24 号民事判决，向最高人民法院提起上诉。

黄某盛向一审法院提起该案诉讼，请求判令的重要事项是：（1）确认黄某盛与黄某豪于 2012 年 2 月 24 日签订的“股权转让协议”无效，并认定此处分股权行为无效；（2）确认海外投资公司与恒昇公司于 2014 年 11 月 20 日签订的“股权转让协议书”无效，并认定此处分股权行为无效；（3）四被告共同赔偿金钱损失等。

一审法院经审理查明：2012 年 2 月，黄某盛与黄某豪签订“股权转让协议”，约定黄某盛将持有的海外投资公司的股权作价 100 加拿大元转让给黄某豪。该协议没有约定纠纷管辖的法院及所适用的法律。2012 年 5 月，黄某盛向加拿大大不列颠哥伦比亚省高等法院起诉黄某豪，要求判决“将由于被告（黄某豪）的欺诈性虚假陈述而诱导原告（黄某盛）错误地转让给被告的股份（或加拿大海外投资公司所有

---

① 参见最高人民法院（2019）最高法民终 592 号民事裁定书。

股份，如果黄某豪另行发行了任何股份的话）返还给黄某盛，并废除英文文件中规定的股权转让协议，追缴黄某豪由于其自身的不法行为而获得的任何收益，赔偿由于黄某豪的欺诈性虚假陈述而造成的损害和费用”。加拿大受诉法院于 2012 年 5 月、6 月依据黄某盛的申请颁发法庭判令，判令黄某豪不得直接或间接地转让、处置、抵押海外投资公司的全部股份，有效期从 2012 年 5 月 31 日至该案诉讼审讯之日止。

2014 年 11 月，海外投资公司与恒昇公司签订“股权转让协议书”，约定海外投资公司将其持有的加华公司 100％股权作价人民币 5 000 万元转让给恒昇公司。之后，加华公司的股东变更登记为恒昇公司。2016 年 11 月，中华人民共和国广东省珠海市中级人民法院（以下简称“珠海中院”）受理黄某盛诉海外投资公司、恒昇公司、第三人黄某豪确认合同无效纠纷一案。该案中，黄某盛诉请确认海外投资公司与恒昇公司于 2014 年 11 月签订的“股权转让协议书”无效。珠海中院作出（2016）粤 04 民初 86 号民事裁定，驳回黄某盛的起诉。黄某盛不服该民事裁定，向广东省高级人民法院提起上诉。广东省高级人民法院作出（2017）粤民终 2349 号民事裁定，驳回其上诉，维持原审裁定。该裁定认为，黄某盛已非海外投资公司的股东或者其他权益人，与加华公司已不存在法律上的利害关系。黄某盛虽然于 2012 年 5 月 28 日向加拿大大不列颠哥伦比亚省高等法院对黄某豪提起了诉讼，要求判决“将由于黄某豪的欺诈性虚假陈述而诱导黄某盛错误地转让给黄某豪的股份返还给黄某盛”，但至今加拿大法院对该案未作出生效的判决。而且根据我国民事诉讼法的规定，即使是外国法院的生效裁决，也要我国法院承认才具有效力。因此，黄某盛的起诉主体不适格。

在庭审中，黄某盛认为，加华公司协助转让自身股权并在相关文件上盖章构成侵权，并以此为由要求其承担损害赔偿责任。一审法院经审查认为，该案被告黄某豪具有美利坚合众国国籍，同时具有中国香港特别行政区永久居民资格，被告海外投资公司为在加拿大注册成立的公司法人，被告恒昇公司为在中国香港特别行政区注册成立的公司法人，故该案系涉外涉港侵权责任纠纷。

原告黄某盛于该案中提出的主要诉讼请求之间存在密切关联。依据一审法院作出的（2017）粤民终 2349 号生效民事裁定的认定及该案已查明的事实，黄某盛的第二项诉讼请求即确认海外投资公司与恒昇公司于 2014 年 11 月签订的“股权转让协议书”及处分股权行为无效，是以第一项诉讼请求即确认其与黄某豪于 2012 年 2 月 24 日签订的“股权转让协议”及处分股权行为无效为基础的。黄某盛第一项诉讼请求成立，其他主要的诉讼请求才具有审理的依据。

黄某盛的第一项诉讼请求是基于其与黄某豪之间的股权转让关系而提出。黄某盛提交了黄某豪于 2012 年 8 月 3 日向加拿大大不列颠哥伦比亚省高等法院递交的“宣誓书”及公证翻译件，该证据已经公证认证。黄某豪、海外投资公司、恒昇公司及加华公司虽对此不予认可，但没有相反证据予以反驳，故一审法院对该证据的真实性予以确认。依据该“宣誓书”，黄某豪承认其与黄某盛之间的“股权转让协议”于中国珠海签订，即合同签订地为我国珠海。依照《民事诉讼法》第 265 条的规定，我国内地法院对黄某盛与黄某豪之间的股权转让合同纠纷具有管辖权。但由于黄某盛与黄某豪均为境外当事人，双方当事人之间签订的“股权转让协议”不存在选择我国内地法院管辖的条款，双方当事人也未另行达成由我国内地法院管辖的补充协议；另外，黄某盛与黄某豪协议转让的是海外投资公司的股权，协议及转让行为均不涉及我国内地居民、法人或者其他组织的利益；最后，黄某盛与黄某豪之间股权转让关系的主要事实不在我国内地发生，不适用我国内地法律，也不属于我国内地法院专属管辖的范围。且黄某盛已在加拿大法院就此提起了诉讼并被受理。因此，根据《民事诉讼法》司法解释第532条关于不方便法院原则的规定，黄某盛的第一项诉讼请求由加拿大的法院审理更为方便。黄某豪主张黄某盛的第一项诉讼请求适用不方便法院原则，法律依据充分，一审法院予以支持。故该院认为依据《民事诉讼法》司法解释第532条的规定，应驳回黄某盛第一项诉讼请求的起诉。如前所述，黄某盛的第二项和第三项诉讼请求均是以第一项诉讼请求为前提和基础的。在黄某盛的第一项诉讼请求已被驳回起诉的情况下，黄某盛的其他主要诉讼请求已无审理的依据。且黄某盛曾就其第二项诉讼请求起诉并被生效裁定驳回起诉，黄某盛就此再次提起诉讼，符合《民事诉讼法》司法解释第247条规定关于重复起诉的情形，构成重复起诉，亦应驳回其起诉。黄某盛抗辩称，其再次起诉符合《民事诉讼法》司法解释第212条的规定。对此，一审法院认为，《民事诉讼法》司法解释第212条规定：“裁定不予受理、驳回起诉的案件，原告再次起诉，符合起诉条件且不属于民事诉讼法第一百二十四条规定情形的，人民法院应予受理。”《民事诉讼法》第124条第5项规定：“对判决、裁定、调解书已经发生法律效力的案件，当事人又起诉的，告知原告申请再审，但人民法院准许撤诉的裁定除外”。由此可见，重复诉讼不适用上述《民事诉讼法》司法解释第212条的规定。因此，黄某盛上述抗辩不符合法律规定，不能成立。黄某盛的第三项诉讼请求涉及加华公司，从黄某盛主张加华公司构成侵权的行为来看，加华公司仅为海外投资公司与恒昇公司股权转让的目标公司，与黄某盛所称股权转让导致其损害无事实上的关联。黄某盛起诉加华公司承担侵权责任，属于制造管辖连接点的行为，对此一审法院不予支持。

综上，黄某豪、恒昇公司请求驳回原告黄某盛起诉的理由成立，一审法院予以支持。依照《民事诉讼法》及《民事诉讼法》司法解释相关规定，裁定驳回原告黄某盛的起诉。

黄某盛不服一审判决，向广东省高级人民法院提起上诉，请求裁定撤销一审裁定，案件由广东省高级人民法院审理。理由如下：

一是一审法院对该案具有管辖权，一审法院依不方便法院原则拒绝行使管辖权，是将司法管辖权让渡。适用不方便法院原则必须同时满足《民事诉讼法》司法解释第532条规定的情形，该案明显不满足该条第4项、第5项、第6项规定的情形。(1)该案最终的处理结果必将涉及加华公司的利益，因此该案争议并非与中国国家、公民、法人或其他组织的利益无关。加华公司住所地在中国珠海。海外投资公司成立的目的是在珠海投资设立加华公司。海外投资公司不在其注册地加拿大经营任何业务，该注册地址只是委托的企业秘书服务公司的地址。黄某盛和黄某豪的经常居住地都是中国珠海，两人均没有在加拿大长期生活。(2)该案争议的主要事实发生在中国境内，与中国有最密切的联系，且该案适用中国法律。黄某盛与黄某豪签署的“股权转让协议”的签订地在中国珠海，海外投资公司和加华公司设立的背景是黄某盛及其哥哥黄某想想在珠海经营码头业务，上述两家公司业务一直持续至今。该案属于侵权责任纠纷，该案的侵权行为发生地、实施地和结果地都是珠海，根据《涉外民事关系法律适用法》第44条的规定，应适用中国法律审理。中国法院审理该案在认定事实方面不存在任何困难。恒昇公司及加华公司唯一可供执行财产在中国境内并被采取保全措施，由中国法院审理案件最有利于判决的执行。中国未与加拿大签订任何司法协助协议，需按照互惠原则对加拿大法院的判决进行审查以最终确定是否需要承认和执行，这将会大大增加上诉人实现自身权利的时间和风险，上诉人的合法权益也难以得到有效维护。

二是一审法院以平行诉讼问题驳回上诉人黄某盛的起诉，是适用法律错误。即便黄某盛在加拿大提起诉讼后又向人民法院起诉，人民法院亦应受理。我国法律不排除平行诉讼。加拿大的诉讼案件现中止审理，尚未作出终局判决，对黄某盛的起诉，中国法院应当受理。

三是重复起诉解决的是当事人诉权问题，管辖权异议是在受理案件的前提下，解决由哪个法院受理的问题。海外投资公司和恒昇公司以黄某盛重复起诉为由，提出管辖权异议，一审法院以裁定驳回起诉来处理是否重复起诉的问题，程序错误。该案不属于重复起诉。该案和另案诉讼主体不同、诉讼标的不同。该案是基于四名被告的共同侵权行为提起的侵权责任诉讼，另案主要围绕“股权转让协议”是否有效而进行审理，两次的诉讼请求有着本质的区别，另案是确认之诉，该案是给付之诉，另案生效裁定的既判力并没有涵盖该案的诉讼主张。该案不属于重复起诉。

四是一审法院认为，上诉人黄某盛第三项诉讼请求涉及加华公司，加华公司与黄某盛所称股权转让导致其损害无事实上的关联，黄某盛起诉加华公司承担侵权责任，属于制造管辖连接点的行为，属于适用法律错误和程序错误。加华公司的注册地并非该案管辖的唯一连接点。加华公司是否属于共同被告以及是否需要承担赔偿责任，需要经过实体审理之后才能作出认定。

加华公司答辩称：（1）一审法院根据不方便法院原则裁定驳回黄某盛的起诉正确。黄某盛和黄某豪之间的股权转让纠纷不涉及中国法人利益，争议事实不是发生在中国境内，判定股权转让行为是否有效不应适用中国法律，中国法院在认定事实方面亦存在重大困难。而由加拿大法院审理显然更加方便。（2）黄某盛一审第二项诉讼请求构成重复起诉，一审法院裁定驳回起诉正确。（3）黄某盛一审第三项诉讼请求不构成共同诉讼。黄某盛是为了制造管辖连接点，恶意查封加华公司财产。

最高人民法院经审理认定：黄某盛的上诉请求不能成立，一审裁定认定事实清楚、适用法律正确，依照《民事诉讼法》第170条第1款第1项、第171条的规定，裁定驳回上诉，维持原裁定。

（二）涉及问题

（1）系争纠纷的性质如何认定？

（2）法院是否可以依照不方便法院原则拒绝行使管辖权？

（3）针对合同效力的诉讼请求，是否构成重复诉讼？

二、法官释法

最高人民法院首先对系争纠纷进行了定性，然后依照《民事诉讼法》司法解释第532条，判断该案符合不方便法院原则的适用条件，最后附带解决了重复诉讼成立的问题。该案争议的核心问题实际上是围绕法院能否拒绝行使管辖权而展开的。

（一）本案诉讼请求的实质

最高人民法院认为，黄某盛提起诉讼是请求人民法院确认该案所涉“股权转让协议”“股权转让协议书”无效并由各被告赔偿损失。虽以侵权为由，但黄某盛并未提出任何支持其主张被告承担侵权责任的法律依据。从其起诉状看，其实体法依据限于《最高人民法院关于适用〈中华人民共和国公司法〉若干问题的规定（三）》第25条及《中华人民共和国物权法》第106条的规定。根据黄某盛的诉讼请求，该案纠纷的实质是黄某盛请求人民法院对案涉合同效力进行确认。

（二）不方便法院原则的适用

“股权转让协议”系由黄某盛本人与黄某豪签订的转让注册于加拿大的海外投资公司的协议。二人皆系境外当事人，对于该协议的法律效力及赔偿争议，黄某盛已经在2012年向加拿大大不列颠哥伦比亚省高等法院提起诉讼，该法院也已依黄某盛的申请颁发了关于黄某豪不得转让、处置、抵押海外投资公司股份的法庭命令。因此，即使该合同签订于中国珠海，人民法院对涉及该合同的纠纷具有管辖权，在黄某豪提出管辖权异议的情况下，也要审查是否存在不方便管辖的情形，即《民事诉讼法》司法解释第532条所规定的情形。

依照《民事诉讼法》司法解释第532条的规定，适用不方便法院原则驳回原告的起诉必须同时符合六项条件，即“涉外民事案件同时符合下列情形的，人民法院可以裁定驳回原告的起诉，告知其向更方便的外国法院提起诉讼：（一）被告提出案件应由更方便外国法院管辖的请求，或者提出管辖异议；（二）当事人之间不存在选择中华人民共和国法院管辖的协议；（三）案件不属于中华人民共和国法院专属管辖；（四）案件不涉及中华人民共和国国家、公民、法人或者其他组织的利益；（五）案件争议的主要事实不是发生在中华人民共和国境内，且案件不适用中华人民共和国法律，人民法院审理案件在认定事实和适用法律方面存在重大困难；（六）外国法院对案件享有管辖权，且审理该案件更加方便”。

如同一审法院所认定的，黄某盛与黄某豪之间不存在选择中华人民共和国法院管辖的协议、因“股权转让协议”产生的纠纷不属于中华人民共和国法院专属管辖、因“股权转让协议”所产生的争议的主要事实也不是发生在中华人民共和国境内。根据《涉外民事关系法律适用法》第14条和第41条的规定，境外当事人因转让外国公司股权所产生的纠纷亦不适用中华人民共和国法律，人民法院如审理此类案件，在认定事实和适用法律方面是极不方便的。

“股权转让协议”的当事人、标的物都在境外，而黄某盛和黄某豪亦不持有加华公司的股权。公司法人人格独立，即使加华公司股权由“股权转让协议”所涉的标的公司即海外投资公司持有，也不能据此认为海外投资公司原股东黄某盛与黄某豪之间的纠纷会涉及加华公司的利益。一审法院认定加华公司与黄某盛所称股权转让导致其损害并无事实上的关联，黄某盛起诉加华公司承担侵权责任属于制造管辖连接点的行为，并无不当。

对与黄某豪的纠纷，黄某盛最初的第一选择就是在加拿大起诉，加拿大法院受理该案并依据黄某盛的申请发出法庭命令，表明加拿大法院对该案具有管辖权且审理案件更加方便。该事实本身亦说明与该案有最密切联系的地点是加拿大。由此，最高人民法院认为，一审法院依据《民事诉讼法》司法解释第 532 条的规定，驳回黄某盛基于“股权转让协议”的起诉是正确的。

（三）重复诉讼的问题

对海外投资公司、恒昇公司签订的“股权转让协议书”，黄某盛曾经在 2016 年 11 月 21 日向广东省珠海市中级人民法院提起诉讼，请求确认合同无效。该起诉已被珠海市中级人民法院以裁定驳回并经广东省高级人民法院二审维持原裁定，该裁定已经发生法律效力。在没有新的法律事实发生的情况下，根据《民事诉讼法》第 124 条第 5 项的规定，如果黄某盛仍认为该“股权转让协议书”无效，应通过审判监督程序解决。

三、学理评析

学界针对不方便法院原则的定义，存在不同主张。第一种观点采用当事人的视角，强调不方便法院是当事人提出中止诉讼请求的一种理由，由此主张不方便法院原则是指：在涉外民事诉讼中，当原告向某国法院对被告提起诉讼以后，有时被告认为，他在该国应诉不能得到公正对待，于是他就以该国法院系不方便法院为理由，要求中止诉讼。[①] 第二种观点偏向于受诉法院的角度，强调不方便法院原则是法院拒绝行使管辖权的一种理由，因此认为不方便法院原则是指：受诉法院认为其受理的某一涉外民事案件在外国法院进行诉讼，对当事人更为方便和公正时，可自由裁量，拒绝或放弃行使管辖权，从而促使当事人在另一个更为方便的法院进行诉讼的制度。[②] 第三种观点在综合上面两种主张的基础上，将不方便法院原则界定为：在涉外民事诉讼中，当原告向某国法院提起诉讼时，如被告认为他在该国应诉得不到公正对待，可以该国法院系不方便法院为由，要求中止诉讼。而受诉法院根据当事人的申请，综合考虑由其受理该案件或者在其他国家（或者地区）进行诉讼，对当事人更为方便和公正，运用自由裁量权，决定拒绝当事人的申请或者放弃行使管辖

① 林欣，李琼英. 国际私法理论诸问题研究. 北京：中国人民大学出版社，1996：92.

② 凌祁漫. 非方便法院原则及其适用. 人民司法，1996（11）：22.

权。不难看出，第三种观点力图将当事人视角与法院视角结合起来，形成一种更为全面的有关不方便法院原则的定义，使之能够涵盖不方便法院原则适用的整体过程以及主要内涵。

（一）不方便法院原则之利弊

源自英美法系国家的不方便法院原则能否引入我国，使之成为我国涉外民事诉讼法律体系的有机组成部分，曾经在学界引发有关该原则的利弊之争。有观点反对中国采用不方便法院原则，其理由如下：

（1）我国目前的管辖权制度较为合理，不方便法院原则在涉外司法管辖中没有用武之地。尽管我国目前的管辖权制度存在着一些问题，但管辖权依据总体上比较妥当。一方面，我国民事管辖权的一般基础是被告住所或惯常居所，这不仅是大陆法系国家的通常做法，而且也被一系列国际条约所接受。被告的住所或惯常居所通常情况下都与案件存在实质性联系，作为管辖权依据不会具有过度的宽泛性。另一方面，就其他特殊管辖制度而言，也不存在不方便法院原则运用的广阔空间。例如在协议管辖中，如果当事人在设立某些民事关系之初便达成选择法院的协议，那么被选择的法院就与当事人的权利义务之间建立起关联。当事人合意选择的行为创设了被选法院与案件之间割舍不断的联系，由此建立的管辖权就不能以不方便法院为理由而被拒绝。

（2）我国的管辖权制度与英美法系国家的存在巨大差异，不存在将植根于普通法土壤中的不方便法院原则进行移植的基本条件，中国欠缺不方便法院原则施行的法制环境。不方便法院原则主要适用于英美法系国家，少数大陆法系国家如日本等并没有采纳真正意义上的不方便法院原则。不方便法院原则往往是与涉外民事管辖依据的宽泛性紧密相连，作为一种对冲的工具，法官需要行使裁量权在相应案件中以不适合受理案件为由，中止或者终止在本国法院的诉讼，从而在管辖权的扩张和收缩之间寻求一种动态平衡。具体而言，不方便法院原则赖以存在的普通法体系在管辖制度上具有一些明显的特征：英美法系民事诉讼中的对人管辖和对物管辖，具有明显的宽泛性和灵活性；英美法系国家的管辖权一般建立在判例基础之上，判例构成其涉外民事管辖的主要法律渊源。同时，英美法系国家法官在涉外司法裁判中主要依照先例审理案件，在手头案件与先例所指向的事实存在差异时，可以偏离先例，在没有先例的情况下还可以创设法律。相比之下，我国的管辖权制度就缺乏不方便法院原则应用的制度环境。在我国，立法权属于立法机关所有，法官不能在裁判中创制法律。我国的管辖权是建立在国家立法基础上的，判例在我国不能作为法律渊源而存在。法官只能根据我国有关法律规定行使管辖权；立法机关尽可能地规定较为全面和细致的法律，法官行使自由裁量权的可能性被大大压缩。①

（3）就涉外民事管辖所追求的价值而言，不方便法院原则与法律的灵活性和公正性价值紧密相连，而与法律的确定性和稳定性格格不入。普通法国家的涉外民事

---

① 徐伟功. 不方便法院原则在中国的运用. 政法论坛，2003（2）：162-166.

管辖，不论是维护当事人利益和寻求正义，还是保障法院所在国的利益，都依赖于法官自由裁量权的行使。与之相对，如果立法者注重国际秩序的维护，就会限制法官的自由裁量权。我国现行法律注重法律的确定性、一致性和可预见性，同时兼顾国际管辖权冲突的协调。这必然要求限制法官的自由裁量权，因而包含广泛自由裁量性质的不方便法院原则在中国就没有存在的空间。

（4）不方便法院原则自身存在很多缺陷。例如，不方便法院原则的适用缺乏统一标准。通过对其在普通法国家的适用情况进行比较，可以发现，不方便法院原则尽管具有某些相似之处，但存在许多实质性差异。总体来看，法官享有太大的自由裁量权，导致不方便法院原则适用结果的不一致性；不方便法院原则可能为被告所利用，成为延迟诉讼的一种策略；更有甚者，在美国的涉外司法裁判中，不方便法院原则原初被视作“反选购法院”的利器，但美国当事人却反向使用，将其作为选购法院的有效工具，同时，美国法院自身也在通过该原则进行“案件选购”①。

但是，更多学者和实务界人士赞成将不方便法院原则纳入民事诉讼法体系：

（1）采用不方便法院原则，是有效行使国家司法主权的必然要求。一方面，根据国家主权原则，每一国家都有属地管辖权和属人管辖权，对其领域内的一切人、物和发生的行为以及境外本国国民具有管辖权。积极扩大和行使涉外民事管辖权，成为国家主权的本质要求。另一方面，不方便法院原则要求法院在追求诉讼便利、司法公正以及维护国家利益的基础上，裁量决定涉外民事诉讼管辖权的归属，主动放弃部分涉外民事管辖权，反映了国家独立自主处理自己事务的本质属性。那种认为不方便法院原则违反国家主权原则的观点实属片面，应予摒弃。②

（2）引入不方便法院原则是完善我国民事诉讼法的必要之举。虽然我国关于国际民商事诉讼管辖权制度的总体设计较为合理，但也存在比较严重的管辖权冲突，并导致平行诉讼。平行诉讼最大的问题便是判决难以得到外国法院的承认和执行，从而导致当事人的精力和财力化为乌有，严重浪费珍贵的司法资源，给国际民商事纠纷的顺利解决带来障碍。在很多国家立法存在扩张管辖权的倾向下，我国不宜单方面通过立法严格限制自己的管辖权；如果能够确立不方便法院原则，在涉外司法的个案裁判中主动放弃不必要的管辖，将会有效缓解平行诉讼带来的消极影响。③

（3）采用不方便法院原则符合互惠礼让的要求。在经济全球化不断深化和拓展的背景下，国际社会的每一个成员都不可能孤立独存而获得发展，成员之间相互依赖程度日渐加强。涉外民商事交往的不断深入也带来了纷繁复杂的矛盾和复杂多样的纠纷。在此背景下，在涉外民事司法领域中坚持互惠礼让，避免或者减少纠纷就显得十分重要。这是因为，一个主权国家在处理对外事务时，必须顾及和尊重其他主权国家的主权和利益，以求得他国对本国的尊重。具体到涉外民事管辖上，就是要针对涉外民事管辖权进行国际协调。如果涉外民事管辖权行使不当，会导致管辖

---

① 胡振杰. 不方便法院说比较研究. 法学研究，2002（4）：144－148.

② 凌祁漫. 非方便法院原则及其适用. 人民司法，1996（11）：22.

③ 王祥修. 论不方便法院原则. 政法论丛，2013（2）：90.

权冲突，使得民事司法判决无法得到相互的承认和执行，从而导致当事人利益受损，引发国家之间的矛盾与对立，并最终损害国家的司法利益。不方便法院原则从国际协调角度出发，要求各国对本国的管辖权进行克制，因而实行不方便法院原则实质上是在涉外诉讼的管辖权方面贯彻互惠和礼让原则，为涉外民事管辖权的国际协调提供避免冲突的可能性。

（4）不方便法院原则有利于实现程序公正并提高法院办案效率。在涉外民事诉讼中，对案件的管辖因素并非在所有的情况下都是唯一的，原告可能在多个可以行使管辖权的法院中选择一个提起诉讼，该法院往往是对原告最为有利的法院。被告为应对诉讼有可能会遇到更多的困难，花费更多的精力和财力，从而陷入一种不公平的境遇之中。有鉴于此，在允许原告选择对自己最为有利的法院提起诉讼的同时，为确保公平，也应同时允许被告对这种便利进行对抗。公正与效率是涉外司法应予追求的价值主题。法院在确保司法公正的同时，不应忽视办案效率。随着改革开放进程的不断拓展和深入，法院参与纠纷处理的程度和广度都有了质的飞跃，受案数量大幅攀升，法院司法负担沉重。对有些案件，法院虽然依法可以行使管辖权，但由于当事人一方在境外，或主要证据在境外，受案法院审理起来十分困难，即使勉强审结，也不利于执行甚至不可能执行，这样对原告也十分不利。相反，如果由其他合适的法院审理，可以使纠纷得到更好、更快的解决。在此情况下，涉外司法裁判中采用不方便法院原则，自我克制行使管辖权，对法院或当事人均有益处。①

针对不方便法院原则利弊的争论，在相当程度上影响了涉外司法实践的走向以及司法解释对于不方便法院原则的具体规定。

（二）我国不方便法院原则的实践演变

源自英美法系的不方便法院原则，从我国法院在涉外司法裁判中的零星适用，到经由最高人民法院司法解释的规则化纳入，这一过程并非一帆风顺的。

1. 我国法院有意识采用不方便法院原则的标志性案件

虽然我国法院在早先的数宗案件中曾拒绝行使涉外民事案件管辖权，被认为是隐约带有不方便法院原则的影子，但真正阐明不方便法院原则内涵的判决，是香港东鹏贸易公司诉东亚银行信用证纠纷案和住友银行有限公司与新华房地产有限公司贷款合同纠纷案。在香港东鹏贸易公司诉东亚银行信用证纠纷案②中，原、被告均为在香港特别行政区注册成立的公司，被告东亚银行在深圳设有代表机构。原告曾在香港特别行政区作为开证申请人，申请被告向在美国的受益人开出信用证。信用证开出后，原告认为信用证受益人有欺诈行为，要求被告停止支付该信用证下的货款，但被告仍向该受益人支付了款项，双方当事人遂产生纠纷。原告诉至深圳市中级人民法院，东亚银行提出管辖权异议。深圳市中级人民法院一审驳回了东亚银行

---

① 施适，滕梅．不方便法院原则在中国的发展现状：兼评中国涉外民商事案件管辖原则之异动．法律适用，2003（7）：63.

② 参见广东省高级人民法院（1995）粤法经二监字第3号民事裁定书。

的管辖权异议。东亚银行不服，向广东省高级人民法院提起了上诉。广东省高级人民法院二审驳回了东亚银行的上诉，维持了深圳市中级人民法院的一审裁定。二审裁定作出后，东亚银行仍然不服，上诉至广东省高级人民法院，并最终向最高人民法院提出再审申请。最高人民法院指令广东省高级人民法院依审监程序进行再审。广东省高级人民法院经再审后，最后以“该案双方当事人已经明确约定服从香港特别行政区法院的非专属性管辖，且该案双方当事人均为香港特别行政区法人，其纠纷的产生也与内地无关，从方便诉讼的原则出发，该案应按当事人的约定，由香港特别行政区法院管辖”为由，裁定驳回了原告的起诉。

在住友银行有限公司与新华房地产有限公司贷款合同纠纷案[①]中，住友银行有限公司（以下简称“住友银行”）和新华房地产有限公司（以下简称“新华公司”）均为香港特别行政区法人，双方订有融资贷款协议，约定由住友银行向新华公司提供贷款。该融资贷款协议第 23.2 条约定：“为了贷款人的利益，借款人不可撤销地同意，香港特别行政区法院享有处理因本协议而产生的或与本协议有关的任何纠纷的非专属管辖权，与此相适应，任何因本协议而产生的或与本协议有关的诉讼都可以在这些香港特别行政区法院提起，借款人不可撤销地接受这些香港特别行政区法院的非专属管辖。”后由于住友银行未按约定向新华公司提供贷款，双方协商不成遂发生纠纷。因住友银行在广州有办事处，新华公司因此向广东省高级人民法院起诉住友银行。住友银行提出了管辖权异议。广东省高级人民法院驳回了住友银行的管辖权异议。住友银行不服上诉到最高人民法院。最高人民法院经审查，最后于 1999 年 12 月 21 日作出了终审裁定，裁定撤销广东省高级人民法院的一审裁定，驳回新华公司的起诉。其中一个理由是：“（该案诉讼）既可以向香港特别行政区法院提起，也可向香港特别行政区以外的其他有管辖权的法院提起。由于该案双方当事人均系在香港特别行政区注册成立的法人，该融资贷款协议的签订地、履行地均在香港特别行政区，当事人又选择香港特别行政区法律作为融资贷款协议的准据法，从方便诉讼的原则考虑，该案由香港特别行政区法院管辖更为适宜，广东省高级人民法院不宜受理该案。”

在以上两个案件中，法院在具有管辖权的情况下最终拒绝了管辖。这些被认为是我国法院在实践中采用不方便法院原则的标志性案件。

2. 不方便法院原则的成文化过程

经过我国不同层级法院对不方便法院原则十几年的实践，2005 年 12 月发布的《最高人民法院关于印发〈第二次全国涉外商事海事审判工作会议纪要〉的通知》（以下简称“最高人民法院 2005 年《会议纪要》”）对该原则作了明确规定[②]：我国法院在审理涉外商事纠纷案件过程中，如发现案件存在不方便管辖的因素，可以根据不方便法院原则裁定驳回原告的起诉。不方便法院原则的适用应符合下列条件：（1）被告提出适用不方便法院原则的请求，或者提出管辖异议而受诉法院认为可以

① 参见最高人民法院（1999）经终字第 194 号民事判决书。

② 最高人民法院 2005 年《会议纪要》第 11 条。

考虑适用不方便法院原则；（2）受理案件的我国法院对案件享有管辖权；（3）当事人之间不存在选择我国法院管辖的协议；（4）案件不属于我国法院专属管辖；（5）案件不涉及我国公民、法人或者其他组织的利益；（6）案件争议发生的主要事实不在我国境内且不适用我国法律，我国法院若受理案件在认定事实和适用法律方面存在重大困难；（7）外国法院对案件享有管辖权且审理该案件更加方便。

然而，《民事诉讼法》修正案没有将最高人民法院 2005 年《会议纪要》第 11 条上升为立法，使不方便法院原则所依赖的法律依据在实践中面对无法回避的质疑。在上诉人姚某锋与被上诉人（原审原告）香港投资集团有限公司管辖权异议案[①]中，上诉人姚某锋不服福建省厦门市中级人民法院（2010）厦民初字第 510 号民事裁定，根据最高人民法院 2005 年《会议纪要》第 11 条提起上诉，要求法院根据不方便法院原则裁定驳回原告的起诉。被上诉人香港投资集团有限公司答辩称：2007 年修订的《民事诉讼法》并未规定《会议纪要》的不方便法院原则，故该案不适用不方便法院原则。同时，《会议纪要》的性质至多为司法解释，为当时有效的《民事诉讼法》的解释或补充。而 2007 年《民事诉讼法》修正时，并未将《会议纪要》规定之不方便法院原则纳入。更为重要的是，最高人民法院尚未就不方便法院原则颁布过其他司法解释。因此该案应当适用修正后的《民事诉讼法》，依法裁定该案由原审法院管辖。对此有学者认为，早在 2000 年的国际私法学会专家起草的《中国国际私法示范法》（修订至第七稿）和 2007 年民事诉讼法学会学者起草的《民事诉讼法修订专家建议稿》（第四稿），均包含不方便法院原则条款。而 2008 年和 2012 年两次《民事诉讼法》修正均未采纳不方便法院原则，也未颁布相关司法解释。不可否认，该案代理人的答辩的确可能引发疑问：我国立法是否持有否定适用不方便法院原则的态度。[②] 不方便法院原则的法律效力悬而未决的状态被 2015 年《民事诉讼法》司法解释第 532 条所解决，该原则终于实现了成文化。2023 年 9 月修正的《民事诉讼法》第 282 条对不方便法院原则作出具体规定，人民法院受理的涉外民事案件，被告提出管辖异议，且同时有下列情形的，可以裁定驳回起诉，告知原告向更为方便的外国法院提起诉讼：（1）案件争议的基本事实不是发生在中华人民共和国领域内，人民法院审理案件和当事人参加诉讼均明显不方便；（2）当事人之间不存在选择人民法院管辖的协议；（3）案件不属于人民法院专属管辖；（4）案件不涉及中华人民共和国主权、安全或者社会公共利益；（5）外国法院审理案件更为方便。裁定驳回起诉后，外国法院对纠纷拒绝行使管辖权，或者未采取必要措施审理案件，或者未在合理期限内审结，当事人又向人民法院起诉的，人民法院应当受理。

四、延伸问题

鉴于我国法院适用不方便法院原则的特点和审判实践中出现的问题，有必要对

---

① 参见福建省高级人民法院（2011）闽民终字第 208 号民事裁定书。

② 彭奕. 不方便法院原则在我国的发展历程与立法完善：兼评 2015 年《民事诉讼法司法解释》第 532 条. 南京大学法律评论，2016（2）：252.

此进行适当地把握。

有学者针对不方便法院原则在我国涉外司法实践中的适用状况进行了分析和总结，认为存在以下特点：（1）我国法院在适用不方便法院原则时，在总体上较少以该原则为依据拒绝管辖。总体上，2015 年《民事诉讼法》司法解释生效后，法院对于拒绝管辖持有更加谨慎的态度，同时更加注重对案件的规范性和合理性论证，明确列举法律依据的案件数量在《民事诉讼法》司法解释生效后有较大增长。（2）在涉外司法裁判中，相当多案件未对不方便法院原则的适用进行解释说理，还有一些案件中存在明显的说理错误或不规范的情况。（3）依据我国现行法律规定，只有在同时满足《民事诉讼法》司法解释第 532 条所规定的六款条件时，才能适用不方便法院原则予以拒绝管辖。有鉴于此，我国法院在拒绝适用不方便法院原则时，往往不会对所援引条文逐项进行阐释，只要所受理案件不符合其中一项，受案法院便以此为由拒绝适用不方便法院原则而维持管辖权。（4）在适用不方便法院原则的 31 例案件中，法院均采取驳回起诉的处理方式，告知当事人向更方便法院重新提起诉讼。①

有学者进一步指出我国法院适用不方便法院原则过程中出现的问题：第一，不方便法院原则在实践中的适用很难避免司法沙文主义的嫌疑。就涉外司法裁判而言，有法院仅基于案件涉及我国当事人的利益就拒绝适用不方便法院原则，而且在适用不方便法院原则的过程中，法院分析的重点并不在于法院与域外法院在审理案件方面的适当性或便利性之比较，而仅在于确保我国当事人的利益得到维护。第二，弱化了不方便法院原则减少诉累的功能。法院往往出于不同原因的考虑而不愿放弃针对案件的管辖权，特别是在《民事诉讼法》司法解释第 532 条对不方便法院原则的适用采“六条件说”的情况下，法院可以其中任何一个条件不符为由拒绝当事人基于不方便法院原则提出的管辖抗辩。法院适用不方便法院原则的司法实践实际上并未充分发挥其减少诉累的重要功能。第三，难以妥善解决平行诉讼与冲突判决的问题。在为数不少的案件中，法院在外法域法院业已受理案件或作出判决的情况下，仍然认为此种情形并不影响法院依法享有的管辖权，并实际上针对案件行使管辖权。由此产生的结果是，不同国家或地区之间存在平行诉讼并由此导致相互冲突的判决不可避免。总体而言，法院在不方便法院原则适用的过程中往往以确保其对案件的管辖权为隐性目标，而并不考量案件由其管辖是否能够平等保护诉讼当事人的利益并实现个案公正的目标。不方便法院原则适用的问题表明，法院对于不方便法院原则精神的理解片面聚焦于我国当事人利益的保护及法院管辖案件的便利性上，并没有真正重视该原则在实现正义利益方面的积极功能。因此，从理论根源上对法院适用不方便法院原则的实践进行反思极为必要。②

---

① 陈南睿. 不方便法院原则在中国法院的适用及完善：以 125 例裁判文书为视角. 武大国际法评论，2021，5（2）：115－121.

② 黄志慧. 人民法院适用不方便法院原则现状反思：从“六条件说”到“两阶段说”. 法商研究，2017，34（6）：159.

鉴于我国目前涉及不方便法院原则适用的涉外案件数量有限，不存在过重司法负担的情形，而且司法资源的运用除应考虑司法便利外，更应考虑运用后对当事人权益、司法形象等方面的影响，我国关于不方便法院原则的完善路径应是重点突出实现个案公平正义，解决管辖权问题，而不是使该原则沦为便利司法之手段。具体可以从三个方面进行完善，包括优化可替代法院的确定方法、改良现行适用不方便法院原则的严苛条件、根据不同情况采取中止诉讼的做法。[①]

五、类案练习

(一) 尚德电力控股有限公司案

尚德控股公司起诉要求尚德投资公司支付欠款及相应利息。在一审法院审理过程中，尚德投资公司在答辩期内对该案管辖权提出异议，认为一审法院对该案无管辖权或不方便管辖，要求驳回尚德控股公司的起诉。其理由是：该案系企业借贷纠纷，双方当事人未约定由中国法院管辖，也未选择适用中国法律，发生争议的主要事实在境外，相关的证据材料也需要在境外收集，甚至案件的执行结果涉及多个境外企业，且关联案件已在新加坡法院起诉和审理。

一审法院经审查认定，尚德控股公司应尚德投资公司的请求为尚德投资公司子公司扬州尚德太阳能电力有限公司（以下简称“扬州尚德公司”）增资事宜向尚德投资公司提供拆借款，后向尚德投资公司汇款。尚德投资公司将其收到的尚德控股公司提供的汇款作为增资款的一部分汇入扬州尚德公司。因尚德投资公司未能偿还上述借款，致涉讼。另查明：尚德投资公司在上海投资设立了全资子公司尚德太阳能电力有限公司（以下简称“上海尚德公司”），上海尚德公司注册于上海市闵行区立跃路××号。

一审法院认为：尚德投资公司在上海市闵行区设立有全资子公司，即尚德投资公司在上海市闵行区有可供扣押的财产，且属该院辖区，故依照《民事诉讼法》第265条之规定，该院对该案依法享有管辖权。但综合考虑该案实际情况，该案存在不方便管辖的因素。首先，根据尚德控股公司目前提交的证据材料显示，系争借款从尚德控股公司在美林证券公司香港办事处的账户汇至尚德投资公司在荷兰银行新加坡分行的账户内，即系争借款关系的主要履行事实均发生在中国境外，且双方就该案准据法的确定无法达成一致意见，该案纠纷将适用中国香港特别行政区法律或新加坡法律，如继续审理将在认定事实和适用法律方面存在重大困难。尚德控股公司仅凭借款指令在中国境内发出即认为借款主要事实发生在中国境内的观点不能成立，不予采纳。其次，双方均为外国企业，根据系争借款的汇付情况，中国香港特别行政区法院或新加坡法院对双方争议有管辖权，且审理更加方便，尽管尚德控股公司提出系争借款由尚德投资公司投资于扬州尚德公司，但这仅涉及借款的具体用

① 陈南睿. 不方便法院原则在中国法院的适用及完善：以125例裁判文书为视角. 武大国际法评论，2021，5（2）：129-134.

途，并不改变借款法律关系的履行均在中国境外的客观情况。最后，双方未约定纠纷由中国法院管辖，且尚德投资公司在该案中已经提出适用不方便法院原则的请求。因此，该院对于审理该案借款纠纷为不方便法院，尚德控股公司起诉不符合《民事诉讼法》第2条规定的便于当事人进行诉讼和便于人民法院行使审判权的两便原则，据此裁定驳回尚德控股公司的起诉。

尚德控股公司不服一审裁定，提起上诉，称：第一，适用不方便法院原则必须同时满足《民事诉讼法》司法解释第532条规定的情形。该案明显不满足该条第4项、第5项、第6项规定的情形：(1) 尚德控股公司系在开曼群岛注册的离岸公司，其主要办事机构所在地和实际经营地均在中国，故其是住所地在中国的法人，该案涉及中国企业的利益。(2) 尚德控股公司划款指令是在中国无锡作出，银行划款完成后的通知也是向双方当事人在无锡的总部作出，系争借款的用途亦发生在中国境内，故借款合同的主要履行事实发生在中国境内，中国法律是与该案有最密切联系的法律。(3) 尚德投资公司可供执行的财产全部在中国境内，且一审法院已对尚德投资公司在境内的财产采取了保全措施，该案由中国法院审理最有利于判决的执行，相反，尚德投资公司并未举证证明外国法院是审理该案更为方便的法院。第二，从政策层面来说，如果该案以不方便法院原则驳回尚德控股公司的起诉，则可能导致以后中国法院在涉及中国企业境外投资、跨境交易的时候处于越来越边缘化的地位，并对中国的司法主权造成损害。综上，一审法院认定事实不清，适用法律错误，请求依法撤销一审裁定，裁定该案由一审法院管辖，该案诉讼费用由尚德投资公司承担。

尚德投资公司辩称：该案适用不方便法院原则具有事实和法律依据，应当由新加坡法院管辖：(1) 该案当事人不存在选择中国法院管辖的协议。(2) 案件不属于中国法院专属管辖。(3) 双方当事人不是中国企业，不涉及中国公民、法人或者其他组织的利益。(4) 该案系争款项从尚德控股公司香港特别行政区证券公司账户汇至尚德投资公司新加坡的银行账户，主要履行事实发生在境外，应适用新加坡或中国香港特别行政区法律。(5) 双方当事人在新加坡有关联诉讼，新加坡法院审理该案更为方便。综上，一审裁定认定事实清楚，适用法律正确，请求二审法院依法驳回尚德控股公司的上诉请求。

二审法院认定：该案为涉外借款合同纠纷。一审法院作为尚德投资公司可供扣押财产所在地法院对该案享有管辖权。涉外民事案件同时符合《民事诉讼法》司法解释第532条规定的六种情形，法院可以适用不方便法院原则驳回原告的起诉。鉴于该案系企业借贷纠纷，不属中国法院专属管辖，当事人之间也不存在选择中国法院管辖的协议，且尚德投资公司已经提出适用不方便法院原则的请求，故本案的主要争议在于案件是否存在《民事诉讼法》司法解释第532条第4项、第5项、第6项所列的情形。对此，二审法院具体分析如下：

(1) 关于该案是否涉及中国国家、公民、法人或其他组织的利益。

该案双方当事人虽然均为注册于境外的外国企业，但法院注意到：1) 尚德控股公司提交的其注册登记材料显示，其系依据《开曼公司法》注册成立的公司（俗称

“离岸公司”)，根据该法，尚德控股公司不得在其注册地开展经营活动。2）尚德投资公司系依据新加坡公司法注册成立，其董事柏某在双方另案诉讼中出具的给新加坡高等法院的誓词中陈述，尚德投资公司不在其注册地经营业务，该地址只是公司委托的企业秘书服务公司的地址。3）尚德控股公司提交的其与银行之间的汇付款通知等材料显示，尚德控股公司与尚德投资公司的实际经营地均位于中国无锡新区长江南路××号，尚德控股公司财务经理的办公室位于无锡。4）尚德控股公司在美国纽约证券交易所上市招股说明书及大量的公司公告均载明，其主要办公机构位于中国无锡长江南路××号，公司的所有商业运营均在中国开展，且公司的所有财产都位于中国。5）当事人提交的公司注册登记材料显示，尚德控股公司和尚德投资公司均有多名中国籍董事，且均在中国境内有住所。6）验资报告显示，2008 年 8 月 12 日，尚德投资公司将系争款项作为增资款汇入扬州尚德公司。7）尚德投资公司在上海和江苏扬州分别设有全资子公司上海尚德公司和扬州尚德公司。综上，二审法院认为，该案双方当事人虽然为境外注册公司，但双方的实际经营活动和办公场所均位于中国境内，双方的多名董事和工作人员也居住于境内，系争借款也是用于中国境内子公司的增资，且尚德投资公司可供执行的财产亦在中国境内，因此该案争议并非与中国国家、公民、法人或其他组织的利益无涉，一审法院将该案当事人作为普通的外国企业对待，而未能充分考虑其作为离岸公司注册地和实际经营地相分离的特点，二审法院不予赞同。

(2) 关于中国法院审理该案在认定事实和适用法律方面是否存在重大困难。

《民事诉讼法》司法解释第 532 条第 5 项所列的“在认定事实和适用法律方面存在重大困难”，有其适用的前提条件，即“案件争议的主要事实不是发生在中华人民共和国境内，且案件不适用中华人民共和国法律”。就该案而言，双方的实际经营地和办事机构均位于中国无锡，尚德控股公司的付款指令是在无锡作出的，银行完成划款后是向双方在无锡的办公地进行通知，借款亦是用于尚德投资公司在境内的增资，因此，该案争议的主要事实并非与中国无涉，一审法院仅凭系争借款通过境外银行汇付即认定该案的主要履行事实均发生在境外，有失偏颇，不予支持。如上所述，该案系争合同与中国有着十分密切的联系，故在当事人未对合同争议适用法律作出选择的情况下，应根据中国《涉外民事关系法律适用法》的相关规定确定该案准据法。一审法院认为对该案应适用外国法并认定该案在认定事实和适用法律方面存在重大困难，依据不足，不予认可。

(3) 关于外国法院审理该案是否更加方便。

尚德投资公司主张该案由新加坡法院审理更为方便，其主要理由是其住所地在新加坡，且新加坡法院已经受理了双方另一关联案件。对此法院认为，对于认定“更方便外国法院”，应当根据案件的具体情况，从及时、有效和最大限度保护当事人合法权益出发，综合考量各种因素予以确定。该案中，双方当事人的实际经营地均位于中国境内，双方多名董事和有关的业务经办人员也居住于中国境内，中国法院审理案件在文书送达、证据获取、证人出庭作证等方面并不存在“非便利性”因素。需特别指出的是，“判决能否得到执行”是适用不方便法院原则的重要考虑因素。该案中，尚德投资公司可供执行财产在中国境内并被采取保全措施，由中国法院审理案件最有利于判决的执行。相反，若由新加坡法院审理该案，由于中国与新加坡签订的双边司法协助条约并不包括判决的相互承认和执行，即使尚德控股公司获得胜诉判决，其合法权益也难以得到有效维护，因此，新加坡法院并非审理该案的“更方便法院”。一审法院以自身是不方便法院为由拒绝对该案纠纷行使管辖权依据不足，不予支持。

综上所述，尚德控股公司的上诉理由成立，对其上诉请求法院予以支持。原审裁定适用法律不当，应予撤销。责令该案由上海市第一中级人民法院进行审理。[①]

思考题：

（1）一审法院与二审法院针对同一争议在适用不方便法院原则时得出截然不同的结论，其原因是什么？

（2）法院在裁定过程中运用了哪些国际私法规则？

（二）天卓国际发展有限公司案

再审申请人天卓国际发展有限公司（以下简称“天卓公司”）因与被申请人盈发创建有限公司（以下简称“盈发公司”）企业借贷纠纷一案，不服天津市高级人民法院（以下简称“二审法院”）（2016）津民终44号民事裁定，向最高人民法院申请再审。最高人民法院依法组成合议庭对该案进行了审查。

再审申请人天卓公司申请再审称：涉案“贷款协议”第8条仅约定了借款人盈发公司对管辖的意思表示，贷款人天卓公司在该协议中并没有作出关于管辖的意思表示，双方当事人就“贷款协议”纠纷的管辖并未达成共同意思表示，天卓公司起诉并不受该条款限制。该条款约定中国香港特别行政区法院“有权限”对涉案争议进行管辖，该约定为宣示性约定，而非拘束性约定，为非排他性管辖条款。二审法院将该条款约定的管辖认定为排他性管辖错误。盈发公司持有华北城盈发创建（天津）有限公司49%的股权，在天津市有可供扣押的财产，天津市第一中级人民法院（以下简称“一审法院”）对该案具有管辖权，应当依法受理该案。内地法院管辖该案是天卓公司权益得到保护的唯一方式，而内地法院不管辖该案将导致涉案纠纷在香港特别行政区起诉后的判决在内地亦不能得到认可和执行。综上，二审裁定认定事实不清、适用法律错误，天卓公司根据《民事诉讼法》第200条第2项、第6项的规定申请再审。

盈发公司提交意见称：涉案“贷款协议”是由天卓公司草拟提出并经盈发公司签署同意而形成，协议所有条款均是双方共同的意思表示，其中约定香港特别行政区法院管辖是双方唯一寻求解决纠纷的合法途经。故请求驳回天卓公司的再审申请。

最高人民法院认定该案为涉港企业借贷纠纷。一、二审法院参照适用《民事诉讼法》关于涉外民事诉讼程序的特别规定正确。根据天卓公司的再审申请，案件再

① 尚德电力控股有限公司诉尚德电力投资有限公司企业借贷纠纷管辖权异议案，参见上海市高级人民法院（2015）沪高民二（商）终字第S7号民事裁定书。

审审查的重点是涉案诉讼管辖条款的效力。

根据天卓公司起诉时提供的证据，天卓公司（作为贷款人）、盈发公司（作为借款人）于2011年1月17日签订案涉“贷款协议”，该协议首部载明“贷款人已经同意给予本协议约定的条款及条件”“贷款人和借款人谨此同意如下”；第8条约定：“借款人不可撤销地同意香港特别行政区法院有权限解决本协议产生的纠纷”。根据上述协议内容，可以看出上述诉讼管辖条款是双方共同的意思表示，天卓公司主张其与盈发公司并未就协议纠纷的管辖达成共同意思表示，与案涉“贷款协议”的约定不符。双方当事人均为香港特别行政区公司，约定的管辖法院即香港特别行政区法院是与案涉争议有实际联系地点的法院，且没有违反《民事诉讼法》有关专属管辖的规定，一、二审法院认定该选择管辖法院条款有效，并无不当。双方当事人一致明确约定香港特别行政区法院对案涉“贷款协议”下纠纷的管辖权，并强调该约定不可撤销，这说明双方当事人在签订协议当时均没有将案涉“贷款协议”下纠纷提交其他法院解决的意愿。二审法院认定上述协议管辖条款具有排他性，而一审法院对该案纠纷没有管辖权，据此裁定驳回天卓公司的上诉，维持一审法院驳回天卓公司起诉的裁定，并无不当。

综上，最高人民法院认定天卓公司的再审申请不符合法律规定，裁定驳回天卓国际发展有限公司的再审申请。[①]

思考题：

（1）如何认定法院选择条款的有效性？

（2）如何区分排他性法院选择协议与非排他性法院选择协议？

（3）如何把握法院选择协议的类型与不方便法院原则适用之间的关系？

六、知识拓展

（一）拓展阅读

1. 谢海霞．论国际民商事诉讼中的不方便法院原则．北京：对外经济贸易大学出版社，2012.

2. 何其生．比较法视野下的国际民事诉讼．北京：高等教育出版社，2015.

3. 徐伟功．不方便法院原则研究．武汉：湖北人民出版社，2020.

4. 王吉文．论不方便法院原则对协议管辖的效力问题．云南大学学报（法学版），2015，28（3）.

5. 黄志慧．人民法院适用不方便法院原则现状反思：从“六条件说”到“两阶段说”．法商研究，2017，34（6）.

6. 陈南睿．不方便法院原则在中国法院的适用及完善：以125例裁判文书为视角．武大国际法评论，2021，5（2）.

---

① 天卓国际发展有限公司诉盈发创建有限公司企业借贷纠纷再审案，参见最高人民法院（2016）最高法民申2783号民事裁定书。

（二）拓展写作

1. 比较分析不方便法院原则在不同国家适用的典型模式

2. 不方便法院原则在涉外司法实践中适用的障碍及其克服

（三）其他资料

1. 1995 年佳华国际有限公司、锐享有限公司与永侨企业有限公司、中侨国货投资有限公司股东权纠纷案，最高人民法院（1995）经终字第 138 号民事裁定书。

2. 1999 年住友银行公司与新华房地产有限公司贷款合同纠纷案，最高人民法院（1999）经终字第 194 号民事裁定书。

3. 郭叶律师行诉厦门华洋彩印公司代理合同纠纷管辖权异议一审案，厦门市中级人民法院，《最高人民法院公报》2004 年第 7 期。

4. 拉斯海马国家银行公众公司与薛某某保证合同纠纷案，浙江省瑞安市人民法院（2019）浙 0381 民初 12150 号民事判决书。

5. 陈甲、陈乙股权转让纠纷管辖权案，福建省福州市中级人民法院（2020）闽 01 民辖终 262 号民事裁定书。

6. 西斯威尔国际有限公司、西斯威尔香港有限公司滥用市场支配地位纠纷案，最高人民法院（2020）最高法知民辖终 392 号民事裁定书。

7. 西南政法大学国际私法学线上课程链接：国际私法学_西南政法大学_中国大学 MOOC（慕课）（https：//www.icourse163.org/course/swupl-1205596801）。

专题三　涉外物权

一、引　案

（一）案情简介

中国建设银行股份有限公司广州荔湾支行（以下简称“建行广州荔湾支行”）与蓝粤能源公司于2011年签订了“贸易融资额度合同”及“关于开立信用证的特别约定”等相关附件，约定该行向蓝粤能源公司提供不超过5.5亿元的贸易融资额度，包括开立等值额度的远期信用证。粤东电力等担保人签订了保证合同等。2012年蓝粤能源公司向建行广州荔湾支行申请开立8 592万元的远期信用证。为开立信用证，蓝粤能源公司向建行广州荔湾支行出具了“信托收据”，并签订了“保证金质押合同”。“信托收据”确认自收据出具之日起，建行广州荔湾支行即取得上述信用证项下所涉单据和货物的所有权，建行广州荔湾支行为委托人和受益人，蓝粤能源公司为信托货物的受托人。信用证开立后，蓝粤能源公司进口了16.5万吨煤炭。建行广州荔湾支行承兑了信用证并付款。建行广州荔湾支行履行开证和付款义务后，取得了包括本案所涉提单在内的全套单据。蓝粤能源公司因经营状况恶化而未能付款赎单，故建行广州荔湾支行在本案审理过程中仍持有提单及相关单据。提单项下的煤炭因其他纠纷被广西壮族自治区防城港市港口区人民法院查封。建行广州荔湾支行向广东省广州市中级人民法院提起本案诉讼，请求判令蓝粤能源公司清偿信用证项下本金及利息；确认信用证项下煤炭属建行广州荔湾支行所有，并对处置提单项下煤炭所获价款有优先受偿权；粤东电力等担保人承担担保责任。

广东省广州市中级人民法院一审支持建行广州荔湾支行关于蓝粤能源公司还本付息以及担保人承担相应担保责任的诉请，但由于建行广州荔湾支行与蓝粤能源公司未依法定程序设定质押，信托收据及提单交付也不产生对抗效力，对建行广州荔湾支行主张煤炭优先受偿权的诉请不予支持。建行广州荔湾支行不服一审判决，提起上诉。二审法院广东省高级人民法院认为建行广州荔湾支行对涉案煤炭不享有质权，无权优先受偿。因而，对一审判决予以维持。建行广州荔湾支行不服二审判决，向最高人民法院申请再审。

(二) 涉及问题

(1) 因对外付款而合法持有提单的开证行对提单项下货物享有何种权利？提单持有人是否当然对提单项下货物享有所有权？提单是否为所有权凭证？如果银行不享有所有权，则其享有的是什么权利？

(2) 如何认定信托收据的性质与效力？在本案中，信托收据设立的是质押关系、让与担保关系还是信托关系？如果是让与担保关系，是否具有物权效力？

二、法官释法

最高人民法院认为，从当事人申请再审及答辩的情况看，本案主要争议焦点有三：一是建行广州荔湾支行是否对案涉提单项下货物享有所有权；二是建行广州荔湾支行对处置案涉货物所得的价款是否享有优先受偿权；三是粤东电力等担保人应否另行承担每日万分之五的违约金责任。[①]

(一) 案涉提单项下货物所有权问题

关于提单是否为所有权凭证的问题。首先，我国《海商法》第 71、78 条的规定明确了提单的物权凭证属性。其次，根据《最高人民法院关于审理无正本提单交付货物案件适用法律若干问题的规定》的规定可知，提单持有人之所以可以要求承运人承担违约责任，是基于提单的债权凭证属性，其系享有提单所载权利的债权人；而提单持有人之所以可以要求承运人承担侵权责任，是基于提单的所有权凭证属性，其系提单项下货物的所有权人或基于所有权所设定的他物权人。显然，该司法解释亦认可了提单具有所有权凭证和债权凭证的双重属性。

关于是否持有提单就对提单项下货物享有所有权的问题。提单持有人是否当然就享有提单所表征的债权请求权及物权请求权，或者说谁持有提单谁是否当然就对提单项下货物享有所有权，对此不能一概而论，应区别情况作具体分析。对于提单持有人而言，其依法正当地向承运人行使提单权利，应具有法律上的原因或依据，亦即以一定的法律关系存在为前提。同样是交付提单，既可能是基于委托保管提单关系，亦可能是基于货物买卖关系，还可能是基于设立提单权利质押或提单项下货物动产质押关系，等等。基于不同的法律关系，提单持有人享有不同的权利。如果仅仅是基于委托保管提单的法律关系，提单持有人固然可凭提单要求承运人交付货物，但如其主张对货物享有所有权或他物权，则显然不具有合法性和正当性；在基于设立提单权利质押关系的情况下，交付提单，产生提单权利质押设立的法律效果。也就是说，虽然提单的交付可以与提单项下货物的交付一样产生提单项下货物物权变动的法律效果，但提单持有人是否就因受领提单的交付而取得物权以及取得何种类型的物权，均取决于其所依据的合同如何约定。

---

① 中国建设银行广州荔湾支行与广东蓝粤能源发展有限公司等信用证开证纠纷申请再审案，参见最高人民法院（2015）民提字第 126 号民事判决书。

本案中，建行广州荔湾支行持有提单乃不争之事实，但其是否就享有提单项下货物所有权，取决于其与蓝粤能源公司之间的有关合同如何约定。本案中，建行广州荔湾支行与蓝粤能源公司签订的“贸易融资额度合同”及“关于开立信用证的特别约定”，均没有关于在蓝粤能源公司不能付款赎单情况下建行广州荔湾支行对提单项下货物享有所有权的任何约定。根据“信托收据”的上述记载，建行广州荔湾支行虽持有提单，但并非当然对提单项下货物享有所有权，只有在建行广州荔湾支行将提单或提单项下货物交由蓝粤能源处置的情况下，蓝粤能源公司才让与其提单项下货物的所有权。事实上，建行广州荔湾支行并未将案涉提单或提单项下货物交由蓝粤能源公司处置，“信托收据”当然亦不能作为其取得提单项下货物所有权的合同依据。因此，建行广州荔湾支行关于“提单是所有权凭证，其合法持有提单，就享有提单项下货物所有权”的主张，缺乏事实与法律依据，本院不予支持。

（二）案涉货物所得价款的优先受偿权问题

根据我国《物权法》第224条的规定，设立提单权利质押应当同时具备两个要件：一是双方签订了设立提单权利质押的书面合同；二是满足物权公示要件，将权利凭证即提单交付质权人。建行广州荔湾支行持有提单，具备了提单权利质押设立的公示要件，故考察其是否享有提单权利质权，关键要考量是否具有合同依据。建行广州荔湾支行主张蓝粤能源公司向建行广州荔湾支行出具的“信托收据”具有质押合同的性质，但就“信托收据”的内容来看，蓝粤能源公司意在将提单及提单项下货物所有权让与建行广州荔湾支行，以此作为履行还款义务的担保。“信托收据”所载内容虽然体现了以提单及提单项下货物担保建行广州荔湾支行债权的意思表示，但该意思表示是以让与提单项下货物所有权来提供担保，明显区别于动产质押或权利质押，不应作为认定设立提单权利质押的合同依据。

有关合同没有建行广州荔湾支行所称的“以其享有所有权的货物处置价款优先清偿信用证垫款，不足的差额部分再由蓝粤能源公司继续清偿”的具体明确约定，该主张缺乏合同依据；即便有相应的合同约定，我国现行法律没有关于以让与动产所有权担保债权这一担保物权类型的规定，根据物权法关于物权法定原则的规定，不能产生物权效力，何来优先受偿？在没有合同依据又没有法律依据的情况下，如果既认定建行广州荔湾支行对提单项下货物享有所有权，又认定蓝粤能源公司承担信用证项下全部款项的偿付义务，将导致双重受偿的后果。因而建行广州荔湾支行不享有对案涉货物的优先受偿权。

（三）提单权利质权问题

蓝粤能源公司与建行广州荔湾支行在签订的“关于开立信用证的特别约定”中约定，一旦蓝粤能源公司违约或发生“贸易融资额度合同”中约定的可能危及建行广州荔湾支行债权的情形之一的，建行广州荔湾支行有权行使下述一项或几项权利，其中第四项约定有权“行使担保权利”，第五项约定有权“要求甲方追加保证金或乙方认可的其他担保”。基于以下两点理由，可以认为第四项约定的“担保权利”与第五项所约定的“其他担保”指向不同：其一，从本案查明的事实看，第五项所指的保证金已由蓝粤能源公司交付，“其他担保”指当事人之间约定的为股权设定的质押；其二，就合同体系解释的角度而言，在合同条款有两种以上的解释时，应当采纳使各个合同条款都具备一定意义的解释，因此，应认为第四项和第五项的约定具有不同的功能与法律意义。故，本案第四项约定所称的“担保权利”，综合合同约定以及案件事实，可以认为其指的就是提单权利质押，理由如下：其一，跟单信用证的基本机制和惯例就是开证行持有提单，开证申请人付款赎单，开证申请人不付款，开证行就不放单，可见，开证行持有提单的目的是担保其债权的实现，反之将完全背离跟单信用证制度关于付款赎单的交易习惯及基本机制和交易目的。其二，“关于开立信用证的特别约定”约定了第三项，即一旦蓝粤能源公司违约或发生“贸易融资额度合同”中约定的可能危及建行广州荔湾支行债权的情形之一的，建行广州荔湾支行有权“处分信用证项下单据及/或货物”。该约定表明，建行广州荔湾支行有权以自己的意思处分提单及/或提单项下货物，也即包括设定提单质押。由于这种处分权的事先赋予，建行广州荔湾支行事后作出将自己所持有的提单设定质权的意思表示完全符合第三项的约定。当然，即便建行广州荔湾支行事后作出以提单项下货物所有权担保其债权实现的意思表示亦符合第三项的约定，只是以货物所有权担保其债权实现，违反物权法定原则。在建行广州荔湾支行既主张以提单项下货物所有权担保其债权，又主张提单质权的情况下，应当支持更符合法律规定的主张，认定该项约定所谓的处分为设定提单质权。综上，建行广州荔湾支行持有提单，提单可以设立权利质权，有关合同既有设定担保的一般约定，又有以自己的意思处分提单的明确约定，依据《合同法》有关合同解释的规定以及《物权法》关于权利质押的规定，应当认定建行广州荔湾支行享有提单权利质权。

三、学理评析

本案是一起具有涉外因素的远期跟单信用证开证纠纷，是最高人民法院再审审理的案件。经提审审结后，本案被评选为第二批“一带一路”建设十大典型海事案例，具有十分重要的指导价值。

本指导性案例的裁判意义在于：（1）本案判决明确了跟单信用证对应的提单具有债权凭证和所有权凭证双重属性，提单持有人的具体权利取决于提单流转所依据的原因法律关系，由此澄清了长期困扰司法实践的提单凭证法律属性之争。（2）本案的判决能够有效统一裁判规则，完善了跟单信用证交易和保障制度，有效避免了因规则缺位而给国际贸易造成的困扰，充分体现了严格公正司法的精神。

（一）关于本案法律适用的问题

作为一起具有涉外因素的远期跟单信用证开证纠纷，最高人民法院对于本案的法律适用并无特别说明，法院审理主要集中在有关提单的权利质权等法律问题上。但笔者根据法院的审理逻辑分析，本案的法律适用思路大致如下：本案系信用证纠纷案件，根据《最高人民法院关于审理信用证纠纷案件若干问题的规定》第 4 条的规定，本案应适用我国的法律作为本案的准据法。因此，在涉外合同当事人并无约定的情况下，涉及本案的纠纷应适用该单边冲突规范指向中国法。由于该司法解释存在明确规定，在适用法律过程中并无太多的疑难问题，因此本案中最高人民法院并未单独说明该法律适用问题，逻辑上略有不完整性。不过本案判决将案涉“贸易融资额度合同”及“关于开立信用证的特别约定”“信托收据”等作为一个整体，通过合同体系解释，结合跟单信用证的基本机制和惯例，探究当事人的真实意思表示，从而认定开证行对提单享有质权，切实尊重当事人意思自治。

（二）关于提单的属性问题

合议庭在综合分析各种学说的基础上，结合相关法律规定、司法判例以及法律原理，认为提单兼具债权凭证与物权凭证的双重属性，是物权凭证中的所有权凭证。提单表征的是基于所有权的原物返还请求权。在海上货物运输合同中，货物所有权人将货物交付给承运人并由其实际占有后，并未丧失所有权。既然货物所有权人对货物仍然享有所有权，而提单是据以向承运人提取货物的唯一凭证，其当然可以基于对货物的所有权请求承运人返还货物，此为基于所有权产生的原物返还请求权，属于物权请求权的范畴。还要看到，提单不仅是提取货物的唯一凭证，而且本身就代表货物，持有提单就相当于占有货物，交付提单就相当于交付货物，提单代表货物的功能凸显了提单的所有权凭证属性。提单为什么能够代表货物？从提单发展的历史看，本质上源于为解决在途货物买卖难以实际交付货物的情况下何时移转所有权这一问题。商人们在长期的实践中创设出了提单代表货物、交付提单就意味着交付货物的规则，从而使提单具有了所有权凭证的属性。

（三）关于持有提单的开证行的权利

开证行建行广州荔湾支行先是以持有提单为由主张享有提单项下货物的所有权；之后又以享有权利质权为由对提单项下货物处置后所得价款享有优先受偿权。分析持有提单的开证行究竟享有何种权利，有必要考察其享有的是所有权还是担保物权；如果是担保物权，其属于哪一种类型。我们认为，开证行不享有提单项下货物的所有权，其享有的仅是权利质权。本案中，建行广州荔湾支行持有提单，提单可以设立权利质权，有关合同既有设定担保的一般约定，又有以自己的意思处分提单的明确约定，故应当认定建行广州荔湾支行享有提单权利质权。

（四）关于提单权利质权问题

此前学界一直有两种传统理论冲突，即意定质权说与当然质权说。司法实践中大多都采取的是当然质权说，即提单合法持有人当然地享有对提单及其项下货物的质押权。我们可以从以下几个案例中看出。

案例 1：中国银行湖南省分行与中国广州振华船务有限公司、中国广州海运（集团）有限公司、中国湖南省华隆进出口光通有限公司、香港正大企业贸易公司海上货物运输、交付纠纷上诉案。该案中，“进口开证授信协议”约定：“若华隆公司未履行上述规定的还款义务，湖南中行对上述信用证项下之货物提单具有质押权。”法院认为，湖南中行取得正本提单有合法的依据，应是正本提单的合法持有人，对提单享有质押权。

案例 2：中国建设银行西安市朱雀路支行与陕西省信友进出口公司、陕西省苹果气调储藏技术研究中心信用证垫款及担保纠纷案。[①] 该案中，“开立信用证协议”约定：申请人愿意提供信用证下货运单据及货物作为担保，开证行有权留置货运单据并自行提货，有权处置有关抵押（质押）物品。法院认为，在信用证项下单据及交易过程中，提单起到了担保物权（质押）的作用。因作为物权凭证的提单尚未交付，质押担保条款虽成立但不生效。但一旦开证行兑付了信用证项下的款项持有单据，开证行就获得了提单上的质权。

案例 3：福建兴业银行厦门分行诉厦门新宇软件股份有限公司等信用证代垫款案。[②] 该案中，保证人主张开证行在未得付款赎单之前，将提单交付给开证申请人，是放弃担保物权的行为，其因此免除保证责任。法院认为，兴业银行与开元外贸公司并未就兴业银行取得对信用证项下单据的担保物权作过约定。开证行持有信用证项下单据是否就取得对进口货物的担保物权，国际惯例对此没有明确规定，学术界的争论亦无定论。无法在当事人发生争议且没有法律依据的支持下采纳新宇公司关于担保物权的观点。保证人不免除保证责任。

通过对以上案件的梳理，可以看出在我们审判实践中，有关提单的担保权利纠纷颇为常见。在早期阶段，审判实践并不十分关注开证行与申请人之间有无设立提单质权的合意，而更多地关注开证行持有提单单据这一事实。如银行合法持有提单，则认定其享有提单质权。从案例 1 至案例 3，法院态度发生了转变，倾向于否定银行因持有提单而当然享有质权。在案例 3 中，法院以“学界无定论、国际惯例无明确规定”为由，否认了提单“自然质押物”的性质。当事人之间设立质权的约定又因不满足《担保法》的要件而不被认可。这是审判实践首次持否定意见。并且，从该案开始，法院不再采纳“银行合法持有提单即享有质权”这一裁判意见，而是以《担保法》及《物权法》有关提单权利质权的规定为唯一根据。

总而言之，审判实践经历了从当然质权到意定质权的过程，直到本案公布之后，才确立了一个标准，即跟单信用证下开证行合法持有提单，满足公示要件，若开证行与开证申请人间存在设立提单质权的合意，则开证行享有提单质权，对提单项下货物变价所得的价款享有优先受偿权。此处“设立提单质权的合意”，不以独立的质押合同书为必要，也不以明确表明“质押”的合同条款为必要。只要从有关合同中解释出质押合意，即可认定合意达成。

（五）关于信托收据及相关问题

本案中，双方当事人都将信托收据作为论证自己主张的重要证据，蓝粤能源公

---

① 参见陕西省西安市中级人民法院（2002）西经二初字第 64 号民事判决书。

② 参见福建省高级人民法院（2002）闽经终字第 14 号民事判决书。

司据此认为建行广州荔湾支行怠于履行交单义务，应向其承担违约责任；而建行广州荔湾支行则认为，其主张对提单项下货物享有所有权的最终目的在于以货物的处置价款优先偿还信用证项下款项，实际上是根据信托收据主张享有让与担保权利，同时又认为信托收据具有质押合同的性质。同一份信托收据，为什么双方当事人会作出完全相反的解读？甚至同一个当事人都据以主张两种不同的担保权利？

本案信托收据尽管名为“信托收据”，但性质上属于让与担保合同，是信用证开证申请合同的从合同，是一种非典型担保形态。开证申请合同已经针对信用证项下的单据及货物约定了质权条款，在此情况下又通过出具信托收据设定让与担保，导致在同一个物上设定了权利性质相互冲突的两种担保形式：让与担保与权利质权，建行广州荔湾支行只能择其一而行使。但最高人民法院根据建行广州荔湾支行并未实际交单等事实因素，并结合当事人真实的意思表示以及交易习惯，合议庭最终认定双方仅设立了权利质权，而驳回了建行广州荔湾支行有关其享有提单项下货物所有权并以货物处置后的价款优先清偿信用证项下款项的该项诉讼请求。

关于本案信托收据的效力。信托收据是开证申请人向银行发出的要约，根据《合同法》第22条的规定，建行广州荔湾支行接受信托收据，意味着银行以自己的积极行为对要约进行了承诺，合同有效成立。合同一经成立就生效，建行广州荔湾支行依约负有放单义务，并只有在放单后才享有信托收据所约定的权利。建行广州荔湾支行未交付提单或提单项下货物，不产生以让与货物所有权形式担保建行广州荔湾支行债权的相应效果。另外，蓝粤能源公司在信用证项下的付款责任并不因出具信托收据而免除，蓝粤能源公司受能源市场因素影响，经营状况明显恶化，可能丧失履约能力，且其他债权人对蓝粤能源公司包括提单项下货物在内的财产已经采取保全措施，建行广州荔湾支行一旦将提单交付给蓝粤能源公司，将可能丧失对提单或提单项下货物享有的担保物权。在此情况下，建行广州荔湾支行基于不安抗辩权拒绝放单，不构成违约，当然亦不能作为免除或减轻蓝粤能源公司信用证项下付款责任的理由，故蓝粤能源公司认为建行广州荔湾支行违约在先的主张不能成立。双方都不否认信托收据的真实性，且都将其作为论证自己主张的重要证据，因此信托收据在本案中具有重要的证据作用。其从另一个侧面证明银行在设立信托之前对信用证项下提单及货物不享有所有权。

四、延伸问题

（一）动产质权与权利质权的实现方式

本案中，最高人民法院最终判决建行广州荔湾支行对将案涉信用证项下提单对应的货物处置所得的价款享有优先受偿权。本案中，提单项下货物已被其他法院查封，且有关法院已依据生效判决采取执行措施。最高人民法院指出，建行广州荔湾支行可依据本案判决向执行法院请求参加执行分配，其提单质权如与其他债权人对提单项下货物所可能享有的留置权、动产质权等权利产生冲突的，可在执行分配程序中依法予以解决。这实际上是将提单权利质权按照动产质权的实现方式进行处理。

对此，学理上亦有诸多争议。开证行对提单享有何种权利以及其据此对提单项下货物享有何种权利，二者虽存在密切关联，但仍应对其予以区别，否则将动产质权与权利质权区分开的意义便不大了。本案判决主要解决了前一问题，这当然是本案关键所在，但后者亦不可忽视。这其中的法律关系，已涉及提单性质、权利质权的实现方式等问题，尚有待理论学说与审判实践的发展和完善。

（二）不安抗辩权的行使程序

不安抗辩权是指双务合同成立后，有先后履行顺序的，先履行的一方有确切证据表明另一方丧失履行债务能力时，在对方恢复履行能力或者提供担保之前，有权中止履行合同的权利。规定不安抗辩权是为了切实保护当事人的合法权益，防止借合同进行欺诈，促使对方履行义务。根据《中华人民共和国民法典》（以下简称《民法典》）的规定，当事人依照规定中止履行的，应当及时通知对方。对方提供适当担保时，应当恢复履行。中止履行后，对方在合理期限内未恢复履行能力并且未提供适当担保的，中止履行的一方可以解除合同。本案中，根据最高人民法院的判决，蓝粤能源公司受能源市场因素影响，经营状况明显恶化，可能丧失履约能力，且其他债权人对蓝粤能源公司包括提单项下货物在内的财产已经采取保全措施，一旦将提单交付给蓝粤能源公司，将可能丧失对提单及/或提单项下货物享有的担保物权。在此情况下，建行广州荔湾支行基于不安抗辩权拒绝放单，不构成违约。但是在审判时建行广州荔湾支行并没有主动提出行使不安抗辩权，法院基于自己的推断而主动适用不安抗辩权是否符合规定？这也是本案存在的问题之一。

五、类案练习

（一）动产物权的法律适用

有关动产物权的法律适用问题，过往司法审判中有不少经典案例，兹摘录如下，以增强对涉外动产物权的法律适用问题的理解。

1. 兴利公司、广澳公司等货物所有权争议上诉案

基本案情：印度某贸易公司作为买方，于1985年5月间分别与原告马来西亚的甲、乙、丙、丁4家公司签订了4份货物买卖合同，标的物为购销工业用棕榈油、20号标准橡胶。4家马来西亚公司分别办理了保险手续。1985年7月，四原告根据买卖合同，共同租用了巴拿马籍货轮“热带皇后”号，承运上述货物。该轮船长分别签发了提单，目的港为印度的孟买。在“热带皇后”号轮驶向印度的途中，因遇大风浪致船身倾斜，随后该轮失踪。1985年8月，被告广东省广澳公司、北京兴利公司经香港特别行政区某公司经理介绍，与香港利高洋行（本案第三人）签订了买卖标准橡胶和工业用棕榈油的成交确认书，约定价格条件为CIF汕头。8月底，一艘“塔瓦洛希望”号货轮运载上述货物抵达中国汕头港。广澳公司向海关申报进口时，海关只验放了工业用棕榈油，对橡胶则加以监管。由于工业用棕榈油有变质危险，广澳公司将其中5桶留作样品，其余全部售出。1985年8月间，接受四原告投

保的保险公司经过调查认为，停靠在汕头港的“塔瓦洛希望”号轮即为“热带皇后”号轮，从该轮卸下的货物就是四原告丢失的货物。四原告为了索回货物，多次与被告协商未果，遂向广东省高级人民法院提起诉讼。原告以持有该批货物的正本提单、是货物的合法所有人为由，请求法院确认该批货物的所有权，并要求被告无偿返还货物，如货物已被处置，则予以赔偿。

广东省高级人民法院判决四原告胜诉，并认为，香港利高洋行以提供不真实的提单为手段，出售无权出售的货物，违反了1980年《联合国国际货物销售合同公约》的有关规定，其行为应属无效，无权向本案被告索要货物或货款。两被告违反了《中华人民共和国进口货物许可制度暂行条例》的规定，未经申领进口橡胶许可证，擅自进口橡胶；兴利公司超越经营范围，未按规定领取进口物品经营许可证而参与进口贸易。两被告违法进口货物，其行为应是无效的。因此，两被告与第三人香港利高洋行之间对本案争议标的物的买卖行为无效。所存货物按现状返还，已经售出的，按原告请求依原发票价值返还。

被告兴利公司、广澳公司不服第一审判决，向最高人民法院提出上诉。最高人民法院认为：第一审法院确认本案为货物所有权争议，反映了本案争议的实质和主要内容，是正确的。提单是一种物权凭证，提单的持有人就是提单项下货物的所有权人。当提单项下货物被他人占有时，提单持有人有权对占有人提起确认货物所有权和返还原物之诉。①

思考题：

（1）本案的争议焦点是什么？

（2）本案正确的法律适用过程应该是什么？

2. 韩国三荣公司海运货物纠纷案

1992年被告盘锦庆道服装有限公司与韩国庆道经贸公司签订了“来料加工皮革服装合同”。合同约定由发货人向被告提供原材料、辅料，由被告负责加工。为履行该合同，发货人分别将原材料及辅料，在韩国釜山交与原告韩国三荣公司承运。原告向发货人签发3份提单，提单记载：发货人庆道贸易公司，收货人凭指示，装货港韩国釜山，卸货港中国大连，承运船为“朝阳”轮。发货人凭原告签发的提单已于韩国（株）韩一银行结汇，并通过韩国结汇银行将正本提单邮寄给开证行中国银行盘锦分行。该3份提单项下的货物分别抵达大连港。提货时，被告以正本提单未到为由向原告提出先行提货后补交提单的请求，原告同意，并凭被告出具的“保函”，将该批货交与被告。被告接受货物后，以该批货物存在质量等问题为由，未向中国银行盘锦分行付款赎单，该分行便将正本提单邮回韩一银行，故被告无正本提单补交给原告。原告要求返还货物，被告予以拒绝。1996年3月19日，该批货物的正本提单持有人韩一银行以本案原告不法放货为由向韩国法院提起诉讼，要求本案原告赔偿因无单放货造成的经济损失。同年3月21日，原告以被告无正本提单提

① 兴利公司、广澳公司与印度国贸公司、马来西亚巴拉普尔公司、库帕克公司、纳林公司货物所有权争议上诉案．最高人民法院公报，1991（1）．

货并占有货物为由提起诉讼，要求判令被告立即返还以上货物。同月，原告又提出财产保全的申请，请求查封为被告非法占有的皮革及辅料，原告缴纳保全费后，法院裁定将被告存放于仓库内的该批货物予以查封。

大连海事法院认为，争议提单项下的货物在原告承运期间至收货人凭提单提取之时，应属原告合法占有，被告与发货人之间虽有“来料加工皮革服装合同”，但未向银行付款赎单，依法无权提取并占有该批货物；原告将货交与被告是基于被告的补单承诺而为之。因此，被告仅在提单流转至开证银行前可以占有该货物。当提单流转至开证银行，被告不予赎取，违背了先前的承诺，继续占有该批货物没有合法依据，强行占有属不当得利。《民法通则》第 92 条规定，没有合法根据，取得不当利益，造成他人损失的，应当将取得的不当利益返还受损失的人。原告要求被告返还货物于法有据，应予以支持；被告主张应由其占有的抗辩理由不能成立。原告未按合法程序将货物放给被告，对本案诉讼起因也负有一定责任。据此，大连海事法院判决如下：被告盘锦庆道服装有限公司于其仓库向原告韩国三荣公司按原状返还本案争议的 3 个集装箱的货物。自本判决生效之日起 15 日内返还。本案原告预交的诉讼费、保全费共计人民币 53 531 元，被告承担人民币 28 531 元，余额由原告承担。第一审宣判后，当事人未提起上诉。①

思考题：

(1) 本案法院适用法律的过程是否正确？

(2) 若本案法院选择法律的过程不正确，则按照现行的法律，正确的选择法律过程应该是什么？

(二) 不动产物权的法律适用

1. 耿某 2、耿某 1 物权确认纠纷案

2000 年耿某 1、耿某 2（兄妹，乙方、买方）与番禺海怡房地产开发有限公司（甲方、卖方）签订“房地产买卖契约”，约定乙方向甲方购买案涉房屋一套，且合同经番禺区房地产交易所确认，后番禺海怡房地产开发有限公司开具发票，确认收到楼款。2001 年广州市番禺区财政局开具“契税完税证”。后案涉房屋于 2001 年 6 月 26 日登记至两兄妹名下，共有方式为共同共有。后两人应房屋物权问题引发诉讼。耿某 1 提供相关证据，包括父母出具的“置产情况说明”“购房款收支记录”、母亲写的款项往来记录、微信聊天记录、银行提款单等，证明案涉房屋是由其一人出资购买。

一审法院于 2021 年 1 月作出判决，认为：耿某 1 为美利坚合众国国籍，要求确认案涉房屋归其一人所有并进而要求耿某 2 协助变更登记，故本案应为涉外物权确认纠纷。根据《涉外民事关系法律适用法》第 36 条的规定，因案涉房屋位于我国境内，故一审法院确认我国法律作为解决本案争议的准据法。

根据《最高人民法院关于适用〈中华人民共和国物权法〉若干问题的解释

---

① 韩国三荣公司诉盘锦庆道服装有限公司海运货物纠纷案. 最高人民法院公报，1997 (4).

(一)》第 2 条的规定："当事人有证据证明不动产登记簿的记载与真实权利状态不符、其为该不动产物权的真实权利人，请求确认其享有物权的，应予支持。"耿某 1 主张案涉房屋虽登记为耿某 1、耿某 2 共同共有，但实际上为耿某 1 一人购买。根据当事人提供的相关证据，一审法院对耿某 1 的上述主张予以采信，耿某 1 要求耿某 2 协助耿某 1 将案涉房屋变更登记至其个人名下，于理有据，一审法院予以支持。根据《物权法》第 9 条第 1 款的规定："不动产物权的设立、变更、转让和消灭，经依法登记，发生效力；未经登记，不发生效力，但法律另有规定的除外。"案涉房屋现登记为耿某 1、耿某 2 共同共有，上述登记目前并未被房屋管理部门撤销，现耿某 1 要求确认案涉房屋归其个人所有缺乏依据，一审法院不予支持。耿某 2 认为耿某 1 的主张已超过诉讼时效，但是耿某 1 基于不动产物权要求办理变更登记，不适用诉讼时效的规定，故对耿某 2 的该项答辩意见，一审法院不予采纳。[①]

思考题：

(1) 本案一审法院的法律适用是否正确？如不正确，请阐释正确的法律适用。

(2) 耿某 1 主张将案涉房屋转移登记至其一人名下应否得到支持？

2. 敖氏宗亲会、张某炜租赁合同纠纷案

敖氏益宗会为 2010 年美国得克萨斯州注册的非营利性公司，而敖氏宗亲会为 1996 年在美国得克萨斯州注册的非营利性公司，在 2008 年解散，在 2016 年恢复设立。

张某炜、广州市华炜顺五金机电有限公司（以下简称"华炜顺公司"）与敖氏宗亲会于 2015 年签订"商铺租赁合同"承租涉案房屋，有效期 3 年，后 2018 年张某炜作为华炜顺公司的法人代表，与敖氏益宗会签订"商铺租赁合同"。后敖氏宗亲会催缴租金，张某炜主张其已经将租金交予敖氏益宗会，并无义务再次缴纳租金给敖氏宗亲会。

关于涉案房屋，广州市国土局房管局于 2000 年 5 月向敖氏宗亲会核发房地产权证，2014 年 11 月 27 日，敖氏益宗会的委托代理人裴某以房地产权证遗失为由，向广州市国土资源和房屋管理局申请广州市越秀区房屋的补证登记。裴某于 2015 年 1 月 26 日领取了房地产权证，载明：权属人敖氏宗亲会，房屋坐落越秀区。后基于 2016 年广州铁路运输法院作出的行政判决书，判决撤销广州市国土资源和房屋管理局 2015 年核发的房产证。

敖氏益宗会表示敖氏宗亲会不是涉案房屋登记的产权人，恢复后的敖氏宗亲会与解散前的敖氏宗亲会尽管注册号一致，但不是同一主体，并提交相关证据。为证明涉案房产是敖氏后人的共有财产，敖氏宗亲会对其不享有经营和收租的权利，敖氏益宗会提交了敖氏益宗会招股章程及会员股份登记册、敖氏益宗会股票、房地产登记簿查册表及房产档案等证据。

二审法院认为，敖氏宗亲会与敖氏益宗会均是依据美国得克萨斯州法律成立的非营利公司，故本案属于涉外不动产纠纷，因涉案不动产位于中华人民共和国境内，

---

① 参见广东省广州市中级人民法院（2020）粤 01 民辖终 793 号民事裁定书。

一审法院适用中华人民共和国法律作为处理本案争议的准据法符合《涉外民事关系法律适用法》第36条的规定。[①]

思考题：

(1) 涉案房屋产权人是敖氏宗亲会还是敖氏益宗会？

(2) 张某炜、华炜顺公司是否应当向敖氏宗亲会交还房屋并支付房屋占有使用费？

3. 郝某某与李某某物权确认纠纷案

郝某某（美国籍）与李某某（中国籍）2012年至2018年同居。2012年李某某购买东莞市大朗镇万科房屋。买卖合同的签署人为李某某、首付款是李某某用现金和银行转账方式支付、房屋贷款由李某某通过银行账号扣划，李某某也于2013年办理了案涉房屋的产权登记，权利人为李某某，共有情况为单独所有。

李某某和郝某某从2014年开始在东莞市大朗镇万科房屋同居，李某某对郝某某称该房屋是向朋友租住的，2015年李某某告知郝某某自己的朋友要出售该房屋，郝某某、李某某经过协商由郝某某负责出资购买该房屋，李某某告知郝某某房屋售价。2015年郝某某向李某某转账购房定金并支付购房首期。后因该房屋的所有权问题发生争议。

一审法院认为本案系物权确权纠纷，根据《物权法》第9条第1款和第17条的规定，最终认定郝某某与李某某并未达成买卖的合意，虽然郝某某在李某某购买房屋前向李某某有过转账汇款，但郝某某对李某某已将涉案房屋购买的事实并不知情，因此其向李某某的转账不能作为其购买涉案房屋的出资。至于李某某在购买涉案房屋时以及2015年11月24日和郝某某商量购买该房屋时对郝某某的隐瞒，和涉案房屋的权属没有关系、不属于本案的处理范围。综上，郝某某主张东莞市大朗镇万科房屋归其所有缺乏事实和法律依据，一审法院依法不予支持。后郝某某对一审法院判决不服，提起上诉。[②]

思考题：

(1) 本案的争议焦点是什么？

(2) 上诉人的上诉请求是否成立？

六、知识拓展

(一) 拓展阅读

1. 黄进. 论国际私法上的物权问题. 法商研究，1995 (3).

2. 吕岩峰，边爱军. 物权法律适用的历史演进. 中国国际私法与比较法年刊，2003，6 (00).

3. 屈广清，周后春. 论物权法律适用的分割制. 大连海事大学学报（社会科学

---

① 参见广东省广州市中级人民法院（2020）粤01民终1238号民事判决书。

② 参见广东省东莞市中级人民法院（2019）粤19民终10893号民事判决书。

版），2004（1）.

4. 肖永平. 论几类特殊动产的法律适用. 政治与法律，1994（1）.

5. 杜焕芳. 论我国涉外物权法律适用的完善. 当代法学，2013，27（2）.

6. 俞渊，孙娅娣. 论动产物权的法律适用：兼评《涉外民事关系法律适用法》第37条. 湖北警官学院学报，2012，25（2）.

7. 宋晓. 意思自治与物权冲突法. 环球法律评论，2012，34（1）.

8. 周后春. 论当代物权冲突法之趋同化走势. 时代法学，2013，11（1）.

9. 肖永平. 肖永平论冲突法. 武汉：武汉大学出版社，2002.

10. 陈卫佐. 比较国际私法：涉外民事关系法律适用法的立法、规则和原理的比较研究. 北京：法律出版社，2012.

11. 外国民事关系法律适用法释评. 邹国勇，译. 北京：中国政法大学出版社，2011.

（二）拓展写作

1. 意思自治原则在涉外动产物权中的新发展
2. 我国涉外物权的法律适用
3. 涉外物权的法律冲突和法律适用
4. 物之所在地法的理论局限与立法突破

（三）其他资料

1. 伍甲、伍乙返还原物纠纷案，广东省广州市中级人民法院（2019）粤01民终3620号民事判决书。

2. 翁某忠与hoosoonjuat等物权保护纠纷上诉案，海南省高级人民法院（2015）琼民三终字第10号民事判决书。

3. 韩国三荣公司诉盘锦庆道服装有限公司海运货物纠纷案，大连海事法院，《最高人民法院公报》1997年第4期。

4. 西南政法大学国际私法学线上课程链接：国际私法学_西南政法大学_中国大学MOOC（慕课）（https：//www.icourse163.org/course/swupl-1205596801）。

专题四　涉外知识产权

一、引　案

知识产权作为国家发展的战略性资源和国际竞争力的核心要素，对于全面提升中国知识产权综合实力，构建世界水平的知识产权强国具有重要意义。近年来，针对中国跨国高新技术企业的禁诉令越来越多，如华为、中兴、小米、TCL 等在一系列跨国标准必要专利纠纷案件中频繁遭受外国法院签发的禁诉令。2020 年被称为“中国禁诉令元年”，中国最高人民法院在该一年内连续签发了多起涉及标准必要专利诉讼的禁诉令。在标准必要专利全球治理体系下，中国禁诉令制度的确立具有正当性与合理性，有利于维护中国知识产权国家安全，维护中国国家主权与创新主体的合法利益。

（一）案情简介

华为技术公司及其中国关联公司于 2018 年 1 月向江苏省南京市中级人民法院提起针对康文森无线许可有限公司（以下简称“康文森公司”）的诉讼，请求法院确认其在中国制造、销售、许诺销售移动终端产品的行为不侵害康文森公司的相关发明专利权，同时请求判令康文森公司依据公平、合理、无歧视原则对华为技术公司及其中国关联公司实际实施的相关全部中国标准必要专利进行许可。2018 年 4 月，康文森公司向德国杜塞尔多夫法院（以下简称“杜塞尔多夫法院”）提起专利侵权诉讼，认为华为技术公司及其德国关联公司侵害了康文森公司的相关欧洲标准必要专利，请求杜塞尔多夫法院禁止华为技术公司及其德国关联公司销售、使用、进口或拥有相关移动终端产品，告知相关侵权行为和销售行为，赔偿侵权损害、销毁和召回侵权产品，并承担诉讼费用。

对于中国诉讼，2019 年 9 月，江苏省南京市中级人民法院作出一审判决，不支持华为技术公司及其中国关联公司提出的确认在中国制造、销售、许诺销售移动终端产品的行为不侵害康文森公司相关发明专利权的诉讼请求，同时对华为技术公司及其中国关联公司与康文森公司所涉标准必要专利的许可条件进行了确定。[①] 对一审判决，康文森公司不服，向最高人民法院提起上诉。最高人民法院于2019年11月受理并立案。[②]

针对德国诉讼，2020年8月，杜塞尔多夫法院认定华为技术公司及其德国关联公司侵害了康文森公司相关欧洲专利，判令禁止华为技术公司及其德国关联公司提供、销售、使用或为上述目的进口或持有相关移动终端产品，禁止向客户提供或者交付带有UMTS标准功能的手机和平板电脑，提供相关侵权行为和销售行为信息，销毁并召回侵权产品，承担诉讼费用。该判决可以在提供240万欧元担保后获得临时执行。该判决认定，康文森公司向华为技术公司所主张的为中国法院判决所确定的中国标准必要专利许可费率18.3倍的许可费率要约，未违反公平、合理、无歧视（FRAND）原则。

在杜塞尔多夫法院作出判决当日，华为技术公司向我国最高人民法院申请行为保全，请求责令康文森公司在中国诉讼终审判决作出之前不得申请执行杜塞尔多夫法院就康文森公司诉华为技术公司及其德国关联公司侵害标准必要专利权纠纷案件作出的停止侵权判决，并提供了金额为1 970万元人民币的担保。

（二）涉及问题

（1）案涉华为技术公司关于禁止康文森公司在中国诉讼终审判决作出之前申请执行杜塞尔多夫法院判决申请的性质如何认定？

（2）我国对于禁止申请执行域外法院判决的知识产权行为保全申请，需要具体衡量哪些因素？

二、法官释法

最高人民法院经审查认为，华为技术公司关于禁止康文森公司在中国诉讼终审判决作出之前申请执行杜塞尔多夫法院判决的申请，性质上属于行为保全申请。同时，最高人民法院认为，对于禁止申请执行域外法院判决的行为保全申请，应当考虑被申请人申请执行域外法院判决对中国诉讼的影响，采取行为保全措施是否确属必要，不采取行为保全措施对申请人造成的损害是否超过采取行为保全措施对被申请人造成的损害，采取行为保全措施是否损害公共利益，以及采取行为保全措施是否符合国际礼让原则等因素进行综合判断。

（一）申请执行域外法院判决对中国诉讼的影响

对于申请人申请采取行为保全措施，禁止被申请人申请执行域外法院判决的，人民法院首先应当审查被申请人实施该行为是否会对中国诉讼案件的审理和裁判执行产生实质影响。被申请人的相关行为可能阻碍中国诉讼案件审理或者造成中国诉

① 参见江苏省南京市中级人民法院（2018）苏01民初232、233、234号民事判决书。

② 参见最高人民法院（2019）最高法知民终732号民事判决书，最高人民法院（2019）最高法知民终733号民事判决书，最高人民法院（2019）最高法知民终734号民事判决书。

讼裁判难以执行的，可针对该行为采取禁止性保全措施。

具体到案涉中国诉讼，首先，从诉讼主体看，中国诉讼当事人为华为技术公司及其中国关联公司和康文森公司，德国诉讼当事人为康文森公司和华为技术公司及其德国关联公司，两国诉讼的当事人基本相同。

其次，从审理对象看，中国诉讼案件中华为技术公司及其中国关联公司请求就康文森公司的中国标准必要专利确定许可费率。在德国诉讼中，康文森公司主张华为技术公司及其德国关联公司侵害康文森公司的标准必要专利权，请求杜塞尔多夫法院判令华为技术公司及其德国关联公司停止侵权。杜塞尔多夫法院作出的停止侵权判决以标准必要专利权利人康文森公司在与华为技术公司等协商过程中提出的许可费要约符合公平、合理、无歧视原则为前提。因此，虽然中国诉讼与德国诉讼在纠纷性质上存在差异，但审理对象存在部分重合。

最后，从行为效果看，一旦康文森公司申请执行杜塞尔多夫法院的停止侵权判决并获得准许，将对中国诉讼的审理造成干扰，并很可能会使中国诉讼的审理和判决失去意义。

综上，康文森公司申请执行杜塞尔多夫法院停止侵权判决的行为将对中国诉讼的审理推进和裁判执行产生实质消极影响，具备该类行为保全的前提条件。

（二）行为保全措施的必要性

审查采取行为保全措施是否具有必要性，应着重审查不采取行为保全措施是否会使申请人的合法权益受到难以弥补的损害或者造成案件裁决难以执行等损害。原则上，仅当确有必要时，方可采取禁止性保全措施。

就德国诉讼而言，杜塞尔多夫法院的停止侵权判决已经作出，一旦康文森公司提出申请并获得执行，在此紧急情形下，华为技术公司及其德国关联公司将仅有两种选择：要么被迫退出德国市场，要么被迫接受康文森公司的要价并与之达成和解。于前者情形，华为技术公司及其德国关联公司因退出德国市场所遭受的市场损失和失去的商业机会难以在事后通过金钱获得弥补。于后者情形，华为技术公司及其德国关联公司慑于停止侵权判决的压力，不得不接受康文森公司高达原审法院确定的标准必要专利许可费率 18.3 倍的要价，并可能被迫放弃在中国诉讼案件中获得法律救济的机会。在此种情形下，无论中国诉讼案件最终如何认定中国费率，最终判决事实上将难以获得执行。因此，无论发生上述何种情形，华为技术公司所受损害均难以弥补，具备采取行为保全措施的必要性，且情况确属紧急。

（三）对当事人相关利益的合理权衡

判断是否可以采取禁止被申请人为特定行为的行为保全措施，还应当权衡不采取行为保全措施对申请人造成的损害和采取行为保全措施对被申请人造成的损害，兼顾双方利益。不采取行为保全措施对申请人造成的损害超过采取行为保全措施对被申请人造成的损害的，可以认定采取行为保全措施具有合理性。而且，不采取行为保全措施对申请人造成的损害超过采取行为保全措施对被申请人造成的损害的程度越高，采取保全措施的合理性就越强。

一旦康文森公司申请执行杜塞尔多夫法院的停止侵权判决并获得准许，而法院未采取相应行为保全措施，则华为技术公司将遭受被迫退出德国市场或者被迫接受许可要价、放弃在中国法院的法律救济等难以弥补的损害。相反，如果法院采取行为保全措施，对康文森公司的损害仅仅是暂缓执行杜塞尔多夫法院的一审判决。杜塞尔多夫法院的判决并非终审判决，暂缓执行该判决并不影响康文森公司在德国的其他诉讼权益。同时，康文森公司系标准必要专利权利人，其在德国诉讼的核心利益是获得经济赔偿，暂缓执行杜塞尔多夫法院的停止侵权判决对康文森公司造成的损害较为有限。两相比较，不采取行为保全措施对华为技术公司造成的损害明显超过采取行为保全措施对康文森公司造成的损害，故采取行为保全措施具有合理性。同时，华为技术公司提供了相应担保，可依法保障康文森公司的利益。

（四）行为保全措施是否损害公共利益

判断是否可以采取禁止被申请人为特定行为的行为保全措施，还应该审查采取该行为保全措施是否会损害公共利益。案涉中国诉讼及关联德国诉讼主要涉及华为技术公司和康文森公司的利益。同时，本案行为保全的内容是禁止康文森公司在本院终审判决作出前申请执行杜塞尔多夫法院的停止侵权判决，不影响公共利益。

（五）国际礼让因素的考量

对于禁止当事人申请执行域外法院裁判以及禁止其在域外寻求司法救济的行为保全申请，审查是否应予准许时，还应考量国际礼让因素。考虑国际礼让因素时，可以考察案件受理时间先后、案件管辖适当与否、对域外法院审理和裁判的影响是否适度等。从受理时间看，中国诉讼案件受理在先。同时，禁止康文森公司在中国诉讼案件终审判决作出之前向杜塞尔多夫法院申请执行有关判决，既不影响德国诉讼的后续审理推进，也不会减损德国判决的法律效力，仅仅是暂缓了其判决执行，对杜塞尔多夫法院案件审理和裁判的影响尚在适度范围之内。

三、学理评析

（一）我国知识产权行为保全制度的确立

依据《与贸易有关的知识产权协定》（以下简称“TRIPS协定”）第50条的规定，司法机关有权责令采取迅速和有效的临时措施以防止侵犯知识产权的产品进入流通领域。为积极履行此项国际条约义务，我国在2000年修正《专利法》时即以TRIPS协定第50条为依据，同时在借鉴英美法系国家的“诉前禁令”基础上，在第61条率先引入了诉前行为保全制度。同样，在2001年修正的《著作权法》第49条及《商标法》第57条均作出了类似的规定。[①] 依据法条规定，我国知识产

---

① 王迁. 知识产权法教程. 5版. 北京：中国人民大学出版社，2016：12.

权诉前行为保全制度主要是指，知识产权的权利人或者利害关系人有证据证明他人正在实施或者即将实施侵犯其知识产权的行为，如不及时制止将会使其合法权益受到难以弥补的损害的，可以在起诉前向人民法院申请采取责令停止有关行为的措施。[①] 为了使我国诉前行为保全制度更加制度化和具体化，最高人民法院先后颁布《关于对诉前停止侵犯专利权行为适用法律问题的若干规定》《关于诉前停止侵犯注册商标专用权行为和保全证据适用法律问题的解释》《关于审理著作权民事纠纷案件适用法律若干问题的解释》等。[②] 以此为起点，诉前行为保全制度在我国知识产权领域形成了较为规范的法律体系。从具体规定看，我国诉前行为保全制度的主要功能在于预防侵权行为的发生和制止侵权行为的继续，进而对权利人提供及时的救济。

在理论界和实务界的积极倡导下，我国于 2012 年修正的《民事诉讼法》在吸收和总结知识产权诉前行为保全经验的基础上，进一步将该制度扩展适用至一般民事诉讼程序中，在第 100 条、第 101 条最终确立了诉前、诉中行为保全制度。于 2017 年、2021 年、2023 年修改的《民事诉讼法》保留了这一基本内容。2015 年《民事诉讼法》司法解释则主要对行为保全的担保等作出了规定。[③] 于 2022 年修正的《民事诉讼法》司法解释对行为保全的规定也未进行实质性改变。从具体规定看，民事诉讼法立法及司法解释对行为保全的诸多规定并未突破知识产权领域的原有内容。

在司法实践中，对行为保全制度的运用仍主要集中于知识产权纠纷案件中。可以说，在 2012 年修正的《民事诉讼法》施行之前，行为保全除了《中华人民共和国海事诉讼特别程序法》规定的海事强制令[④]，主要在知识产权领域适用。为了总结我国知识产权行为保全制度审判经验，解决审判实践中遇到的新情况与新问题，最高人民法院在广泛听取各方意见的基础上，于 2018 年 12 月 12 日颁布《关于审查知识产权纠纷行为保全案件适用法律若干问题的规定》（以下简称《行为保全若干问题规定》），进一步对知识产权领域行为保全制度的内容及具体适用进行了更加详细的规定，为我国知识产权行为保全制度在司法实践中的运用提供了具体指导。[⑤]

（二）我国知识产权行为保全制度的适用及发展

从历史上看，各国出于对他国司法主权的尊重，通常会允许国际平行诉讼的存

---

① 我国现行《专利法》第 72 条、《著作权法》第 56 条及《商标法》第 65 条与之前的规定基本相同。

② 具体内容参见《最高人民法院关于对诉前停止侵犯专利权行为适用法律问题的若干规定》（法释〔2001〕20 号，现已废止）、《最高人民法院关于诉前停止侵犯注册商标专用权行为和保全证据适用法律问题的解释》（法释〔2002〕2 号，现已废止）和《最高人民法院关于审理著作权民事纠纷案件适用法律若干问题的解释》（法释〔2002〕31 号，2020 年已修正）。

③ 具体内容参见《民事诉讼法》司法解释（法释〔2015〕5 号）第 152 条、第 160 条、第 162 条、第 164～168 条等。

④ 具体内容参见《中华人民共和国海事诉讼特别程序法》第 51～61 条。其第 51 条规定："海事强制令是指海事法院根据海事请求人的申请，为使其合法权益免受侵害，责令被请求人作为或者不作为的强制措施。"

⑤ 具体内容参见《最高人民法院关于审查知识产权纠纷行为保全案件适用法律若干问题的规定》（法释〔2018〕21 号）。

在。然而，由于实践中当事人为寻求有利判决结果在诉讼策略上不断“挑选法院”，以及一些国家通过“长臂管辖”不断向外扩张司法管辖，因而各国的司法管辖权冲突日益严重。例如，华为公司诉三星中国公司等侵害发明专利权纠纷案①，潘奥普缔斯专利管理有限责任公司、奥普缔斯蜂窝技术有限责任公司专利合同纠纷案②，中兴通讯股份有限公司与维睿格公司、维睿格基础设备公司管辖裁定书案③等，都反映了中美两国在跨国知识产权纠纷案件中的司法管辖权冲突。

在本案之前，我国知识产权领域的行为保全制度主要针对的是“侵犯知识产权的行为”，而并不是针对“诉权”本身，侧重于预防知识产权侵权行为的发生和制止正在实施的侵权行为。正是从这一角度而言，该制度在我国实践中通常又被称为“诉前责令停止侵权”。从我国司法裁判传统看，与英美法系国家法官行使自由裁量权不同，我国法官在法律适用上较少行使自由裁量权，因此，我国司法实践中很少有法官依据知识产权行为保全制度针对域外法院诉讼行为发布类似英美法系国家的“禁诉令”或“反禁诉令”。外国禁诉令作为一种强大的司法工具，在国际社会上的日益盛行必将进一步加剧知识产权领域的国际管辖权冲突。在本案之前的司法实践中，面对外国法院针对我国当事人颁布的禁诉令，我国法院通常持置之不理的态度。而我国对国际平行诉讼问题的解决主要依赖 2015 年《民事诉讼法》司法解释第532～533条确立的不方便法院原则，该原则通过我国法院对司法主权的自我抑制，主动将案件礼让给外国法院管辖，无疑在协调国际管辖权冲突、化解平行诉讼问题方面具有重要意义。④ 然而，该制度从适用效果看仅是防御性保护我国的司法管辖权，未从正面对外国司法管辖权形成有效制衡。尤其当外国法院向我国当事人颁布禁止向我国法院提起诉讼或继续参与中国诉讼的禁诉令时，将剥夺我国法院的司法管辖权或者导致在我国已经进行的司法程序陷入僵局。

本案中，我国最高人民法院在充分利用行为保全的既有制度规定与有效实践经验基础上，通过司法解释路径扩大行为保全内容，有效维护了我国司法主权，保护了海外创新主体利益。本案在我国知识产权审判历史进程中具有里程碑意义。

(三) 我国知识产权行为保全制度的域外适用标准

依据《行为保全若干问题规定》第 7 条的规定，人民法院审查行为保全申请，应当综合考量下列因素：申请人的请求是否具有事实基础和法律依据，包括请求保

---

① Huawei Techs. Co., Ltd. v. Samsung Elecs. Co., Ltd., No 3：16-cv-02787-WHO（N. D. Cal., Apr. 13，2018）；深圳市中级人民法院（2016）粤 03 民初 816、840 号民事判决书；广东省高级人民法院（2018）粤民终 307、308 号民事调解书。

② Optis Wireless Tech., LLC v. Huawei Techs. Co. Ltd., No. 2：17-Cv-123-JRG-RSP（E. D. Tex. Apr. 14，2017）；广东省高级人民法院（2018）粤民辖终 443 号民事裁定书。

③ 广东省深圳市中级人民法院（2014）深中法知民初字第 167－1 号民事裁定书；广东省高级人民法院（2015）粤高法立民终字第 502 号民事裁定书；Vringo，Inc. v. ZTE Corp.，No. 14-cv-4988（LAK）2015 WL 3498634（S. D. N. Y. June 3，2015）。

④ 徐文进. 防范化解重大风险视阈下平行诉讼制度的反思与完善：以 90 份裁判文书的实证分析为视角. 湖湘论坛，2020，33（2）：139.

护的知识产权效力是否稳定；不采取行为保全措施是否会使申请人的合法权益受到难以弥补的损害或者造成案件裁决难以执行等损害；不采取行为保全措施对申请人造成的损害是否超过采取行为保全措施对被申请人造成的损害；采取行为保全措施是否损害社会公共利益；其他应当考量的因素。

最高人民法院在决定是否采取暂缓执行域外法院判决的行为保全措施时综合考量了被申请人申请执行域外法院判决对中国诉讼的影响、采取行为保全措施是否确属必要、不采取行为保全措施对申请人造成的损害是否超过采取行为保全措施对被申请人造成的损害、采取行为保全措施是否损害了公共利益以及采取行为保全措施是否符合国际礼让原则等五个方面的因素。但其并没有考量《行为保全若干问题规定》中所包括的“申请人的请求是否具有事实基础和法律依据，包括请求保护的知识产权效力是否稳定”这一因素，因为本案属于申请暂缓执行域外法院判决的行为保全，不涉及当事人侵权与否的问题，所以法院不需要衡量涉案知识产权效力的稳定性这一因素。同时法院还充分利用了《行为保全若干问题规定》中的兜底条款，即“其他应当考量的因素”，在国际平行诉讼中衡量了域外诉讼对中国诉讼的影响以及国际礼让等因素。最高人民法院在本案中对各因素的详细阐述，厘清了此类国际平行诉讼案件中知识产权行为保全制度的域外适用标准。

四、延伸问题

（一）禁诉令制度的起源

从历史上看，禁诉令制度至少可以追溯至 14 世纪的英国，是一种以普通法上的禁止令（writ of prohibition）为原型的救济措施。这种救济措施最初是由普通法院发出的，目的在于防止教会法院扩大其管辖权。随后，衡平法院援引该救济措施，用以防止一方当事人在违背良知的情况下向普通法院提起诉讼。①

1. 普通法院与教会法院之间的管辖权冲突

自欧洲国家出现宗教后，便一直存在教权与王权之争，而且早期的教权并不受王权控制。在司法体制上，早期英格兰的教会法院是独立的体系，对与教会相关的事务行使广泛的管辖权。正如威廉·塞尔·霍尔斯沃思在其《英国法律史》中所述：在 12 世纪，教会法院对案件主张广泛的管辖权，例如要求对所有以教士为被告的刑事案件、对所有违反宗教的案件、对婚姻和遗嘱案件以及其他一切本质上属于教会的事务包括圣职、服务庆典、教会人员的地位、教会财产等事务都具有排他性管辖权。② 王权统治者并没有完全承认教会法院的管辖权，而是不断颁布政策限制教会法院的司法管辖权。例如，亨利二世在 1166 年颁布《克拉伦登宪法》（*Constitution of Clarendon*），主要用以解决教会与国家之间的权力关系问

---

① HARTLEY T C. Comity and the Use of Antisuit Injunctions in International Litigation. The American Journal of Comparative Law，1987，35（3）：487－511.

② HOLDSWORTH W S. A History of English Law. Methuen，1926. 转引自 DUMBAULD E. Judicial Interference with Litigation in Other Courts. Dick. L. Rev.，1969，74：369。

题，其中包括把犯罪的教士交给世俗当局的条款。再如，1354 年《王权侵害罪法》(*Statutes of Praemunire*)，防止英格兰教会法院向罗马上诉。[①] 这些法律的颁布都表明了英国加强王权的政策取向，尤其在亨利八世宣布自己为英格兰教会领袖后，这一趋势更加明显。至此，教权与王权之间的关系以及教会法院的地位已经发生根本改变。尤其当 1606 年柯克勋爵（Lord Coke）成为普通法法院的首席大法官后，他极力捍卫王权，认为普通法院具有直接向教会法院颁布禁止令的权力。[②] 例如，在富勒案中，英国王座法院（The Court of King's Bench）认为，在所有案件中，有关教会法官拥有什么权力或司法管辖权的任何问题，都应由普通法院的法官裁决。[③]

2. 普通法院与衡平法院之间的管辖权冲突

现代禁诉令制度与英国衡平法的兴起以及其与普通法院的斗争密切相关。由于普通法院与令状制度过度拘泥于法律严格的形式主义，而不重视实体权利，造成诉讼程序与救济方式的僵化。[④] 于是，从普通法院无法获得救济的人民便向国王请求特殊救济。国王则委任御前大臣基于公平、正义原则审理相关案件，该做法被制度化后便发展形成了衡平法院。[⑤] 由于衡平法院的核心任务在于弥补普通法在实体法上的缺陷，提供普通法院无法提供之救济，因此衡平法院难免时常与普通法院相冲突。首先，衡平法院就普通法院无法处理的法律争议发展出了很多新的法律如信托法；其次，衡平法院提供新的法律救济，如强制执行（specific performance）和禁令（injunciton）；最后，衡平法院直接干预很多普通法院的诉讼程序，如衡平法院根据普通法院被告的申请可以命令原告不得在普通法院进行诉讼，甚至在普通法院已对案件作出判决的情况下也会签发禁止胜诉方执行普通法院裁决的禁令。[⑥] 在司法实践中，衡平法院避免机械严格的法律带来的负面结果，更多考虑个案的公平正义，其以灵活的便利性以及实体正义性在法律地位上优越于普通法院。具体到平行诉讼问题上，如果标的相同或关联的诉讼在普通法院和衡平法院同时起诉，只要衡平法院认为普通法院的审理不合适就可以向在普通法院提起诉讼的原告签发禁诉令。禁诉令为禁令的一种。在普通法院与衡平法院并存对立的时代，禁诉令是衡平法院

---

① HARTLEY T C. Comity and the Use of Antisuit Injunctions in International Litigation. The American Journal of Comparative Law，1987，35（3）：487－511.

② DUMBAULD E. Judicial Interference with Litigation in Other Courts. Dick. L. Rev.，1969，74：369.

③ Nicholas Fuller's Case，77 Eng. Rep. 1322，1323（K. B. 1607）. 转引自 DUMBAULD E. Judicial Interference with Litigation in Other Courts. Dick. L. Rev.，1969，74：369。

④ 普通法的保护范围由令状（writ）确定，而令状是由英国大法官以国王的名义颁布的要求接受令状者履行某种行为的命令。普通法院的诉讼必须以诉讼令状为基础，原告只有申请到合适的令状才能在普通法院起诉。虽然在普通法形成和发展的早期，令状是由大法官根据实际需要颁布给申请人，在种类上不受限制，但 13 世纪后半期以后，大法官不再颁发不符合先例的新令状。诉讼形式、诉讼种类被严格固定下来。如此，对司法实践中的一些新问题无法提供保护。此外，普通法的救济方式以损害赔偿为主，而且只能对现实的损害进行赔偿，对于无法以金钱加以衡量的损失、受害人将来可能遭受的损失以及只要求制止侵权而不要求赔偿的行为，均不予保护。何勤华. 外国法制史. 3 版. 北京：法律出版社，2003：142.

⑤ 王泽鉴. 英美法导论. 北京：北京大学出版社，2012：15.

⑥ 王泽鉴. 英美法导论. 北京：北京大学出版社，2012：16.

特有的权力。[①]

在衡平法上，颁布禁诉令旨在保护公平正义和良知。禁诉令的签发主要有两个司法依据：第一，这种衡平法上的救济方式可以限制不合理或不恰当行使法律权利的行为；第二，当司法需要时，法院可通过禁诉令行使自身的固有管辖权，以保护司法主权。[②]

（二）禁诉令制度的发展

虽然禁诉令制度作为衡平法上的救济措施，最初仅用于解决英国国内法院之间的管辖权冲突，但随着实践的发展已经延伸适用至国际平行诉讼中。例如，在帕塔尔案中，戈夫大法官曾表示，到19世纪，英国法院就开始利用禁诉令限制英国之外的诉讼行为。[③] 当相同的诉讼当事人就同一或类似国际民商事争议同时或先后向有管辖权的不同国家法院提起诉讼时，就产生了国际平行诉讼问题。从国家角度来看，因各国存在不同的管辖权规则[④]，加之当前一些国家不断扩大本国对国际民商事案件管辖权的实践[⑤]，故不可避免地引发了国际管辖权的积极冲突。从当事人角度来看，为积极寻求对自身有利的裁判结果或达到促使对方当事人和解等目的，其在诉讼策略上也会选择发起国际平行诉讼。国际平行诉讼既是尊重各国司法主权的内在要求，又是尊重当事人对纠纷处分权的外在体现。然而，任由国际平行诉讼的蔓延会产生一系列现实问题，例如当事人诉讼成本的提高、司法资源的浪费以及各国法院判决结果不一致的潜在风险等。因此，如何有效解决国际平行诉讼，协调各国司法管辖权冲突，是国际社会面临的重要问题。禁诉令制度便成为当前英美法系国家如英国、美国、澳大利亚、加拿大及少数大陆法系国家如法国、德国等对抗当事人挑选法院以及发起国际平行诉讼的常用司法工具。

从当前英美法系国家的司法实践看，这些国家不仅准备好而且非常乐于针对外国诉讼颁布禁诉令，以阻止当事人在世界其他地方提起诉讼或继续参与诉讼。尤其是在科技市场如智能手机、汽车、药品等领域，英美法系国家为操控全球市场利益，极力扩张本国实体法律及其法院司法行为的域外适用效力。虽然这些市场具有全球性特征，供应链和分销网络遍布世界各地，但从根本上说，一国法院对这些市场参与者行使权力的范围仍限于一国境内。[⑥] 最近几年，英美法系国家法院频繁通过对跨国公司在其管辖权范围内的本地业务施加影响的方式克服或规避了这种限制，寻求对国内实体行使域外效力。其中，禁诉令制度便成为英美法系国家实现这一目的

---

① 欧福永．国际民事诉讼中的禁诉令．北京：北京大学出版社，2007.

② DOUGLAS M. Anti-Suit Injunctions in Australia. Melbourne University Law Review，2017，41（1）：66－105.

③ Airbus Industrie GIE v. Pate［1999］1 AC 119，133.

④ 当前，国际法上确定国家管辖的原则主要包括属人管辖权、属地管辖权、保护管辖权和普遍管辖权。

⑤ 例如，随着中国的经济崛起和中美关系的变化，美国当前频繁针对中国行使“长臂管辖权”，尤其是在知识产权纠纷和反垄断诉讼领域。肖永平．“长臂管辖权”的法理分析与对策研究．中国法学，2019（6）.

⑥ 根据“治外法权”（extraterritoriality），一国法律只能在本国境内有效，不能支配整个世界。

的强大程序性工具。[①]

具体到跨国知识产权纠纷案件中，包括知识产权的用户、跨境的首次销售、域外销售的损害赔偿等越来越多的问题都开始超越国界范围。例如，在无线星球诉华为案中，无线星球公司在英国高等法院起诉华为侵犯其两项英国标准必要专利，诉请英国法院在双方当事人之间确立一个全球专利许可费率，并表示如果华为公司拒绝签署全球专利许可协议，则申请法院发布禁令，禁止华为在英国制造、销售相关产品。而英国法院最终竟支持了无线星球公司的主张。[②] 因为知识产权具有较强的地域性特征，除非存在国际条约、双边或多边协定的特别规定，否则知识产权的效力只限于本国境内，即一国授予和保护的知识产权仅应在该国管辖范围内有效，对其他国家不发生法律效力。英国法院作出的有关全球专利许可费率裁决将不适当地剥夺他国法院对本国专利的裁决权，因此英国法院实际上不能也不应该执行非英国专利权，而是应该只针对无线星球公司的两项有效的英国专利确定相关的许可费率。此外，由英国法院裁决的全球专利许可费率将极大限制华为公司在其他国家提起专利权异议的能力，因为一旦华为公司在法院禁令的压力下承认了英国法院的全球性专利许可费率的判决，实际上就是承认了这些专利在全球范围内的有效性。这对华为公司而言显然也是极不公平的。

（三）禁诉令的常见类型

国际禁诉令（anti-suit injunction）是指一国法院为确保诉争问题在本国法院解决之前诉讼当事人不向他国法院提起诉讼，对依法受本国管辖的一方当事人签发的、禁止其向他国法院提起诉讼、继续参与诉讼或禁止其执行他国法院禁令的法庭命令。[③] 在司法实践中，国际禁诉令主要适用于以下三种情形，包括基于便利性而签发的禁诉令、基于在先的法定义务而签发的禁诉令以及基于公共政策而签发的禁诉令。[④]

1. 基于便利性而签发的禁诉令

如前所述，禁诉令作为一种衡平法上的救济方式，最初是用来解决国内法院之间的管辖权冲突问题的。尽管如此，在某些情况下，法院会基于便利性考虑签发国际禁诉令，例如当维持国际平行诉讼会造成司法资源的严重浪费或对本地诉讼当事

---

① CONTRERAS J L. The New Extraterritoriality：FRAND Royalties，Anti-Suit Injunctions and the Global Race to the Bottom in Disputes over Standards-Essential Patents. BUJ Sci. & Tech. L.，2019，25：251.

② Unwired Planet Intl. Ltd. v. Huawei Techs. Co. Ltd.（Unwired Planet Ⅰ）［2017］EWHC（Pat）711（Eng.），aff'd Unwired Planet Intl. Ltd. v. Huawei Techs. Co. Ltd.（Unwired Planet Ⅱ）［2018］EWCA（Civ）2344（Eng.）.

③ CONTRERAS J L，EIXENBERGER M. The Anti-Suit Injunction：A Transnational Remedy for Multi-Jurisdictional SEP Litigation. Cambridge Handbook of Technical Standardization Law-Patent，Antitrust and Competition Law（Jorge L. Contreras，ed.，2017，Forthcoming），University of Utah College of Law Research Paper，2017（209）.

④ 王淑君. 国际平行诉讼中外国禁诉令签发的主要事由. 人民法院报，2021－01－29（8）.

人造成不便，或者会造成本地诉讼的延误或复杂性时。[①]

早期司法实践中，英国签发禁诉令主要是基于不方便法院原则（forum non conveniens）。在1974年以前，英国诉讼程序的驳回或中止通常只能是基于诉讼令人烦恼或具有压迫性（vexation or oppression）。随后，英国上议院先后在the Atlantic Star案[②]、MacShannon v. Rockware Glass Ltd. 案[③]和Castanho v. Root & Brown案[④]中，将不方便法院原则的检测标准延伸适用至禁诉令制度。上议院认为，当两个或两个以上法院对某个案件都有管辖权的情况下，如果英国法院认为自己审理案件更为方便，就可以颁布禁诉令，只要这样不会剥夺原告在外国的司法优势。同样，当外国法院对案件审理更为方便合理时，英国的诉讼将中止。其中，Castanho案是一起因事故而发生在英格兰的人身伤害诉讼。在本案中，被告是美国得克萨斯州一家公司的两家子公司，一家是英国子公司，另一家是巴拿马子公司。随后，原告在获得被告承担责任的承认以及一笔临时付款后，决定放弃在英国的诉讼，并向美国得克萨斯州法院提起诉讼，希望在那里获得更高水平的损害赔偿。针对原告的行为，被告要求英国法院颁布禁诉令。初审法官批准了被告的禁诉令申请，结果上诉法院驳回了其裁决，而上诉法院的裁决又得到上议院的支持。上议院认为，美国的损害赔偿金通常都是高于英国的，尤其是在人身伤害和产品责任案件中，因此向美国法院起诉希望获得更高损害赔偿金对原告而言是一种合理利益，不应通过英国法院发布的禁诉令而剥夺原告的这一司法优势。[⑤] 1986年以后，英国不方便法院原则的检测标准发生变化，同时要求考虑诉讼案件的“自然法院”（natural forum）[⑥]。“自然法院”是指“与诉讼有最真实和实质联系的法院”。因此，英国法院是否基于不便而签发国际禁诉令，主要会考虑英国法院是否为争议案件的自然法院。只要英国法院确认其与案件有足够的利害关系或实质联系，就可以证明英国法院对外国法院诉讼行为的间接干预是合理的。例如，在S. N. I. A. S. 案中，上诉法院表示，我们通常不会颁布禁诉令，除非证明英国法院是自然法院并且禁诉令不会不公正地剥夺原告在外国法院的合理优势。[⑦]

美国依据不方便法院原则限制外国诉讼的主要案件就是嘉吉案。[⑧] 在该案中，原告嘉吉公司根据保险单的赔偿条款向美国明尼苏达州联邦法院针对两家独立的保险公司各追偿500万美元，其中涵盖了原告英国子公司某些雇员的不诚实行为造成的损失。在拒绝了其中一家保险公司基于不方便法院理由提出的驳回诉讼的动议后，明尼苏达州联邦法院受理了嘉吉公司的初步禁令动议，特别是禁止保险公司继续在

---

① George A. Bermann. The Use of Anti-Suit Injunctions in International Litigation, 28 COLUM. J. Transnat'l L. 610 (1990).

② The Atlantic Star, [1974] A. C. 436.

③ Macshannon v. Rockware Glass Ltd., [1978] A. C. 795.

④ Castanho v. Root & Brown [1981] A. C. 557.

⑤ Castanho v. Root & Brown [1981] A. C. 557.

⑥ Spiliada Maritime Corp. v. Cansulex Ltd., [1986] 3 W. L. R. 972.

⑦ Societe Nationale Industrielle Aerospatiale v. Lee Kui Jak, The Times, 1 June 1987.

⑧ Cargill, Inc. v. Hartford Accident & Indemnity Company, 531 F. Supp. 710 (D. Minn. 1982).

英国法院对嘉吉公司的诉讼。就在向英国法院提起诉讼的同一天，嘉吉公司在美国提起诉讼，并请求一份嘉吉公司不承担责任的声明。明尼苏达州联邦法院颁布了此项特别的禁诉令。虽然明尼苏达州联邦法院认为颁布国际禁诉令应该非常谨慎，但最终认为，其既有针对外国诉讼程序颁布禁诉令的一般权力，也有在本案情形下发出禁诉令的正当理由。明尼苏达州联邦法院认为，外国诉讼是如此不方便，以致其有理由限制这些外国诉讼程序。

为避免国际平行诉讼造成的重复诉讼、拖延、不便、判决竞赛和裁决不一致等风险，英美法系国家一些法院认为，为解决这种严重的不便性，可以签发国际禁诉令。[①] 基于便利性而签发的禁诉令，尤其是进攻性否定他国司法管辖权的行为，在一定程度上无疑将干涉外国的司法主权。因此，此类外国禁诉令在国际社会上受到一定非议。

2. 基于在先的法定义务而签发的禁诉令

在某些情况下，诉讼当事人负有不向外国法院提起诉讼的在先法定义务，如双方之间订有仲裁协议或者协议管辖协议，案件的管辖权专属于某一仲裁机构或某一法院，而一方当事人违反这种在先的契约义务，向外国法院提起诉讼。此时，可以签发禁止一方当事人向外国法院提起诉讼或继续参与外国诉讼的禁诉令。在英国，通常只要证明一方当事人已启动的外国诉讼程序违反了有效的排他性英国法院管辖条款或英国仲裁条款，则可以证明外国诉讼行为本身的无理取闹性或压迫性，法院即可颁布禁诉令。例如，在 the Angelic Grace 案中，双方当事人在船舶租赁合同中订有仲裁条款："与本合同相关的一切争议应当指定两名仲裁员在伦敦仲裁"。本案中，"the Angelic Grace" 号的船东为巴拿马人，其准予本船舶的意大利承租人从格兰德河运输粮食至意大利。"The Angelic Grace" 号在意大利与一驳船相撞，两艘船均受损。船东遂在英国商事法院提起诉讼，寻求一份声明，即由此事故引起的索赔或交叉索赔将提交伦敦仲裁，同时限制承租人在任何其他法院提起诉讼。与此同时，本案承租人向意大利法院提起诉讼。英国商事法院批准了船东的声明申请，认为仲裁纠纷和意大利诉讼程序解决的争议事项都属于仲裁协议的范围。商事法院表示，如果意大利的诉讼继续进行，船东将受到真正的侵害，因为他们可能面临意大利法院裁决的约束，而这种判决将使他们的仲裁权利变得无关紧要。此外，承租人无法依据《纽约公约》中的规定，提出任何证据证明意大利法院应暂停意大利诉讼程序。在这种情况下，意大利承租人提起的诉讼是无理取闹的。因此，英国商事法院向承租人颁布了禁止其继续参与意大利诉讼的禁诉令。[②]

与基于便利性而签发的禁诉令不同，此时的禁诉令对外国司法管辖权的干预性较小，是当事人之间私人利益的协商与安排，因此基于在先的法定义务而签发的禁

① BERMANN G A. The Use of Anti-Suit Injunctions in International Litigation. Colum. J. Transnat'l L., 1990, 28: 589.

② Aggeliki Charis Compania Maritima SA v. Pagnan SA (The ANGELIC GRACE), [1995] 1 Lloyd's Rep. 87 (C. A. 1994).

诉令在司法实践中较为常见。例如，沃尔特·海瑟教授将国际禁诉令案件划分为两类：第一，外国诉讼在性质上是禁止性的而非平行性的；第二，外国诉讼违反了排他性的法院选择协议。在禁止性诉讼（interdictory actions）案件中，禁诉令是一种适当的防御机制，因为禁止性诉讼寻求保护法院自身的司法管辖权。而在涉及法院选择协议的案件中，法院通过颁布禁诉令保障私人承诺的执行，对国际礼让不会产生太大的影响。海瑟教授认为，禁诉令可能是实现有效法院选择条款的唯一可行途径。而且在《海牙选择法院协议公约》（Convention on Choice of Court Agreements，简称CCCA）的法院选择条款背景下，此类国际禁诉令将被越来越频繁地看到。①

3. 基于公共政策的保护而签发的禁诉令

当外国诉讼行为将违反本国的公共政策时，本国法院对即将进行的外国诉讼或正在发生的外国诉讼可能签发国际禁诉令。对于国际平行诉讼，实际上使本国法院不安的并不是外国诉讼事由本身的违法性，也不是某一特定案件的可能性裁决结果，而是认为外国诉讼的目的以及可能产生的诉讼效果将干扰本国法院已然确立的司法管辖权。②

法律是国家公共政策的工具，是国家根本利益的体现。当两个不同的司法管辖区在规范某一特定跨国活动方面都有着强烈的利益，但却试图制定和执行截然不同的政策时，便产生了国际司法管辖权冲突。在司法实践中，本国法院可能基于对当地公共政策的维护而签发了禁止外国诉讼的禁诉令，但是当外国法院认为其管辖是正当的、合理的时，同样可以签发反禁诉令（anti-anti-suit injunction），禁止对其司法程序加以不当干预。在这个意义上说，基于公共政策而签发的禁诉令又被描述为“管辖权保护”③。

五、类案练习

（一）Ken Sirius 案

2017年6月2日，华泰财产保险股份有限公司深圳分公司（以下简称“保险人”）以海上货物运输合同纠纷为由，向武汉海事法院申请扣押克利伯租船公司（以下简称“船东”）所有的“Ken Sirius”轮。当日，武汉海事法院裁定准许该诉前海事请求保全申请。2017年6月8日，保险人正式提起诉讼，诉请船东赔偿损失并承担相应的法律费用。2017年6月9日，武汉海事法院认定对本案享有管辖权，受理该案并将相关法律文书送达船东。船东在法定期限内未对管辖权提出异议，而是以该案存在已经并入提单的仲裁条款，保险人应当受该仲裁条款的约束为由，直接向

① HEISER W W. Using Anti-Suit Injunctions to Prevent Interdictory Actions and to Enforce Choice of Court Agreements. Utah L. Rev., 2011：855.

② RWR. Anti-Suit Injunctions and International Comity. Virginia Law Review，1985：1039－1070.

③ BAER T D. Injunctions against the Prosecution Litigation Abroad：Towards a Transnational Approach. Stan. L. Rev.，1984，37：155.

香港特别行政区高等法院申请禁诉令。香港特别行政区高等法院签发了禁诉令，责令案涉保险人撤回在内地法院的起诉并禁止其就该提单保函或运输合同项下产生的任何纠纷在内地启动任何进一步或其他针对船东的诉讼程序。船东根据这一禁诉令，请求武汉海事法院终止该案保险人提起的诉讼。武汉海事法院认为，船东未提起管辖权异议意味着已默示接受法院管辖，申请禁诉令违反了禁止反言原则。因此，武汉海事法院基于保险人的申请，依据我国《海事诉讼特别程序法》作出海事强制令，责令船东撤回在香港特别行政区高等法院的禁诉令。[①]

2017 年武汉海事法院审理的 Ken Sirius 案，是我国首例海事法院对于域外法下禁诉令作出正面积极回应的司法实践。

思考题：

我国海事强制令的性质以及其适用条件。

（二）小米诉交互数字案

交互数字公司是美国一家专利主张实体，拥有众多标准必要专利。[②] 作为无线通信标准必要专利实施者，自 2013 年开始，小米公司便与其进行多轮的许可谈判。直到 2020 年 2 月，双方的许可谈判并无实际进展，谈判陷入僵局状态。2020 年 6 月，为解决谈判难题，小米公司依法向武汉市中级人民法院提起诉讼，提请法院按照 FRAND 原则（公平、合理、无歧视原则）对双方之间的标准必要专利许可费谈判所涉全球费率进行裁定。次日，交互数字公司即以小米及其关联公司为被告，以其在印度注册、持有的多项专利遭小米侵害为由，申请印度德里地方法院对小米及其关联公司生产、销售的多款无线通信终端产品申请临时禁令和永久禁令，以限制小米及其关联公司生产、销售上述产品。8 月 4 日，小米向武汉市中级人民法院提出禁诉令保全申请，以制止交互数字公司通过针对小米及其关联公司发动的禁令措施对本案审理的干扰和妨碍。8 月 11 日，武汉市中级人民法院通过电子邮件向交互数字公司发送相关诉讼文件，邮件发送成功后，交互数字公司拒绝回复武汉市中级人民法院；9 月 2 日，武汉市中级人民法院再次通过邮政快递，向交互数字公司发送起诉状副本、证据资料、参诉手续、开庭传票等司法诉讼文件，但交互数字公司仍不签收回执回复武汉市中级人民法院。

武汉市中级人民法院认为，以上信息表明，交互数字公司获知武汉市中级人民法院受案信息后，并不是尊重和配合武汉市中级人民法院展开本案诉讼，而是在印度地方法院，紧急启动临时禁令和永久禁令程序，排斥武汉市中级人民法院管辖本案，抵消本案诉讼，对本案审理程序构成干扰和妨碍，主观故意十分明显。并且，交互数字公司在印度地方法院针对小米公司发动的禁令程序，有可能导致与本案裁

---

① 参见武汉海事法院（2017）鄂 72 行保 3 号民事裁定书。

② “专利主张实体”（Patent Assertion Entities，简称 PAEs），通常是指权利人继受获得专利权后，自身并不从事真正的生产经营活动，主要目的就在于通过诉讼方式向第三人攫取高额的许可使用费或侵权损害赔偿金。专利主张实体的经营模式在于实现专利权的货币价值，而非专利的使用价值。张体锐. 知识产权非实施行为的法律规制. 知识产权，2019（7）：47.

决相冲突的裁决作出，涉嫌滥用标准必要专利许可谈判中的权利救济程序。另外，交互数字公司针对小米公司在印度德里地方法院发动临时禁令和永久禁令，必然影响小米公司及其关联公司在印度海外市场的运行，极大地损害小米公司的利益，且其损害将难以修复，损害扩充将成现实。基于此种情况，2020 年 9 月 23 日，武汉市中级人民法院作出裁定，要求交互数字公司立即撤回或中止在印度针对小米公司申请的专利许可费率裁决及禁令，且不能在全球任何法院针对小米公司申请专利许可费率裁决及禁令。如违反裁定，每日罚款人民币 100 万元。对此，交互数字公司提起复议。12 月 4 日，武汉市中级人民法院裁定认为禁诉令的下达并不违背国际礼让原则，遂驳回交互数字公司的复议申请。①

本案中，武汉市中级人民法院针对美国交互数字公司及其关联公司发出全球首个跨国禁诉令，禁止交互数字公司在与小米公司及其关联公司的中国诉讼期间，在全球范围内提起相关诉讼，以排除对中国诉讼的不法干扰和诉讼妨碍，对维护我国司法主权、提升我国法院参与制定知识产权司法保护国际标准规则的能力具有重要意义。

思考题：

国际平行诉讼案件中礼让原则的司法适用。

(三) 莱克案

莱克公司是一家英国小型航空公司，20 世纪 70 年代推出了一项低票价的跨大西洋包机服务，在其高峰期收购了该市场的七分之一业务。然而，此后不久，由于一些大型知名航空公司的价格竞争，加上莱克公司自身在运营融资上的困难，迫使公司进行破产清算。于是，莱克公司向美国哥伦比亚特区联邦地区法院提起反垄断诉讼，指控被告航空公司违反美国反托拉斯法。莱克公司诉称，被告航空公司进行了一场掠夺性的定价活动，旨在让莱克停业破产。② 随后，几个被告航空公司向英国法院申请禁诉令，要求禁止原告在美国的诉讼。最终英国法院签发了针对莱克公司的禁诉令。对此，莱克公司向美国哥伦比亚特区联邦地区法院提出禁令动议，要求美国法院禁止被告向外国法院提起任何干扰美国司法管辖权的诉讼。地区法院在考量是否批准莱克公司禁诉令申请时，主要考虑了两个问题：原告是否可能在申请永久禁令时胜诉以及受损害方的利益和公共利益之间的相对平衡。地区法院认为，英国法院基于对莱克公司的属人管辖而禁止其向美国法院提起诉讼没有合理依据，而且本案与美国有着重要的联系。第一，四名被告都是美国航空公司，另外四名来自欧洲大陆，而只有两名被告是英国航空公司；第二，诉讼涉及往返美国的十五次航班，被控涉嫌违反美国法律；第三，排除一些被告后可能严重削弱原告获得法律救济的能力，而这种救济对美国经济政策至关重要；第四，法院权衡了受损害方利益和公共利益。因英国实体法可能认为被告的行为合法，且英国法院禁止莱克公司

① 参见湖北省武汉市中级人民法院（2020）鄂 01 知民初 169 号民事裁定书。

② Laker Airways Ltd. v. Sabena, Belgian World Airlines, 731 F. 2d 909 (D. C. Cir. 1984).

在美国的诉讼行为，这无疑将对莱克公司造成无法弥补的损害。最终，美国地区法院批准莱克公司的禁诉令请求。①

针对美国地区法院签发的禁诉令，被告向特区巡回上诉法院提出异议，认为，地区法院滥用了法庭的自由裁量权，而且针对英国法院禁诉令签发的反禁诉令违反了国际礼让原则。上诉法院首先分析了英美两国对诉争问题的司法管辖权。美国法院对本案具有属地管辖权，因为被告行为对美国消费者、债权人及美国监管制度产生影响。而英国法院则主要是基于属人管辖原则，莱克公司属于英国法人。因此，上诉法院认为美国法院和英国法院对莱克案都享有司法管辖权。出于国际礼让原则的考量，通常应允许这种国际平行诉讼，或者至少在一国法院作出具有既判力的裁决之前应该允许。在一国法院的诉讼行为，并不能当然地排斥他国享有的司法管辖权。但上诉法院同时也表示，在特殊情况下尤其是当需要保护本国法院的司法管辖权或者相关公共政策时，颁布禁诉令就是合理的。同样，当需要对当事人提供充分的司法救济时，也可能需要颁布禁诉令。本案中，英国法院颁布禁诉令的唯一目的就是剥夺美国的司法管辖权，此时美国法院有权也有义务禁止此类外国诉讼。最终，上诉法院支持了地区法院的禁诉令。②

思考题：

英美法系国家签发禁诉令的具体标准是什么？

（四）Amchem 案

加拿大确立外国禁诉令签发标准的典型案件即 Amchem 案。在本案中，194 名原告在美国得克萨斯州对一些石棉公司提起侵权诉讼。这些原告当中大多数人是加拿大不列颠哥伦比亚省的居民，认为因其接触石棉而受到伤害，要求石棉公司承担损害赔偿责任。然而，任何一家石棉公司均与不列颠哥伦比亚省无任何联系，也没有在得克萨斯州注册，只是多数公司以生产的形式在该州经营业务。原告在得克萨斯州启动诉讼后，被告遂以管辖权异议和不方便法院为由，向不列颠哥伦比亚省法院寻求禁诉令，用以禁止原告在美国的诉讼行为。不列颠哥伦比亚省上诉法院同意颁布禁诉令，但加拿大联邦最高法院最终驳回了禁诉令申请。本案之前，加拿大法院对于如何评估外国禁诉令并未形成一致标准，本案则对司法实践提供了指导。加拿大联邦最高法院认为，就禁诉令案件而言，英国法院确立的 S. N. I. A. S. 案检测方法比 Spiliada 案所确立的自由主义方法更为适宜。法院认为，自由主义方法时常与国际礼让原则相冲突，而加拿大国际私法实践中一直强调国际礼让的作用，且在根据世界秩序的变化不断调整国际礼让的内容。针对外国的未决诉讼程序，内国法院通常不会签发禁诉令，内国法院不会仅仅因为外国诉讼与内国并存的事实即签发禁诉令。一般而言，法院首先必须确定内国法院相对于外国法院而言为更适宜审理

---

① Laker Airways Ltd. v. Pan Am. World Airways，577 F. Supp. 348，351（D. D. C. 1983），aff'd sub nom. Laker Airways Ltd. v. Sabena，Belgian World Airlines，731 F. 2d 909（D. C. Cir. 1984）.

② Laker Airways Ltd. v. Sabena，Belgian World Airlines，731 F. 2d 909（D. C. Cir. 1984）.

案件的自然法院，即内国法院必须与诉讼标的和各方当事人之间有最实质和最密切联系。最高法院指出，如果内国法院认为外国法院对诉讼标的司法管辖权与不方便法院原则不一致，而且外国法院的裁决结果已经不可能合理，就需要进一步评估诉讼行为本身对原告和被告各自利益的影响，进而确定颁布禁诉令是否将不公正地剥夺原告在外国法院的司法优势。此时，不需要拘泥于诉讼本身的"无理取闹和压迫性"，而是通过更为灵活的"不公正"实现更好更强的衡平禁令救济。[①]

思考题：

加拿大法院签发禁诉令的具体标准是什么？

六、知识拓展

（一）拓展阅读

1. 欧福永. 国际民事诉讼中的禁诉令. 北京：北京大学出版社，2007.

2. 王娟. 关于我国引入禁诉令制度的思考. 法学评论，2009（6）.

3. 彭奕. 我国内地适用禁诉令制度探析. 武汉大学学报（哲学社会科学版），2012，65（5）.

4. 任重. 我国诉前行为保全申请的实践难题：成因与出路. 环球法律评论，2016，38（4）.

5. 祝建军. 我国应建立处理标准必要专利争议的禁诉令制度. 知识产权，2020（6）.

6. 沈红雨. 我国法的域外适用法律体系构建与涉外民商事诉讼管辖权制度的改革：兼论不方便法院原则和禁诉令机制的构建. 中国应用法学，2020（5）.

7. 宁立志，龚涛. 禁诉令大战的理论意蕴与实践应对. 政法论丛，2021（6）.

8. 宋晓. 涉外标准必要专利纠纷禁诉令的司法方法. 法学，2021（11）.

9. 刘仁山，陈杰. 我国面临的国际平行诉讼问题与协调对策. 东岳论丛，2019，40（12）.

10. 黄志慧. 我国涉外民事诉讼必要管辖权制度的体系定位与规范阐释. 法商研究，2022，39（4）.

11. 李宗辉. 标准必要专利跨国诉讼中禁诉令的适用标准研究. 法商研究，2022，39（4）.

12. SWANSON S R. The Vexatiousness of a Vexation Rule：International Comity and Anti-suit Injunctions. Geo. Wash. J. Int'l L. & Econ.，1996.

13. WAGUESPACK J P. Anti-Suit Injunctions and Admiralty Claims：The American Approach. USF Mar. L. J.，2011（24）.

14. CONTRERAS J L. The New Extraterritoriality：FRAND Royalties，Anti-Suit Injunctions and the Global Race to the Bottom in Disputes over Standards-Es-

---

① Amchem Products Inc. v. British Columbia（1993）1 S. C. R. 897.

sential Patents. BUJ Sci. & Tech. L.，2019（25）.

15. STRONG S I. Anti-Suit Injunctions in Judicial and Arbitral Procedures in the United States. The American Journal of Comparative Law，2018（66）.

（二）拓展写作

1. 国际商事仲裁中的禁诉令制度研究
2. 域外禁诉令制度的适用标准及其对中国的启示
3. 中国禁诉令问题研究

（三）其他资料

1. Turner v. Grovit and Others [2001] UKHL 65.
2. Allianz SpA v. West Tankers Inc.（CaseC-185/07）[2009] AC 1138.
3. Nori Holdings Limited and Others v. Public Joint-Stock Company Bank Otkritie Financial Corporation [2018] EWHC.
4. Perkins Engine Company Limited v. Mohammed Ghaddar and Another [2018] EWHC 100.
5. Microsoft Corp. v. Motorola，Inc.，696 F. 3d 872，881（9th Cir. 2012）.
6. Optis Wireless Tech. LLC v. Huawei Device Co. Ltd. No. 2. 17-cv-123-JRG-RSP，2018 WL476054（E. D. Tex.）Jan. 18. 2018.
7. 西南政法大学国际私法学线上课程链接：国际私法学_西南政法大学_中国大学 MOOC（慕课）（https：//www. icourse163. org/course/swupl-1205596801）。

专题五　涉外合同（一）

一、引　案

在涉外合同纠纷的解决中，法律冲突的存在会产生适用不同国家或地区的法律而得出不同裁判结果的情况，因此确定法律适用对于实体争议的解决至关重要。最高人民法院公布的指导性案例第107号中化国际（新加坡）有限公司诉蒂森克虏伯冶金产品有限责任公司国际货物买卖合同纠纷案[①]，对于涉外合同纠纷中，国际条约的适用、当事人选择法律的适用等方面都进行了有代表性的阐述。

（一）案情简介

2008年4月11日，中化国际（新加坡）有限公司（以下简称“中化新加坡公司”）与蒂森克虏伯冶金产品有限责任公司（以下简称“德国克虏伯公司”）签订了购买石油焦的“采购合同”，约定本合同应当根据美国纽约州当时有效的法律订立、管辖和解释。中化新加坡公司按约支付了全部货款，但德国克虏伯公司交付的石油焦HGI指数仅为32，与合同中约定的HGI指数典型值为36～46不符。中化新加坡公司认为德国克虏伯公司构成根本违约，请求判令解除合同，要求德国克虏伯公司返还货款并赔偿损失。

德国克虏伯公司辩称：(1) 德国克虏伯公司交付的石油焦HGI值是32，表面看与合同约定不符，但该值不是强制性的，HGI值为32的石油焦并不影响其使用，德国克虏伯公司的行为不构成违约。(2) 石油焦运抵南京港后，中化新加坡公司支付了货款，并未提出异议。(3) 即使德国克虏伯公司构成违约，中化新加坡公司因未在合同约定的石油焦抵达目的港之日起60日内向德国克虏伯公司索赔，中化新加坡公司丧失索赔权。(4) 中化新加坡公司已将石油焦以与涉案“采购合同”基本相同的价格出售给其母公司，中化新加坡公司没有损失。因此请求判令驳回中化新加坡公司全部诉讼请求。

---

① 参见最高人民法院（2013）民四终字第35号民事判决书。

江苏省高级人民法院一审认为：虽然双方当事人在合同中约定涉案合同应当根据美国纽约州当时有效的法律订立、管辖和解释，但在诉讼中双方当事人均选择《联合国国际货物销售合同公约》（以下简称 CISG）作为确定其权利义务关系的依据，而新加坡与德国均为 CISG 的缔约国，故涉案合同应适用公约的有关规定。根据 CISG 的有关规定，德国克虏伯公司提供的石油焦 HGI 指数远低于合同约定标准，导致石油焦难以在国内市场销售，签订买卖合同时的预期目的无法实现，故德国克虏伯公司的行为构成根本违约。

江苏省高级人民法院于 2012 年 12 月 19 日作出判决：（1）宣告德国克虏伯公司与中化新加坡公司于 2008 年 4 月 11 日签订的“采购合同”无效。（2）德国克虏伯公司于判决生效之日起 30 日内返还中化新加坡公司货款并支付利息。（3）德国克虏伯公司赔偿中化新加坡公司损失。[①]

宣判后，德国克虏伯公司不服一审判决，向最高人民法院提起上诉，认为一审判决对本案适用法律认定错误。

最高人民法院认为一审判决认定事实基本清楚，但部分法律适用错误，责任认定不当，应当予以纠正。最高人民法院于 2014 年 6 月 30 日作出相应判决。

（二）涉及问题

（1）在符合国际条约适用条件的情形下，当事人是否仍可选择合同法律关系所适用的法律？

（2）对于国际条约没有规定的内容，如何确定准据法？

二、法官释法

（一）公约适用与当事人准据法约定的关系

对于国际条约与当事人选择适用的法律之间的关系，一、二审法院持不同的观点。一审法院认为，虽然双方当事人在合同中约定涉案合同应当根据美国纽约州当时有效的法律订立、管辖和解释，但在诉讼中，双方当事人均选择 CISG 作为确定其权利义务关系的依据，而新加坡与德国均为 CISG 的缔约国，故案涉合同应适用公约的有关规定。最高人民法院作为二审法院，认为本案为国际货物买卖合同纠纷，双方当事人均为外国公司，案件具有涉外因素。《最高人民法院关于适用〈中华人民共和国涉外民事关系法律适用法〉若干问题的解释（一）》[以下简称“《涉外民事关系法律适用法》司法解释(一)”] 第 2 条规定：“涉外民事关系法律适用法实施以前发生的涉外民事关系，人民法院应当根据该涉外民事关系发生时的有关法律规定确定应当适用的法律；当时法律没有规定的，可以参照涉外民事关系法律适用法的规定确定。”案涉“采购合同”签订于 2008 年 4 月 11 日，为《涉外民事关系法律适用法》实施之前。当事人签订“采购合同”时，《民法通则》（现已废止）第 145 条规

---

① 参见江苏省高级人民法院（2009）苏民三初字第 0004 号民事判决书。

定："涉外合同的当事人可以选择处理合同争议所适用的法律，法律另有规定的除外。涉外合同的当事人没有选择的，适用与合同有最密切联系的国家的法律。"本案双方当事人在合同中约定应当根据美国纽约州当时有效的法律订立、管辖和解释，该约定不违反法律规定，应认定有效。由于本案当事人营业地所在国新加坡和德国均为CISG缔约国，美国亦为CISG缔约国，且在一审审理期间双方当事人一致选择适用CISG作为确定其权利义务的依据，并未排除CISG的适用，而对于审理案件中涉及的问题CISG没有规定的，应当适用当事人选择的美国纽约州法律。

（二）国际条约没有规定与双方选择准据法的适用

CISG第4条规定："本公约只适用于销售合同的订立和卖方和买方因此种合同而产生的权利和义务。特别是，本公约除非另有明文规定，与以下事项无关：(a) 合同的效力，或其任何条款的效力，或任何惯例的效力；(b) 合同对所售货物所有权可能产生的影响。"由于公约并未对合同效力问题作出规定，故本案应适用当事人在合同中选择的美国纽约州法律对此问题作出认定。德国克虏伯公司在二审期间提交了《美国统一商法典》和相关判例，认为案涉合同应认定有效。中化新加坡公司虽对德国克虏伯公司代理人关于美国法律的说明不予认可，但对于德国克虏伯公司提交的相关美国法律并未提出异议，且亦认为案涉合同应认定有效。根据双方当事人提交并确认的美国法律，案涉"采购合同"并不存在应认定无效的情形，"采购合同"有效。

最高人民法院最终依据当事人选择适用的法律即美国法对案涉合同的效力进行了评判。在认定合同有效的基础上，依据CISG对德国克虏伯公司的行为是否构成根本违约进行评判。

三、学理评析

（一）涉外合同法律关系的识别

涉外合同法律关系的识别分为两个方面：一是合同法律关系的识别，二是涉外法律关系的识别。这两个方面看似清晰明确，但是在司法实践中，并非毫无争议，有时还可能成为当事人争议的焦点。为此，有必要进行厘清。

1. 合同法律关系的识别

合同是民事主体之间设立、变更、终止民事法律关系的协议。[①] 合同又被称为契约，契约有广义的契约和狭义的契约之分。就《民法典》对合同的规定来看，应是从广义的角度对合同进行定义，原因在于其第464条使用了"民事法律关系"而非"债权债务关系"的表述，且该条第2款规定"婚姻、收养、监护等有关身份关系的协议，适用有关该身份关系的法律规定；没有规定的，可以根据其性质参照适用本编规定"，改变了《合同法》第2条第2款"婚姻、收养、监护等有关身份关系

---

① 参见《民法典》第464条第1款。

的协议，适用其他法律的规定”[①]。可见，合同的定义事关法律适用。但是是否属于合同关系是民事法律关系的定性问题，属于识别的范畴。关于识别的依据有“法院地法说”“准据法说”“分析法学与比较法学说”“个案识别说”“功能识别说”，但是大多数国家在主张以法院地法作为识别的主要依据的同时，也承认某些例外情况。[②]《涉外民事关系法律适用法》第 8 条规定，涉外民事关系的定性，适用法院地法律。因此，我国就识别问题采取的是“法院地法说”。那么在我国领域内进行的诉讼，无论是否涉外，其是否属于合同法律关系，应当依据我国法律进行判断，在《民法典》对合同采广义概念的背景下，应依据广义合同的概念对法律关系是否属于合同法律关系进行判断。

即便依照法院地法进行识别已经使合同法律关系判断依据的法律冲突得以解决，但是在一国法内，对于某些特定问题，究竟是否属于合同法律关系仍然可能存在争议。以《民法典》第 538、539 条为例，该两条规定了债权人撤销权。从体例上来看，该两条被规定在合同编“通则”部分，若债权人撤销权的基础是债权人与债务人基于合同而产生的债权，债务人处分其财产通常也是通过合同的方式，那么似乎债权人撤销权纠纷应属合同法律关系无疑了。但是需要注意的是，这里的合同法律关系有两对，即债权人与债务人、债务人与第三人。债权人的确可能是基于合同而对债务人享有债权，但其撤销的对象是债务人与第三人缔结的合同，这既超出了债权人与债务人之间合同的相对性，也超出了债务人与第三人之间合同的相对性。债权人可行使撤销权的更合理的解释似乎是债务人与第三人的行为侵害了债权人享有的债权，从这个角度来看，债权人撤销权纠纷又属于侵权法律关系。由此可见，对于特定的法律关系的识别即便按照法院地法进行，依然可能出现争议，法律关系定性应当准确、严谨。

2. 涉外法律关系的识别

从合同的定义来看，其核心在于产生、变更、消灭民事法律关系。民事法律关系之构成，分动、静两种要素。静的要素为主体和客体。动的要素为权利义务，及其变动与变动之原因。[③] 因此，当事人之间的法律关系是否涉外主要看这几项要素中是否有一项或多项具有涉外因素。但是也并非所有学者均持此种观点，有学者持更宽泛的观点，认为前述观点不足以涵盖所有“涉外因素”，因此认定“涉外因素”标准应是一个广泛的概念，其形式是多样的，包括所有与外国（或外法域）有实质联系的“涉外”情况。[④] 有学者持更限缩的观点，认为某些即使含有“涉外因素”

① 《民法典》关于合同定义及合同编适用范围的规定对《合同法》有较大改变。有观点认为以下身份关系协议的事项可以参照适用《民法典》合同编的规定：离婚协议效力的认定、离婚财产分割协议的效力认定、离婚协议中有关子女抚养法定内容调整约定的效力认定、忠诚协议的效力认定、财产约定协议的效力认定、子女之间关于赡养父母协议的效力认定、子女间赡养义务分割协议的效力认定、成年意定监护协议的效力认定。最高人民法院民法典贯彻实施工作领导小组．中华人民共和国民法典合同编理解与适用（一）．北京：人民法院出版社，2020：27.

② 刘想树．国际私法．2 版．北京：法律出版社，2015：82.

③ 梁慧星．民法总论．2 版．北京：法律出版社，2001：49.

④ 肖永平．国际私法原理．北京：法律出版社，2003：2 - 3.

的案件也并不真正就是涉外案件，比如按照1977年英国《不公平合同条款法》第26条的规定，两个相同国籍的人在国外缔结了一份在其国内履行的合同，这种合同就不是国际合同。[①]

关于涉外法律关系识别的争论颇多，2012年《涉外民事关系法律适用法》司法解释（一）第1条仍是从民事法律关系要素这个角度界定何为涉外民事关系：第1项和第2项是从法律关系主体上判断涉外因素，包括国籍涉外和经常居住地涉外两种情况；第3项是从法律关系客体上判断涉外因素；第4项是从法律关系变动原因上判断涉外因素，法律事实即为引起法律关系变动的原因。由此分析可以看出，第5项作为兜底条款应是指民事法律关系要素涉外的其他情形。一般在涉外法律关系的判断上，适用前面4项的比较典型，适用第5项的极其少见，但亦已出现突破。在西门子国际贸易（上海）有限公司与上海黄金置地有限公司申请承认和执行外国仲裁裁决案[②]中，上海市第一中级人民法院认为，西门子公司与黄金置地公司均为在中国注册的公司法人，合同约定的交货地、作为合同标的物的设备目前所在地均在我国境内，该合同表面上看并不具有典型的涉外因素。但该合同可以认定为涉外民事法律关系，其理由包括：第一，合同的主体均具有一定涉外因素。西门子公司与黄金置地公司均系在上海自贸试验区区域内的外商独资企业，均与其境外投资者关联密切。第二，合同的履行特征具有涉外因素。案涉设备系先从中国境外运至上海自贸试验区内进行保税监管，再根据合同履行需要适时办理清关完税手续、从区内流转到区外，至此货物进口手续方才完成，故合同标的物的流转过程也具有一定的国际货物买卖特征。最终，法院依据前述司法解释第1条第5项，认定该涉外合同法律关系属于“可以认定为涉外民事关系的其他情形”。这个案件虽然有所突破，但其并没有脱离法律关系要素的分析，仍然是从主体和法律事实的角度将案涉合同识别为涉外合同。

3. 涉外合同法律适用的渊源

（1）国际条约。

国际条约一般通过两种方式调整涉外合同，一是制定统一实体规范，二是制定统一冲突规范。前者是通过制定统一的实体规则来消除法律冲突，避免法律选择。后者则是规定统一的冲突规范，通过冲突规范指引到具体某个国家或地区的实体规则来解决法律冲突。

就涉外合同统一实体规范方面而言，我国加入了1980年CISG、1929年《统一国际航空运输某些规则的公约》（《华沙公约》）、1955年《修改1929年10月12日在华沙签订的统一国际航空运输某些规则的公约的议定书》（《海牙议定书》）、1999年《统一国际航空运输某些规则的公约》（《蒙特利尔公约》）、1951年《国际铁路货物联运协定》（《国际货协》）等国际公约。此外，我国也存在与他国签订双边条约统一涉外合同法律规则的情形，如我国与罗马尼亚在1952年至1961年期间签订多份

① Peter Norht，Cheshire. Private International Law. Butterworths，1974：233.

② 参见上海市第一中级人民法院（2013）沪一中民认（外仲）字第2号民事裁定书。

《对外贸易机构交货共同条件议定书》，对合同订立、交货地点、交货期限、逾期交货等进行了规定。

尽管在国际条约中规定统一的实体规则，可以最高效地解决法律冲突，但是各国法律传统差异较大，在某些领域非常难达成一致，同时，多数条约允许缔约国对某些问题作出声明和保留，因此，利用冲突规范来解决法律冲突不可避免。于是，制定统一的冲突规范成为避免“挑选法院”的方法。影响比较大的国际性统一冲突规范是联合国主持制定的1985年《国际货物销售合同法律适用公约》，但我国并未加入该公约。比较有影响力的地区性统一冲突规范包括欧共体1980年《关于国际货物销售合同法律适用公约》、1994年《美洲国家间关于国际合同法律适用的公约》。

（2）国际惯例。

国际惯例作为国际私法的渊源之一，学界对于其仅包括实体法上的国际惯例或是仅包括冲突法上的国际惯例还是二者均在其内多有争论，但是普遍认为国际惯例是包括实体法上的国际惯例的，而实体法上的国际惯例主要集中在国际贸易和国际支付领域，其主要应用于买卖合同、委托收款合同、担保合同等。其中尤以国际商会发布的国际惯例的影响力最广，如《国际贸易术语解释通则》（最新版本为2020年版，即INCOTERMS 2020）、《跟单信用证统一惯例》（最新版本为2007年版，即UCP 600）、《见索即付保函统一规则》（最新版本为2010年版，即URDG 758）、《托收统一规则》（最新版本为1995年版，即URC 522）。这些国际惯例均属任意性规范而非强制性规范，需要当事人在交易或合同中明确表示加以运用或者未排除其适用才对当事人具有约束力。还需注意的是，这些国际商事领域的国际惯例随着时代变化而不断进行修订从而形成多个版本，当事人还可以约定适用哪个版本的国际惯例。

国际惯例在我国的法源地位始于《民法通则》第142条，但是《民法典》施行之后，《民法通则》已经废止，而《民法典》并未涉及国际条约和国际惯例的适用。如果国际条约因系我国缔结的而应予遵守的话，国际惯例的适用就存在一定的障碍了，除非是如《民用航空法》《票据法》等有涉外关系法律适用特别规定的领域或者当事人明确选择国际惯例作为其合同内容。因此，在《民法典》背景下，如何适用国际惯例是值得关注的问题。

（3）国内立法。

通过国内立法解决合同法律冲突包括两种方式：一是通过冲突规范的指引适用相应国家或地区的法律，二是直接规定某类型的法律关系适用内国法。针对涉外合同关系的冲突规范，各国存在两种立法模式。第一种是概括式，即通过制定一条具有普遍适用性的冲突规范，来调整各种涉外合同之债。第二种是具体式，即根据合同的性质和内容，将涉外合同分为若干种类，分别规定各种涉外合同应当适用何种法律。我国总体上采取的是第一种立法模式。《涉外民事关系法律适用法》第41条规定，当事人可以协议选择合同适用的法律。当事人没有选择的，适用履行义务最能体现该合同特征的一方当事人经常居所地法律或者其他与该合同有最密切联系的法律。该条概括地规定了一般涉外合同的法律适用。第42、43条分别规定了消费者合同和劳动合同两类合同的法律适用，是对特殊类型的合同作出的例外规定。

针对某些与本国利益密切相关的法律关系，一国常常在其内国法中规定一些专门用于调整涉外合同之债的实体规范，要求本国国民在签订和履行涉外合同时必须遵守。由于这些实体规范属于强制性规范，如果本国国民在签订和履行该类型涉外合同时违反了该实体规范，合同将不被批准或被宣告无效。比如我国已废止的《合同法》第 126 条第 2 款规定，在中华人民共和国境内履行的中外合资经营企业合同、中外合作经营企业合同、中外合作勘探开发自然资源合同，适用我国法律。尽管《外商投资法》已于 2020 年 1 月施行，《中外合资经营企业法》《外资企业法》《中外合作经营企业法》（以下简称“外资三法”）同时废止，《民法典》第 467 条第 2 款仍旧保留了前述《合同法》的规定。值得注意的是，在“外资三法”已经废止的背景下，除原来签订的三类合同之外，是否还会新出现前述三类合同，即便会出现，但因没有“外资三法”作为依据，三类合同的识别也成为问题，由此，《民法典》的该条规定与外商投资方面法律的同步性是需要研究的问题。

（二）涉外合同法律适用的理论分歧

一个合同法律关系涉及要素较多，通常涉及缔约能力、合同形式、合同成立、合同内容、合同效力等多方面的问题。那么在考虑合同法律适用时，是将合同法律关系作为一个整体对各方面不作区分统一适用单一法律，还是将合同法律关系中的不同方面分割成不同部分分别确定适用何种法律，由此形成了“统一论”和“分割论”两种理论。

1. “统一论”

此种观点将合同法律关系看作一个整体，用同一方法确定其应当适用的法律，该合同法律关系的问题均由该确定的法律进行调整。采此种观点的主要理由是从理论层面来看，一项合同无论是从经济观点还是从法律观点来分析，都应该是一个整体，为了保持合同的整体协调性，就应该坚持一个合同只适用一个法律的原则；从实践层面来看，对于一个合同法律关系的不同方面进行区分，不同方面适用不同法律，且不论区分标准的划分还是适用法律的查明，都存在困难。同时，“统一论”被认为可以弥补“分割论”的缺陷，“分割论”将合同法律关系分割为若干个不同部分，并分别根据一定的规则确定该部分所应当适用的法律，使合同关系处于不稳定状态，破坏了适用的一致性。反过来看，“统一论”则可以很好地弥补这个问题。但是“统一论”是否能达到这样的效果颇受质疑。大多数采用统一制的国内立法和国际公约（如波兰、美国、德国、英国、匈牙利、捷克、斯洛伐克等国的国际私法和《罗马公约》《海牙公约》）都有例外规定，允许为合同的某些方面另外确定准据法，这说明，“统一论”并不像它的倡导者们所希望的那样，确定一个准据法便可一劳永逸地解决合同所有方面的问题。相反，对合同整体性和适用法律一致性的过分追求，会使依一成不变的方法所确定的准据法失去对复杂的合同问题的针对性和适应性，从而导致不合理结果。[①]

2. “分割论”

此种观点将涉外合同法律关系中的各个要素进行分解，包括当事人的缔约能力、合同成立、合同形式、合同效力等诸多方面，合同的不同方面分别受不同法律的调整。比如，CISG 第 4 条规定：“本公约只适用于销售合同的订立和卖方和买方因此种合同而产生的权利和义务。特别是，本公约除非另有明文规定，与以下事项无关：(a) 合同的效力，或其任何条款的效力，或任何惯例的效力；(b) 合同对所售货物所有权可能产生的影响。”其实际上对国际合同的要素进行了分割，表明公约只适用于合同的成立以及实质内容。又如，美国联邦最高法院法官亨特在 1875 年的斯卡特诉芝加哥联合国民银行案中认为，合同的解释与有效性适用缔结地法，而履行适用履行地法律。[②]

目前，无论从国际条约还是从各国立法来看，采取“统一论”的极为少见，采取“分割论”的为主流。其原因在于“分割论”相较于“统一论”更为灵活，使涉外合同法律适用更具合理性。从我国立法来看，我国应是赞同采取“分割论”解决涉外合同法律冲突的。《涉外民事关系法律适用法》第 11、12 条规定，自然人的民事权利能力、民事行为能力，适用经常居所地法律。自然人从事民事活动，依照经常居所地法律为无民事行为能力，依照行为地法律为有民事行为能力的，适用行为地法律，但涉及婚姻家庭、继承的除外。合同当事人的缔约能力也应受这　条调整。第 41 条规定，当事人可以协议选择合同适用的法律。当事人没有选择的，适用履行义务最能体现该合同特征的一方当事人经常居所地法律或者其他与该合同有最密切联系的法律。缔约能力和合同实质内容采取了不同的法律适用原则。但是，从司法实践来看，在合同法律适用的问题上，有时并未严格采取“分割论”来确定合同法律关系中不同方面的法律适用。比如，“外保内债”，即境外公司为境内公司担保的问题。《民法典》施行后，关于境内公司为他人提供担保的问题基本已经统一标准，除特殊情况外，境内公司为他人提供担保必须符合《公司法》第 16 条[③]的规定，即，须有公司股东会或董事会决议，否则担保合同无效。但是，在“外保内债”的情况下，如果应当适用中国法作为担保合同的准据法，是否需依据《公司法》第 16 条审查境外公司为境内公司提供担保是否经过其股东会、董事会决议？实践中，有法院未依我国《公司法》对公司决议进行审查而认定担保合同有效[④]，也有法院依据《公司法》对境外公司的决议进行了审查，因当事人未能提供公司决议而认定担

---

① 沈涓．合同准据法理论的解释．北京：法律出版社，2000：12.

② Scudder v. Union National Bank of Chicago，91 U. S. 406.

③ 《公司法》第 16 条规定，公司向其他企业投资或者为他人提供担保，依照公司章程的规定，由董事会或者股东会、股东大会决议；公司章程对投资或者担保的总额及单项投资或者担保的数额有限额规定的，不得超过规定的限额。公司为公司股东或者实际控制人提供担保的，必须经股东会或者股东大会决议。前款规定的股东或者受前款规定的实际控制人支配的股东，不得参加前款规定事项的表决。该项表决由出席会议的其他股东所持表决权的过半数通过。

④ 参见北京市高级人民法院（2019）京民终 754 号民事判决书。

保合同无效。[①] 在“分割论”背景下，公司对外担保是否应经公司决议究竟应按照属人法还是行为地法，涉及公司决议的识别问题，只有定性分析清楚才能准确确定准据法。

四、延伸问题

“分割论”是主要的涉外合同法律适用方法。按照其不同方面，涉外合同法律关系的法律适用规则分为如下几方面的。

（一）缔约能力的法律适用

从立法模式来看，各国对合同主体的缔约能力规定方式不同。有的将民事主体的权利能力和行为能力规定在民商事法律一般规定中，对合同主体的缔约能力适用该一般规定；有的将合同主体的缔约能力单独在合同相关立法中予以规定。当民事主体要以行为产生或变更法律关系时，在民法上还需具备行为能力。合同的缔结需要通过民事主体的表意行为完成，因此，涉外合同法律关系中的缔约能力争议主要是行为能力的争议。对于民事主体的缔约能力的法律适用主要包括以下几种观点。

1. 属人法

就自然人而言，大多数国家对其权利能力适用属人法。就法人而言，法人是法律拟制的主体，其系依某国法律进行设立登记等程序而成为民事主体，因此其权利能力系依一国法律而取得，其权利能力和行为能力的判断适用其登记地法律更符合逻辑。世界上多数国家将民事主体的行为能力依其属人法作为行为能力法律适用的一般原则。但是对于何为属人法，又存在两种观点：一是国籍国法，二是住所地法。从我国法律规定来看，我国亦将属人法作为当事人行为能力法律适用的一般原则，且将住所地法作为属人法。我国亦是以属人法作为行为能力判断的一般原则，进而，其也是缔约能力判断的一般原则。

2. 行为地法

“单纯采用属人法来解决缔约能力的法律冲突，在某些情况下可能难以保证交易的稳定性。尤其是外国人在内国签订合同时，依其属人法为无缔约能力而依行为地法为有缔约能力的，若依其属人法将其视为无缔约能力人，往往不利于保护善意相对人的合法权益，甚至会严重影响交易安全。”[②] 因此，大多数国家的立法已经不将属人法作为判断行为能力的唯一标准。对于自然人，《涉外民事关系法律适用法》第12条第2款规定，自然人从事民事活动，依照经常居所地法律为无民事行为能力，依照行为地法律为有民事行为能力的，适用行为地法律，但涉及婚姻家庭、继承的除外。对于法人，第14条第2款规定，法人的主营业地与登记地不一致的，可以适用主营业地法律。尽管主营业地是法人的主要营业活动所在地，属于行为地之一，但是在国际交往中，法人并非仅在其主营业地从事民事活动，而第14条并未将法人

① 参见浙江省高级人民法院（2020）浙民终290号民事判决书。

② 刘想树. 国际私法. 2版. 北京：法律出版社，2015：182.

实施具体民事行为之场所的法律作为判断其行为能力的准据法，在这一点上与涉及自然人之规定略有不同。

（二）合同形式的法律适用

合同形式的法律适用主要包括合同缔结地法、合同履行地法、合同准据法等主张。前二者是“场所支配行为”原则的体现，一者为合同订立的场所，一者为合同履行的场所；最后者则是根据最终确定的合同法律关系的准据法来判断合同形式是否合法，而不就合同形式单独判断法律适用。从我国立法来看，《涉外民事关系法律适用法》并未就合同形式的法律适用单独进行规定，就一般合同的法律适用仅有第41条的规定，由此可见，在我国对于合同形式应当适用合同准据法。但是很多国家就合同形式的法律适用进行立法时并未采取单一的法律适用规则，而是确立了选择适用合同缔结地法或合同准据法的规则。①

（三）合同实质问题的法律适用

合同实质问题包括合同的成立、内容、效力等方面，就此问题主要的法律适用确定方法包括以下几种。

1. 意思自治原则

意思自治原则是指合同当事人可以通过协商一致的意思表示选择支配合同关系的准据法。② 从当前国际私法的发展来看，意思自治原则已为大多数国家所接受，成为涉外合同法律适用的基本原则，甚至成为首要原则。

（1）关于法律选择时间。当事人一般在订立合同时即选择法律。对于当事人在合同订立之后能否选择法律或者在协议改变之前能否选择法律，大多数国家的立法与实践、国际公约均予以允许。我国《涉外民事关系法律适用法》司法解释（一）第6条规定，当事人在一审法庭辩论终结前协议选择或者变更选择适用的法律的，人民法院应予准许。可见，我国亦是允许缔约双方在合同订立之后再选择或变更合同所适用的法律，但是《涉外民事关系法律适用法》及其司法解释并未对变更法律选择进行限制性规定，这并不意味着变更不受任何限制，不损害他人利益是应有之义。

（2）关于法律选择方式。当事人意思自治的方式通常有明示与默示两种。明示选择是指当事人用文字或言辞明确表示合同应适用的法律。默示选择是指当事人未明确表示合同应适用的法律，而由法院根据有关条款、词语以及其他事实来推定。③ 我国亦采取的是部分承认默示选择的方式。《涉外民事关系法律适用法》第3条规定，当事人依照法律规定可以明示选择涉外民事关系适用的法律。《涉外民事关系法律适用法》司法解释（一）第6条第2款规定，各方当事人援引相同国家的法律且

---

① 李双元，欧永福．国际私法．5版．北京：北京大学出版社，2018：241．

② 章尚锦，杜焕芳．国际私法．6版．北京：中国人民大学出版社，2019：185．

③ 章尚锦，杜焕芳．国际私法．6版．北京：中国人民大学出版社，2019：188．

未提出法律适用异议的，人民法院可以认定当事人已经就涉外民事关系适用的法律作出了选择。司法解释实际上即为确认了一种默示选择的方式。

（3）关于法律选择范围。从法律的性质来看，多数国家法律和国际公约都规定当事人选择的法律应当是实体法，而不包括冲突法。当事人意思自治的目的在于法律适用的预见性和稳定性，但如果将冲突法包括在内就无法实现这一目的。从我国立法来看，当事人可选择的法律也只能是实体法。《涉外民事关系法律适用法》第 9 条规定，涉外民事关系适用的外国法律，不包括该国的法律适用法。从法律与合同的实际联系来看，各国对于选择的法律是否应与合同存在实际联系有不同的立法选择。大多数国家以及国际公约对于当事人选择的法律则没有“客观联系”的要求。我国《涉外民事关系法律适用法》司法解释（一）第 5 条规定，一方当事人以双方协议选择的法律与系争的涉外民事关系没有实际联系为由主张选择无效的，人民法院不予支持。从法律的渊源来看，当事人协商一致选择适用于合同的法律既可以是一国国内实体法，也可以是国际条约和国际惯例的实体规则。值得注意的是我国《涉外民事关系法律适用法》司法解释（一）第 7 条，该条并非将对我国未生效的条约作为当事人选择的准据法，而是将其视为当事人的合同条款。[①]

（4）关于法律选择限制。国际民商事合同规范的制定者和国际民商事合同纠纷的裁判者，均应充分考虑当事人自己的意愿。但是，从构建和保障公平合理的国际民商事秩序着眼，意思自治原则从未被赋予过无限自由的内涵。[②] 在法律选择问题上对当事人意思自治的限制通常包括强制性规范、公共秩序保留、特殊类型合同三种。就强制性规范而言，绝大多数学者都认为当事人自主选择只能在任意性法律的范围内进行，而不得违背法律中的强制性规定。[③] 如我国《涉外民事关系法律适用法》第 4 条规定，中华人民共和国法律对涉外民事关系有强制性规定的，直接适用该强制性规定。《涉外民事关系法律适用法》司法解释（一）第 8 条对何为强制性规定进行了列举加兜底式的解释。就公共秩序保留而言，多数国家都规定了当事人选择的合同准据法不得违反法院地国的公共政策或公共秩序。我国《涉外民事关系法律适用法》第 5 条规定，外国法律的适用将损害中华人民共和国社会公共利益的，适用中华人民共和国法律。事实上，违反强制性规定的理论基础亦为公共秩序保留，这从前述司法解释第 8 条的表述亦可看出。就特殊类型合同而言，对某些特殊类型的合同，有关国家会根据本国利益的需要，对当事人选择合同准据法进行特殊限制，甚至排除当事人的选择。如我国《涉外民事关系法律适用法》第 42、43 条分别规定了确定消费者合同、劳动合同准据法的连结点而排除当事人选择法律。

2. 客观标志原则

客观标志原则是指合同关系应适用与之有实际联系国家的法律来调整，特别是

---

① 如胡某诉某航空控股股份有限公司航空旅客运输合同纠纷案，参见重庆自贸区人民法院（2019）渝 0192 民初 16677 号民事判决书，重庆市第一中级人民法院（2021）渝 01 民终 3610 号民事裁定书。

② 刘仁山. 国际合同法律适用中“意思自治原则”的晚近发展：《海牙国际合同法律选择原则》述评. 环球法律评论，2013（6）：157.

③ 李双元，欧永福. 国际私法. 5 版. 北京：北京大学出版社，2018：236.

在当事人没有选择准据法的情况下，应依据法律规定和合同的客观联系因素，确定合同的准据法。[①] 目前仍采取这种确定合同准据法方法的国家包括泰国、意大利、埃及、约旦等国家。各国逐渐开始倾向于探求一种灵活、便于执行的新办法。

（1）关于最密切联系原则。最密切联系原则的基本含义是当事人未选择法律或者当事人的选择无效时，哪个国家的法律与合同联系最密切，便以哪个国家的法律作为该合同的准据法。[②] 1951 年，英国学者约翰·莫里斯指出，法官在处理多法域侵权问题时，应以政策为基础，选择与特定侵权行为及具体争讼事项有“最密切联系”的法律来解决。[③] 随着最密切联系原则被明确提出，无论是大陆法系国家还是英美法系国家都广泛地适用之，它成为矫正传统冲突规则机械、僵硬缺陷的重要方法。但是“最密切联系”是一个灵活有余而规范不足的概念，对其的质疑从此原则诞生之时就不曾间断。“当一个法官被邀来评估案件与哪一法律具有最密切联系时，他完全有权得出结论，与案件具有最密切联系的是法院地法。”[④] 因此，英美法系国家和大陆法系国家都采取了一定的方法来控制最密切联系原则的灵活性，这些方法的实质就是聚焦在如何确定最密切联系的场所上。

（2）关于最密切联系场所的确定方法。最密切联系原则发端于英美法系国家。英美法系国家主要采取“合同要素分析法”，从合同各种要素进行“量”和“质”分析以确定最密切联系的场所。法官首先从“量”上分析，将合同涉及的各项连结因素列举出来，然后以连接因素最集中的国家或地区作为最强联系地。再从“质”上分析，针对特定问题在各种连结因素中的重要程度，对法律加以适用。瑞士学者提出的特征性履行方法后为大陆法系国家广泛采纳。特征性履行方法是根据合同的特殊性质确定合同法律适用的方法，其实质在于，“通过考察合同的功能，尤其是合同企图实现的具体的社会目的，确定各种合同中使此种合同具有特殊的社会功能的权利与义务，即合同的特性履行，并最终适用与特性之债履行人联系最密切的法律，以保护特性之债履行人的特殊利益”[⑤]。2008 年欧盟颁布的《罗马条例Ⅰ》第 4 条更是明确地规定了最密切联系原则法律适用的规则，即“最密切联系原则＋特征履行确定推定规则＋更密切联系例外。这条立法规定勾勒出最密切联系原则适用的步骤、要求并将各个环节进行细化，其主要表现形式是具有可操作性的规则，只保留了例外条款这种相对弹性的手段作为法官自由裁量权的操作空间”[⑥]。

我国法律吸纳最密切联系原则的同时也吸收了特征性履行方法。《涉外民事关系法律适用法》第 41 条规定，当事人可以协议选择合同适用的法律。当事人没有选择的，适用履行义务最能体现该合同特征的一方当事人经常居所地法律或者其他与该合同有最密切联系的法律。从此条规定可以看出，在涉外合同的法律适用上，最密

① 宋渝玲．确定涉外合同准据法的原则．现代法学，1998（5）：84．

② 刘想树．国际私法．2 版．北京：法律出版社，2015：188．

③ 308 N. Y. 155，124 N. E. 2d99（1954）．

④ 裴普．论最密切联系原则在涉外合同中的应用．现代法学，1999（4）：111－114．

⑤ 徐国建．国际合同法中“特性履行理论”研究．法学评论，1989（6）：39．

⑥ 田洪鋆．最密切联系原则控制模式欧美比较研究．社会科学辑刊，2020（1）：96．

切联系原则是意思自治原则的补充，在当事人没有协议选择合同适用的法律时才有最密切联系原则的适用空间。在最密切联系地的判断方法上，根据特征性履行方法，判断出特征履行方；再根据特征履行方的经常居所地判断应当适用的法律。我国法律在规定特征性履行方法判断最密切联系场所的同时，允许法官可以不受此限制而直接运用最密切联系原则去选择其他与合同有最密切联系的法律。

五、类案练习

(一) 保险人代位求偿权纠纷案

2004 年 2 月 24 日，三井住友保险会社与日本五轮会社签订“海运保险预约保单”，其中三井住友保险会社是保险人，日本五轮会社是被保险人。保险合同约定确保日本五轮会社的所有货物在生效日期起照常装运，以及在发生合同约定情形时由保险人进行损害补偿。随后，日本五轮会社与东莞华庄公司针对日本五轮会社向东莞华庄公司供应部件材料的基础事项签署备忘录。然而，在供应合同有效期内，东莞华庄公司仓库发生火灾。火灾烧损电子零件一批，其中包括属于日本五轮会社已向三井住友保险会社投保的电子材料。

三井住友保险会社根据被保险人日本五轮会社的索赔申请，向日本五轮会社赔付了 1 093 866.97 美元。日本五轮会社亦向三井住友保险会社出具了“代位求偿书”，授权三井住友保险会社处理货物涉及法律权益和索赔事务。

2014 年 6 月 10 日，三井住友保险会社向广东省东莞市中级人民法院起诉东莞华庄公司，并将日本五轮会社列为第三人，请求判令东莞华庄公司赔偿货物损失费用以及利息。

三方当事人均一致同意本案交由广东省东莞市中级人民法院依中华人民共和国法律进行审理。

广东省东莞市中级人民法院认为：三井住友保险会社及日本五轮会社均为在日本国注册成立的公司，本案应属涉外保险人代位求偿权纠纷。由于保险事故发生地及被告住所地均在中国广东省东莞市，且当事人在一审庭审中也援引了我国法律进行诉辩，故根据《涉外民事关系法律适用法》第 41 条关于最密切联系原则的规定，本案应适用中华人民共和国法律，而且在一审庭审中经询问，各方当事人对适用中华人民共和国法律审理本案均无异议，故一审法院依法确认中华人民共和国法律为本案的准据法。根据《保险法》第 60 条的规定，三井住友保险会社依据其与日本五轮会社之间的“海运保险预约保单”及相关的附随约定，对日本五轮会社在保单项下的物料因火灾造成的损失进行了保险理赔，对保险事故责任人享有追偿权。根据“备忘录”以及日本五轮会社与东莞华庄公司的陈述，日本五轮会社将案涉已被火灾烧毁的电子材料存放于东莞华庄公司是基于日本五轮会社与东莞华庄公司之间长期存在的委托加工关系而非无偿的保管关系，依照《合同法》第 265 条之规定，承揽人东莞华庄公司保管不善，应承担损害赔偿责任。三井住友保险会社基于代位求偿权向东莞华庄公司主张赔偿，应予支持。

一审判决宣告后，被告东莞华庄公司以包括法律适用错误在内的多项理由提出上诉，请求撤销一审判决，判决驳回三井住友保险会社的所有诉讼请求。

二审中，东莞华庄公司主张保险理赔关系问题应适用日本保险法，追偿所涉的承揽合同争议适用中国法律。三井住友保险会社认为保险合同关系及保险代位求偿权问题应适用日本法律，但是，本案预约保险和理赔符合国际通行海上保险实践，考虑到提供日本法律的费用高，适用中国法不会产生不同结果，故三井住友保险会社不提供日本法律，由法院决定涉案保险合同应适用的法律；追偿所涉的承揽合同争议适用中国法律。日本五轮会社主张本案所涉争议问题均应适用中国法律。东莞华庄公司提供了一份关于日本保险法的资料《关于保险法的分析讨论》及其翻译件。

广东省高级人民法院认为：本案涉及三井住友保险会社与日本五轮会社之间的保险合同关系以及被保险人日本五轮会社与东莞华庄公司之间的承揽合同关系两个法律关系，根据《涉外民事关系法律适用法》司法解释（一）第 13 条“案件涉及两个或者两个以上的涉外民事关系时，人民法院应当分别确定应当适用的法律”的规定，对该两个法律关系所涉争议的准据法应依据不同的法律适用规则分别确定。

关于三井住友保险会社是否依法取得代位求偿权问题，属于保险合同关系项下争议，应依据保险合同适用的准据法进行认定。涉案保险合同中未约定法律适用，保险人三井住友保险会社与被保险人日本五轮会社均为日本公司，日本法律为与该保险合同关系具有最密切联系的法律，根据《涉外民事关系法律适用法》第 41 条“当事人没有选择的，适用履行义务最能体现该合同特征的一方当事人经常居所地法律或者其他与该合同有最密切联系的法律”的规定，本案保险合同项下争议问题应适用日本法律解决。东莞华庄公司提供的日本商法虽然文件形式上存在瑕疵，但是根据其内容，对于因第三人造成保险标的损害的情形，保险人有权在其支付的保险赔偿金额范围内取得被保险人对第三人所持有的权利。三井住友保险会社和日本五轮会社对此亦无异议，法院予以确认。三井住友保险会社已对被保险人日本五轮会社作出保险赔付，日本五轮会社亦向三井住友保险会社出具了权益转让书，三井住友保险会社依法取得代位求偿权，有权向对保险事故负有责任的第三人提出赔偿请求。对于保险人行使代位请求赔偿权利纠纷案件应当围绕造成保险事故的第三人与被保险人之间的法律关系进行审理。

各方当事人就追偿争议应适用中华人民共和国法律处理并无异议，根据《涉外民事关系法律适用法》第 41 条“当事人可以协议选择合同适用的法律”的规定，对该争议应适用我国法律解决。日本五轮会社与东莞华庄公司之间系承揽合同关系。涉案电子材料在东莞华庄公司仓库保管期间发生火灾事故，该事故系因仓库电气线路故障引燃周围可燃物所致。东莞华庄公司作为承揽人，未尽妥善保管义务而致货物毁损，其应赔偿日本五轮会社的损失。二审法院判决驳回上诉，维持原判。[①]

思考题：

（1）在涉外民事纠纷中，涉外民事法律关系的判断是只需判断案件是否具有涉

---

① 参见广东省高级人民法院（2017）粤民终 2370 号民事判决书。

外因素，还是需先厘清案件所涉的所有民事法律关系，再针对每一民事法律关系逐一识别是否涉外？

（2）保险人代位求偿权与保险合同以及承揽合同是何种关系？保险人代位求偿权是法定权利，在涉外代位求偿权纠纷中，当事人享有代位求偿权与否的准据法应如何确定？

（3）当事人和法院根据冲突规范均确定适用外国法时，法律应当由何者负责查明？

（二）李某等合同纠纷案

2020年2月17日，李某与融信嘉公司签署“中金投3号协议”，李某认购金额450万元。协议载明：份额认购人为李某，备案登记人为融信嘉公司，受托管理人为凤新公司，李某有权按照产品说明书的规定获得收益，并享有到期获得本金和预期收益的权利；融信嘉公司应根据产品说明书的约定，按时足额地对李某履行支付本金及预期收益等义务，备案登记人违反本协议约定的应承担违约责任的范围包括认购人根据合同规定享有的本产品本金及预期收益、每日万分之五计算的逾期违约金、损害赔偿金和实现债权的费用。“中金投3号产品说明书”载明，产品名称为中金投3号产品7期，产品类型为融资计划产品，备案登记人为融信嘉公司，备案登记机构为田东县交易中心，受托管理人、服务商为凤新公司，担保人为中金投公司。登记备案机构田东县交易中心是经政府批准设立的产权交易机构，产权交易中心仅对本产品的挂牌登记事项提供相关服务。受托管理人凤新公司在产品存续期间对备案登记人有督导义务，如备案登记人经营情况发生重大变化，应及时通知登记备案机构予以披露。担保人中金投公司根据签署的担保协议或者担保承诺函的约定，对本产品的兑付提供连带责任担保。

2020年2月18日，李某向融信嘉公司账户转款450万元。双方对于2020年的利息已经支付完毕没有异议。2021年融信嘉公司委托他人向李某支付了36万元。融信嘉公司称上述2021年的转款36万元系其按照“兑付公告”向李某偿还的部分本金；李某确认，融信嘉公司欠付本金数额为450万元，“中金投3号协议”的合同期内利息已经抵扣完，剩余抵扣违约金。

落款时间为2019年11月11日的中金投公司董事会决议载明，如融信嘉公司在田东县交易中心挂牌的金投2号产品融资计划对应的“产品说明书”及“备案登记协议”中约定的到期日及/或期间分配日，未能兑付该融资计划投资者本金及/或收益，则中金投公司将履行担保义务，对上述本金及/或收益按时足额予以支付，确保该融资计划投资者资金安全及投资收益的实现，由此产生的一切责任由中金投公司承担。决议董事盖章/签字处有中金投公司执行董事罗某、关某的签字，以及中金投公司的条形章。落款时间为2019年11月25日的中金投公司向李某出具的“担保承诺函”载明，中金投公司出于真实意思表示为融信嘉公司在田东县交易中心挂牌登记中金投2号产品提供不可撤销的连带责任保证担保，保证兑付范围包括但不限于投资本金、收益、补偿金、违约金、损害赔偿金、实现本产品本金及收益的一切费用，担保期间为融信嘉公司应向本产品投资者履行兑付义务之日起 2 年。“担保承诺函”尾部有中金投公司执行董事罗某签字，以及中金投公司条形章。

李某因融信嘉公司到期日后未支付本息，向北京市第四中级人民法院提起诉讼，请求判令：（1）融信嘉公司、田东县交易中心、凤新公司共同向李某支付本金以及剩余 3 个季度的利息；（2）融信嘉公司、田东县交易中心、凤新公司共同向李某支付迟延付款违约金；（3）融信嘉公司、田东县交易中心、凤新公司承担律师费；（4）中金投公司对上述款项承担连带担保责任。

融信嘉公司辩称：“中金投 3 号产品说明书”“中金投 3 号协议”因协议内容违反法律强制性规定为无效协议，故协议约定的利率、违约责任等内容无效，李某无权要求融信嘉公司承担；凤新公司及田东县交易中心已经收取的服务费应当返还或冲抵投资本金，融信嘉公司已经支付的投资收益（利息）部分应当折抵投资本金。

田东县交易中心辩称：其有为金融资产提供服务的资质，在本案中仅提供登记、备案服务，不应承担任何责任。

凤新公司辩称：其作为服务方、受托管理人已尽到合同义务，不应承担任何责任。

中金投公司辩称：中金投公司不应承担案涉担保责任，因“担保承诺函”设立是否合法有效应适用我国香港特别行政区法和公司章程的规定。依据香港特别行政区法律规定，公司若对外进行担保必须是契约形式，且契约必须由公司授权的代表签署并盖上法团印章。而本案中的担保函并非契约形式，签署人罗某没有取得公司的授权，亦没有加盖公司的法团印章，所以担保函为无效保函，且案涉“董事会决议”是虚假的。综上，在担保函上所盖印章并非中金投法团印章及授权性董事会决议是虚假的情形下，担保函应被认定为无效。

在审理过程中，法院委托法律查明机构对香港特别行政区法律关于合同效力的规定、香港特别行政区《公司条例》第 117 条之规定、董事代表公司的表面权限、普通法之“内部管理规则”/Turquand 规则等问题进行了查明。

北京市第四中级人民法院认为：本案被告中金投公司系在香港特别行政区注册成立的公司，故本案属于涉港民事案件。案涉“中金投 3 号协议”的各当事方均系内地自然人或公司，协议的签订及履行亦均在内地，且各方当事人在诉讼中均同意适用内地法律，故根据《涉外民事关系法律适用法》第 41 条的规定，本案对于协议性质及履行争议应适用内地法律作为准据法。“担保承诺函”第 2 条明确规定，根据《担保法》的规定，保证人具有保证能力和资格，故因该函的履行而引发争议的，适用内地法律。但中金投公司系在香港特别行政区注册成立的公司，且系香港特别行政区上市公司，故根据《涉外民事关系法律适用法》第 14 条的规定，对中金投公司出具“担保承诺函”的行为能力判定应当适用香港特别行政区法律，对于“担保承诺函”构成的保证合同关系相关争议则依据当事人约定，应当适用内地法律作为准据法。

“备案登记协议”系李某与融信嘉公司之间通过认购相应产品形成定向融资的协议，双方之间的法律关系并非民间借贷纠纷或委托理财合同纠纷，系合同纠纷。“备案登记协议”系双方真实意思表示，其内容并未违反法律、行政法规的强制性规定，应属合法有效。融信嘉公司应在约定的收益结算日/到期日向投资人（李某）支付标的金融资产所获得的本金和预期收益。如标的金融资产所获收益不足，则由融信嘉公司承担差额补足义务。现合同约定的收益到期日 2021 年 8 月 19 日已至，融信嘉公司未按照约定支付本金和预期收益，应当依约承担相应违约责任。本案约定的本金及收益支付主体为融信嘉公司，并不包含田东县交易中心，故李某主张田东县交易中心与融信嘉公司共同承担还本付息责任的诉讼请求不予支持。李某未举证证明凤新公司存在违反协议约定的受托管理人义务的行为，故对李某要求凤新公司承担连带责任的诉讼请求不予支持。

中金投公司对外提供担保的行为效力依据香港特别行政区法律判定；“担保承诺函”的效力及相应法律责任依据内地法律判定。首先，“担保承诺函”系中金投公司罗某在凤新公司面签并加盖中金投公司条形章。中金投公司认可签署案涉“担保承诺函”时，罗某系其公司的行政总裁、执行董事，关某系其公司执行董事。其次，中金投公司组织章程明确董事可不时酌情行使本公司的所有权力为本公司筹集或借贷或担保偿付任何一笔或多笔资金，及将本公司全部或部分业务、财产及未催缴资金或其任何部分按揭或抵押。罗某作为中金投公司的首席执行官、执行董事，基于公司组织章程的授权拥有表面权限及实际权限代表公司签署“担保承诺函”。再次，《公司法》第 2 条规定，本法所称公司是指依照本法在中国境内设立的有限责任公司和股份有限公司。中金投公司系依据香港特别行政区法律在香港特别行政区注册成立的上市公司。因此，对于中金投公司担保行为的判定，不应当适用《公司法》第 16 条的规定以及内地关于公司担保行为效力判定的相关司法解释或司法政策文件。最后，“担保承诺函”系罗某在凤新公司签署，亦在田东县交易中心备案，且中金投公司此前就在港交所公告的“金凤吉”系列产品担保事宜向天安金交中心提交了与本案相似的董事会决议及“担保承诺函”，故李某作为投资人系真诚地信赖上述“担保承诺函”而与融信嘉公司进行交易并签署“备案登记协议”。综上，依据香港特别行政区《公司条例》第 117 条、Thanakharn 案确立的董事表面权限规则及“内部管理规则”/Turquand 规则，中金投公司对外担保的行为有效。据此，依据内地法律，“担保承诺函”有中金投公司的印章，以及罗某的签字，应属中金投公司的真实意思表示，“担保承诺函”的内容亦未违反内地法律、行政法规的强制性规定，应属有效。现融信嘉公司逾期未按约定履行“备案登记协议”约定的本金、收益给付义务，中金投公司应当依据“担保承诺函”的承诺就融信嘉公司应承担的违约责任承担连带保证责任。

北京市第四中级人民法院判决：融信嘉公司偿还李某本金及违约金；中金投公司对前述债务承担连带保证责任；驳回李某的其他诉讼请求。[①]

思考题：

（1）当境外公司为境内公司提供担保（“外保内债”）并在担保合同中约定适用

---

① 参见北京市第四中级人民法院（2021）京 04 民初 1103 号民事判决书。

内地法律时，担保合同效力判断的准据法如何确定？

（2）如果担保合同法律关系的准据法是内地法律，那么其合同效力受缔约方行为能力、意思表示真实与否、是否违反强制性法律规范三大因素影响，则在“分割论”法律适用理论背景下，公司决议以及签字权限问题应当定性为法人行为能力问题还是法人意思表示问题？

（3）意思表示包括意思形成与表意行为，针对前述二者应当“统一”适用法律还是“分割”适用法律？如果是“分割”适用，那么应当如何分别确定法律适用？

（三）法律服务合同纠纷案

打印日期为 2009 年 8 月 16 日的电子邮件显示，达维律师事务所驻北京代表处首席代表张某向天威新能源发送以下主要内容：“天威新能源：我们很荣幸达维律师事务所受到阁下的选聘作为阁下下述项目的特别律师。特以此函就阁下与达维律师事务所对我们的受聘条款及额外事项达成的共识作出确认。聘任函基本条款：达维律师事务所将担任天威新能源拟进行的对 HOKUSCIENTIFIC，INC.（一家注册地在美国特拉华州的公司）的 60%权益的收购（以下简称‘收购项目’）的特别律师。我们假定收购项目可以豁免于美国 1933 年《证券法》下的登记要求，而且我们进一步推定收购项目将在自此聘任函签订之日起 8 周内完成。若客户希望我们在上述服务范围以外提供额外服务，我们非常愿意与您就本聘任函的条款（包括本聘用函中的费用预测）在双方协商一致的基础上作出修正。”该电子邮件还提供了“收费事宜”条款、“非法律服务费用及报销”条款、“收费频率”条款、“仲裁权”条款、“终止”条款。附件中包括 Term Sheet（合同主要条款）、HOKU 多晶硅项目汇报 PPT、天威新能源访美行程材料。

打印时间为 2009 年 8 月 20 日的电子邮件显示达维律师事务所向天威新能源发送了备忘录，备忘录简要内容如下：（1）可能适用于拟议交易的主要美国政府备案和批准要求，以及（2）在拟议交易完成后可能影响买方作为美国上市公司控股股东的某些美国法律问题。打印时间为 2009 年 8 月 26 日的电子邮件显示达维律师事务所向天威新能源发送了中、英文“无约束力保密框架协议”，协议显示发行者为“HOKU SCIENTIFIC，INC. 美国特拉华州的一家公司”，投资者为“天威和/或经天威认可的某些关联方”以及协议内容。打印日期为 2009 年 9 月 11 日的电子邮件显示了达维律师事务所发给天威新能源 ProjectCool-初步法律尽职调查报告综合稿（中文简述）。

2009 年 9 月 28 日，天威新能源与 HOKU 科技公司签署了“证券购买协议”。2009 年 12 月 22 日，天威新能源与 HOKU 科技公司签署了“股票期权协议”“投资者权利协议”。

发送日期显示为 2010 年 6 月 22 日、主题为天威账单说明的达维律师事务所发给天威新能源的电子邮件载明，律师费及第三方费用金额，并表示可以根据天威新能源的意见对律师费用作出合理调整。双方对于天威新能源完成部分付款没有异议，但对于天威新能源已付的款项中是否全部属于本合同项下产生争议。2012 年 12 月

11日，天威新能源给达维律师事务所发送电子邮件，通知后者决定终止就HOKU项目的合作，请后者按照惯例向前者提供工作明细及账单、发票等，以便安排尾款的支付事宜。

天威新能源提供了“HOKU项目—财务及税务尽职调查报告”等证据，拟证明达维律师事务所提供法律服务不符合要求。2013年11月26日，天威集团发布“保定天威集团有限公司关于天威新能源控股有限公司下属HOKU公司退市、破产清算的公告”。

天威新能源向北京市高级人民法院提起诉讼，请求判令达维律师事务所向天威新能源赔偿损失共计人民币5亿元、退还已支付的律师费人民币4 216 484元并承担本案全部诉讼费用。

审理过程中双方就法律适用产生争议，天威新能源认为本案应适用最密切联系原则确定法律适用问题，而本案与中国具有最密切联系，应当适用中国法律。达维律师事务所认为本案委托合同法律关系应当适用美国法律。

北京市高级人民法院认为：达维律师事务所是在美国注册成立的法人，本案具有涉外因素，案涉的法律服务合同关系属于涉外民事关系。天威新能源与达维律师事务所建立法律服务合同法律关系的基础是2009年8月16日达维律师事务所驻北京代表处首席代表张某向天威新能源发送的包含“聘任函”的电子邮件，该“聘任函”并未对产生争议时的法律适用问题进行约定。天威新能源和达维律师事务所均主张本案应适用最密切联系原则确定本案的法律适用。法院认为，本案合同订立时间是2009年8月16日，发生在《涉外民事关系法律适用法》施行之前，根据《涉外民事关系法律适用法》司法解释（一）第2条之规定，涉外民事关系法律适用法实施以前发生的涉外民事关系，人民法院应当根据该涉外民事关系发生时的有关法律规定确定应当适用的法律；当时法律没有规定的，可以参照涉外民事关系法律适用法的规定确定。据此，本案应当适用合同订立时的法律规定，当时适用的法律规定是《最高人民法院关于审理涉外民事或商事合同纠纷案件法律适用若干问题的规定》。根据该司法解释第5条之规定，当事人未选择合同争议应适用的法律的，适用与合同有最密切联系的国家或者地区的法律。人民法院根据最密切联系原则确定合同争议应适用的法律时，应根据合同的特殊性质，以及某一方当事人履行的义务最能体现合同的本质特性等因素，确定与合同有最密切联系的国家或者地区的法律作为合同的准据法。本案受托人达维律师事务所是在美国注册的律师事务所，提供的是关于与跨境收购相关的美国法律服务，法律服务指向的交易是收购美国上市公司且交易的交割完成是在美国；此外，天威新能源亦认为应当按照美国法律的标准评判达维律师事务所提供的法律服务。综上，法院认为，最能体现本案法律服务合同本质特性、与本案有最密切联系的法律是美国法律，本案的准据法应为美国法律。该院根据查明的美国法律认定达维律师事务所具备相应资质履行义务且依照“尽职调查”标准提供案涉法律服务，天威新能源不能证明其损失与达维律师事务所提供的法律服务相关，判决驳回了天威新能源的全部诉讼请求。

天威新能源不服一审判决，向最高人民法院提起上诉，提出本案准据法应为中国法，而非美国法。“聘任函”形成、法律服务重要成果交割、付款、合同签署地和主要义务履行地都指向中国，中国与案涉法律服务合同具有最密切联系。天威新能源并未主张按照美国法律的标准评判达维律师事务所提供的法律服务，而是主张律师工作是否勤勉尽职属于事实问题，既要参考美国的规定，也要符合中国法律法规，遵守中国律师的执业道德等上诉理由。

最高人民法院认为：本案相关事实发生在《涉外民事关系法律适用法》实施以前，应当适用涉外民事关系发生时的法律确定审理本案应适用的法律。《民法通则》第145条规定，涉外合同的当事人可以选择处理合同争议所适用的法律，法律另有规定的除外。涉外合同的当事人没有选择的，适用与合同有最密切联系的国家的法律。《最高人民法院关于审理涉外民事或商事合同纠纷案件法律适用若干问题的规定》第5条规定，当事人未选择合同争议应适用的法律的，适用与合同有最密切联系的国家或者地区的法律。人民法院根据最密切联系原则确定合同争议应适用的法律时，应根据合同的特殊性质，以及某一方当事人履行的义务最能体现合同的本质特性等因素，确定与合同有最密切联系的国家或者地区的法律作为合同的准据法。本案二审中，天威新能源根据美国法院判例提出达维律师事务所未按照勤勉尽职的标准提供法律服务的主张。鉴于达维律师事务所注册在美国，案涉法律服务合同所指向的跨境收购的目标公司为美国上市公司，收购的主要资产——HOKU科技公司全资持股的HOKU材料公司的多晶硅项目在建工程位于美国，主要收购交易文件适用美国法律，最为关键的是达维律师事务所系就案涉收购所涉及的美国证券法等法律提供法律意见，就法律服务合同自身而言，美国法律最能体现该合同的本质特性，故一审法院认定美国法律系与案涉法律服务合同具有最密切联系地的法律并据此适用爱达荷州最高法院103Idaho702判决所确立的规则，并无不当。《最高人民法院关于审理涉外民事或商事合同纠纷案件法律适用若干问题的规定》虽然已被废止，并从2013年4月8日起不再适用，但其不再适用的范围系2013年4月8日之后新发生的事实。案涉法律服务合同关系发生于2009年，一审判决适用该司法解释并无不当。最高人民法院最终判决驳回上诉，维持原判。①

思考题：

（1）冲突规范是否具有溯及效力？

（2）适用“最密切联系原则”确定准据法时，“最密切联系”的判断标准是什么？

六、知识拓展

（一）拓展阅读

1. 傅静坤．契约冲突法论．北京：法律出版社，1999.
2. 沈涓．合同准据法理论的解释．北京：法律出版社，2000.

① 参见最高人民法院（2019）最高法民终318号民事判决书。

3. 阿德里安·布里格斯. 冲突法. 杜焕芳，张文亮，李沣桦，译. 北京：中国人民大学出版社，2016.

4. SYMEON C. Symeonides，Codifying Choice of Law Around the World：An International Comparative Analysis. Oxford：Oxford University Press，2014.

5. 宋渝玲. 确定涉外合同准据法的原则. 现代法学，1998 (5).

6. 裴普. 论最密切联系原则在涉外合同中的应用. 现代法学，1999 (4).

7. 肖永平，王承志. 第三次冲突法重述：美国学者的新尝试. 武汉大学学报(哲学社会科学版)，2004 (1).

8. 刘想树. 论最密切联系的司法原则化. 现代法学，2012，34 (3).

9. 翁杰. 最密切联系原则的司法适用：以《涉外民事关系法律适用法》第 2 条为中心. 法律科学（西北政法大学学报），2017，35 (6).

10. 田洪鋆. 最密切联系原则控制模式欧美比较研究. 社会科学辑刊，2020 (1).

11. 刘仁山. 国际合同法律适用中“意思自治原则”的晚近发展：《海牙国际合同法律选择原则》述评. 环球法律评论，2013，35 (6).

（二）拓展写作

1. 最密切联系原则下的裁量权控制

2. 域外法的查明与适用

（三）其他资料

西南政法大学国际私法学线上课程链接：国际私法学_西南政法大学_中国大学MOOC（慕课）(https：//www. icourse163. org/course/swupl-1205596801)。

专题六　涉外合同（二）

一、引　案

法院在涉外民事诉讼中确定对某一涉外民商事争议的管辖权后，就进入到法律选择环节，需要适用合适的实体法来解决当事人之间的权利义务争议。作为正确适用冲突规范和准确援引准据法的不可或缺的步骤，识别对合理进行法律选择，公正地处理涉外民商事纠纷具有重要意义。本专题聚焦于最高人民法院公布的美国总统轮船公司与菲达电器厂、菲利公司、长城公司无单放货纠纷再审案[①]，探析不同审级的法院如何通过案件的识别来确定可予适用的准据法，从学理上阐释识别冲突产生的原因和表现形式，指出识别冲突的解决依据，把握涉外民事诉讼中解决责任竞合问题的应对之道，深化对识别在涉外法律适用过程中所发挥的重要功能的理解。

（一）案情简介

1993 年 7 月 29 日，菲达电器厂（以下简称“菲达厂”）与新加坡艺明灯饰公司（以下简称“艺明公司”）以传真的方式签订了一份协议书，约定：菲达厂向艺明公司出口一批灯饰，菲达厂在发货后以传真的形式将提单发出，艺明公司须在 3 天内将货款全数汇出。待菲达厂收到汇款通知副本后，再将正本提单交付艺明公司。长城公司等接受菲达厂委托办理运输事宜，将案涉货物交由美国总统轮船公司（以下简称“美轮公司”）承运，美轮公司签发了记名提单。提单记载：承运人为美轮公司，收货人为艺明公司，装货港为中国黄埔，卸货港为新加坡。提单背面首要条款规定：“货物的收受、保管、运输和交付受本提单所证明的运输协议的条款调整，包括……（3）美国《1936 年海上货物运输法》（以下简称‘美国《海上货物运输法》’）的条款或经 1924 年布鲁塞尔公约修改的 1921 年海牙规则（以下简称‘1924 年海牙规则’）生效的国家内一个具有裁判权的法院裁决因运输合同而产生争端的规定。”

---

① 美国总统轮船公司与菲达电器厂、菲利公司、长城公司无单放货纠纷再审案．最高人民法院公报，2002 (5).

货物运抵新加坡后，艺明公司未依协议付款，并在未取得正本提单的情况下，要求美轮公司将货物交给其指定的陆路承运人，美轮公司遂交付货物。

1. 一审判决

菲达厂向广州海事法院提起诉讼，称：其仍持有上述美轮公司所签发的两套正本提单，是该批货物的所有权人。美轮公司在提货人没有出示正式凭证的情况下，将货物交给他人，违反了运输合同承运人有关的义务，美轮公司的无单放货行为侵害了菲达厂作为货物所有权人的利益。因此，请求法院判决由美轮公司赔偿其经济损失，并承担案件诉讼费。

美轮公司辩称：上述签发的两套提单均为记名提单，该种类的提单仅是货物收据和运输合同的证明，不可转让，不是物权凭证，承运人只能将货物交给托运人指定的收货人。双方在提单中约定适用美国法，依照美国《海上货物运输法》，记名提单的收货人可不凭正本提单提货。因此，美轮公司将货物交给提单上记载的收货人艺明公司，并取得其担保函，应视为其履行了交付货物的义务，不应承担无单放货的责任。此外，美轮公司还出具了美国律师行对该案的意见书，用以证明美轮公司将货物交给托运人指定的，且正式表明其身份的收货人是适当的。另外，新加坡是货物交付地，根据其于 1993 年 11 月 12 日生效的《提单法案》，记名提单同样是不可转让的，且新加坡律师行所出具的意见书同样认为只要收货人的身份得到充分证实，承运人即应交付货物，而无须提交正本提单作为交货凭证。又因菲达厂与艺明公司就该提单项下货物的买卖合同纠纷已在新加坡法院进行诉讼，故美轮公司请求法院驳回菲达厂的诉求，或中止诉讼，或追加艺明公司作为第三人参加诉讼。

广州海事法院认为：该案所涉提单首要条款的约定，即“因本提单而产生的争议适用《海上货物运输法》或 1924 年海牙规则”，没有违反中国法律，应认定其效力。但《海上货物运输法》和 1924 年海牙规则均未对承运人能否不凭正本提单向记名收货人交付货物作出明确规定，因此不能适用于该案。又因新加坡《提单法案》生效于 1993 年 11 月 12 日，对该案纠纷不具有溯及力，故不能适用于该案。综上，该案应适用中华人民共和国法律和有关国际航运惯例。

广州海事法院认为：根据《中华人民共和国海商法》（以下简称《海商法》）第 71 条，美轮公司作为承运人，即使在核实了艺明公司是记名收货人后，仍应该凭正本提单放货。美轮公司在没有取得托运人同意且未收回正本提单的情况下，贸然将货物交付给艺明公司，违反了承运人的基本义务，也侵害了菲达厂作为正本提单持有人对货物享有的所有权。因此，美轮公司应当对其无单放货造成菲达厂的经济损失承担赔偿责任。

2. 二审判决

美轮公司不服广州海事法院一审判决，上诉至广东省高级人民法院。美轮公司的上诉意见可被概括为三点：第一，一审判决适用法律错误。美轮公司认为根据提单首要条款，应适用美国《海上货物运输法》或 1924 年海牙规则。依照美国法律，在记名提单的情况下，承运人只需把货物交给记名提单所记载的收货人而无须收回正本提单。即便不适用美国法，也应当适用行为发生地新加坡的法律，而根据新加坡律师的意见，只要收货人身份得到充分证实，承运人即应交付货物而无须提交正本记名提单作为交换。第二，对记名提单的性质认定错误。美轮公司认为中国法律和国际惯例所指的凭正本提单放货，只是针对作为物权凭证的指示提单而言，对于非物权凭证的记名提单，并无此规定。因此美轮公司无单放货的行为并未侵害此处不存在的菲达厂对货物的物权。第三，美轮公司认为菲达厂未及时通知承运人暂停向记名收货人交货，反而放任损失发生，应当自担后果。综上，请求二审法院予以改判。

菲达厂及第三人答辩称：提单首要条款是选择性条款，既可以选择适用美国《海上货物运输法》，也可选择适用 1924 年海牙规则。根据海牙规则的规定，承运人有凭正本提单放货的义务。即便适用美国《海上货物运输法》，美轮公司也无法举证证明该法哪一条规定了在记名提单下可不凭正本提单放货，其所提供的美国律师行出具的意见未经公证认证，没有法律效力，不能作为定案依据。该案中，美轮公司在尚未收到正本提单的情况下，将菲达厂的货物交给艺明公司，侵犯了菲达厂的货物所有权，是明显的侵权行为。对此，美轮公司应负赔偿责任。

二审中，广东省高级人民法院认为该案是以美轮公司无正本提单放货，致使菲达厂货物所有权受到侵害为由提起的侵权之诉。因此，美轮公司与菲达厂之间系因侵权行为而产生的权利义务关系，应受有关侵权法律规范的调整，而不受当事人之间的运输合同及所选准据法的约束。根据当时有效的《民法通则》第 146 条，侵权损害赔偿，适用侵权行为地法律。结合案件的事实，辅之以配套的司法解释，应认定中国与案件具有更密切的联系，应当适用作为侵权行为地的中国的法律，因此一审法院的法律适用并无不妥。

广东省高级人民法院由此认定，该案中菲达厂尚未将正本提单交付艺明公司，其仍是货物的所有权人。美轮公司无正本提单放货的行为侵害了菲达厂的货物所有权，应当对此负全部责任并赔偿菲达厂的损失。因此，该院认定：一审判决认定事实清楚，适用法律正确，应予以维持。

3. 再审判决

美轮公司不服该终审判决，向最高人民法院申请再审。

美轮公司认为：首先，原审判决认定案件性质错误。该案应当是海上货物运输合同纠纷之诉，而非侵权之诉。提单作为海上货物运输合同书面形式的一种，该提单项下货物交付问题是履行海上货物运输合同的组成部分，而该案的实质问题为是否必须出示记名提单正本才能放货，因此该案不属于没有合同约定状况下的物权遭受侵害的侵权纠纷。其次，原审判决适用法律错误。既然该案属于海上货物运输合同纠纷，则提单首要条款的约定应视为当事人合法有效的选择，对双方均具有约束力。最后，菲达厂在没有收到艺明公司货款的情况下，没有依法行使权利通知承运人停止向记名提单收货人交货，致使货物最终被提，其无权向无过错的承运人索赔。

菲达厂在答辩中首先承认了该案性质应属海上货物运输合同纠纷，并且承认双方当事人提单首要条款约定有效，但指出：适用美国《海上货物运输法》或 1924 年海牙规则的约定不明确，是二者择其一还是同时适用？这一模糊的约定影响了当事人权利义务的承担；并且上述约定适用的法律并未对承运人可否在未收到正本记名提单的情况下交付货物加以明确规定，因此菲达厂认为在此种情况下，应当适用中国法律和有关国际航运惯例。其次，菲达厂认为美轮公司预借提单是一种欺诈行为，是对合同的根本违约，美轮公司无权援用提单中载明的法律适用条款和其他抗辩，因此适用中国法律是该案的唯一选择。最后，菲达厂重申了记名提单具有物权凭证的效力，并据此认为美轮公司必须承担无单放货的责任。

最高人民法院在再审中认为，双方当事人对该案是国际海上货物运输合同无单放货纠纷没有争议，原审法院将该案视作侵权纠纷，属于认定不当。在确定该案为海上货物运输合同纠纷后，最高人民法院依据《海商法》第269条，认定当事人在案涉提单首要条款中约定适用美国法，因此该案应当适用美国《海上货物运输法》及《联邦提单法》。而根据上述美国法律的规定，承运人可以将货物交付给托运人在记名提单上所指定的收货人，承运人向记名提单的收货人交付货物时，不负有要求提货人出示或提交记名提单的义务。承运人美轮公司根据记名提单约定将货物交给记名收货人艺明公司，或者按照艺明公司的要求将货物实际交给其指定的陆路承运人的交货行为符合美国法律，即为适当地履行了海上货物运输合同中交付货物的责任，并无过错。由此，最高人民法院撤销原审一审判决、二审判决，驳回了菲达厂对美轮公司的诉讼请求。

（二）涉及问题

（1）如何确定识别的法律依据？

（2）怎样将涉外民商事争议归属到适当的法律关系范畴？

（3）如何解释冲突规范包含的法律概念或者术语？

二、法官释法

（一）法院地法作为识别的法律依据

再审中，最高人民法院认为该案的争议焦点主要有两个[①]，即“确定本案应当适用的准据法”以及“承运人应否向未持有记名提单的记名收货人交付货物”。前者需要解决该案的法律选择问题，即通过冲突规范援引裁判的准据法，其关键在于对案件性质进行识别以确定应予适用的冲突规范；后者是对无单放货行为本身合法性的探讨，这一问题需要置于应予适用的准据法框架之内进行分析。

不同国家的法律对涉外民商事纠纷的性质会有不同的认定，对本国冲突规范包含的概念和术语会有不同的理解和解释，因此，依照不同国家的法律进行识别会产生不同结果，并直接影响到准据法的确定。该案二审中，广东省高级人民法院就是以作为法院地法的中国法为依据进行识别，认为菲达厂是以承运人美轮公司无正本提单放货，致使其货物所有权受到侵害为由提起了侵权之诉，进而适用了中国法中

① 参见最高人民法院（1998）交提字3号民事判决书。

有关侵权关系的相关冲突规范及其指向的准据法。

该案再审中，最高人民法院同样是在作为法院地法的中国法框架下，认定双方当事人对系争纠纷是国际海上货物运输合同无单放货纠纷并无异议，从而将案件定性为涉外合同纠纷，相应地否定了下级法院将案件视作侵权纠纷的认定。

(二) 识别是将涉外民商事争议归属到适当的法律关系范畴

从判词来看，一审法院适用法律的逻辑不甚清晰，法院似乎是将纠纷所涉及的不同国家法律进行了一种排除式的试错选择。在分别考虑了美国法、1924 年海牙规则和新加坡法，得出它们不能适用于该案的结论之后，认定该案应该适用中国法律。中国法律的适用原因，似乎仅仅是因为其他可能的选项并不成立，法官是否实施了本来意义上的法律选择，在一审判词中很难知悉。

二审法院适用法律的逻辑清晰明了。广东省高级人民法院认为菲达厂是以美轮公司无正本提单放货，致使其货物所有权受到侵害为由提起了侵权之诉，由此认定美轮公司与菲达厂之间的争议因侵权行为而产生，应受有关涉外侵权关系的法律选择规范调整，不应受制于对当事人之间的运输合同关系应予适用的法律选择规范及其指向的域外法律。相应地，广东省高级人民法院适用了当时有效的《民法通则》及其司法解释中有关涉外侵权法律适用的冲突规范及其援引的准据法，最终结合案件事实适用了中国法作为调整当事人之间关系的法律依据。

而在再审中，最高人民法院基于双方当事人在申辩和答辩中表达的观点和立场，以当事人就案件涉及合同争议形成一致意见为根据，将系争纠纷划归到合同纠纷范畴。相应地，最高人民法院适用了《海商法》第 269 条所规定的有关涉外合同纠纷的冲突规范，认为双方就准据法的选择合意体现在提单首要条款之中，从而适用了美国法。

(三) 识别也包括对冲突规范采用的概念或者术语进行解释

二审中，广东省高级人民法院依据中国法将系争纠纷识别为侵权纠纷后，适用当时有效的《民法通则》第 146 条，针对菲达厂提起的侵权损害赔偿之诉，适用侵权行为地法律。但是，“侵权行为地”的含义是什么，究竟是指侵权行为的实施地，还是指侵权结果的发生地，这存在着模糊性。只有依据一定的法律观念对侵权行为地进行认知，才能廓清这一概念的确切含义，从而确定应予适用的准据法。在该案中，货物交付地为新加坡，损害结果发生在中国，侵权行为实施地与侵权结果发生地不一致。此时法院就面临着如何解释侵权行为地的问题。根据当时有效的《最高人民法院关于贯彻执行〈中华人民共和国民法通则〉若干问题的意见（试行）》（以下简称《民通意见》）第 187 条，当侵权行为的实施地与结果发生地不一致时，法院可以选择适用。除结果发生地是中国以外，原告住所地、提单签发地等也均在中国境内，二审法院因此认定中国与该案具有更密切的联系，应当适用中国的法律。从一种广义的解释论出发，二审法院解释和确定了该案中侵权行为地的含义。

三、学理评析

（一）识别的含义

国际私法中的识别（qualification，characterization，classification），在我国《涉外民事关系法律适用法》中也被称为定性，是指依据一定的法律观点或法律概念，对案件有关事实的性质作出“定性”或“分类”，把它归入特定的法律范畴，从而确定应援引哪一冲突规范的法律认识过程。[①] 不难看出，识别包括密切相连的两个方面的内容：一方面，是对有关冲突规范的概念或术语的理解和把握，即根据一定的法律观念，对有关冲突规范的概念或术语作出适当的解释。构成冲突规范的两个部分，即“范围”和“系属”，大都采用了较为抽象的法律概念或术语，法院要运用冲突规范处理国际民商事争议，必须首先明确这些概念和术语的含义。另一方面，需要对国际民商事争议的有关事实进行识别，即根据一定的法律观念对国际民商事争议的事实进行定性和归类，使之与所涉冲突规范中的概念和术语的含义相符合。只有经过以上相互关联的认知和理解过程，才能确定应当适用哪一条冲突规范来调整发生争议的国际民商事关系以及应当援引哪一法域的法律作为该民商事关系的准据法。[②]

（二）识别冲突及其解决方案

1. 识别冲突的含义

识别并不是国际私法才具有的独特概念。一个国家的法院在处理国内案件时，同样需要对案件事实进行分析，判断争议事实的性质并将其归属至国内法律所规定的法律关系或者法律问题的范畴，在此基础上确定应予适用的具体法律。但就国内案件而言，法官只依据国内的法律观念和法律体系进行识别，不会产生识别赖以进行的法律依据的冲突问题。与之不同，在国际私法框架下，涉外要素的存在使不同法域的法律被牵扯到纠纷之中，究竟应该运用哪一国家的法律观念予以识别就至关重要，识别冲突及其解决方法成为无法回避的问题。

德国学者康恩与法国学者巴丹很早就提出，识别是国际私法中一个需要独立解决的问题。即便两个国家规定的冲突规范相同，但如果两国法律赋予相同的概念以不同的内涵，也会对同一事实的法律性质作出不同认定，从而导致适用不同的冲突规范。现代国际私法对识别冲突产生的原因有了更为宽泛的理解，包括：不同国家的法律针对同一事实赋予其不同的法律性质，不同国家法律将具有相同内容的法律问题分配至不同的法律部门；不同国家就同一冲突规范赋予不同的理解，以及一国具有其他国家所不具备的法律概念或法律制度等。

2. 识别冲突的解决方案

为解决识别冲突，学者提出了不同的解决方案，其中法院地法说、比较法说、

---

① 李双元，欧福永．国际私法．5版．北京：北京大学出版社，2018：104.

② 刘想树．国际私法．2版．北京：法律出版社，2015：78－79.

准据法说和分析法说出现较早，近来又有折中说、个案识别说、功能识别说等学说相继出现。

以上学说在理论上众说纷纭，各国的具体实践也存在不同，但多数国家一般采取以下原则对识别冲突加以解决：首先，看内国签署、加入的国际条约中对有关问题有无明确规定，若有，则按照条约的规定进行识别；若国际条约对有关问题没有规定，原则上适用法院地法进行识别。其次，在原则上适用法院地法的基础上，确定适用的例外情况，例如：对某物为动产或不动产的识别，以物之所在地法为依据；对某外国法是否是当事人的本国法，以该外国法为识别依据；对法院地法未作规定的问题的识别可以有关外国法为依据。[①]

我国《民法通则》及相关司法解释未对识别问题作明确规定。从《涉外民事关系法律适用法》第 8 条关于“涉外民事关系的定性，适用法院地法律”的规定可以看出，我国立法采取了“法院地法说”。适用法院地法进行识别，有利于法官在涉外司法裁判中运用自己熟悉的法律观念对涉外纠纷进行归类并对冲突规范的术语和概念予以解释；有利于减轻法官的司法负担，推进高效地解决涉外纠纷。但是，针对所有的涉外民商事纠纷统一地适用法院地法进行识别，是否会在某些特殊情况下遭遇障碍，值得进一步思考。从比较法视角观察，一些国家显然考虑到法院地法有可能无法应对的例外情况，在国际私法立法中专门规定了适用外国法进行识别的例外情形。如保加利亚共和国《关于国际私法的法典》第 39 条规定：“如果准据法的确定取决于对案件事实或法律关系的识别，则依保加利亚法律进行识别。如果相关的法律制度或者法律概念在保加利亚法律中不存在，而且根据保加利亚法律进行解释后也不能确定，则在识别时应考虑规定这些法律制度或法律概念的外国法。识别时应顾及所调整的法律关系中的国际因素以及国际私法的各种特性。”类似地，《俄罗斯联邦民法典》在“确定准据法时对法律概念的识别”项下规定：“1. 在确定应适用的法律时，依照俄罗斯法对法律概念进行解释，但法律另有规定的除外。2. 在确定应适用的法律时，若需要识别的法律概念是俄罗斯法中所没有的，或者在俄罗斯法中的名称或内容不同，从而无法根据俄罗斯法律直接作出解释时，则可适用外国法对之进行识别。”[②]

四、延伸问题

（一）识别在涉外民商事案件审理过程中应用的阶段

按照国际私法的一般理论，识别仅存在于法律适用阶段，其功能在于为解决涉外民商事关系当事人之间的争议确定准据法。但有学者指出[③]，此观点缩小了识别的范围，主张识别应贯穿于整个涉外民商事案件的始末，即管辖权阶段、法律适用阶段以及判决承认与执行阶段。从涉外司法实践的视角，识别可以在管辖权确定和

---

① 刘想树．国际私法．2 版．北京：法律出版社，2015：81－82.

② 邹国勇．外国国际私法立法选译．武汉：武汉大学出版社，2017：222，92－93.

③ 肖永平，谢新胜．我国国际私法实践中的定性错误．法商研究，2005（6）：80.

法律适用等不同环节发生。

法院在受理一个案件时，首先需要判断是否可以对案件行使管辖权，这就牵涉到对案件性质的形式审查。由于法院在不同诉讼阶段的审查权限不同[①]，针对涉外纠纷管辖权的审查，通常只是对涉外民商事争议有关事实构成的性质予以初步认知。由于所掌握诉讼材料的限制，初始阶段的认知并不一定与该争议本身性质相契合。法院在后续案件审理的过程中，随着对案情的深入了解及双方当事人的充分举证，在法律适用阶段对案件性质的识别可能会有所变化。识别在此前后两阶段得出的结论的不同，被有的学者称为"识别的误差"[②]。事实上，针对"识别既发生在管辖权阶段，也发生在法律适用阶段"的质疑，多是从"识别的同一性"出发[③]，强调在管辖权阶段与法律适用阶段对案件的识别应保持一致。若在前一阶段将争议性质认定为侵权，而随着诉讼程序的推进，案件经过具体审理被认定为合同争议，那么在前一阶段因认定为侵权而判定法院具有管辖权的结果就可能被推翻，在法律适用阶段也会产生"究竟应按照侵权的冲突规范还是合同的冲突规范适用准据法"的疑问。

然而，在具体审理涉外民商事案件的过程中，识别的误差是不能完全避免的。如前所述，法官在确定管辖权阶段仅能依据有限的诉讼材料对案件作初步审查，必然存在对案件性质认定不清的可能，但不能因此否认识别在管辖权阶段的存在。对于"法院具有管辖权的结果可能被推翻"的质疑，可能忽略了民事诉讼中应诉管辖的功能。简言之，若在管辖权阶段发生了识别误差，法院实际上并不具有管辖权，但只要被告未提出管辖权异议并且应诉答辩，法院即可获得应诉管辖权。在此情况下，即便在后续法律适用阶段的识别推翻了在前一阶段的识别，也不会影响到法院的管辖权。在管辖权阶段与法律适用阶段之所以会产生不同的识别，是因为在管辖权阶段法院仅仅是为了确定管辖权而对案件作形式审查，对案情了解有限，不同于在为了确定当事人间实体权利义务关系的法律适用阶段的识别。因此，应当以法律适用阶段的识别为依据来确定准据法。

（二）涉外民商事案件中识别与责任竞合的处理

在涉外民事诉讼的法律适用环节，如果相同当事人之间的同一争议事实符合不同法律关系的构成要件，由于不同的法律关系归属于不同冲突规范的范围，同一争议事实就可能受到不同冲突规范的调整，从而产生同一争议适用不同冲突规范指向的不同准据法的结果。在上述菲达厂诉美轮公司案中，如果美轮公司实施的行为，被认为构成了对海上货物运输合同的违反，同时也侵害了菲达厂对于货物的财产权，就存在着从国际私法的视角分析如何对争议事实予以定性，从而适用冲突规范及其援引的准据法的问题；而在定性的过程中，也会出现在国内法框架下人们所熟悉的责任竞合的问题。针对责任竞合如何解决，不同国家的理论和实践呈现出差异性的

---

① 赵生祥．论国际私法中识别的误差．现代法学，2003（6）：155．

② 赵生祥．论国际私法中识别的误差．现代法学，2003（6）：154．

③ 宋晓．识别的对象与识别理论的展开．法学研究，2009，31（6）：194．

状况。在涉外要素存在的情况下，民事责任竞合的问题必须被置于特定的法律框架下予以分析。简言之，涉外法律适用中的识别与责任竞合问题紧密地纠缠在一起。此时，识别环节可以为民事责任竞合提供前置性的法律框架。本部分将首先说明责任竞合的基本问题，然后简要说明责任竞合与识别之间的关系，最后将结合上述最高人民法院公布的典型案例予以必要分析。

1. 民事责任竞合基本理论的评析

民事责任竞合是指，当事人之间的同一行为事实同时符合两种以上民事责任构成要件，并发生以同一给付内容为目的的请求权。合同责任与侵权责任竞合是民事责任竞合的典型表现形式之一，对之进行探讨，可以为涉外民事争议中其他形式的责任竞合解决提供思路。

合同责任与侵权责任构成了民事责任的两大类，在传统民法理论中，合同义务是一种约定义务，而侵权义务则是法定义务，二者维护的法益泾渭分明。随着各类民商事活动的融合交织以及民法理论的不断发展，合同法与侵权法调整范围的边界不断扩大，二者发生责任竞合的情形也日渐普遍。如何厘清两种责任发生竞合时的关系、请求权人如何主张权利，在各国理论上和实践中存在不同主张。

（1）责任竞合的基本学说。

学理上，有关民事责任竞合的学说可大致被分为三类。

一是法条竞合说，亦称非竞合说，最早由德国学者于 19 世纪末期及 20 世纪初期所倡导，并为法国的判例学所支持。“法条竞合”原是刑法学概念，后延伸至民法学领域，是指同一事实关系符合不同请求权发生的规范要件时，相对而言属于“特别法”的规范，可排除其他规范的适用。具体到合同责任与侵权责任竞合中，侵权责任的发生是债务人违反了权利人不可侵犯的一般义务，而合同责任则是违约方违反了当事人之间基于合同而产生的特定义务，按照特别法优于普通法的法律原则，应当适用合同责任规范。[①] 因此，权利人仅享有合同上的请求权，而无权基于侵权责任规范主张侵权上的请求权。

二是请求权竞合说，主张如果同一行为事实同时符合合同责任与侵权责任规范时，会产生两项请求权，并且该两项请求权在其得到履行之前相互独立存在，债权人可选择同时主张或者任择其一提出主张。该学说又可进一步细分为请求权自由竞合说与请求权相互影响说。前者认为，当其中一个请求权因达到目的而消灭时，另一个请求权也随之消灭；但若其中一个请求权因目的达到之外的其他原因而无法行使时，则另一请求权仍旧存续。[②] 请求权相互影响说则认为该两项请求权并不是绝对独立的，相反，它们应是相互作用、相互影响的。具体表现为，一个请求权的规定可适用于另一请求权，例如：合同法上的规定可适用于基于侵权行为而主张的请求权，反之亦然。

三是请求权规范竞合说，亦称请求权基础竞合说。该学说认为，一个请求既可

---

① 史尚宽. 债法总论. 北京：中国政法大学出版社，2000：229.

② 王泽鉴. 民法学说与判例研究（一）. 北京：中国政法大学出版社，1998：378.

以依合同责任的规定提出，又可以依侵权行为的规定提出，主要是因为存在多种债法上的请求权基础，而不是存在多种请求权。相应地，不应该说是请求权竞合而应该说是请求权基础竞合。[①] 于合同责任与侵权责任竞合的情形之中，仅产生一个请求权，但该请求权的法律基础，一为合同关系，二为侵权关系。并且，对这一请求权的内容不再仅依据某一基础关系的法律规范确定，而应综合所有调整该责任竞合法律关系的规范确定，以强化保护债权人的利益。

（2）责任竞合不同理论评析。

前述学说分歧产生的原因之一在于价值取向的差异。

合同是当事人意思自治的体现，是双方为了实现一定的目的而缔结的契约，不履行或者不充分履行合同中约定的义务将会构成合同违约。如此，当事人期望通过合同实现的目的也将落空，期待利益将难以实现。对合同责任的追究正是为了保护双方的期待利益，以期在违约无法挽回的情况下，通过救济补偿来填平当事人的损失。侵权与合同不同，它是通过法定义务来对诸如物权等不可由当事人自由约定的法益进行保护，换言之，侵权责任不取决于当事人有无约定，只要是法律规定的应当保护的法益，就包含于侵权法保护范围内。在一定程度上，侵权法同样致力于维护当事人的期待利益，同时也更加强调司法机关对公平正义的维护。法条竞合说体现了合同至上的精神，避免了双重请求权下应如何展开法律适用的困窘。[②] 但从权利人的角度，其民事诉讼上的处分权受到了较大限制；并且一味强调合同义务，不利于维护权利人的法定权益，有损公平正义的实现。此外，许多民法制度或法律规范之间并不存在“一般”与“特殊”的对应关系，无法按照该学说的位阶关系理论解决法律适用问题。[③]

在请求权竞合说中，无论是请求权自由竞合说还是请求权相互影响说，均侧重于对权利人自主选择具体请求权的意思自治的保护，唯一的区别在于，调整不同请求权的合同规范、法律规范是否可以相互适用。请求权竞合说极大地扩张了当事人的处分权，但其遗留下的复数请求权问题造成了诉讼标的识别上的困境，不仅带来了法律适用的不确定性，又使当事人在合同中的细致规划成为徒劳，不符合私法领域对当事人意思自治的保护。[④]

请求权规范竞合说吸纳了法条竞合说与请求权竞合说的优点，能同时兼顾当事人权益的保障和法律目的的实现，赋予了权利人在责任竞合事项上的相应处分权，同时给法官职权的行使留下了一定空间。但由于“此种情况下仅产生一项请求权，而请求权的基础关系仍然是两项或多项，债权人只是依照对其有利的基础关系行使

① 卡尔·拉伦茨．德国民法通论．王晓晔，邵建东，程建英，谢怀栻，译．北京：法律出版社，2003：354-355.

② 陈亚芹．论国际私法中合同责任和侵权责任竞合问题的处理．云南大学学报（法学版），2008（1）：130.

③ 蓝承烈．民事责任竞合论．中国法学，1992（1）：55-56.

④ 张绍鸿．侵权责任与合同责任竞合的国际私法问题．北京：中国政法大学，2008：23-25.

权利”，从而产生所谓的竞合是否真正存在的质疑。[①]

综上所述，可以认为请求权竞合说较好地平衡了期待利益与正义价值，以及当事人的处分权与法院的职权之间的关系。虽然请求权自由竞合说赋予了当事人极大的处分权，使其得以任意选择对自己有利的请求权予以主张，在一定程度上可能出现权利人挑选法律、引发合同恶意欺诈等后果。但在后续的诉讼过程中，完全可以通过法官职权的行使对当事人所主张之请求权进行判断和审查，在此环节，若法院认为该项请求权不成立，可驳回诉讼。由于此时给付尚未发生，并不影响当事人再以另一请求权主张维护自身权益。

2. 涉外法律适用中识别与责任竞合关系的厘定

在处理涉外民商事争议中的责任竞合问题时，需要从逻辑上厘清识别与责任竞合的处理顺序。涉外性决定了国际私法中识别的特点，法院通常需要在不同法域的法律之间确定识别的法律依据，而责任竞合通常在识别的依据明确之后才能有效地解决。既然在具有涉外要素的民商事案件中，可予适用的法律不止一个，同时不同法律体系之下的责任竞合存在不同的解决方案，那么，只有首先将案件置于特定法律体系管辖之下，才能进一步在该法律体系内对责任竞合的解决方案进行讨论。有观点认为，法院对责任竞合的认定包括两个方面：一是“是否属于责任竞合情形的认定”；二是“是否允许责任竞合的政策考量”。前者是法院根据本国法律规定对案件事实所作的一种判定；后者则是法律根据本国的法律政策对责任竞合问题作出一种处理，因其判定依据都基于一国的法律体系，责任竞合问题就转变为一个纯国内法问题。[②] 既然责任竞合是一个国内法问题，那么当然需要先确定应当适用哪一法域的法律，才能在该法律体系之内寻求问题的解决之道。从涉外民商事争议法律适用的逻辑来看，应在责任竞合问题之前首先决定识别的法律依据。换言之，在涉外民事诉讼中，离开应予适用的准据法，责任竞合问题就如同无根之浮萍，无法找到一个特定法域的法律作为分析框架，就缺乏一个可被讨论的前提条件。质言之，只有在识别问题处理之后，才可以进一步讨论责任竞合的解决之道。

3. 我国关于涉外民事责任竞合的处理方案

针对涉外民事责任竞合，最高人民法院于 1989 年下发的《全国沿海地区涉外涉港澳经济审判工作座谈会纪要》（法〔经〕发〔1989〕12 号）规定：“一个法律事实或法律行为有时可以同时产生两个法律关系，最常见的是债权关系与物权关系并存，或者被告的行为同时构成破坏合同和民事侵害。原告可以选择两者之中有利于自己的一种诉因提起诉讼，有管辖权的受诉法院不应以存在其他诉因为由拒绝受理。但当事人不得就同一法律事实或法律行为，分别以不同的诉因提起两个诉讼。”该条首次明确承认了责任竞合，并且允许原告选择对自己有利的诉因提起诉讼。文件中所称的“诉因”，可以被视作当事人所选择的请求权。1999 年《合同法》第 122 条规定：“因当事人一方的违约行为，侵害对方人身、财产权益的，受损害方有权选择依

---

① 王立武．国际民事责任竞合的冲突法研究．济南：山东大学出版社，2009：18.

② 张绍鸿．侵权责任与合同责任竞合的国际私法问题．北京：中国政法大学，2008：42.

照本法要求其承担违约责任或者依照其他法律要求其承担侵权责任”，合同责任和侵权责任竞合问题的处理由此有了明确的实体法依据。此种立法意旨得到延续——《民法典》第186条规定：“因当事人一方的违约行为，损害对方人身权益、财产权益的，受损害方有权选择请求其承担违约责任或者侵权责任”。

针对无单放货纠纷中出现的责任竞合问题，最高人民法院对于其究竟属于合同责任还是侵权责任，态度出现过变化。2000年8月11日最高人民法院在《关于提单持有人向收货人实际取得货物后能否再向承运人主张提单项下货物物权的复函》中，就福建省东海经贸股份有限公司诉韩国双龙船务公司、中国福州外轮代理公司提单纠纷案答复：“本案提单持有人福建省东海经贸股份有限公司与承运人韩国双龙船务公司形成了提单运输法律关系，应按海上货物运输合同纠纷处理。”① 但最高人民法院2000年发布的《民事案件案由规定（试行）》中又将提单纠纷划归所有权及与所有权相关权利纠纷的权属、侵权案由纠纷的范畴。值得注意的是，最高人民法院又多次重申无单放货纠纷的违约性。2001年《全国海事法院院长座谈会纪要》指出：“一般情况下，合法持有正本提单的人向承运人主张无单放货损失赔偿的，应定性为违约纠纷，承运人应当承担与无单放货行为有直接因果关系的损失赔偿责任。”② 2005年最高人民法院《第二次全国涉外商事海事审判工作会议纪要》（法发〔2005〕26号）第101条规定：“承运人因无正本提单放货给正本提单持有人造成损失的，应当承担违约责任；提货人因无正本提单提货或者其他责任人因无正本提单放货给正本提单持有人造成损失的，无正本提单提货人或者其他责任人应当承担侵权责任。”但是，2009年最高人民法院制定、2020年修正的《关于审理无正本提单交付货物案件适用法律若干问题的规定》第2条明确了承运人无单放货应承担责任③，其第3条进一步规定：“承运人因无正本提单交付货物造成正本提单持有人损失的，正本提单持有人可以要求承运人承担违约责任，或者承担侵权责任。”可以认为，针对无单放货的责任竞合问题，最高人民法院的立场与现行立法的规定趋于一致。

4. 美轮公司案中关于责任竞合的处理

回到美轮公司案。菲达厂就美轮公司的无单放货行为向广州海事法院提起诉讼，但其诉由呈现一种模棱两可的状态，既认为美轮公司违反了运输合同中承运人的有关义务，又认为美轮公司侵害了自己作为货物所有权人的利益。而此种笼统模糊的请求在相当程度上促成了一审法院法律选择的独特性。一审法院也未对该案应属侵权之诉还是合同之诉作出明确认定，而是运用了“排除”式选法方法，认为美国法、新加坡法都不能适用于该案，因此只能适用中国法解决纠纷。在二审中，菲达厂认为美轮公司将其货物交给了艺明公司，从而侵犯了自己对于货物的所有权，是明显

① 最高人民法院〔2000〕交他字第1号答复。

② 全国海事法院院长座谈会纪要. 中国海商法年刊，2001：456.

③ 第2条规定：承运人违反法律规定，无正本提单交付货物，损害正本提单持有人提单权利的，正本提单持有人可以要求承运人承担由此造成损失的民事责任。

的侵权行为，美轮公司对此应负赔偿责任。广东省高级人民法院由此确认该案是侵权纠纷。可以认为，二审法院确认该案为侵权之诉，在很大程度上是出于对当事人处分权的尊重，而此种处理方式可以在前述1989年《全国沿海地区涉外、涉港澳经济审判工作座谈会纪要》中找到依据。在再审判决中，最高人民法院对该案的定性截然不同，无单放货争议被识别为合同违约之诉。此种定性在相当程度上可以归结为当事人所形成的共识，即美轮公司在再审申请中坚持认为该案应是海上货物运输合同纠纷，而广州菲达厂在其答辩状中竟然迎合对方见解，承认该案是合同纠纷。正由于此，最高人民法院才在当事人对案件性质达成合意的基础上，变更了二审法院对案件性质的认定。

五、类案练习

（一）无正本提单交货提货纠纷案

粤海电子有限公司（以下简称“粤海公司”）诉招商局仓码运输有限公司（以下简称“仓码公司”）海上货物运输无单放货纠纷案和仓码公司诉中国深圳外轮代理公司（以下简称“外代公司”）、深圳经济特区发展公司（以下简称“特发公司”）、珠海市海岛开发贸易公司（以下简称“海岛公司”）、华港发展公司（以下简称“华港公司”）无正本提单代理放货、提货纠纷案，由广州海事法院合并审理并作出了一审判决。粤海公司不服，提起上诉。广东省高级人民法院于1993年7月29日作出终审民事判决。仓码公司、外代公司、特发公司不服终审判决，分别向最高人民法院提出申诉，请求再审。最高人民法院决定提审该案。

该案中涉及法律适用的“法官说理”分别如下所示：

二审法院认为：该案是涉港民事侵权损害赔偿纠纷，侵权行为地在我国境内，依照《民法通则》第八章的规定，应当适用侵权行为地法律，即适用中华人民共和国法律处理。

最高人民法院认为：根据提单背面条款的规定，有关本提单的一切纠纷依中国法律在中华人民共和国法院解决；有关承运人的责任、权利义务、免责等，应适用1924年海牙规则。粤海公司在货物到港后未凭正本提单向承运人提出请求，而是在1990年7月9日才向法院提起诉讼，已经超过海牙规则规定的诉讼时效。粤海公司称海牙规则不适用该案依据不足，故对其对仓码公司的诉讼请求不应受到保护。仓码公司起诉特发公司、海岛公司、华港公司、外代公司无单提货、放货纠纷，因仓码公司对粤海公司的民事赔偿责任已被免除，故对其诉讼请求应予驳回。原审判决认定事实有误，定性不当，适用法律错误，应予纠正。再审申请人申诉理由正当，应予支持。据此，最高人民法院依照《民事诉讼法》第184条第1款、第153条第1款第3项的规定作出判决。[①]

---

① 粤海公司与仓码公司、特发公司等海上货物运输无单放货、提货、代理放货纠纷再审案. 最高人民法院公报，1997（1）.

思考题：

（1）最高人民法院在再审中为什么适用海牙规则认定粤海公司提起的诉讼已过诉讼时效？

（2）二审与再审中诉讼时效的准据法为什么存在差异？

（二）船员劳务合同纠纷案

2015 年 12 月 22 日，原告孙某与被告中远劳务公司签订船员服务协议，约定：中远劳务公司作为雇主东方海外公司的船舶配员代理与原告签订服务协议。中远劳务公司介绍原告到被告东方海外公司所属或管理的船舶工作，负责向原告解释说明工作性质和内容，维护原告在船工作期间的合法权益，办理原告上船工作的手续，并就原告在工作和生活中遇到的困难和问题与雇主进行协商解决。合同签订之后，孙某于同年 12 月 24 日到“东方比利时”轮任职，并与该船舶所有权人及被告东方海外公司签订船员雇佣协议。协议约定合同期限为 6 个月，基本工资为 2 820 美元；还约定东方海外公司与香港特别行政区航业海员合并工会、海员工会、商船高级船员协会（以下简称“香港三会”）签订的集体谈判协议的条款适用于船员雇佣协议。2016 年 4 月 2 日，原告在船工作期间因膝盖疼痛，在加拿大魁北克就诊，就医报告诊断“右腿比左腿严重，膝盖损伤（疑是半月板的问题），治疗措施是‘冰敷、消炎药、护膝，回家后需接受核磁共振进一步检查’”，医生认为原告可以继续履职。4 月 10 日，原告因腿部疼痛与肿胀，向东方海外公司申请回国就医并获同意。4 月 26 日，原告入住山东临沂市人民医院，入院诊断为弥漫性筋膜炎。原告经治疗后于 4 月 29 日出院后再次于 5 月 3 日因弥漫性筋膜炎入住临沂市人民医院。出院后初步复诊意见为嗜酸性筋膜炎。在 6 月 20 日至 9 月 23 日期间，孙某参加被告中远劳务公司组织的船员英语培训。在此期间没有医院就诊治疗记录。

2016 年 10 月 14 日，孙某与东方海外公司及“东方韩国”轮船东签订船员雇佣协议并上船工作。2016 年 10 月 20 日，孙某因腿部不适申请下船检查，被诊断为结缔组织病引发的多发性关节炎和肌痛，并被认为不适合履职，故后孙某离船回国。被告东方海外公司向孙某支付了该段合同期间的病假工资 10 307.07 美元及已产生的医疗费和交通费。

法院查明：东方海外公司与香港三会签订有集体谈判协议，该协议对东方海外公司与船员的权利义务作出了约定，并在船员与东方海外公司单独签订的船员雇佣协议里明确约定集体谈判协议的条款内容适用于船员雇佣协议。该协议约定：东方海外公司作为雇主，遵守本协议条款和条件规定的所有责任，其有责任支付船员工资，无论船员与东方海外公司是否签署了船员雇佣协议，也无论船员雇佣协议是否对集体谈判协议中载明的工资标准进行背书或修改。集体谈判协议中的船员病休条款及病休待遇为：船员因病或因伤而无法胜任工作，被遣返回雇佣港口的，东方海外公司应承担医疗护理费用；船员罹患职业病之外的疾病或遭受工伤之外的伤害，且该等疾病或伤害并非因其严重且故意的渎职行为所造成的情形下，由东方海外公司承担费用的期间截至其被宣布可以履行职务（但最长不超过自受伤或患病之日起

112 天）；船员因病或因伤被遣返之后，该船员在其根据合同约定享有医疗护理期间的同时，有权享有同基本工资相等的病假工资。船员应提交符合要求的医疗报告（必要时应经公司指定医生背书），作为其有权享有病假工资的证明。

2018 年 10 月 25 日，原告孙某以其在工作期间患病，被告中远劳务公司、东方海外公司拒绝支付病假工资为由提起诉讼。被告东方海外公司答辩称：东方海外公司并非“东方比利时”轮和“东方韩国”轮的船舶所有权人或经营人，不是该案的责任主体，孙某在“东方比利时”轮服务期间因申请而离船，不应要求船东承担其自行离船后的工资和医疗费。被告中远劳务公司答辩称，其与孙某签订船员服务协议，全面履行了协议。

厦门海事法院经审理认为：该案系船员劳务合同纠纷，因被告东方海外公司为在我国香港特别行政区注册的法人，劳务合同的履行地在境外，属于主体涉港、事实涉外案件。该案双方当事人均主张适用中华人民共和国法律作为准据法，依据《涉外民事关系法律适用法》第 41 条、《涉外民事关系法律适用法》司法解释（一）第 19 条的规定，当事人可以协议选择合同适用的法律，故中国法为该案的准据法。

关于劳动合同法的适用问题。孙某主张两被告是《劳动合同法》第 58 条规定的用人单位、用工单位，两被告均与孙某成立劳动合同关系。中远劳务公司辩称其与孙某仅形成中介合同关系，不应适用《劳动合同法》。被告东方海外公司辩称其与孙某签订的是雇佣协议，不是《劳动合同法》规定的劳务派遣的用工单位。法院认为，孙某与中远劳务公司签订船员服务协议，约定了中远劳务公司负责孙某的外派上船工作事宜，并维护孙某在船工作期间的合法权益，该合同内容没有关于劳动力交换等体现劳动合同性质的条款约定，此类合同是船员服务合同，不属于船员劳务合同，也不属于船员劳动合同，不适用《劳动合同法》的规定。

关于孙某与东方海外公司的法律关系问题。孙某与东方海外公司签订的船员雇佣协议性质上属于劳动合同，但依据《劳动合同法》第 2 条的规定，该法仅适用于中华人民共和国境内的企业等组织与劳动者之间的劳动合同，因东方海外公司系我国香港特别行政区的法人，故其与孙某签订的船员雇佣协议不适用《劳动合同法》的规定。综上，法院认为孙某分别与两被告签订的合同，是平等民事主体之间的法律行为，应适用《合同法》及合同的约定确定各方当事人的权利和义务。①

思考题：

如何理解该案中法院定性的依据和过程？

六、知识拓展

（一）拓展阅读

1. 袁发强. 论“二级识别”现象存在的客观性：以《鹿特丹规则》为视角. 法学家，2011（1）.

---

① 参见厦门海事法院（2018）闽 72 民初 880 号民事判决书。

2. 宋晓. 识别的对象与识别理论的展开. 法学研究，2009（6）.

3. 翁杰. 论涉外民事法律适用中的定性：兼评《中华人民共和国涉外民事关系法律适用法》第8条. 法学家，2012（2）.

4. 赵生祥. 论国际私法中识别的误差. 现代法学，2003（6）.

5. 恩斯特·拉贝尔. 识别问题. 薛童，译. 比较法研究，2014（4）.

（二）拓展写作

1. 涉外司法裁判中责任竞合的法律选择

2. 涉外司法裁判中诉讼时效的法律选择

（三）其他资料

1. 黄某某、苏某某与周某某代理人有限公司、亨满发展有限公司以及宝宜发展有限公司合同纠纷案，最高人民法院（2015）民四终字第9号民事判决书。

2. 陕西大件汽车运输有限责任公司与中国人民财产保险股份有限公司西安市分公司、中国人民财产保险股份有限公司西安市灞桥支公司海上、通海水域保险合同纠纷案，山东省高级人民法院（2018）鲁72民初1704号民事判决书。

专题七　涉外侵权

一、引　案

（一）案情简介

被上诉人中国技术进出口总公司受浙江省温州市金属材料公司的委托，与美国旭日开发公司签订购买钢材合同。之后，旭日开发公司因无力履约，请求中国技术进出口总公司同意将卖方变更为上诉人瑞士工业资源公司。瑞士工业资源公司随即于1985年3月向被上诉人发出电传，称“货物已在装船港备妥待运”，“装船日期为1985年3月31日”；要求被上诉人“将信用证开给挪威信贷银行（在卢森堡），以瑞士工业资源公司为受益人”。同年3月，上诉人又向被上诉人发出电传，称“所供钢材可能由我们的意大利生产厂或西班牙生产厂交货”，并告知了钢材的价格条款、交货日期等。双方约定上诉人应在接受信用证后两周内装船待运。

1985年4月，被上诉人通知中国银行上海分行开出以上诉人为受益人的不可撤销的信用证。信用证载明：钢材“从意大利拉斯佩扎装运到温州，最迟限期为1985年5月5日”。随后，上诉人将全套单据通过银行提交被上诉人。提单签发的日期为1985年5月4日，载明装运人为上诉人，并由其在提单上背书。由上诉人开具销货发票。同年6月中国银行上海分行将上述货款汇付上诉人。货款汇付后，被上诉人因未收到上述钢材，从1985年7月起连续10余次以电传、函件向上诉人催询和交涉。但上诉人或拒不答复，或以种种托词进行搪塞。经被上诉人一再催促，上诉人才于同年9月5日回电称由于航线拥挤，船舶改线，最迟抵达时间变更为1985年10月20日。1985年10月20日，被上诉人仍未收到钢材。

根据双方提供的证据证实，上诉人在意大利和西班牙既无钢厂，也无钢材；向被上诉人提交的意大利卡里奥托钢厂的钢材质量检验证书、重量证书和装箱单、提交的提单均系伪造。上诉人在答复被上诉人催问的电函中所称“中国港口拥挤”和“船舶将改变航线”的情况也纯属虚构。

为此，被上诉人于1986年3月向上海市中级人民法院提起诉讼，要求上诉人返还货款、赔偿银行贷款利息、经营损失及其他费用。上诉人在答辩的同时提起反诉，要求被上诉人赔偿因申请冻结其在中国银行上海分行的托收货款而造成其需向银行支付利息的损失以及本案诉讼的律师费用。

上海市中级人民法院经审理后判决瑞士工业资源公司应偿还中国技术进出口总公司的钢材货款；并赔偿钢材货款的银行贷款利息及经营损失、国外公证和认证费、国内律师费等；同时驳回瑞士工业资源公司的反诉。

上诉人不服一审判决，向上海市高级人民法院提起上诉，称：双方签订的购销钢材合同中有仲裁条款，原审法院对本案无管辖权；原审法院裁定准许被上诉人诉讼保全申请，冻结上诉人的与本案无关的货款不当；上诉人被诉有欺诈行为并无事实依据；被上诉人在不同的法院对上诉人提出重复的诉讼不当；根据《中华人民共和国涉外经济合同法》的规定，禁止间接损失，原判损害赔偿数额过高，并无事实和依据，请求撤销原判。上诉人还在二审时对其反诉被原审判决驳回表示不服。被上诉人就上诉人的反诉作了答辩。

上海市高级人民法院经公开审理确认：上诉人瑞士工业资源公司在无钢材的情况下，谎称“货物已在装运港备妥待运”，“装船日期为 1985 年 3 月 31 日”，“在我方银行收到信用证二周内交货”，诱使被上诉人与其签订合同。这证明，上诉人在签订“合同修改议定书”时，就使用了欺诈手段。上诉人在收到被上诉人指示中国银行上海分行开出的信用证后，在货物没有装船的情况下，向被上诉人提交了包括提单在内的全套伪造单据，以骗取被上诉人的巨额货款。上诉人利用合同形式，进行欺诈，已超出履行合同的范围，不仅破坏了合同，而且构成了侵权。双方当事人的纠纷，已非合同权利义务的争议，而是侵权损害赔偿纠纷。被上诉人有权向法院提起侵权之诉，而不受双方所订立的仲裁条款的约束。因本案侵权行为地在上海，依照《民事诉讼法（试行）》第 22 条关于“因侵权行为提起的诉讼，由侵权行为地人民法院管辖”的规定，上海市中级人民法院对本案具有管辖权。上诉人提出的中国已加入《纽约公约》，当事人签订的合同又有仲裁条款，中国法院无管辖权，其理由不能成立。被上诉人并未在其他法院对上诉人提出过侵权损害赔偿的诉讼，因此，也不存在重复诉讼的问题。原审法院准许被上诉人的诉讼保全申请，冻结上诉人在中国银行上海分行的托收货款，符合《民事诉讼法（试行）》相关条款的规定，应予认可。本案是因欺诈行为引起的侵权损害赔偿纠纷，侵权人除应当返还受害人的货款外，对于受害人因被欺诈遭受的其他重大损失，亦应当赔偿。原审法院判决上诉人返还被上诉人的钢材货款，赔偿被上诉人的钢材货款的银行贷款利息、经营损失以及其他费用，并无不当。上诉人反诉要求被上诉人赔偿因申请冻结而造成上诉人需向银行支付利息，以及支付本案的诉讼费、保证金、律师费用等没有理由，不予支持。鉴于在原审法院判决后钢材货款的银行贷款利息继续孳生，赔偿金额亦应增加，据此，上海市高级人民法院维持了原判。①

（二）涉及问题

（1）关于识别：案件性质如何确定？

---

① 中国技术进出口总公司诉瑞士工业资源公司侵权损害赔偿纠纷上诉案. 最高人民法院公报，1989（1）.

(2) 关于管辖权：本案管辖权如何确定？

(3) 关于法律适用：本案的法律适用如何确定？

二、法官释法

1. 合同与侵权竞合下的识别问题

本案中法院按照我国的法律观念进行识别，本案法官认为：上诉人利用合同形式，进行欺诈，已超出履行合同的范围，不仅破坏了合同，而且构成了侵权。此即在合同行为和侵权行为竞合的情况下，尊重当事人的选择权，本案中原告提起的是侵权损害赔偿之诉，上海市中级人民法院和上海市高级人民法院将它识别为侵权纠纷，最高人民法院在公报中也予以支持。

2. 约定仲裁条款下的管辖权问题

上诉人提出“双方签订的购销钢材合同中有仲裁条款，原审法院对本案无管辖权”，则本案是否由法院进行管辖，抑或应由当事人约定的仲裁方式进行仲裁。上海市高级人民法院裁定：上诉人提出的中国已加入《纽约公约》，当事人签订的合同又有仲裁条款，中国法院无管辖权，其理由不能成立。对于理由为何不能成立，判决书中没有说明。

通过判决书可以看出，本案法官认为以合同为表现形式的侵权纠纷不以合同的履行为目的，签订合同只是实现侵权的手段，目的是通过签订合同，诱使合同相对方履行合同约定的义务，从而非法占有合同相对方的财产。双方所签订合同为无效合同，不能按照合同约定的解决争议的方法解决双方的纠纷，而应当按照侵权的有关法律确定案件管辖。

三、学理评析

对于一般的涉外侵权行为之债的法律适用，主要适用侵权行为地法、法院地法、当事人的属人法等。20 世纪后，侵权行为的法律适用呈现出新的发展趋势，包括莫里斯提出的“侵权行为自体法”(the proper law of tort)[①]、当事人意思自治的渗入、有利于受害人原则等。

我国对侵权行为的法律适用采用了分割方法，区分了一般侵权行为和特殊侵权行为，分别规定了不同的法律适用规则，体现了涉外侵权规则的细化。我国调整一般涉外侵权行为之债的冲突规则被规定在《涉外民事关系法律适用法》第 44 条。该规定以侵权行为地法作为侵权行为之债的基本准据法，引入了意思自治原则，体现了最密切联系精神，并且对侵权行为的识别采用法院地法的单一标准。[②]

正是基于涉外侵权法律适用规则的复杂性，在司法实务中，我国法院在对一般涉外侵权案件进行分析时，存在以下问题：第一，易出现法律适用错误，即未正确

① MORRIS J H C. The Proper Law of a tort. Harvard Law Review，1951，64 (6)：881－895.

② 刘想树. 国际私法. 2 版. 北京：法律出版社，2015：203.

处理特殊侵权规则与一般侵权规则、特别法与一般法之间的关系。在我国，除一般侵权规则外，特殊侵权规则主要包括知识产权侵权（《涉外民事关系法律适用法》第50条）、船舶碰撞侵权（《海商法》第273条）、航空器碰撞侵权（《民用航空法》第189条）、人格权侵权（《涉外民事关系法律适用法》第46条）、产品责任侵权（《涉外民事关系法律适用法》第45条）等规定。据此，除了《涉外民事关系法律适用法》的基本规定，还需要注意《海商法》《民用航空法》的有关规定。第二，裁判文书说理不充分，法律推理过程错误。其原因在于：一方面，缺乏选法理由，直接援引法条作出裁判；另一方面，说理过于简单，法律推理不充分，如存在适用《涉外民事关系法律适用法》第44条中不存在的系属公式，未审查当事人是否达成选法合意，未对“经常居所地”进行认定等问题。

在具体分析一般涉外侵权案件时，需要重点关注如下步骤：

1. 识别问题

识别问题是法官在处理涉外民商事案件时首先要处理的问题。本案中，人民法院充分考虑了当事人的选择权，将案件定性为侵权之诉。从案件事实来看，被告瑞士工业资源公司（以下简称“瑞士公司”）始终通过欺骗手段，利用合同形式达到骗取钱财的目的，因此，该合同自始无效，当事人之间自始不存在合同关系，因而合同中所谓的“仲裁条款”当然无效。综上分析，将本案认定为侵权损害赔偿之诉是合理的。

2. 管辖权问题

法院将本案定性为侵权纠纷，认为侵权纠纷属于不可仲裁事项，法院享有诉讼管辖权。但是，此处涉及仲裁条款的独立性问题，法院认为其享有管辖权的理由是合同中虽然规定了仲裁条款，但案件定性为侵权之诉，即法官认为侵权行为是不能通过仲裁条款解决的事项，因此当事人之间的仲裁条款无效。笔者认为，人民法院有必要结合仲裁条款对管辖权问题进行详细论述，关于仲裁条款的有效性，应从仲裁协议的成立要件等方面分析，不能根据主合同效力作出。

关于侵权行为是否可仲裁的问题，学界观点不一。若认为侵权行为可仲裁：尽管本案双方当事人是通过欺诈方式订立合同的，该合同自始无效，但该合同中约定的仲裁条款不一定就是欺诈行为的产物，仲裁条款是可以独立存在的，它可以脱离主合同包括自始无效的主合同而独立存在，侵权损害赔偿纠纷并不能构成仲裁条款无效的理由，没有任何法律规定把侵权损害赔偿归为不可仲裁事项。中国在加入《纽约公约》时也已把因“侵权”而产生的经济权利义务关系确定为可适用该公约的商事法律关系。也就是说，这种观点认为侵权损害赔偿是可以仲裁的，在符合其他条件的情况下，就侵权损害赔偿纠纷作出的仲裁裁决是可以依《纽约公约》得到承认和执行的。根据该观点，本案法院享有管辖权的理由即无法成立。

另外，上海市高级人民法院先将案件定性为侵权行为之诉，然后据此认为本案“不受双方订立的仲裁条款的约束”，实际上，这是先对本案的实体问题进行了审理，再对程序性问题作了回避性认定，显然不符合先程序后实体的审理规则。

再换个角度思考，若将本案认定为合同纠纷，由于合同中规定了仲裁条款，根据我国当时的《民事诉讼法（试行）》第192条的规定，仲裁条款有排斥法院管辖权的效力。我国和瑞士都是1958年《纽约公约》的缔约国，依据该公约的规定，我国法院亦将无法行使管辖权。但是，本案被定性为侵权行为之诉，根据当时的《民事诉讼法（试行）》第22条关于“因侵权行为提起的诉讼，由侵权行为地人民法院管辖”的规定，上海市中级人民法院据此享有合法管辖权。可见，在涉外民商事案件中，识别问题十分重要，法院对案件性质进行不同的识别，即适用不同的管辖权规则，最终得出的管辖权问题的结论也不同。

3. 法律适用问题

本案为一个涉外案件，法院应当对法律适用问题进行说明。在法院根据法院地法识别本案为侵权纠纷之后，根据当时有效的冲突规范——《民法通则》第146条关于“适用侵权行为地法”的规定，而侵权行为地包括侵权行为发生地和侵权结果发生地，可认定本案侵权行为地为中国，即可适用中国实体法进行审理。

由于法律选择问题未明确说明，本案的损害赔偿额的确定也模糊不清。因此，法律适用是法院在处理涉外民商事案件时不能回避的问题，本案在选择适用中国法后，即可依据我国相关法律法规确定相应的赔偿额。

四、延伸问题

（一）合同与侵权竞合时合同仲裁条款是否适用于侵权纠纷

诉讼和仲裁是处理涉外民商事案件的两种主要方式。在司法实践中，当事人选择侵权案由以避开仲裁的做法屡见不鲜，这种做法通常被认为是一种趋利性行为，那么这种行为能否导致仲裁协议被突破？

首先，当事人以侵权为由提起诉讼，该争议属于可仲裁事项的，法院应当尊重当事人达成的仲裁协议。一方面，意思自治原则已经渗透到国际商事仲裁的整个体系中，是仲裁制度赖以存在的基石；另一方面，法律未禁止通过仲裁途径解决侵权争议，我国法律关于可仲裁事项的规定范围日趋宽泛，包括具备契约性以及非契约性的法律关系的商事因素。[①] 因此，即使当事人以侵权为由提起诉讼，该争议仍属于可仲裁事项。

其次，提起侵权之诉并不能直接突破仲裁条款。仲裁条款具有独立性，即当事人之间达成了通过仲裁解决争议的意愿，此种意愿不因主合同无效而被排除。虽然仲裁条款只是作为主合同之外的一份独立合同，也要满足法律对于合同成立、生效的要求，但是合同的欺诈、胁迫本身与仲裁条款的欺诈、胁迫应当区分开来，除非有十分充足的证据证实仲裁条款的达成采取了欺诈、胁迫手段，否则不能因主合同无效就轻易认定仲裁条款无效。

综上所述，前述中技公司案是我国法院处理涉外合同责任竞合案件管辖权的一

① 最高人民法院根据全国人大常委会在我国加入《纽约公约》时的保留，将承认和执行仲裁裁决的范围限定在“契约性或非契约性商事法律关系”的商事因素上，并同时指出上述因素包括“因侵权、合同或者依据相关法律法规产生的经济方面的权利和义务关系”。

个典型案例，在当时的背景下，法院采取的立场是认定侵权纠纷不包含在合同所约定的仲裁条款涵盖范围之内，该案在当时我国立法关于涉外侵权与违约责任竞合造成的管辖权冲突问题之规定尚不完善的背景下，一度被当作在司法实践中起指导作用的典型案例出现。但在我国加入《纽约公约》后，法院对仲裁的态度开始转变，更加重视此类案件中对仲裁管辖的尊重。

（二）涉外侵权法律适用的发展

除了一般涉外侵权，随着实践的不断发展，各国对特殊侵权行为规定了特殊的侵权规则以适应该领域的新发展。涉外航空侵权、海上侵权、公路交通事故侵权、产品责任侵权和人格权侵权等领域均对一般侵权行为的“侵权行为地法”进行了突破，在涉外航空侵权、公路交通事故侵权、产品责任侵权等领域还出现了国际性实体性公约或冲突法公约对其进行调整。

其中，最密切联系原则的发展值得关注。“最密切联系原则”是里斯教授于1971年在编纂美国《冲突法第二次重述》过程中总结并明确提出的。他认为，法院在审理涉外案件、选择法律适用时，要考虑各种相关因素，找出与案件具有最密切联系的地点，再进行法律适用。里斯主张冲突规范本身要有灵活性，不能呆板、机械地援引准据法；同时，法院在运用这些冲突规范时也要具有灵活性，不能僵固化、被动化。里斯为论证其原则的适用，在美国《冲突法第二次重述》第6条中，以“规范”的形式明确规定了选择法律适用的原则：一是法院在服从宪法的范围内，应遵循本州成文立法规定来选择法律。二是在没有相关立法规定时，法院在选择应适用的法律时应考虑的因素包括：（1）州际和国际体制的需要；（2）法院所在州或国的相关政策；（3）其他利益相关州的相关政策；（4）当事人正当期望的保护；（5）特定领域的法律所依据的政策；（6）判决结果的确定性、可预见性和一致性；（7）将适用的法律易于查明和适用。① 同时，里斯还分别在不同的法律领域如契约领域、侵权领域等，详尽地阐释了其思想的要旨。

最密切联系原则由于其灵活性成为司法实践中法官常用的法律选择方法之一，但该原则的适用，存在法条适用混乱、适用准据法推理不明确和过度依赖法院地法等问题。在我国，《涉外民事关系法律适用法》第2条作为兜底性原则，没有规定最密切联系原则适用的情形，第41条没有明确最密切联系原则和特征性履行原则的关系，也没有具体规定最密切联系原则的适用，这便赋予法官极大的自由裁量权，极易造成法条适用混乱；《涉外民事关系法律适用法》虽然借鉴了大陆法系的立法模式，在合同领域中用“特征性履行原则”对最密切联系原则加以限制，但是，并没有明确两者之间的关系。由于具体规则的缺失，司法实践中参考因素的使用随意，推理不明确，造成同案不同判的现象；从近年来我国司法实践中发现，法官在适用最密切联系原则时，都倾向于适用法院地法，法官在判例中只是简单地罗列适用最密切联系的因素，并没有综合分析案情，没有考虑案件的其他因素。

---

① 李双元．国际私法学．北京：北京大学出版社，2000.

最密切联系原则以其灵活性特性对各国国际私法发展产生了极大影响，而美国《冲突法第三次重述》对于最密切联系原则的取舍，更加引人注目。美国《冲突法第三次重述》于2014年启动，其中第六章“侵权”的草案获得了理事会批准。[①] 根据报告人的观点，《冲突法第三次重述》并非意图创制一个新的理论或方法，而是改变《冲突法第二次重述》过于灵活化的特点，回归规则的确定性。因此，在具体的条文上，《冲突法第三次重述》多以客观连结点的冲突法规则为主，而非过多依赖最密切联系原则。以隐私权侵权为例，《冲突法第三次重述》直接规定“侵害隐私权的责任适用侵害发生地法”。其采用双边冲突规范，并提供了明确的“侵害发生地”作为连结点，相较《冲突法第二次重述》中的规定[②]，其明确性和稳定性大幅上升。此外，将当事人意思自治引入侵权冲突法领域。《冲突法第二次重述》在侵权的法律适用上并没有给予当事人选择法律的自由空间，然而司法实践中一些美国法院对当事人的协议选法均有认可。因此，《冲突法第三次重述》允许当事人在侵权发生之前或之后均可选择法律。对于特殊侵权，《冲突法第三次重述》增加了“环境侵权”、“不正当竞争”和“产品责任”的法律适用规则。[③]

五、类案练习

（一）一般侵权

1989年7月，本案原告耿某被大连经济技术开发区海达公司（以下简称“海达公司”）聘为外派船员，为此，双方签订了“外派船员合同书”，其中规定，外派船员自离境时起，在外轮工作期间因公致伤、致残和生病、死亡，均按中国劳动法律法规的有关规定处理。海达公司和大连海福拆船公司（以下简称“海福公司”）签订有“雇佣船员合同”。同年7月25日，耿某即被外派受雇于海福公司所属的巴拿马籍“佳灵顿”轮，任该轮大管轮之职，期限为一年。海福公司依据和海达公司签订的“雇佣船员合同”第13条关于“船员受雇期间的人身、行李安全办好保险协会的保险，其条件相当于香港特别行政区雇员赔偿条例第282章”的规定，对包括耿某在内的受雇船员在大连保险公司投保了人身保险和赔偿险。

耿某受雇后，1989年11月28日，于“佳灵顿”轮在土耳其汉杰港卸货时，其左手食指被截掉一节，出院时经法医鉴定：其左手指第一节缺如（指截掉），近掌指骨关节僵固，指掌关节大部分能活动。耿某出院后，多次找海福公司解决伤害赔偿之事，均被拒绝。耿某遂于1991年7月1日向大连海事法院起诉，依据海达公司和海福公司签订的“雇佣船员合同”第13条规定，要求海福公司支付保险赔偿金，赔

---

① 许庆坤．重回冲突法确定性?：美国《冲突法重述（第三版）》草案初探．国际法研究，2022（1）：103.

② 《冲突法第二次重述》第152条规定：“在侵害隐私权之诉中，侵害地的实体法决定当事人的权利和义务，除非对于特定争点，依第6条所述原则，另一法域与事件和当事人具有更重要联系，此时适用另一法域的实体法，但符合第153条规定情形的除外。” Restatement，Second，Conflict of Laws，§ 152（1971）．关于具体评价参见许庆坤．重回冲突法确定性?：美国《冲突法重述（第三版）》草案初探．国际法研究，2022（1）：106.

③ 许庆坤．重回冲突法确定性?：美国《冲突法重述（第三版）》草案初探．国际法研究，2022（1）：108.

偿其工资损失和医疗费。

被告海福公司辩称：耿某是经海达公司而受雇于本公司，不是本公司的直接员工，与本公司无合同关系，故其不应该向本公司主张权利。且海福公司与海达公司签订的“雇佣船员合同”第13条是无效条款，因此，本公司不负赔偿责任。耿某应以其与海达公司签订的“外派船员合同书”作为请求赔偿的依据。

思考题：

（1）本案应如何定性？

（2）本案应如何适用法律？

（3）被告海福公司是否应该承担赔偿责任？

（二）特殊侵权

1. 中国公民陆某诉美国联合航空公司案

原告陆某于1998年5月12日在乘坐被告美国联合航空公司（以下简称“美联航”）的UA801班机过程中受伤，被送往成田红十字医院救护。经该院摄片诊断为右踝骨折。5月14日，陆某到中国香港特别行政区伊丽莎白医院作检查，检查结论为右踝侧面局部发炎，不能立即进行手术。陆某在征得美联航同意后，于5月16日入住安徽省立医院治疗，法院诊断为：陆某右侧内、外、后踝骨折伴粉碎性移位。该院先后两次对陆某进行手术治疗。陆某受伤后，美联航曾向其致函，表示事故责任在于美联航，美联航承担了陆某两次手术的医疗费用计人民币86 748.10元。

法院查明，原告陆某所购被告美联航的机票，在“责任范围国际旅客须知”中载明：对于旅客死亡或人身伤害的责任，在大多数情况下对已探明的损失赔偿责任限度为每位乘客不超过7.5万美元。达到这种限度的责任，与公司方是否有过失无关。上述7.5万美元的责任限度，包括法律收费和费用。[①]

思考题：

（1）本案应如何定性？

（2）本案的法律适用问题如何解决？

（3）赔偿责任限额如何确定？

2. 中国香港特别行政区公民高某某诉东方航空公司旅客运输合同纠纷案

中国香港特别行政区公民高某某因有紧急商务于2003年7月23日预购了从美国洛杉矶赴墨西哥利昂的机票，并于7月25日购买了被告东方航空公司8月4日从中国上海赴美国洛杉矶的双程飞机票。8月4日登机时，值机人员告知因美国签证政策有变化，去的时候没问题但回程有问题。原告因考虑有美国公司的邀请信，回来时可在墨西哥办理入美签证，还是决定前往美国洛杉矶。值机人员要求员工签署“免责声明书”后让原告登机。航班于洛杉矶时间8月4日11点左右到达洛杉矶，美国移民局以原告没有签证在美国转机系非法入境为由，拘留了原告，同时告知其5年内不得进入美国。被告也被美移民局处以罚款。随后原告被戴上手铐送往拘留

① 参见上海市静安区人民法院（2000）静民初字第1639号民事判决书。

所拘禁，在被拘禁期间待遇条件极差。洛杉矶时间8月6日原告被戴上手铐遣返上海，途中遭受鄙视。原告认为，被告作为专业航空公司应知晓美国从2003年8月2日之后对转机乘客实行签证的新政策，但工作人员未告知，在原告被移民局官员盘问时，被告工作人员也未帮原告作必要解释，致原告被采取强制措施，声誉因此受影响。原告因此起诉，要求被告在全国性报纸上书面道歉，并赔偿相关损失。①

思考题：

（1）本案如何定性？是否构成侵权责任和违约责任的竞合？

（2）本案如何进行法律适用？

3. 胡某诉某航空控股股份有限公司航空旅客运输合同纠纷案

2019年10月1日，胡某拟搭乘某航空控股股份有限公司（以下简称"某航空公司"）名下航班从意大利罗马飞往中国重庆，该航班未准点起飞。某航空公司在延误期间提供了餐食和休息区供旅客等待。2019年10月8日，某航空公司客服人员向胡某来电称，本次航班延误满足了欧盟261号条例规定的4个小时以上、3 500公里航程以上的条件，某航空公司可以赔偿每人600欧元，折算成人民币约为4 693元，要求按照4 693元申请补偿。胡某在电话中表示同意。后胡某按照航空公司的要求提交各项资料，但某航空公司并未支付赔偿金。胡某遂诉至法院，请求某航空公司按照欧盟261号条例规定的标准赔偿4 693元及资金占用损失。双方争议焦点为延误赔偿的依据应当为哪一个国际条约。人民法院经审理认为，案涉国际航空运输合同同时属于《华沙公约》、《海牙议定书》以及《蒙特利尔公约》适用范围，在多个国际条约可以同时适用的情况下，法院依照对比，查明了《蒙特利尔公约》第55条规定，该公约应优先于其他条约适用。虽然该公约不允许当事人通过意思自治排除其适用，但允许当事人在公约规定的额度内对延误赔偿金额进行约定。本案当事人约定以欧盟261号条例作为赔偿标准，应视为双方对合同内容协商一致。故法院判决被告某航空公司向原告胡某支付航班延误赔偿金4 693元。②

思考题：

（1）不同国际条约之间应当如何适用？

（2）如何处理国际条约强制适用与当事人意思自治之间的关系？

4. 朝鲜豆满江船舶会社与C.S. 海运株式会社船舶碰撞损害责任纠纷案

2015年9月21日起，朝鲜籍船舶"秃鲁峰3"（"TURUBONG3"）轮根据与案外人先锋事业所之间的租船合同，作为捕捞作业渔船的辅助船，在朝鲜半岛东部海域从事捕鱼加工作业。2015年10月，"秃鲁峰3"轮抛下了海锚后停泊，在船艏船艉显示停泊灯和捕鱼信号灯，并为吸引鱿鱼，打开了12个工作灯。后与韩国籍货船"海霓"轮相撞。其后，原告与被告就涉案纠纷协商不成，于2017年3月20日达成

① 参见高某某诉中国东方航空股份有限公司国际旅客运输合同纠纷案，http：//www.air-law.cn/nd.jsp？id=248.

② 参见重庆自由贸易试验区人民法院（2019）渝0192民初16677号民事判决书。

管辖权协议，约定就涉案船舶碰撞事故所产生的或与该碰撞事故有关的一切纠纷交由上海海事法院管辖。[①]

思考题：

（1）我国法院是否具有管辖权？

（2）是否应当允许当事人在涉外海事侵权纠纷中协议选择法律适用？

5. 威泰船务有限公司与舟山市和兴船务有限公司、虞某辉船舶碰撞损害责任纠纷案

原告威泰船务有限公司系住所地位于香港特别行政区的公司，系“港辉”轮船舶所有人，被告为舟山市和兴船务有限公司、虞某辉、吕某杰，系“建兴”号船舶所有人。

2014年11月12日，“港辉”轮在舟山老塘山五期码头离泊开航，计划驶往江苏南通。此时“建兴67”轮位于“港辉”轮左舷，方位约69度，距离约2.55海里。17时3分，“港辉”轮实习三副离驾驶台。之后两船继续按照既定路线行驶。16时58分至17时7分，“建兴”轮船舶保速保向行驶，据其三副陈述，其在值班期间翻看新安装的可燃气体报警设备说明书，曾通过雷达观测到右前方有一来船朝东行驶（后证实为“港辉”轮），并认为来船会主动避让本船。在17时6分及17时7分，双方距离不到0.5海里。此时“港辉”轮大副和船长分别通过甚高频呼叫“建兴67”轮，要求对方采取措施避让，无应答，在下令主机慢车、停车、倒车至全速退，并鸣汽笛警告之后，仍于17时8分与“建兴67”轮发生碰撞。经查明，事发水域能见度良好，两船均为在航机动船舶，两船航向交叉形成碰撞危险局面，“港辉”轮为直航船，“建兴67”轮为让路船。[②]

思考题：

（1）本案如何定性？

（2）双方船舶责任应当如何分配？

（3）本案应当适用哪些国际条约？

6. 陈某某、林甲诉日本三菱汽车工业株式会社损害赔偿纠纷案

1996年9月13日，原告陈某某之夫、林甲之父林乙乘坐本人所在单位（莆田车购办）的闽B006××号日本产三菱吉普车从莆田市前往福州市。途中，该车前挡风玻璃突然爆破，林乙因爆震伤经医院抢救无效而死亡。交通管理部门经现场勘查后认定，此次事故不属于交通事故。事故发生后，为查明玻璃爆破的原因，日本三菱汽车工业株式会社将破碎的玻璃运至玻璃的生产厂日本旭硝子株式会社，委托其鉴定。旭硝子株式会社的鉴定结论为：本次发生挡风玻璃破碎的原因，并非玻璃本身有质量问题，而确属外部因素造成。对此结论，陈某某、林甲不同意。后经莆田车购办委托国家质检中心对损坏的玻璃进行鉴定，得出推断性结论为：前挡风玻璃为夹层玻璃，在不受外力作用下，夹层玻璃自身不会爆裂。[③]

---

① 参见上海海事法院（2017）沪72民初844号民事判决书，上海市高级人民法院（2018）沪民终504号民事判决书。

② 参见宁波海事法院（2015）甬海法事初字第42号民事判决书。

③ 陈某某、林某某诉日本三菱汽车工业株式会社损害赔偿纠纷案．最高人民法院公报，2001（2）．

思考题：

（1）涉外产品责任侵权的管辖权如何确定？

（2）涉外产品责任侵权的法律适用如何确定？

（3）产品缺陷致人损害纠纷中，消费者已经证明损害结果与产品缺陷之间的因果关系，生产者能否主张产品不存在缺陷而免责？

（4）生产者内部进行质量鉴定得出的鉴定结论，法院是否应当采信？前挡风玻璃突然爆破是否属于该产品的缺陷？

7. 广东本草药业集团有限公司与贝斯迪大药厂产品责任纠纷案

住所地意大利热那亚的贝斯迪大药厂指定中国香港特别行政区 Aprontech 公司在中国独家销售细菌溶解物“兰菌净”。2013 年 11 月，广东本草药业公司与 Aprontech 公司签订“独家经销协议”，从该公司进口“兰菌净”，在内地独家销售。2016 年 1 月，国家食品药品监督管理总局发布公告，要求停止进口“兰菌净”，并责令召回。因贝斯迪大药厂未召回“兰菌净”，导致本草公司尚未销售的 234 719 瓶库存产品无法处理。本草公司起诉要求贝斯迪大药厂赔偿其库存产品的损失及利息等。[①]

思考题：

（1）境内销售商能否超越合同相对性原则，直接向境外生产商索赔？

（2）如何解决产品召回制度中的法律适用问题？

8. 余某诉香港特别行政区某跨境电商公司产品责任纠纷案

2020 年 8 月，余某通过某跨境电商平台向中国香港特别行政区某跨境电商公司购买从美国进口的某品牌可可粉。下单时订单页面有红色醒目字体提示的“消费者告知书”，载明“商品直接购自境外，可能无中文标签，消费者可以通过网站查看商品的中文电子标签”等内容。余某点击阅读后下单。后中国香港特别行政区某跨境电商公司从保税仓将案涉商品通过快递递送入境。余某收到商品后，以该商品外包装未粘贴中文标签，不符合食品安全标准为由提起诉讼，要求中国香港特别行政区某跨境电商公司承担“退一赔十”的责任。[②]

思考题：

（1）本案管辖权怎么确定？

（2）本案如何适用法律？

（3）本案的判决对我国跨境电商零售进口会有何影响？

9. 陈某诉新加坡航空公司等侵犯人格权纠纷案

被告新加坡航空公司是一家在新加坡注册的从事国际航空运输的公司，其开通了从中国香港特别行政区经新加坡至马尔代夫的航空客运航线，并在中国北京、上海、广州设立了办事处。被告深圳康泰旅游有限公司（以下简称“康泰公司”）是在

---

① 参见最高人民法院（2019）最高法商初 1 号民事判决书。

② 浙江省杭州市中级人民法院发布涉外民商事审判十大典型案例（2012—2021）之八.（2022-09-15）[2022-04-20]. https://mp.weixin.qq.com/s?__biz=MzA4ODk5OTQwOQ==&mid=2698609055&idx=1&sn=0be5c5de038ad7542478c68e2e3c453e&chksm=b50cb501827b3c178f3bd0a22c67a8a1cf8ae1ed541c6a5da1830bd95ef51df5a36c9a82a704&scene=27#wechat_redirect.

深圳注册的一家旅游公司。

2002 年 8 月，原告陈某所在事务所与被告康泰公司签订了旅游合同，约定康泰公司代理包括陈某在内 7 人前往马尔代夫的旅游事宜；康泰公司代陈某等 7 人订购旅游机票，陈某等 7 人将乘坐新加坡航空公司的航班，从中国香港特别行政区起飞，经停新加坡转机至马尔代夫；按照该航线旅游签证惯例，康泰公司为原告陈某等 7 人办理了马尔代夫签证。

2002 年 9 月 6 日，原告陈某等 7 人乘坐被告新加坡航空公司航班从中国香港特别行政区起飞。原告陈某等 7 人登上飞机前，被告新加坡航空公司收取了原告陈某等 7 人的机票、护照等证件，并向其出具签收证明文件，表明陈某等 7 人的护照及旅行文件必须交由入境港口有关机构检查通过后，再返还给他们。同时，被告新加坡航空公司未收取与原告陈某等 7 人一同乘机的其他乘客的机票、护照等证件。

被告新加坡航空公司认可：按照旅游惯例，持中华人民共和国因私护照，搭乘新加坡航空公司航班经停新加坡不出境转机前往马尔代夫无须持新加坡签证，亦无须在中国香港特别行政区登机前收取并保管乘客证件。

根据上述事实，原告陈某认为，被告新加坡航空公司提供的航空服务存在差别待遇，对原告具有歧视性，构成了对原告身体自由和人格尊严的侵犯，其应承担侵权的民事责任；被告康泰公司对被告新加坡航空公司的行为未履行告知义务，其对原告损害的产生亦有过错。

针对原告的指控，被告新加坡航空公司的答辩主张主要有三点：1）本案为涉外侵权纠纷案件，原告指控被告新加坡航空公司侵权的行为不是在中国内地发生，深圳市中级人民法院对本案没有管辖权；2）本案被告新加坡航空公司收取原告陈某证件的行为并不构成民事侵权行为；3）适用于本案的准据法应是中国香港特别行政区、新加坡或马尔代夫的法律，或者适用《华沙公约》，而不应当适用中国内地法律。[①]

思考题：

（1）深圳市中级人民法院对本案是否有管辖权？

（2）如何解决本案涉外侵权的法律适用问题？

（3）如何解决本案生效判决的承认和执行问题？

10. 厦门紫翔电子科技有限公司、王某某与被告陈甲名誉权纠纷案

原告厦门紫翔电子科技有限公司（以下简称“紫翔公司”）、王某某（台湾地区居民）与被告陈甲名誉权纠纷一案，法院立案受理后，反诉原告陈甲以紫翔公司、王某某为反诉被告提起反诉。

陈甲是紫翔公司制造一课的物料员，案外人陈乙是生管课的物料领班。2013 年陈甲与陈乙因为领料的工作发生争执并导致肢体冲突。后紫翔公司调取了监控视频录像并将监控视频导出放置在制造一课文件夹下。2013 年紫翔公司填报了一份“奖

① 参见深圳市中级人民法院（2003）深中法民一初字第 9 号民事判决书，广东省高级人民法院（2005）粤高法民四终字第 318 号民事判决书。

惩申报单”记载了本次事件的过程，申报人、人事单位、部门主管、单位主管会签后由紫翔公司的厂长王某某核准。该“奖惩申报单”于2013年7月张贴在紫翔公司的公告栏处。后陈甲与陈乙肢体冲突的视频资料被上传至优酷网站，在网上引起舆论反响。原告认为，被告擅自将紫翔公司内部摄像视频上传到网络，歪曲客观事实，用文字对紫翔公司和王某某进行侮辱、诽谤，造成两原告的名誉权受到损害。

厦门市海沧区人民法院认为，王某某系台湾地区居民，本案为涉台名誉权纠纷，应当参照涉外案件处理。因侵权行为提起的诉讼，由侵权行为地或者被告住所地人民法院管辖。本案侵权行为地在厦门市，且本案属福建省厦门市中级人民法院指定由本院集中管辖的涉台案件，因此，本院对本案享有管辖权。本案侵权行为发生后，各方对法律适用没有约定，应当适用侵权行为地法律，故本案适用中华人民共和国法律。

当事人对自己提出的主张，有责任提供证据予以证明。紫翔公司和王某某主张陈甲上传公司内部视频到公开网站并使用侮辱性的语言歪曲客观事实，构成名誉侵权，应承担相应的举证责任。

法院认为，根据法律规定，构成名誉侵权应包括几个构成要件：第一，受害人确有名誉被损害的事实。第二，行为人主观上有过错。第三，违法行为与损害结果之间有因果关系。最终，法院认定本案中紫翔公司和王某某并未构成对陈甲的名誉侵权。①

思考题：

（1）本案中陈甲是否侵犯了两反诉被告的名誉权？

（2）法院适用的法律是否正确？

11. 周某某诉中建荣真无锡建材科技有限公司肖像权、姓名权纠纷案

2017年1月，无锡中建荣真建材公司的官网首页显示的宣传广告，其边上配有原告周某某的照片，下方注有“城市森林携手‘星爷’一起见证生态墙板真功夫”的文字。此外，网页的终端风采Ⅵ展示处有“城市森林携手‘星爷’一起见证生态墙板真功夫”的宣传广告，并在插图原告周某某的照片旁注有“华语喜剧演员、导演、编剧、监制、制片人、出品人代表作：《功夫》”的文字。该宣传广告配有原告照片，与涉案网页上的宣传广告语共同在页面上展示。2017年9月5日，原告中国香港特别行政区居民周某某的委托代理人在火车站购得一本杂志，该杂志的广告页同样涉及周某某相关的宣传广告。2017年1月，周某某委托律师向中建荣真建材公司发送律师函，认为被告侵害其姓名权、肖像权等合法权益。②

思考题：

（1）涉外人格权侵权行为的法律适用如何确定？

（2）网络侵权行为的管辖权如何确定？

（3）被告中建荣真建材公司的行为是否构成侵权？如果构成侵权，被告应当承

① 参见福建省厦门市海沧区人民法院（2013）海民初字第2507号民事判决书。

② 参见上海市第一中级人民法院（2017）沪01民初1211号民事判决书。

担何种侵权责任?

六、知识拓展

(一)拓展阅读

1. 齐湘泉. 涉外民事关系法律适用法：侵权论. 北京：法律出版社，2006.

2. 许凯. 侵权冲突法研究. 上海：华东政法大学，2012.

3. 李双元，欧福永. 国际私法教学案例. 2 版. 北京：北京大学出版社，2012.

4. 王瀚. 国际航空运输责任法研究. 北京：法律出版社，2012.

5. 胡正良. 海事法. 3 版. 北京：北京大学出版社，2016.

6. 刘想树. 涉外侵权行为之债的法律冲突与法律选择. 中央政法管理干部学院学报，1997 (1).

7. 周辉斌. 我国应及时加入《海牙产品责任法律适用公约》. 法商研究（中南政法学院学报），2000 (6).

8. 许庆坤. 重回冲突法确定性?：美国《冲突法重述（第三版）》草案初探. 国际法研究，2022 (1).

9. TORREMANS P，FAWCETT J. Cheshire，North & Fawcett：Private International Law. Oxford：Oxford University Press，2017.

10. PLENDER R，WILDERSPIN M. The European Private International Law of Obligations. London：Sweet & Maxwell，2009.

11. SYMEONIDES S C. Choice of Law in Cross-Border Torts：Why Plaintiffs Win and Should. Hastings LJ，2009 (61).

(二)拓展写作

1. 论涉外侵权法律适用法的价值目标及实现路径
2. 涉外侵权法律选择中的“侵权行为地”界定
3. 我国涉外公路交通事故侵权法律适用问题研究
4. 涉外侵权之债的法律适用
5. 论涉外邮轮旅客人身损害赔偿的法律适用

(三)其他资料

西南政法大学国际私法学线上课程链接：国际私法学_西南政法大学_中国大学MOOC（慕课）(https：//www. icourse163. org/course/swupl-1205596801)。

专题八　国际航空

对于航空器发生事故致乘客伤亡或载运物毁损引起的损害赔偿，目前主要是依有关国际公约的规定加以解决。国际上有关航空运输的国际公约主要有1929年《华沙公约》、1955年《海牙议定书》和1961年《瓜达拉哈拉公约》。1999年《蒙特利尔公约》的正式名称是《统一国际航空运输某些规则的公约》，目的在于确保国际航空运输消费者的利益，对在国际航空运输中旅客的人身伤亡或行李损失，或者运输货物的损失，在恢复性赔偿原则基础上建立公平赔偿的规范体系。

一、引　案

（一）案情简介

上诉人邬某某因与被上诉人海南航空控股股份有限公司（以下简称“海南航空”）航空旅客运输合同纠纷一案，不服杭州铁路运输法院判决[①]，向杭州市中级人民法院提起上诉。

原审判决认定：邬某某通过携程网站订购了2017年8月8日19：00由杭州出发经北京飞往曼彻斯特的HU7678/HU7903联程航班机票一张，邬某某在赶到机场后，海南航空通知由于航班延误，如赶第二行程需改签HU767R航班前往北京，邬某某同意改签并于当日18：20乘坐HU767R。由于天气原因造成邬某某乘坐航班在内的100余次航班均延误或者取消，邬某某乘坐的航班备降在济南，于2017年8月9日04：19到达北京。邬某某在当日05：21网上订购了EK019机票前往曼彻斯特，支出票款6 430元。2017年10月13日，邬某某在网上退回了联程机票中北京至曼彻斯特的票款1 863元。邬某某于2017年11月提起本案诉讼，请求判令海南航空赔偿损失6 430元。

原审法院认为：邬某某购买海南航空运营的联程机票，根据《合同法》第299条规定，海南航空应当按照合同约定将乘客送至目的地，承运人延迟运输的，应当

---

① 参见杭州铁路运输法院（2017）浙8601民初3980号民事判决书。

根据旅客要求安排改乘其他班次或者退票。现海南航空由于天气原因已经为旅客安排了其他航班到达中转地北京，邬某某同意并实际乘坐了换乘航班前往中转地；由于当天及次日华北大部分地区均因为天气原因而造成了大面积的航班延误，航班被迫备降济南，至到达中转地时，邬某某所购的第二程行程无法按时起飞。海南航空运营的航班发生了天气原因无法正常到达，根据庭审调查及双方当事人陈述，可以认定案涉航班不正常是由于不可抗力所引起，根据《合同法》第 117 条的规定，可以部分或者全部免除责任，法律另有规定除外。根据《合同法》第 118 条“当事人一方因不可抗力不能履行合同的，应当及时通知对方，以减轻可能给对方造成的损失，并应当在合理期限内提供证明”的规定，原审法院认为，海南航空的义务不仅仅在于证明不可抗力的事实，而且应当举证证明是否及时通知相对方，现海南航空不能举证，故原审法院认为海南航空在案涉纠纷起因中负有相应的责任。纵观本案，邬某某与海南航空是具有订立合同和平等身份的一方民事主体，本案不可抗力事件发生时，邬某某作为有完全民事行为能力的公民，对于所发生的事件应当明知，邬某某亦应当在不可抗力发生后，及时与合同相对方联系行程安排、了解后续保障措施、提出索赔申请等，本案中邬某某未采取上述措施，而直接以自己行程紧张为由，另行购买机票出港，其实从当天天气原因考量，海南航空安排的“不正常航班签转”出发的航班并不过分晚于邬某某自行购买航班的出发时间，故邬某某在采取措施防止损失扩大时有不当之处，不得就扩大损失要求海南航空赔偿。关于邬某某要求海南航空赔偿损失 6 430 元，第一，计算有误，邬某某已经退回了联程机票中北京至曼彻斯特的票款 1 863 元，现要求再赔偿全部票款是有重复的；第二，确有不可抗力事件发生；第三，双方对纠纷的发生均有不当之处；第四，本案案由是航空旅客运输合同纠纷，双方当事人均应具有契约意识，各自行使法律赋予的权利义务，海南航空应当履行积极的通知义务，邬某某也应及时与海南航空取得联系，不应在事件发生时毫不顾及、不了解合同相对方的缘由，而过度行使自己权利。综合考量以上因素，原审法院酌定海南航空赔偿邬某某损失 500 元，超过原审法院认定之外的诉讼请求，不予支持。

邬某某认为本案应当适用国际条约的请求，原审法院认为，该案当事人均属中国公民或者企业，运输过程亦发生在国内，故本案无涉外因素，不适用国际条约，其请求不予支持。依照《合同法》及《民事诉讼法》相关规定作出相应判决（略）。

宣判后，邬某某不服，向杭州市中级人民法院提起上诉，称：

（1）一审认定事实不清，本案应为涉外民事案件，适用《民法通则》第 142 条的规定，并适用国际条约。一审法院认为“当事人均属中国公民或企业，运输过程亦发生在国内，故本案无涉外因素，不适用国际条例”。然而本案显然为涉外案件，符合《民法通则》第 142 条的规定。其中，法院认定“运输过程发生在国内”与事实严重不符，本案为中国杭州飞往英国曼彻斯特的航空旅客运输合同纠纷，杭州飞北京的飞行里程仅为 1 159.33 公里，然而北京飞曼彻斯特的直线距离为 8 099.53 公里，该航空运输合同的主体系国际航线，法院认定该案无涉外因素，与事实不符。

（2）本案适用法律错误，本案为航空旅客运输合同纠纷，应当适用国际条约或我国《民用航空法》，被上诉人应当采取一切必要措施，避免损失。一审法院适用了我国《合同法》相关规定，却没有适用最密切相关的国际条约或我国《民用航空法》，这显然是法律适用有误。无论是《经 1955 年海牙议定书修订的 1929 年华沙统一国际航空运输一些规则的公约》还是我国《民用航空法》均规定，承运人应当采取一切必要措施来避免延误给旅客造成损失，否则应当承担责任。被上诉人至今未具体说明，也未提供充足证据证明延误原因。且其在上诉人到达北京机场后未采取任何措施，也没有任何证据证明被上诉人做了何种努力与上诉人联系。庭审中，被上诉人还多次提出上诉人应当自行前往海南航空柜台处理，证明被上诉人并没有尽力履行任何通知上诉人的义务。更何况，被上诉人提供了多份补充证据证明其与多家航空公司有着延误补救的私下协议，但是其作为一家上市公司，却从未向公众披露该类信息，且其不积极为乘客提供补救方案，明显违反法律规定，故被上诉人应当承担赔偿责任。综上，请求撤销一审判决，改判被上诉人赔偿上诉人损失 6 430 元。

被上诉人海南航空答辩称：

（1）上诉人认为应当适用国际条约的上诉请求没有任何依据。首先，本案双方当事人为中国自然人和法人，不存在涉外因素。其次，上诉人到达北京后没有选择与被上诉人联系要求继续履行合同，而是另行与其他航空公司建立起新的客运合同关系，使得双方原本的客运合同客观上不能履行，其意思表示表明上诉人已自愿终止了与被上诉人的合同关系。因此，本案运输过程实际上只是杭州至北京，并无涉外因素。原审法院亦认为，本案当事人均为国内公民、企业，运输过程亦发生在国内，不存在涉外因素，不适用国际条约。因此，上诉人该项上诉请求没有事实和法律依据。

（2）原审法院依据《合同法》相关规定作出判决并无不当。《合同法》关于客运合同的规定调整的是承运人与旅客之间的客运合同关系，航空客运合同关系是其中一种。本案被定性为航空客运合同纠纷，显然属于《合同法》的调整范畴。因此，依据《合同法》第 299 条的规定，“承运人迟延运输的，应当根据旅客的要求安排改乘其他班次或者退票”，上诉人没有与被上诉人联系提出后续行程安排，原审法院据此认为上诉人没有尽到合同相对方的义务，属事实认定清楚，法律适用正确。

（3）上诉人没有给被上诉人合理时间采取相应措施避免损失，被上诉人应免责。2017 年 8 月 9 日 04：19 航班到达北京，正常情况下飞机滑行至指定停机坪至少需 15 分钟时间。但是 8 月 8 日、9 日由于北京地区雷雨天气，首都机场滞留大量航班，飞机滑行至指定停机坪至少需 35 分钟时间。在此期间，上诉人未与乘务员、客服等人员进行沟通确认后续行程，下机后也没有去候机厅不正常航班处理柜台咨询，而是于（05：21）短时间内自行购票，建立起新的合同关系。客运合同客观上已不能继续履行，如此短时间内被上诉人亦不可能采取相应措施，被上诉人应免责。综上，上诉人的上诉请求没有事实和法律依据，请求驳回上诉，维持原判。

杭州市中级人民法院经审理认定的事实与原审认定一致。另认定，邬某某原订的杭州出发经北京飞曼彻斯特的 HU7678/HU7903 联程航班，计划北京出发时间为 2017 年 8 月 9 日 01：45。邬某某自述：其原计划到达曼彻斯特时间为 14～15 小时以后；其在改签 HU767R 航班备降济南后，曾找过海南航空，海南航空答复可以改签 8 月 10 日凌晨北京至曼彻斯特的机票，如乘坐该航班比原定到达曼彻斯特的时间至少晚 24 小时；邬某某自行另购机票，实际到达曼彻斯特的时间为 8 月 9 日 19：20。

杭州市中级人民法院判决驳回上诉，维持原判。

（二）法律问题

（1）本案的法律适用是否准确？

（2）如何界定国际航空运输？

（3）承运人应当承担的责任是什么？

二、法官释法

关于本案法律适用，在 1929 年《华沙公约》基础上订立的《统一国际航空运输某些规则的公约》（1999 年《蒙特利尔公约》）规定，公约所指的“国际运输”系指根据当事人的约定，不论在运输中有无间断或者转运，其出发地点和目的地点是在两个当事国的领土内，或者在一个当事国的领土内，而在另一国的领土内有一个约定的经停地点的任何运输，即使该国为非当事国。本案邬某某订的联程航班出发地为杭州，目的地为曼彻斯特，属于公约所指的国际航空运输。

我国《民用航空法》第 184 条规定，中华人民共和国缔结或者参加的国际条约同本法有不同规定的，适用国际条约的规定；但是，中华人民共和国声明保留的条款除外。鉴于《蒙特利尔公约》第 19 条与《民用航空法》第 126 条关于延误的规定一致，均规定“旅客、行李或者货物在航空运输中因延误引起的损失，承运人应当承担责任。但是，承运人证明本人及其受雇人和代理人为了避免损失的发生，已经采取一切可合理要求的措施或者不可能采取此种措施的，承运人不对因延误引起的损失承担责任”，本案可适用《民用航空法》。邬某某乘坐的 HU767R 航班因天气原因无法正常到达，该事由虽属不可抗力，但海南航空作为联程国际航运的承运人仍应承担采取一切合理措施减少或避免旅客损失的义务。同样，邬某某负有《合同法》第 119 条规定的避免损失扩大的义务。根据邬某某的陈述，海南航空曾同意改签 8 月 10 日凌晨北京至曼彻斯特的机票，邬某某自行另购机票的出发时间为 8 月 9 日下午 14：15，海南航空安排的转签航班并不过分晚于邬某某自行购买的航班的出发时间，邬某某在海南航空已同意采取合理措施的情况下自行购票，亦未说明其自行购票的必要性，故本院认为其存在扩大损失的行为，原审法院据此酌情判令海南航空赔偿邬某某损失 500 元并无不当。

三、学理评析

《蒙特利尔公约》共有 7 章 57 条。根据其规定，国际航空承运人应当对旅客的人身伤亡、行李和货物损失，以及由于延误造成旅客、行李或货物的损失承担责任并予以赔偿。

（一）适用范围

（1）公约适用于所有以航空器运送人员、行李或者货物而收取报酬的国际运输。公约同样适用于航空运输企业以航空器履行的免费运输。

（2）就公约而言，“国际运输”系指根据当事人的约定，不论在运输中有无间断或者转运，其出发地点和目的地点是在两个当事国的领土内，或者在一个当事国的领土内，而在另一国的领土内有一个约定的经停地点的任何运输，即使该国为非当事国。就公约而言，在一个当事国的领土内两个地点之间的运输，而在另一国的领土内没有约定的经停地点的，不是国际运输。

（3）运输合同各方认为几个连续的承运人履行的运输是一项单一的业务活动的，无论其形式是以一个合同订立或者一系列合同订立，就公约而言，应当视为一项不可分割的运输，并不仅因其中一个合同或者一系列合同完全在同一国领土内履行而丧失其国际性质。

（4）公约同样适用于第五章规定的运输，除非该章另有规定。

（二）运输凭证和当事人的义务

1. 旅客和行李

就旅客运输而言，应当出具个人的或者集体的运输凭证，该项凭证应当载明：（1）对出发地点和目的地点的标示；（2）出发地点和目的地点是在一个当事国的领土内，而在另一国的领土内有一个或者几个约定的经停地点的，至少对其中一个此种经停地点的标示。

用此种其他方法的，承运人应当提出向旅客出具一份以此种方法保存的内容的书面陈述。

承运人应当就每一件托运行李向旅客出具行李识别标签。

旅客应当得到书面提示，说明在适用公约的情况下，公约调整并可能限制承运人对死亡或者伤害，行李毁灭、遗失或者损坏，以及延误所承担的责任。

未遵守前几款的规定，不影响运输合同的存在或者有效，该运输合同仍应当受公约规则的约束，包括有关责任限制规则的约束。

2. 货物

就货物运输而言，应当出具航空货运单。

任何保存将要履行的运输的记录的其他方法都可以用来代替出具航空货运单。采用此种其他方法的，承运人应当应托运人的要求，向托运人出具货物收据，以便识别货物并能获得此种其他方法所保存记录中的内容。

3. 航空货运单或者货物收据的内容

航空货运单或者货物收据应当包括：（1）对出发地点和目的地点的标示；（2）出发地点和目的地点是在一个当事国的领土内，而在另一国的领土内有一个或者几个约定的经停地点的，至少对其中一个此种经停地点的标示；以及（3）对货物重量的标示。

4. 关于货物性质的凭证

在需要履行海关、警察和类似公共当局的手续时，托运人可以被要求出具标明货物性质的凭证。此项规定对承运人不造成任何职责、义务或由此产生的责任。

5. 航空货运单的说明

托运人应当填写航空货运单正本一式三份。

第一份应当注明“交承运人”，由托运人签字。第二份应当注明“交收货人”，由托运人和承运人签字。第三份由承运人签字，承运人在接受货物后应当将其交给托运人。

承运人和托运人的签字可以印就或者用戳记。

承运人根据托运人的请求填写航空货运单的，在没有相反证明的情况下，应当视为代托运人填写。

6. 多包件货物的凭证

在货物不止一个包件时：(1) 货物承运人有权要求托运人分别填写航空货运单；(2) 采用公约第 4 条第 2 款所指其他方法的，托运人有权要求承运人分别出具货物收据。

7. 未遵守凭证的规定

未遵守公约第 4 条至第 8 条的规定，不影响运输合同的存在或者有效，该运输合同仍应当受公约规则的约束，包括有关责任限制规则的约束。

8. 对凭证说明的责任

对托运人或者以其名义在航空货运单上载入的关于货物的各项说明和陈述的正确性，或者对托运人或者以其名义提供给承运人载入货物收据或者载入公约第 4 条第 2 款所指其他方法所保存记录的关于货物的各项说明和陈述的正确性，托运人应当负责。以托运人名义行事的人同时也是承运人的代理人的，同样适用上述规定。

对因托运人或者以其名义所提供的各项说明和陈述不符合规定、不正确或者不完全，给承运人或者承运人对之负责的任何其他人造成的一切损失，托运人应当对承运人承担赔偿责任。

除公约第 10 条第 1 款和第 2 款规定的外，对因承运人或者以其名义在货物收据或者在公约第 4 条第 2 款所指其他方法所保存的记录上载入的各项说明和陈述不符合规定、不正确或者不完全，给托运人或者托运人对之负责的任何其他人造成的一切损失，承运人应当对托运人承担赔偿责任。

9. 凭证的证据价值

航空货运单或者货物收据是订立合同、接受货物和所列运输条件的初步证据。

航空货运单上或者货物收据上关于货物的重量、尺寸和包装以及包件件数的任何陈述是所述事实的初步证据；除经过承运人在托运人在场时查对并在航空货运单上或者货物收据上注明经过如此查对或者其为关于货物外表状况的陈述外，航空货运单上或者货物收据上关于货物的数量、体积和状况的陈述不能构成不利于承运人的证据。

10. 处置货物的权利

托运人在负责履行运输合同规定的全部义务的条件下，有权对货物进行处置，即可以在出发地机场或者目的地机场将货物提回，或者在途中经停时中止运输，或者要求在目的地点或者途中将货物交给非原指定的收货人，或者要求将货物运回出发地机场。托运人不得因行使此种处置权而使承运人或者其他托运人遭受损失，并必须偿付因行使此种权利而产生的费用。

托运人的指示不可能执行的，承运人必须立即通知托运人。

承运人按照托运人的指示处置货物，没有要求出示托运人所收执的那份航空货运单或者货物收据，给该份航空货运单或者货物收据的合法持有人造成损失的，承运人应当承担责任，但是不妨碍承运人对托运人的追偿权。

收货人的权利依照公约第 13 条规定开始时，托运人的权利即告终止。但是，收货人拒绝接受货物，或者无法同收货人联系的，托运人恢复其处置权。

11. 货物的交付

除托运人已经根据第 12 条行使其权利外，收货人于货物到达目的地点，并在缴付应付款项和履行运输条件后，有权要求承运人向其交付货物。

除另有约定外，承运人应当负责在货物到达后立即通知收货人。

承运人承认货物已经遗失，或者货物在应当到达之日起 7 日后仍未到达的，收货人有权向承运人行使运输合同所赋予的权利。

12. 托运人和收货人权利的行使

托运人和收货人在履行运输合同规定的义务的条件下，无论为本人或者他人的利益，可以分别以本人的名义行使公约第 12 条和第 13 条赋予的所有权利。

13. 托运人和收货人的关系或者第三人之间的相互关系

公约第 12 条、第 13 条和第 14 条不影响托运人同收货人之间的相互关系，也不影响从托运人或者收货人获得权利的第三人之间的相互关系。

公约第 12 条、第 13 条和第 14 条的规定，只能通过航空货运单或者货物收据上的明文规定予以变更。

14. 海关、警察或者其他公共当局的手续

托运人必须提供必需的资料和文件，以便在货物可交付收货人前完成海关、警察或者任何其他公共当局的手续。因没有此种资料、文件，或者此种资料、文件不充足或者不符合规定而引起的损失，除由于承运人、其受雇人或者代理人的过错造成的外，托运人应当对承运人承担责任。

承运人没有对此种资料或者文件的正确性或者充足性进行查验的义务。

（三）关于赔偿的规定①

1. 旅客人身伤亡的赔偿

蒙特利尔公约的最大特点是其通过两步递进形式为旅客人身伤亡赔偿引进了无

---

① 蒙特利尔公约简介. 中国民用航空局网站. https://www.caac.gov.cn/XXGK/XXGK/GJGY/201510/t20151029_9003.html.

限制责任的概念。

第一步是不管有无过错，承运人必须对旅客的人身伤亡承担赔偿10万特别提款权（约合13.5万美元），承运人不得免除或者限制其责任。

第二步是如果旅客的人身伤亡是由承运人的过错造成的，则承运人承担的责任无限制。但10万提款权以上的赔偿责任在下述情况下可以免除：

第一，损失不是由于承运人或者其受雇人、代理人的过失或者其他不当行为、不作为造成的；

第二，损失完全是由第三人的过失或者其他不当作为、不作为造成的。

此外，事故发生后承运人应当按照国内法的要求，及时向索赔人先行付款，以应其经济需要。先行付款不构成对责任的承认，并可从随后的损害赔偿金中抵消。此规定可以使受害旅客家属不需要通过冗长昂贵的法律诉讼就可以获得初步的赔偿，更符合现代经济的赔偿需求。

2. 行李损失的赔偿

（1）托运行李和非托运行李。

对托运行李，只要损失事件在航空器上或处于承运人掌管之下，承运人就应当承担责任，除非损失是由于行李的固有缺陷、质量或者瑕疵造成的。对非托运行李，即承运人对由其本身、受雇人或者代理人的过错造成的损失承担责任。

（2）行李损失的责任限额。

以每名旅客1000特别提款权为限，除非旅客在交运托运行李时特别声明其交付利益，并支付附加费。

3. 货物损失的赔偿

只要造成货物损失的事件是在航空运输期间发生的，承运人就应当承担责任。但由下述原因造成的，承运人可不承担责任：（1）货物的固有缺陷、质量或者瑕疵；（2）承运人或者其受雇人、代理人以外的人包装货物的，货物包装不良；（3）战争行为或者武装冲突；（4）公共当局实施的与货物入境、出境或者过境有关的行为。

承运人对货物损失承担每公斤17特别提款权的责任限额，除非托运人在交运包件时特别声明其交付利益，并支付附加费。

4. 延误的损失赔偿

只要承运人证明其为避免损失的发生，已经采取一切合理的措施或者不可能采取此种措施的，承运人不承担责任，否则，承运人应当承担责任，旅客的延误赔偿以每名旅客4 150特别提款权为限。

（四）管辖权范围的扩大

如果承运人在旅客的主要且永久居住地有业务经营，则旅客或其家属可以在该居住地的当事国领土内提起诉讼。《蒙特利尔公约》增加旅客主要且永久居所作为可选的诉讼地之一，对倾向给予人身伤亡较高赔偿金额的发达国家来说，这一规定对其公民或居住者是相当有利的。

(五) 其他规定

第一，对旅客、行李和货物运输的有关凭证予以简化，更加符合现代社会的要求。

第二，《蒙特利尔公约》对“国际运输”的定义以及要求承运人按照国内法先行赔付索赔人的规定，对航空事故的保险理赔都有重要的影响。

第三，强制适用。运输合同的任何条款和在损失发生以前达成的所有特别协议，其当事人借以违反公约规则的，无论是选择所适用的法律还是变更有关管辖权的规则，均属无效。

第四，保险。当事国应当要求其承运人就其在公约中的责任进行充分保险。当事国可以要求经营航空运输至该国内的承运人提供其已就公约中的责任进行充分保险的证据。

第五，有多种法律制度的国家。一国有两个或者多个领土单位，在各领土单位内对于公约处理的事项适用不同的法律制度的，该国可以在签署、批准、接受、核准或者加入时，声明公约适用于该国所有领土单位或者只适用于其中一个或者多个领土单位，该国也可随时提交另一份声明以修改此项声明。作出此项声明，均应当通知保存人，声明中应当明确指明适用公约的领土单位。

第六，保留。对公约不得保留，但是当事国可以在任何时候向保存人提交通知，声明公约不适用于：(1) 由当事国就其作为主权国家的职能和责任为非商业目的而直接办理和运营的国际航空运输；以及/或者 (2) 使用在该当事国登记的或者为该当事国所租赁的、其全部运力已为其军事当局或者以该当局的名义所保留的航空器，为该当局办埋的人员、货物和行李运输。

四、延伸问题

(一) 规范国际航空运输赔偿的相关规则

在《蒙特利尔公约》以前，国际上已经存在若干个关于国际航空运输赔偿的规则，具体包括：

(1) 1929 年在华沙签订的《华沙公约》，我国于 1958 年批准该公约。

(2) 1955 年在海牙签订的《修订 1929 年 10 月 12 日在华沙签订的〈统一国际航空运输某些规则的公约〉的议定书》，简称《海牙议定书》，我国于 1975 年批准该议定书。

(3) 1961 年在瓜达拉哈拉签订的《统一非缔约承运人所办国际航空运输某些规则以补充华沙公约的公约》，简称《瓜达拉哈拉公约》。

(4) 1971 年在危地马拉城签订的《修订经海牙议定书修订的〈统一国际航空运输某些规则的公约〉的议定书》，简称《危地马拉城协议书》。

(5) 1975 年在蒙特利尔签订的第 1、2、3、4 号《关于修改〈统一国际航空运输某些规则的公约〉的附加议定书》，简称蒙特利尔第×号议定书。

上述第二项至第五项协议都是对《华沙公约》的修订，因此上述五项文件被统称为华沙公约文件。

随着历史的发展，《华沙公约》中的某些规定已显陈旧，而且相关修订文件数量较多。为了使《华沙公约》及其相关文件现代化和一体化，国际民用航空组织（ICAO）起草定稿了《蒙特利尔公约》，并在1999年5月于蒙特利尔召开的国际航空法大会上由参加国签署。中国和其他51个国家在该大会上签署了该项公约。

需要说明的是，政府签署该项公约并不代表该国同意加入，只有在本国立法机构批准该公约并提交批准书后，此公约才对该国生效。《蒙特利尔公约》正式生效后将取代现有的华沙公约文件。

（二）相关规则的适用位序

在下列情况下，《蒙特利尔公约》应当优先于国际航空运输所适用的任何规则：

第一，该项国际航空运输在《蒙特利尔公约》当事国之间履行，而这些当事国同为下列条约的当事国：

（1）1929年10月12日在华沙签订的《华沙公约》；

（2）1955年9月28日订于海牙的《海牙议定书》；

（3）1961年9月18日在瓜达拉哈拉签订的《瓜达拉哈拉公约》；

（4）1971年3月8日在危地马拉城签订的《修订经1955年9月28日订于海牙的议定书修正的1929年10月12日在华沙签订的统一国际航空运输某些规则的公约的议定书》（以下简称《危地马拉城议定书》）；

（5）1975年9月25日在蒙特利尔签订的修订经海牙议定书或者经海牙议定书和危地马拉城议定书修正的华沙公约的第一号至第三号附加议定书以及蒙特利尔第四号议定书（以下简称《各个蒙特利尔议定书》）；或者

第二，该项国际航空运输在《蒙特利尔公约》的一个当事国领土内履行，而该当事国是上述第1项至第5项所指一个或者几个文件的当事国。

五、类案练习

（一）某航空有限公司等合同纠纷案

上诉人SF航空有限公司（以下简称“SF公司”）因与被上诉人湖南KR生物制药股份有限公司（以下简称“KR公司”）、某保险公司湖南省分公司营业部、原审第三人湖南KC国际货运代理有限公司（以下简称“KC公司”）国际货物运输合同纠纷一案，不服湖南省长沙市开福区人民法院（2021）湘0105民初6368号民事裁定，向湖南省长沙市中级人民法院提起上诉。

SF公司上诉称：（1）SF公司将飞机全部仓位承包给案外人湖南SF速运有限公司（以下简称“湖南SF公司”），再由湖南SF公司将整机仓位分割销售给不同客户。本案中，湖南SF公司向KC公司发出的921－40908136运单号，即是湖南SF公司向KC公司分割销售的仓位编号。因此，SF公司与KR公司之间既无书面合同关系，也无事实合同关系，不是本案适格被告。（2）本案属于国际货物运输合同纠纷，应当适用1999年《蒙特利尔公约》第33条的规定，由SF公司所在地人民法院管辖。故请求撤销一审裁定，将本案移送广东省深圳市宝安区人民法院审理。

KR公司答辩称，虽然SF公司与KR公司之间没有签订书面合同，但SF公司作为案涉货物的实际承运人属实。按照1999年《蒙特利尔公约》第33条的规定，KR公司有权选择承运人住所地、承运人主要营业地或者订立合同的营业地、目的地法院提起诉讼。本案中，KR公司委托KC公司订立运输合同，而KC公司系通过邮件方式向湖南SF公司发出要约邀请，湖南SF公司以电子邮件方式发出要约，KC公司回复承诺达成合意。故合同订立地为KC公司住所地长沙市天心区，本案可以由湖南省长沙市天心区人民法院审理。

第三人KC公司述称，同意KR公司的答辩意见。

长沙市中级人民法院认为：

1. 关于案件性质的问题

《民事诉讼法》司法解释第522条第3、4项规定，有下列情形之一，人民法院可以认定为涉外民事案件：……（3）标的物在中华人民共和国领域外的；（4）产生、变更或者消灭民事关系的法律事实发生在中华人民共和国领域外的……本案中，案涉货物由中国长沙黄花机场运往德国，收货人W公司通过电子邮件告知KR公司部分货物遗失。本案案涉标的物、KR公司所主张的法律事实均发生在中华人民共和国领域外，故本案属于涉外民事案件。

2. 关于法律适用的问题

《民事诉讼法》第260条规定，中华人民共和国缔结或者参加的国际条约同本法有不同规定的，适用该国际条约的规定，但中华人民共和国声明保留的条款除外。我国与德国均系1999年《蒙特利尔公约》的成员国，该公约于2005年7月31日对我国生效。根据该公约第2条的规定，"国际运输"系指根据当事人的约定，不论在运输中有无间断或者转运，其出发地点和目的地点是在两个当事国的领土内，或者在一个当事国的领土内，而在另一国的领土内有一个约定的经停地点的任何运输，即使该国为非当事国。本案所涉货物的出发地位于中国，目的地位于德国，属于1999年《蒙特利尔公约》所规定的国际运输，故本案应当适用该公约的规定。

3. 关于连接点的问题

1999年《蒙特利尔公约》第33条第1款规定，损害赔偿诉讼必须在一个当事国的领土内，由原告选择，向承运人住所地、主要营业地或者订立合同的营业地的法院，或者向目的地点的法院提起。本案中，SF公司与KR公司未签订书面合同，故不存在订立书面合同的地点。同时，即便KR公司关于与SF公司成立实际货运合同关系的主张成立，其与湖南SF公司之间以电子邮件进行要约与承诺的行为也不是SF公司实际运输货物的行为，故不能将该承诺的生效地点作为"订立合同的营业地"。由于货运飞机的起飞地点不等同于航运企业的营业地点，KR公司亦未举证证明SF公司在湖南省长沙市设有营业分支机构，故即便KR公司的主张成立，"订立合同的营业地"也应认定为SF公司所在的深圳市宝安区。因深圳前海合作区人民法院统一管辖该市 5 000 万元以下的第一审涉外民商事案件，而本案诉讼标的额为 221 350 元，故本案应当由深圳前海合作区人民法院管辖。

综上，SF 公司的上诉理由虽然成立，但其上诉请求不符合法律规定。根据《民事诉讼法》及其司法解释相关规定，作出管辖权裁定（略）。①

思考题：

如何处理国际航空条约在我国的适用问题？

（二）航空旅客运输合同纠纷案

上诉人刘某因与被上诉人中国某航空公司航空旅客运输合同纠纷一案，不服大连高新技术产业园区人民法院裁定②，向大连市中院提起上诉。

刘某上诉请求：指令大连高新技术产业园区人民法院审理。

事实与理由：

（1）案涉运输合同目的地应为大连，双方纠纷系被上诉人要求上诉人承担案涉运输合同航班延误损失，又以高票价逼上诉人被迫放弃后段航程引起，原审法院错误地将入境中转地上海认定为合同目的地。

（2）本案系国际旅客运输合同，应优先适用《蒙特利尔公约》，原审法院适用法律错误，违法剥夺上诉人的诉讼管辖优先选择权。本案运输合同的出发地为英国，目的地为中国，均是《蒙特利尔公约》签署国，根据我国《民事诉讼法》第 260 条的规定，本案应优先适用《蒙特利尔公约》。该公约第 33 条规定，上诉人有法定优先选择权，向承运人住所地和营业地中国北京、订立合同营业地英国剑桥和合同目的地中国大连的任何一个法院提起诉讼。上诉人在诉请中既要求返还票差价，又要求赔偿因延误产生的损失，选择由目的地大连法院管辖于法有据。

（3）双方对于改期后的伦敦至上海航程没有纠纷，该航程是被上诉人基于伦敦至大连国际旅客运输合同作出的履约行为，没有取消或者延误，双方的纠纷是基于被上诉人违反伦敦至大连旅客运输合同约定而产生的，如果一审法院不经实体审理就将案涉纠纷认定为目的地为上海的旅客运输合同，则对后续审理有失公允。

某航空公司辩称：

（1）本案案由应为航空旅客运输合同纠纷，上诉人无法免费变更至 2020 年 6 月 30 日（含）前航班系因其自身原因，双方协商一致重新订立 2020 年 7 月 10 日伦敦—上海 C×××××航空旅客运输合同，该航程目的地为上海，不存在中转地且全程不涉及大连。

（2）本案不应适用《蒙特利尔公约》，大连高新技术产业园区人民法院对本案无管辖权。本案中，根据中国民航局《关于疫情防控期间继续调减国际客运航班量的通知》，由于公共安全原因，被上诉人应取消 2020 年 4 月 1 日伦敦—北京 C×××××航班。虽然上述航班属于《蒙特利尔公约》定义的“国际运输”，但《蒙特利尔

① 参见湖南省长沙市中级人民法院（2021）湘 01 民辖终 768 号民事裁定书。

② 参见辽宁省大连高新技术产业园区人民法院（2021）辽 0293 民初 69 号民事裁定书。

公约》未直接规定承运人取消航班的责任，且无法以《蒙特利尔公约》第 19 条“延误”所规定的承运人延误责任为依据判定承运人取消航班的责任。同时，上诉人最终与被上诉人订立的是 2020 年 7 月 10 日伦敦—上海 C×××××航空旅客运输合同，而针对该航班，被上诉人不存在伦敦—上海 C×××××航空旅客运输合同规定的延误等损害赔偿责任。

(3) 根据中国《民事诉讼法》第 27 条“因铁路、公路、水上、航空运输和联合运输合同纠纷提起的诉讼，由运输始发地、目的地或者被告住所地人民法院管辖”的规定，本案中，被上诉人与上诉人订立并履行的航空旅客运输合同始发地为伦敦、目的地为上海，全程不涉及大连，且被上诉人住所地在北京市顺义区××大厦，位于北京市顺义区。本案运输始发地、目的地及被上诉人住所地均不在大连高新技术产业园区人民法院管辖范围内。

大连市中级人民法院经审查认为：中国《民用航空法》第 107 条规定：本法所称国际航空运输，是指根据当事人订立的航空运输合同，无论运输有无间断或者有无转运，运输的出发地点、目的地点或者约定的经停地点之一不在中华人民共和国境内的运输。本案上诉人诉请的纠纷缘由系其与被上诉人初始订立的伦敦至大连的联程运输航班中的伦敦至北京的航班被取消，该纠纷所涉运输合同的出发地伦敦不在中华人民共和国境内，属于国际航空旅客运输合同。《民用航空法》第 184 条规定：中华人民共和国缔结或者参加的国际条约同本法有不同规定的，适用国际条约的规定；但是，中华人民共和国声明保留的条款除外。《蒙特利尔公约》系适用于所有以航空器运送人员、行李或者货物而收取报酬的国际运输的国际公约。我国是《蒙特利尔公约》缔约国，加入该公约时仅对缔约国之间因公约解释或应用发生争端的解决方式条款声明保留。本案不属于我国声明保留条款的情形，故应适用《蒙特利尔公约》。该公约第 33 条规定：损害赔偿诉讼必须在一个当事国的领土内，由原告选择，各承运人住所地、主要营业地或者订立合同的营业地的法院，或者向目的地点的法院提起。本案因上诉人订购的伦敦至大连航班取消引发后续纠纷，应认定大连为本案纠纷所涉运输的目的地，上诉人向目的地法院提起诉讼符合《蒙特利尔公约》的规定，亦符合《民事诉讼法》第 27 条“因铁路、公路、水上、航空运输和联合运输合同纠纷提起的诉讼，由运输始发地、目的地或者被告住所地人民法院管辖”的规定。根据《最高人民法院关于明确第一审涉外民商事案件级别管辖标准以及归口办理有关问题的通知》的规定，涉外案件由涉外审判庭或专门合议庭审理。产生、变更或者消灭民事关系的法律事实发生在中华人民共和国领域外的属于涉外案件，本案国际航空运输合同的始发地为伦敦，属于产生民事关系的法律事实发生在中华人民共和国领域外，故本案属于涉外案件。大连地区涉外案件争议标的额在 3 000 万元以下的由大连经济技术开发区人民法院审理。大连高新技术产业园区人民法院裁定将本案移送北京市顺义区人民法院处理错误，应予纠正。[①]

---

① 参见辽宁省大连市中级人民法院（2021）辽 02 民辖终 123 号民事裁定书。

思考题：

如何认定本案中的运输目的地？

六、知识拓展

（一）拓展阅读

1. 董念清．论国际航空私法条约适用的强制性．中国法学，2020（1）．

2. 张望平．论国际航空旅客运输若干核心术语的识别．甘肃社会科学，2015（5）．

3. 贺大伟．论公共航空承运人运输总条件的法律属性及其适用困境消解．政治与法律，2018（1）．

4. 张超汉．国际航空运输事故承运人先行付款制度研究：以1999年《蒙特利尔公约》第28条为分析文本．法律科学（西北政法大学学报），2016，34（6）．

5. 申婷婷．美国对空难损害赔偿的诉讼管辖及其启示．社会科学家，2019（6）．

6. 王立志．两岸航空区际法律适用制度比较论纲．北京理工大学学报（社会科学版），2015，17（5）．

7. 梁艳艳．评国际航空责任赔偿的法理依据．重庆大学学报（社会科学版），2015，21（2）．

8. 袁发强．从契约到身份：航空旅客权益保护法律的演变．江西社会科学，2015（4）．

9. 聂明岩．论国际航空货物运输的权责关系及国际公约适用：以朗力公司与天地公司航空货物运输合同案为例．法律适用（司法案例），2018（14）．

10. 王瀚，张超汉，孙玉超．国际航空法专论．北京：法律出版社，2017．

11. 贺富永．航空运输法研究．北京：科学出版社，2014．

（二）拓展写作

1.《蒙特利尔公约》在国内的适用问题

2. 我国关于条约国内适用的立法规定之评析

（三）其他资料

1. 郑某某与马来西亚亚洲航空公司广州代表处运输合同纠纷上诉案，广东省广州市中级人民法院（2017）粤01民终6146号民事判决书。

2. 中国人民财产保险股份有限公司上海市分公司与上海文渊国际物流有限公司、卓越（上海）国际货物运输代理有限公司保险人代位求偿权纠纷案，上海市第二中级人民法院（2014）沪二中民六（商）终字第198号民事判决书。

3. 朗力（武汉）注塑系统有限公司与天地国际运输代理（中国）有限公司武汉分公司、天地国际运输代理（中国）有限公司航空货物运输合同纠纷案，湖北省武汉市中级人民法院（2012）鄂武汉中民商外初字第00012号民事判决书。

4. 北京锦程国际旅行社有限公司航空旅客运输合同纠纷案，北京市朝阳区人民法院（2020）京0105民初45554号民事判决书。

5. 马某某与海南航空控股股份有限公司等航空旅客运输合同纠纷案，北京市朝阳区人民法院（2020）京0105民初2513号民事判决书。

6. 西南政法大学国际私法学线上课程链接：国际私法学_西南政法大学_中国大学MOOC（慕课）（https：//www.icourse163.org/course/swupl-1205596801）。

专题九　海事海商

一、引　案

涉外邮轮旅客人身损害赔偿责任纠纷法律关系的复杂性和我国相关立法的特殊性，使得法院审理这类案件存在着较大障碍。正确的法律适用，是涉外邮轮旅游人身损害纠纷解决的关键环节，对案件的公正审理和旅客权益的正当维护至关重要。“蓝宝石公主”号邮轮案①为一起典型的发生于外籍邮轮上的人身损害赔偿责任纠纷案件，也被称为邮轮在公海上人身侵权损害赔偿纠纷第一案。上海海事法院根据查明的案件事实，就当事人所争议问题作出的审理和判决具有重要影响，同时也引发了广泛的争议，对于海上邮轮运输相关法律问题的研究具有重要的价值。

（一）案情简介

2015 年 8 月 1 日，原告羊某某 1 和其母羊某某 2 同第三人浙江省中国旅行社集团有限公司签订了编号为 150700111 的浙江省出境旅游合同，购买了“蓝宝石公主”号邮轮“上海—济州—福冈—上海”四晚五日的旅游产品。合同第一部分“通用条款”约定了旅游者和旅行社的权利及义务、老年未成年旅行者的特别约定、责任减轻及免除、合同变更和解除等条款。合同第二部分为协议条款，其中第 1 条约定了旅游路线及时间，第 2 条约定了旅游费用、支付期限、支付方式，第 3 条约定了人身意外伤害保险。该合同还包括一份旅游行程计划说明书和补充协议、出境旅游安全须知及其确认条款、未成年人补充协议，其中“出境旅游安全须知”第二部分“基本安全注意事项”第 9 条规定：“行程中，请游客看管好自己的小孩，不能让小孩单独行动并注意安全”；第三部分“住宿行游注意事项”第 6 条规定：“如游客选择消费酒店的配套健身娱乐设施（如游泳池、健身房等），请务必注意人身、财产安全”。“未成年人补充协议”第 2 条约定“乙方（原告母亲羊某某 2）以法定监护人身份随行的……负有如下责任：1. 全程负责看管、照顾甲方（原告），防止其发生

① 参见上海海事法院（2016）沪 72 民初 2336 号民事判决书。

摔伤、滑倒等意外伤害事故，确保其不因走失、被盗等遭受人身及财产损失，监督、阻止甲方参加高风险旅游或者高风险娱乐项目。2. 甲方在餐厅用餐、浴室洗澡、卫生间大（小）便、山路或者雨天步行时，乙方应特别注意看护。3. 应当保护随行甲方的旅途安全”。

2015 年 8 月 5 日下午，邮轮航行至公海海域时，原告独自在“蓝宝石公主”号邮轮的泳池玩耍时发生溺水事故，经现场施救后，邮轮采取了加速航行回港的措施，并于 6 日凌晨 3 时靠妥上海吴淞口国际邮轮码头，由 120 救护车先就近送入宝钢医院，后即被送往新华医院继续抢救治疗，于 9 月 28 日出院。同日，进入中国人民解放军北京军区总医院治疗，于 2015 年 12 月 7 日出院。2016 年 3 月至 2017 年 4 月原告在浙江省衢州市人民医院、浙江省衢州市中医医院进行康复治疗。后经司法鉴定为致残程度一级，完全护理依赖。

涉案泳池宽 2.5 米，长 5.4 米，水深 1.65～2.21 米。池边竖有中英文游泳池健康与安全须知告示牌，内容包括“无救生员当值—使用时请自行承担安全责任；禁止潜水或跳水；16 岁以下孩童若无责任成人监督不得使用泳池”等。

“蓝宝石公主”号邮轮船籍港为伦敦，船旗国为英国。船舶所有人为公主邮轮有限公司，注册在英属百慕大。被告是涉案邮轮的船舶经营人，是一家注册在英国伦敦的英国公司。2014 年 10 月至 2015 年 5 月，其基本在运营中国上海、东南亚航线。2015 年 6 月至 11 月，又重新运营中日韩航线。从 2014 年 4 月起至 2015 年 11 月，“蓝宝石公主”号基本上都以上海港为母港，即该轮在上海港进行主要的补给。在运营涉案的中日韩航线时，该轮以上海港为出发港和目的港，即所有旅客均在上海港上船，然后回上海港下船。该轮在涉案事故发生一年前即 2014 年 8 月也曾发生一起成年人泳池溺亡事故。

原告之母作为其法定代理人向法院提起诉讼并认为：被告英国嘉年华邮轮有限公司（以下简称“嘉年华公司”）未尽到安全保障义务，应对原告所遭受的损害承担侵权责任，并以被告为英国法人，涉案邮轮船旗国亦为英国为由，基于《涉外民事关系法律适用法》第 44 条关于侵权行为适用侵权行为地法律之规定，认为应适用英国法。原告请求：判令被告向原告及其法定代理人赔礼道歉；按 80％的责任比例赔偿原告人身和精神损害；承担本案律师费、鉴定费、诉讼费用。

被告辩称：（1）本案应适用中国法审理，不能依据浮动领土的学说观点认定本案适用英国法，应依据《涉外民事关系法律适用法》侵权行为地法准则的规定适用中国法。（2）原告之母作为监护人在看管上具有重大过失，对事故的发生负有不可推卸的责任。被告船上泳池未配备救生员，符合行业通行惯例，且就此已通过第三人及竖立各类醒目的告示牌向原告做了充分的提示和说明，对事故的发生不应承担责任。（3）原告的索赔项目和金额部分缺乏事实依据和法律依据。且被告有权享受人身伤亡赔偿责任限额。

第三人辩称：（1）本案为涉外民事案件。（2）原告和第三人均在国内有经常居所地，应适用中国法。同时，即使适用侵权行为地法律，中国为侵权结果发生地，故本案应适用中国法。（3）被告具有邮轮经营资格，属合格的供应商，第三人经被告委托销售船票不存在过错，对原告发生的溺水事故及原告损害不具有过错。(4) 原告诉请应受中国《海商法》赔偿责任限额的限制，被告邮轮不配备救生员属于国际惯例，被告对原告受伤不具有故意。

法院经审理认为本案为涉外海上人身损害责任纠纷，并依照《涉外民事关系法律适用法》第 2 条、第 44 条，《1974 年海上旅客及其行李运输雅典公约》第 6 条、第 13 条第 2 款，《中华人民共和国侵权责任法》《中华人民共和国保险法》《最高人民法院关于审理人身损害赔偿案件适用法律若干问题的解释》相关条款和《民事诉讼法》第 64 条第 1 款的规定，判决被告向原告赔偿相关损失和费用。

(二) 涉及问题

本案的焦点问题主要是：

(1) 本案纠纷的准据法应为中国法还是英国法？

(2) 被告应否承担赔偿责任及各方的责任如何分担？

(3) 如何确认本案承运人的认定及其责任限制？

二、法官释法

(一) 准据法的确定

本案为涉外海上人身损害责任纠纷，应以《涉外民事关系法律适用法》来确定本案的准据法。

根据《涉外民事关系法律适用法》第 44 条对选择涉外侵权纠纷准据法的规定，本案因当事人在侵权行为发生后没有协议选择适用的法律，原告与被告之间不存在共同经常居所地，故当事人约定准据法和共同经常居所地法均不适用，只能就侵权行为地法律原则进行考量。《涉外民事关系法律适用法》及其相关的司法解释未就"侵权行为地"予以明确规定。《民通意见》第 187 条规定："侵权行为地的法律包括侵权行为实施地法律和侵权结果发生地法律。如果两者不一致时，人民法院可以选择适用"。本案的侵权行为实施地在"蓝宝石公主"号邮轮上；从原告的健康权受到侵害的结果来看，本案的侵权结果发生地亦在"蓝宝石公主"号邮轮上，但若由此认定本案的侵权行为地法律就是英国法无法律依据。在确定准据法的语境中，"侵权行为地"通常理解为与某一国家或特定法域直接相关的地理位置，而邮轮是用于海上旅行观光的特殊交通工具，通常处于海上航行的动态过程中，并不属于地理位置的范畴，因此发生在邮轮上的这类特殊侵权纠纷，通常不应将船舶本身确定为侵权行为地，而船舶的船旗国法更不能等同于侵权行为地法律。需要指出的是，船旗国依照有关国际公约对悬挂该国旗帜的船舶有效地行使行政、技术及社会事项上的管辖和控制，与本案平等主体之间发生民事纠纷后准据法的确定无关。在邮轮运输中，类似本案的侵权行为实施地有观点认为是船舶，也有观点认为是船舶当时所处的海域；而侵权结果发生地也可能涉及多个地点，如船舶或船舶当时所处的海域或者被侵权人的医疗、护理地点等，因此在这种情况下，"侵权行为地"就失去了其明确、可预见的优势，如此简单适用只能增加准据法的不稳定性，不符合立法本意。原告有关“船舶浮动领土说”及援引的文章只是学术观点，非中国法律规定，法院不予采纳。正是因为本案的侵权行为地的特殊性和非典型性，本案无法适用《涉外民事关系法律适用法》第 44 条来确定其准据法，相较之下，适用最密切联系原则确定本案复杂涉外侵权案件的准据法更为科学、公平，亦符合侵权损害赔偿的“填补原则”。

根据最密切联系原则，本案在确定所要适用的准据法时应综合考虑以下连接点：侵权行为发生地、侵权行为结果地、受害人的住所地和经常居住地、涉案船舶的船旗国、船舶所有人国籍、船舶经营人国籍、合同签订地、邮轮旅客运输的出发港和目的港、被告公司营业地。

侵权行为发生地：“蓝宝石公主”号邮轮，该轮当时航行在公海海面。侵权行为结果地：溺水事故发生后，原告始终处于昏迷状态，后被送往中国上海的医院救治；因原告为中国公民，其家庭在中国，原告至今及日后的护理、生活应该在中国。受害人的住所地和经常居住地：受害人的住所地为中国广东深圳，受害人的经常居住地目前在中国浙江省衢州市，出院后至今居住在中国浙江省衢州市。“蓝宝石公主”号邮轮的船旗国：英国。船舶所有人国籍：英属百慕大。船舶经营人国籍：英国。旅游合同签订地：中国浙江省杭州市。邮轮旅客运输的出发港和目的港：中国上海港。公司营业地：被告嘉年华公司为英国公司，但在中国上海港开展相关邮轮业务已有多年并设有办事处。“蓝宝石公主”号邮轮事故前后近三年有大部分时间以上海港为母港从事营运活动。

综上，从数量因素来看，上述较多的连接点集中于中国；从质量因素来看，“蓝宝石公主”号邮轮以上海港为母港，绝大部分游客为中国籍游客（包括原告）且在上海港上船和下船、原告受伤后在中国治疗并且日后在中国生活和被护理，上述因素都是与本案具有最直接、真实的联系因素，对维护受害人的合法权益影响最大，而这些因素均指向中国。反之，如因涉案船舶船旗国的不同或者船舶所有人或者经营人的国籍不同，本案的准据法而相应改变，则是随机性的，也是不公平的。因此，无论是从法律的公平、正义的本质要求考量，还是从连接点的质量、数量要求来考量，本案的准据法都应当确定为中华人民共和国法律。

(二) 赔偿责任及各方责任的分担

原告与第三人签订出境旅游合同，该旅游合同的主要行程为搭乘“蓝宝石公主”号邮轮从上海港出发，经韩国济州、日本福冈，再回到上海港，被告是涉案邮轮的经营者。《侵权责任法》第 2 条规定：侵害民事权益，应当依照本法承担侵权责任。本法所称民事权益，包括生命权、健康权、姓名权、名誉权等人身、财产权益。被告作为“蓝宝石公主”号邮轮的经营者，应当负有对游客的人身安全保障义务。

邮轮不仅仅是一个运输工具，更具有休闲娱乐的功能，在这样的空间范围内，未成年人一定程度上的自由活动符合普通游客的一般认知。因此，被告作为邮轮的经营者仅仅在泳池边竖立相关的警示告示牌是不够的，理应采取合理的措施保证游客人身安全，特别是儿童的安全；被告明知泳池可能造成溺水事故，特别是一年前已经发生过成年游客溺亡事故仍未采取措施改进，被告轻率地不作为，对本次事故负有主要的责任；原告的母亲作为法定的监护人，未能注意泳池边的告示和充分意识到泳池的危险，未尽到监护人应有的看护责任，也需承担应有的责任。原告与被告双方的责任分担以原告承担20%、被告承担80%为宜。

(三) 承运人的认定及其责任限制

本案原告和被告之间没有以船票为凭证的运输合同证明，但双方事实上存在海上旅客运输合同关系，被告的身份符合中国加入《1974年海上旅客及其行李运输雅典公约》(以下简称《1974年雅典公约》)“履行承运人”的规定，依法可以享有承运人的赔偿责任限额。但依据《1974年雅典公约》第13条第1款规定：如经证明，损失系承运人故意造成，或明知可能造成此种损失而轻率地采取的行为或不作为所致，承运人便无权享有第7条和第8条以及第10条第1款规定的责任限制的利益。被告在本案中始终主张适用中国法律，且被告长期在中国从事邮轮营运，明知绝大部分服务对象为中国籍游客，“蓝宝石公主”号邮轮以上海港为母港营运超过一年，被告理应遵守或者参照中国法律有关泳池的规定配备救生人员，从而符合中国游客的认知情况和防范溺水事故的发生；涉案邮轮在一年前曾发生过成年游客溺亡事故，庭审中被告也没有说明在事故后采取任何的改进或补救措施；本案中被告现场工作人员针对未穿戴任何救生设施的儿童、无大人看管的儿童进入泳池，无任何询问或者劝阻等有效的防范和管理，而是采取放任的态度，被告轻率地不作为造成了本案悲剧的发生。被告的上述行为符合《1974年雅典公约》第13条明知可能造成损失而轻率地不作为所致的规定，据此被告无权依据公约的规定享有责任限制的权利。

三、学理评析

(一) 海上人身侵权的界定

1. 海上人身侵权的类型和特殊性

海上人身侵权属于海事侵权。海事侵权，是指在海上、通海水域或港口的运输、生产、作业过程中造成他人人身、财产、公共利益损害，依法应当承担赔偿责任的行为。海事侵权理论上并没有统一的分类标准和结果，根据侵权对象的不同，将海事侵权分为海上人身侵权、海上财产侵权、海上环境侵权。[①]《1999年国际扣船公约》第1条即对“海上人身损害”作出明确的界定，即“与船舶营运直接有关的人身伤亡，不论发生在路上或水上”。

海上人身侵权可根据不同标准分成相应类型。按照是否涉外进行区分，可分为国内海上人身侵权以及涉外海上人身侵权，涉外主要指案件主体、客体或法律事实具有涉外因素；按照侵权责任人与受害人之间在侵权行为发生前是否具有合同关系，可分为责任人与受害人有合同关系和无合同关系，责任人与受害人有合同关系，包

---

① FORCE R，YIANNOPOULOS A N，DAVIES M. Admiralty and Maritime Law. Beard Books，2005：48.

括旅客、船员人身侵权、修船人员在工作时遭受人身伤亡等，责任人与受害人无合同关系，如因船舶碰撞造成他船人员伤亡、船舶修造对船员造成伤亡等；按人身侵权是否影响到船舶外利益分为船舶内部侵权与船舶外部侵权，船舶内部侵权指侵权事实发生在船舶上，影响仅限于船舶内部，没有给船舶外第三方造成影响，船舶外部侵权是侵权对沿海国利益造成影响。

邮轮作为大型船舶，有学者认为：当旅客踏上邮轮舷梯，离开母港地国的领陆之后，即算进入邮轮；当旅客离开舷梯，重新踏上母港地国的领陆之后，即算离开邮轮，两者之间即是邮轮公司向旅客提供服务的过程，旅客在该过程中，无论是在陆地上还是海面上所发生的人身损害均称为"海上人身损害"[①]。

海上人身侵权相较于一般人身侵权具有其特殊性：

（1）在地域方面，海上人身侵权主要发生在海上、通海水域、与海密切相关的场所。"海上"指的是公海、专属经济区、毗连区、领海、内水等水域，不仅包括海面以上，如船舶上、钻井平台、浮动设施及其他海上设施，还包括海面下进行的救助、摸潜、勘探等活动。"通海水域"这一表达在我国最先出现于2003年施行的《最高人民法院关于适用〈中华人民共和国海事诉讼特别程序法〉若干问题的解释》第1条[②]中，但并未对"通海水域"进行解释，结合审判实践与学界观点来看，其含义应为与海相通的、海船可航行的水域，而不是简单地将其理解为内河水域。"与海密切相关的场所"，是指如码头、港口、滩涂、造船厂等场所。

（2）在主体方面，并非发生在海上所有的人身侵权都属于海上人身侵权行为，海上人身侵权行为具有固有性，一般发生在与海上航运、生产、作业密切相关的活动中，权利主体与责任主体都是与海上航运、生产、作业相关的船舶、组织或个人。[③] 传统意义上的海上人身侵权主体主要与船舶有关，认为船舶是海上人身侵权的载体，但实际上，海上人身侵权不限于与船舶有关的侵权，非船舶生产、作业也是引发海上侵权的重要因素，如渔民在捕捞作业、潜水员在海底采播养殖物时发生的人员伤亡等。

（3）从责任承担方面来说，海洋经济日益繁荣，海洋产业不断发展，然而海上自然环境难以预测，海上航运、生产、作业过程中存在很大的风险，这种风险是陆上风险难以比拟的，一旦发生海上侵权事故，影响巨大，如果责任人进行全额赔偿，可能导致责任人因一次侵权事故而濒临破产，不利于海洋事业的发展。为保护航运经营者、鼓励海洋经济的发展，海上人身侵权纠纷中在规定情况下适用海事赔偿责任限制，将责任人的赔偿数额限制在一定范围内。

从上述几个方面来看，海上人身侵权发生地域、主体以及责任承担都具有其特殊性，不同于一般人身侵权，是一种特殊的侵权。

---

① 唐若愚．邮轮海上人身损害的界定及法律后果．法制与社会，2020（9）：6.

② 该条规定，在海上或者通海水域发生的与船舶或者运输、生产、作业相关的海事侵权纠纷、海商合同纠纷，以及法律或者相关司法解释规定的其他海事纠纷案件由海事法院及其上级人民法院专门管辖。

③ WARSHAUER I J，DITTMAN S C. Uniqueness of Maritime Personal Injury and Death Law. Tul. L. Rev.，2004，79：1176.

2. 海上人身侵权的识别

识别是国际私法中的一个基础问题，是正确适用冲突规范确定涉外法律关系准据法的重要保证。识别在我国《涉外民事关系法律适用法》第 8 条中被表述为“定性”，其定义为：在处理涉外民商事案件时，依据一定的法律观念，将案件某一法律事实性质归于某一特定法律范畴，从而确定应适用的冲突规范及准据法的一种法律认识过程。[①] 识别的对象主要包括两类：一类是对涉外民商事案件中事实的识别，也称诉因的识别，将争议事实进行分类，比如将案件定性为侵权之诉或违约之诉，只有先对案件性质进行定性，才能确定援引哪条冲突规范和确定准据法的适用；另一类是对冲突规范中法律概念的识别，如《涉外民事关系法律适用法》第 44 条中规定“侵权责任，适用侵权行为地法律”，对“侵权行为地”概念的解释也是一种识别。根据《涉外民事关系法律适用法》第 8 条的规定，在我国，识别的对象是冲突规范的范围，识别的标准是法院地法。

我国海商法相关法律中未有条款直接对海上人身侵权进行定义。《最高人民法院关于审理涉外海上人身伤亡案件损害赔偿的具体规定（试行）》（以下简称《涉外规定》）第 1 条对涉外海上人身伤亡损害赔偿案件进行定义，指出“涉外海上人身伤亡损害赔偿案件，是指案件的主体、客体和法律事实具有涉外因素的，在海上（含通海水域）和港口作业过程中因受害人的生命、健康受到侵害所引起的海事赔偿案件”。《最高人民法院关于海事法院受理案件范围的若干规定》（以下简称《海事法院受案若干规定》）规定了海事法院的受案范围，第 1 条中列举了十项海事法院受理的海事侵权纠纷案件，其中规定“船舶在海上或者通海水域进行航运、作业，或者港口作业过程中的人身伤亡事故引起的损害赔偿纠纷案件”属于海事法院的受案范围。2016 年 3 月 1 日，《最高人民法院关于海事法院受理案件范围的规定》（以下简称《海事法院受案规定》）替代《海事法院受案若干规定》，同样规定十项海事法院受理的海事侵权案件，关于海上人身侵权的表述为“船舶航行、营运、作业等活动侵害他人人身权益的责任纠纷案件”。目前《涉外规定》《海事法院受案若干规定》均已失效，仅有《海事法院受案规定》从海事法院管辖范围的角度来体现海上人身侵权的含义。

本案被告为英国公司，侵权行为发生在行驶在公海的“蓝宝石公主”号邮轮上，船旗国为英国，根据《涉外民事关系法律适用法》司法解释（一）第 1 条，本案主体涉外、侵权事实发生在中华人民共和国领域外，故本案为一起涉外案件。

本案原告与第三人浙江中旅签订出境旅游合同，并未直接与被告英国嘉年华邮轮有限公司签订合同，被告作为邮轮承运人，是否与原告存在合同关系以及存在何种性质的合同关系，学界对此看法不一，有学者认为原、被告之间不存在合同关系，有学者认为原、被告是邮轮旅游合同的当事人。[②] 若原、被告之间存在

---

① 刘想树. 国际私法. 2 版. 北京：法律出版社，2015：78.

② 孙思琪. 再论邮轮旅游包船模式的基础法律关系：兼论《海商法》增设邮轮旅游特别规定的观念障碍. 国际经济法学刊，2019（3）：113.

合同关系，可能涉及违约与侵权责任的竞合问题。[①] 2011年《最高人民法院关于印发修改后的〈民事案件案由规定〉的通知》规定，“在请求权竞合的情形下，人民法院应当按照当事人自主选择行使的请求权，根据当事人诉争的法律关系的性质，确定相应的案由”。本案原告以侵权为由提起诉讼，故无论原、被告是否存在合同关系，不影响本案定性为侵权之诉。有观点认为，“海上人身损害”的实质要件里必须包含“海事因素”或“海事相关性”，要把“海上人身损害”和一般人身损害区别开来。作为邮轮来说，海上人身损害必须是海上特殊风险，如海洋自然环境、船舶碰撞等海事因素导致的人身损害才能被称为“海上人身损害”。旅客摔伤、在邮轮上游泳时溺水等不存在海事因素的人身损害，此时不属于海上人身损害，案件不应由海事法院管辖，而应由地方法院管辖。反对的观点则认为，对“海上人身损害”的理解过于狭隘。《民事案件案由规定》中将“海上、通海水域人身损害责任纠纷”作为民事案由之一，通过文义解释即可明白，最高人民法院并未说明“海上人身损害”必须具备海事因素，凡是发生在海上的人身损害，均可称之为“海上人身损害”[②]。

由于海事侵权以及海上人身侵权的界定在理论上一直存有争议，而我国海商法相关法律中未有条款直接对海上人身侵权进行定义，因而实践中仅能依据程序规定识别海上人身侵权。

(二) 海上人身侵权准据法的确定

准据法是国际私法特有的概念，是指经冲突规范指定援用来确定国际民商事关系当事人具体权利义务的特定的实体法。海上人身侵权属于海事侵权的范畴，应当适用相关冲突规则来确定其准据法。

1. 一般规则

海事侵权的冲突规则因其“海事”与“侵权”相结合的特点而使得其确定准据法的冲突规范呈现出复杂和多元的特点。从历史发展和各国实践来看，海事侵权冲突规则以传统的一般侵权冲突规则为基础，兼具海事法律关系特有的冲突规则，又受到侵权法冲突规则变革的影响。随着国际实践的发展，一系列法律适用原则，包括侵权行为地法、法院地法、船旗国法、最密切联系原则以及意思自治原则都被在不同情况下和不同程度上适用于海事侵权法律冲突的案件。同时，这一系列的法律适用原则相互联系、相互影响、相互补充，共同构成了海事侵权的冲突规则的综合体系。[③]

第一，侵权行为地法。在海事侵权领域，侵权行为地法被世界各国立法和司法实践普遍采纳及接受。究其原因，有以下几点：(1) 从国家主权原则和国际公法的角度，在海事侵权案件中，侵权行为地往往都发生于一国的领海，原则上应由地域

---

① 关正义．竞合下的侵权之诉和海事审判的专业特点．法律适用（司法案例），2017（20）：86．

② 唐若愚．邮轮海上人身损害的界定及法律后果．法制与社会，2020（9）：6．

③ 杜璇．海事侵权法律适用问题研究．青岛科技大学学报（社会科学版），2016，32（1）：92－95．

所属国行使司法管辖权。(2) 从国家利益的角度，侵权行为地与侵权的发生有直接的利害关系，适用侵权行为地法能照顾到侵权行为地国家的特殊利益。因为侵权行为地国家对于发生在其境内的活动具有至关重要的利害关系，侵权行为地国从本国的利益出发，希望通过该原则保护自己的公共利益和法律秩序，促使侵权行为人承担责任。(3) 从实用和便利的角度而言，适用侵权行为地法原则便于查明事实，判定责任。当然，由于侵权的特殊性所在，侵权行为地法原则的适用也存在局限。船舶的流动性使得侵权行为地往往具有很大的偶然性，用此偶然性连接点所指引的准据法来判定行为人的责任，对个案缺乏针对性。

第二，法院地法。由于传统的侵权行为地法存在一定的缺陷，所以在各国的实践中，常适用法院地法原则来进行弥补。这一原则也得到了一些国际公约和国家立法不同程度的承认。在认定是否构成侵权行为的问题上，一般都会将法院地法和侵权行为地法重叠适用，即对侵权行为之债重叠适用准据法，必须依据侵权行为地法和法院地法均认为不法时方成立。在海事侵权中，法院地法的作用比较突出。这一原则的适用主要体现在公海上发生的不同国籍船舶之间的侵权行为。

第三，船旗国法。船旗国法原则在海事侵权领域的适用得到了世界各国和国际条约的普遍接受和认可。船旗国法是船舶国籍在海事国际私法领域的体现，其作为海事侵权法律适用原则具有两个明显的优点：一是在多数情况下，船舶悬挂哪一个国家的国旗即表明其具有何国国籍，因而船旗国法的确定变得简便易行。二是船旗国法原则的适用还能实现使有关海事法律关系的处理结果达到一致的价值要求。船旗国法的适用通常局限于侵权行为发生于一国领海或者所涉及的船舶是同一国籍的情况。随着方便旗船的日益泛滥、光船租赁和所有权的双重登记等问题出现，船旗国法原则的理论基础发生了动摇。因为船舶国籍联系理论认为，由于船舶依法登记、勘验等制度的存在，船舶与船旗国之间存在着非常紧密的联系，甚至超过了自然人、法人与国籍国的联系。但是在方便旗船的情况下，这种联系由于很多国家的开放登记制度的泛滥而不复存在。更何况，有些方便旗国家没有最基本的海事立法，必然导致外国法难以查明和准据法的落空。

第四，最密切联系原则。最密切联系原则在海事侵权领域的适用，是与侵权行为地法原则和船旗国法原则的局限性紧密相连的。最密切联系原则克服了机械适用单一的侵权行为地法或者船旗国法所带来的弊病，可以使法院将案件所涉的各类因素予以综合分析和考量，为涉外侵权纠纷准据法的确定提供了一个更合乎情理的解决路径。为避免该项规则引发法律适用结果上的不统一，有必要将案件所涉及的诸多要素予以一一列明，在一定程度上为该原则在特定案件中的适用提供可操作的参照。譬如较早确定最密切联系原则的美国《冲突法第二次重述》第145条便规定了以最密切联系原则确定跨州侵权纠纷准据法时，所应加以考虑的因素包括：(1) 损害发生地；(2) 加害行为发生地；(3) 当事人的住所、居所、国籍、公司成立地和营业地；(4) 对正当期望的保护；(5) 特定领域法律所依据的政策；(6) 结果的确定性、可预见性和一致性；(7) 将予适用的法律易于确定和适用。[①]

第五，意思自治原则。海事侵权冲突规则的新发展即意思自治原则。该原则本是合同领域一项支柱性的法律适用原则，但在侵权法变革的背景下，也逐渐向海事侵权领域渗透。当然，意思自治原则在各国处理海事侵权法律冲突的实践中的运用还十分有限，这也是与海事侵权的侵权性、损害的重大性和同公共利益的紧密联系分不开的。因而从某种程度上讲，意思自治原则在海上人身侵权领域的发展空间也是有限的。

2. 我国立法及本案中的适用

我国现有法律并没有对海事侵权单独制定冲突规范，更无专门针对海上人身侵权的冲突立法。《海商法》仅规定了船舶碰撞引起的海事侵权的冲突规范，《涉外民事关系法律适用法》规定了一般侵权的冲突规范。2016 年《海事法院受案规定》规定十项海事法院受理的海事侵权案件，其关于海上人身侵权的表述为“船舶航行、营运、作业等活动侵害他人人身权益的责任纠纷案件”。上述法律规定仅体现某一类海事侵权或者只是关于海上侵权的程序规定，包括海上人身侵权在内的海事侵权的具体定义及其冲突规范，在我国《海商法》及其相关法律中未予明确，这必然给相关司法实践带来一定的障碍。

“蓝宝石公主”号邮轮案作为邮轮在公海上人身侵权损害赔偿纠纷第一案，就海上人身侵权的法律适用引发了广泛的争议。

(1)《涉外民事关系法律适用法》第 44 条的适用及侵权行为地在公海上的认定。

根据《涉外民事关系法律适用法》第 44 条规定，当事人如果在侵权行为发生后达成协议选择准据法，首先应适用当事人协议选择的法律，也即在侵权责任领域引入了意思自治原则，并且作为侵权责任法律适用的首要原则；其次，如果当事人之间存在共同经常居所地，即应适用共同经常居所地法律；最后，如果当事人双方既没有协议选择适用法律，也没有共同经常居所地的，适用侵权行为地法。综上所述，《涉外民事关系法律适用法》第 44 条是一条有条件的选择性冲突规范，即按照“侵权后双方协议地—共同经常居所地—侵权行为地”的顺序依次适用，该条规范具有以下特点：一是以侵权行为地法作为侵权行为之债的基本准据法；二是引入了意思自治原则作为侵权之债法律适用的首要原则；三是以共同经常居所地确定准据法体现了最密切联系精神。

本案原告是基于侵权责任提起诉讼请求损害赔偿，关于海上侵权责任的法律适用，《海商法》第十四章“涉外关系的法律适用”除船舶碰撞等特定海事活动外并无可以普遍适用的特别规定，应当一并适用《涉外民事关系法律适用法》第 44 条的规定。本案双方当事人没有共同经常居所地，在事后也未能就法律选择达成意思一致，这使当事人合意选择法和共同属人法两个冲突原则失去适用空间，侵权行为地的认定成为确定本案人身侵权准据法的关键。侵权行为地包括两个方面：一是侵权行为发生地，二是侵权结果发生地。在侵权行为发生地的认定上，原告溺水事故发生在

① 金彭年. 侵权行为法律适用的新发展及中国的理论实践. 法学研究，1993 (3)：81.

正处于公海上航行的邮轮上，邮轮是本案的侵权行为实施场所，原告依据“船舶是拟制领土”这一学术观点，认为本案侵权行为地是公海邮轮，从而适用船旗国法；被告和法院均否认这一观点，认为侵权行为地一般是指与某一国家或某一特定法域相关的地理位置，常年处于动态航行的船舶不能被归为上述地理位置的范畴，而且本案的涉外民事纠纷准据法之确定的问题不在船旗国管理事项内；就本案的损害结果而言，原告所受损害的权益包括了健康权、治疗及后续照料所损失的财产权益、精神权益损失等，其中健康权的损害于原告在船溺水过程中就已经开始发生，鉴于原告所受各项损害的损害地并不固定，既包括了在船的健康受损，也包括了辗转各地治疗、鉴定和护理的经济损失，还有今后多年照料的费用支出，地点的变化给直接适用侵权结果发生地法标准带来了隐忧，依据侵权结果发生地法标准确定准据法，就会显现出不确定性。

综上分析，在本案当事人未就准据法协商一致，也没有共同经常居所地的情况下，当侵权行为发生在公海上时，无法依据侵权行为地这一连结点确定准据法，《涉外民事关系法律适用法》第 44 条也就失去了适用空间。公海邮轮上所发生人身侵权损害的特殊性，使得海上人身侵权案件适用一般侵权冲突规范存在着不适应性。

(2)《涉外民事关系法律适用法》第 2 条第 2 款的适用及最密切联系原则的要素考量。

最密切联系原则的含义是，当法院在审理某一涉外民商事案件时，不仅仅以一个要素单纯、机械地去判断准据法的适用，而是权衡各种与系争法律有关的具体情形，分析所有关联因素，判断与案件有着最密切联系的因素，最后确定连结点，作出适用哪一国家或者地区法律的选择。最密切联系原则要求法院对与案件有关联的各种事实和因素进行考察和衡量，进而确定某个地方和案件事实的最密切联系；并未提出明确的单项标准，故其赋予法官较大的自由裁量空间。

因本案依据《涉外民事关系法律适用法》第 44 条难以确定准据法，故法院运用《涉外民事关系法律适用法》的兜底条款——第 2 条第 2 款来确定适用的法律，并采取“质”和“量”的标准来确定最密切联系地。法院对最密切联系原则的适用过程说理非常清晰，第一次提出最密切联系原则应考虑的连结点要素包括侵权行为发生地、侵权行为结果地、受害人的住所地和经常居住地、涉案船舶的船旗国、船舶所有人国籍、船舶经营人国籍、合同签订地、邮轮旅客运输的出发港和目的港以及被告公司营业地，并借鉴英美法系国家的做法从数量和质量两方面对上述连结点要素进行分析，衡量各连结点要素对所涉海上人身侵权关系的重要程度，同时还考虑公平正义的价值需求，在综合考量下确定最密切联系地。法院认为，涉案邮轮以上海港为母港，服务对象也都是中国籍游客，航程起始地和终止地均为上海港，原告住所地在中国，治疗、护理和生活地也在中国，故确定中国为与本案纠纷有最密切、最真实联系的国家，本案准据法应为中华人民共和国法律。但本案也引发以下争议：一是，《涉外民事关系法律适用法》第 2 条第 2 款规定的最密切联系原则，在我国冲突法中的地位是补充原则，仅在冲突规范没有规定的情况下才能采用这一兜底救济手段，《涉外民事关系法律适用法》第 44 条已明确规定涉外侵权的冲突规范，本案是否属于没有规定的情形？二是，我国冲突法未在立法层面明确最密切联系原则的具体适用方法，我国的法律在一定程度上具有大陆法系成文法的特质，本案在最密切联系原则要素的考量上却借鉴了英美法系的模式，这是否与我国尊崇成文法的价值导向相冲突？有学者认为，本案作为邮轮在公海上人身侵权损害赔偿纠纷的首案，充分地折射出我国涉外海事侵权领域立法的不足和司法实践中法律适用的困境：

第一，海上人身侵权案件适用一般侵权冲突规范存在着不适应性。虽然我国在《涉外民事关系法律适用法》中已经对涉外侵权纠纷的法律适用予以明文规定，但伴随着侵权行为的多样性和复杂化，当事人之间不存在合意选择法律、侵权行为地法难以确认等问题陆续出现，该条法律规定的司法适用空间不断缩小。[①]

第二，在邮轮旅客人身损害赔偿这一特殊情境之下，将最密切联系原则仅作为《涉外民事关系法律适用法》第 2 条第 2 款规定的侵权行为地法缺位时的补充规则已难以满足实践的需要。[②]

第三，我国《海商法》并未将“邮轮运输”纳入立法范围，虽然邮轮旅游与海上旅客运输本出同源，但法律适用这一先决性问题却在《海商法》中无法可依。

（三）承运人责任限制

人身伤亡赔偿责任限制，属于承运人赔偿责任限制。而承运人赔偿责任限制制度，又被称为单位赔偿责任限制，适用于运输合同的最高赔偿限额，即承运人基于货物运输合同或是旅客运输合同，对所运每单位货物或个人人身伤亡的最高赔偿限额。

船舶在海上航行，常年无法靠岸，基于海上的特殊风险，一旦发生事故，大多数情况下损失都很惨重，若承运人、船舶所有人仍适用完全赔偿原则，投资者所承担的风险过大，不利于航运业的发展。因此，海商法创设了承运人责任限制制度与海事赔偿责任限制制度，虽然此种制度造成了受害人损失难以得到全面赔偿的情况，但是在海上活动的特殊背景下，却更加符合民法的公平原则。据此，海上特殊风险是责任限制制度存在并具有正当性的前提和法律基础。

目前调整海上旅客运输的国际公约主要是雅典公约体系。《1974 年雅典公约》是在 1974 年 12 月由国际海事组织制定的，1987 年 4 月生效。1994 年 5 月我国决定加入该公约，1994 年 8 月该公约对我国生效。该公约主要包括以下内容。

1. 公约的适用范围

公约以肯定和否定两种方式对其适用范围进行了界定。肯定适用的范围为：船旗国为公约缔约国，或者运输合同在缔约国订立，或者起运地或目的地在缔约国境内。否定适用的范围为：（1）承运人和旅客同属一缔约国国民，则该缔约国可书面

---

① 徐房茹. 涉外邮轮旅客人身损害赔偿案件法律适用分析：中美比较法视角. 中山大学青年法律评论，2020，5：281.

② 谢振衔，陈琦. 论涉外邮轮旅客人身损害赔偿法律适用的困境与克服：兼评上海海事法院最新判决“羊某某邮轮溺水案”. 大连海事大学学报（社会科学版），2018，17（5）：13.

保留公约的适用；（2）核事故造成的损害赔偿；（3）其他国际公约在以其他运输方式运输旅客或行李方面存在某种民事责任制的规定，则在这些规定强制适用于海上运输的范围内，本公约不适用。

2. 归责原则与免责制度

在归责原则方面，两种责任制并存，一般实行过失责任制，但在特定的范围内实行推定过错责任制。

在免责制度方面，如果旅客人身伤亡或行李灭失是由于其自身的过失造成，则承运人在举证证明的范围内免责；对于诸如黄金、珠宝、艺术品等贵重物品的毁损灭失，也是承运人的免责范围，但当事人另有约定的除外。

3. 承运人的责任限制

公约对旅客伤亡、自带行李、其他行李和车辆规定了不同的赔偿限额，但若承运人对损失的发生存在主观故意或明知，则丧失责任限制权。当事人也可约定高于上述限额的赔偿。此外，责任限额不包括损害赔偿金的利息和诉讼费用。

4. 无效合同条款

公约规定，合同中存在的下列条款无效：（1）旨在解除承运人对旅客承担责任的条款；（2）降低公约确定的责任限额的条款；（3）旨在推卸承运人举证责任的条款；（4）限制旅客依公约规定选择诉讼法院的条款。

5. 诉讼时效和司法管辖权

公约规定，旅客人身伤亡、行李灭失所引起的损害赔偿诉讼时效为两年；原告可以选择司法管辖，当事人双方也可协商确定司法管辖。

我国《海商法》第五章“海上旅客运输合同”、第十一章“海事赔偿责任限制”分别规定了邮轮公司作为海上旅客运输承运人的单位赔偿责任限制，以及作为船舶所有人的海事赔偿责任限制。

我国《海商法》第五章“海上旅客运输合同”的内容，主要借鉴了《1974 年雅典公约》及其 1976 年议定书，承运人的责任限制和丧失等内容与公约的规定大致相同。不论是《1974 年雅典公约》还是我国《海商法》，承运人就旅客人身和财产损害都有权享受固定的单位责任限额。就人身损害赔偿限额来说，《1974 年雅典公约》的 1976 年议定书中，每名旅客的赔偿限额是 46 666 特别提款权（SDR），我国《海商法》同样在第五章适用了该责任限额。而在《1974 年雅典公约》的 2002 年议定书中，旅客责任限额已经提高到 400 000 特别提款权。

承运人赔偿责任限制作为承运人的权利之一，责任限制是给予承运人的特别保护，本质上属于运输法所创设的制度，目的在于保障航运事业的稳定发展，尤其是海上特殊风险明显高于陆上活动的，而受制于航海技术和造船技术等因素的限制，人们抵御海上特殊风险的能力长期以来难与陆上活动的相提并论。不论是《1974 年雅典公约》还是我国《海商法》第五章，其本质均为运输法，适用范围也应该为运输活动。现代邮轮旅客运输早已不再局限于传统航海事业，而是海上旅客运输与旅游服务的结合，邮轮公司既是海上运输的承运人，也是旅游服务的提供者。旅游服务的许多内容并不受到航海技术、造船技术等因素的限制，也与海上特殊风险无涉，只是服务的提供地点转移至航行于海上的船舶之上。邮轮在本质上是旅游的目的地，运输只是其辅助性功能，虽然法条文义可以涵盖该类损害，但我国《海商法》和《1974年雅典公约》应在何种程度上适用于邮轮旅游，历来存在较为明显的争议，"蓝宝石公主"号案就充分体现了这种争议。

在本案中，被告引用了"人身伤亡赔偿责任限制"作为其抗辩理由。法院判决认为"双方事实上存在海上旅客运输合同关系"，适用承运人责任赔偿限制，但由于损失是承运人"明知可能造成此种损失而轻率地采取行动或不作为所致"，因此被告丧失了援引权利。由此便引发对以下两个问题的探讨：

第一，承运人对货物运输与人身安全享有同样的责任限制条款是否合理？

以本案法院判决为代表的观点认为，《1974年雅典公约》在对航行事故及非航行事故进行区分的前提下，并没有因此对承运人赔偿责任限制制度的适用进行区分。据此，应推断立法者有将承运人赔偿责任限制制度适用于非航行事故之立法目的。持不同观点的学者认为①，海事领域中的承运人赔偿责任限制制度，在设立时包含着"与公共运输相关"以及"与海上风险相关"两句潜台词。现代邮轮本质上是旅游目的地，而不是或者至少主要不是交通运输工具。因此，如果对于邮轮旅游中大量的休闲娱乐活动仍然机械地适用一般海上旅客运输的法律规则，尤其是其中的责任限制制度，即有可能产生不适当的裁判结果，从而构成法律漏洞。本案是未成年旅客使用船上泳池发生溺水导致的个体人身损害，并非传统意义上的"海事事故"，实质上只是一般的民事活动而已，由此引致的损害即使能为法条文义所涵盖，也应限缩法律规定的适用范围将其排除在外，避免海事法律维系的特殊公平重新陷入失衡。

第二，本案是否符合责任限制条款，也即是否构成明知却毫不在意？

依据我国《海商法》第59条及第118条的规定，无论对于货物还是旅客，其援引责任限制的例外条件均为"由于承运人的故意或者明知可能造成损害而轻率地作为或者不作为造成的"。《1974年雅典公约》第13条第1款规定了两种情形：一是"故意"，二是"明知可能造成此种损失却毫不在意的行为或不作为"。本案中，邮轮公司的做法显然不属于故意，因而重点在于其是否构成后者。我国学者大多主张"明知可能造成损害而轻率地作为或者不作为"是指间接故意。也有观点认为"轻率"包含的心理状态较之间接故意更为宽泛，即将重点放在行为人未能考虑到损害结果发生的较大可能性。国际上普遍对此作出限制性解释，一般要求证明承运人对其相关行为可能引起的损失具有相当的了解，从而促使赔偿责任限制权利在实践中不会轻易丧失，尽量实现船货双方、承运人与旅客以及索赔人与责任限制主体之间的利益平衡。就本案而言，被告作为英国籍的邮轮经营管理人，却未遵守英国《游泳池健康和安全管理指南》这一行业内达成共识的有效降低事故可能性的行为模式，这种行为恰恰表现出被告对损害结果的放任和轻率。此外，涉案邮轮在已发生过同类事故的情况下被告未作出任何安全保障方面的改进措施，亦反映了其在商业运营

① 孙思琪，郑睿．邮轮旅客人身损害责任纠纷四题：评中国邮轮旅客公海人身侵权第一案．大连海事大学学报（社会科学版），2020，19（2）：6-9.

上对于安全风险的漠视和对旅客生命安全的毫不关心。

综上，在外籍邮轮公共场所发生的旅客人身损害责任纠纷案件中，若邮轮承运人明知存在发生该种损害的可能性，而违反邮轮母港或船籍国法律规定或相关的行业（操作）规范，未采取相应的防范应对措施，从而导致损害的发生，此即构成明知可能造成此种损害而轻率地作为或不作为，不应享受《1974 年雅典公约》规定的赔偿责任限额的权益。需要强调的是，被告这种轻率所造成的损害是对旅客生命健康权的损害，如果在这种情形下也能享受赔偿责任限额，不利于对旅客生命安全的保护。

在“蓝宝石公主”号邮轮案判决中，虽然适用了《1974 年雅典公约》，但以邮轮公司存在公约第 13 条规定的“明知可能造成此种损失却毫不在意的行为或不作为”为由，认定邮轮公司丧失责任限制权利，虽然可能违背国际上普遍认可的从严认定丧失责任限制的共识，但得出的裁判结果总体而言较为公正。然而，这种变通做法仅能作为针对个案的权宜之计，无法适用于邮轮公司不存在轻率行为的情形，因而对于其他邮轮旅游纠纷并不具有示范性的普遍意义。

四、延伸问题

自 2000 年开始，随着航海技术的发展，各国海上航运交流日益频繁，诸如邮轮旅游此类新型运输方式层出不穷。邮轮经济自 2006 年进入中国市场以来，历经十多年的迅猛发展，逐渐呈现出规模大、增长稳定、聚集性强的特点，成为推动海洋经济发展的新动能。[①] 邮轮旅游是一种新型涉外海事旅游业态。我国现行立法体系下的诸多法律适用问题在上海海事法院 2018 年 4 月审结的“蓝宝石公主”号邮轮案中得以充分显露，值得我们进一步探索和思考。

（一）邮轮旅游运输合同的基本概念

“邮轮”一词的称谓，源于 1837 年英国铁行渣华公司（P&O）创办的海上客运兼邮件运输的船舶。早期主要针对运送邮件的船舶。由于在各大港口之间往返运送邮件的同时，也会稍带载一些旅客，因此被称为邮轮（mail steamship）。[②]

邮轮旅游运输合同，也称邮轮合同，是指旅客与邮轮经营公司签订的以（邮轮）旅游为目的的海上旅客运输合同。如邮轮挂靠的起运港、目的港或中途港在中国境外，或邮轮进入公海，则该合同系国际邮轮旅游运输合同。

邮轮旅游运输合同由若干部分组成，包括船票、主合同（主条款）、补充合同（补充协议/条款）、合同后附文件等等。如在订约过程中，旅客与邮轮经营公司通过会面、电话、微信、短信、电邮等方式达成其他协议，如免费接送、送礼品等，此类协议也将成为合同的一部分。主合同中通常含有“并入条款”，将邮轮经营公司的通用条款、标准条款等并入旅游运输合同之中，成为合同的一部分。船票中也通常含有公司通用条款、标准条款并入合同的规定或提示。邮轮旅客船票系邮轮合同的

---

① 汪泓．中国邮轮产业发展报告（2019）．北京：社会科学文献出版社，2019：28．

② 郭萍．对邮轮合同法律性质的探究及思考．中国海商法研究，2016，27（1）：56．

核心部分及相关内容的体现。我国《海商法》第110条规定，旅客客票是海上旅客运输合同成立的凭证。

邮轮旅游运输合同与邮轮旅游服务合同、海上旅客运输合同非常相似，在具有海上运输条款的同时又含有与旅游服务相关的条款，可谓混合合同，具有运输和旅游服务的双重属性。

邮轮旅游运输合同与邮轮旅游服务合同相比，具有以下不同：

（1）签订主体不同。邮轮旅游运输合同是由邮轮经营公司（承运人）签订的；邮轮旅游服务合同是由旅行社签订的。

（2）适用法律不同。邮轮旅游运输合同具有运输和旅游双重属性，因此国际合同适用《1974年雅典公约》《海商法》，而国内合同既适用《民法典》《水路旅客运输规则》等运输法律法规，也适用《旅游法》等旅游法律法规；但邮轮旅游服务合同仅具旅游属性，无境内外之分，都适用《旅游法》等旅游法律法规。

（3）主体的责任不同。在《1974年雅典公约》《海商法》下，邮轮经营公司作为承运人享有对旅客人身伤亡、财产损失的责任限制；在《旅游法》下，旅行社没有责任限制。

邮轮旅游运输合同与海上旅客运输合同相比，具有以下不同：

（1）目的和航线不同。邮轮旅游运输具有运输和旅游双重目的，不但涉及将旅客经海路从启运港出发最终返回启运港的海上往返（闭环）航线运送任务，还要负责在航行期间为旅客提供旅游服务；海上旅客运输具有运输的单一目的，只提供将旅客及行李经海路从一港至另一港单程（非闭环）航线的运送服务。

（2）承运人的内涵不相同。邮轮旅游运输合同不论是从订立邮轮合同的角度，还是从实际履行的角度，都是邮轮公司负责，因此邮轮公司既是承运人又是实际承运人；而海上旅客运输合同下契约承运人不一定是从事旅客运送或者部分运送的实际承运人。

（3）客票性质不同。在客票是否可以转让的问题上，邮轮旅游运输合同下的旅客客票通常具有不可转让性；而海上旅客运输合同下大部分航线上的旅客客票具有可转让性。

（二）邮轮旅游运输关系的合同基础

邮轮旅游运输合同订立的主要模式包括邮轮公司直销客票模式和旅行社包船游代理模式。

邮轮公司直销客票模式是较为成熟的一种方式，目前被西方国家普遍采用。在此种模式下，邮轮公司（或其代理商）直接和旅客签署以海上观光游览为内容的服务协议。邮轮公司既负责旅客在海上的运输活动，也负责旅客在海上观光游览以及部分岸上观光游的活动。邮轮公司与旅客之间产生直接的邮轮合同法律关系，包括旅行社在内的其他代理机构，仅仅作为邮轮公司的代理人，产生的后果由邮轮公司直接承担。

旅行社包船游代理模式，是指旅客通过旅行社而非直接同邮轮公司办理登船旅游手续，旅行社和乘客之间签订邮轮旅游服务协议，旅行社与邮轮公司再通过协议完成邮轮旅游服务。与邮轮产业发展成熟的西方国家不同，我国目前主要采取旅行社包船游代理模式，包船模式在我国形成了旅客、邮轮公司、旅行社三方之间颇为复杂的法律关系，旅行社深度参与邮轮旅游活动，取代邮轮公司成为旅客直接面对的邮轮旅游经营者。目前实践中主要存在三个基础合同：

（1）旅客通常从旅行社购买旅游产品，乘坐邮轮出外旅游。旅客与旅行社之间直接签订的邮轮旅游服务合同，构成《旅游法》第五章专门规定的“旅游服务合同”，属于特别法上的有名合同。

（2）旅客与邮轮公司通过邮轮船票证明的海上旅客运输合同，也即《海商法》第五章专门规定的“海上旅客运输合同”，同样属于特别法上的有名合同。

（3）邮轮公司与旅行社订立的邮轮船票销售合同，根据代销、包销两种分销模式性质有所不同。包销模式下是由旅行社向邮轮公司支付特定数量船票的对价，而不是邮轮公司支付佣金，因而邮轮船票包销合同并不属于通常认为的委托代理合同，而应归入无名合同的范畴；邮轮船票代销合同则是单纯的委托代理合同，如旅行社与邮轮经营公司签有代理协议，前者代后者向旅客销售船票或与旅客签订相关合同。

对于旅客与邮轮公司之间海上旅客运输合同关系的认定，不应拘泥于船票的名称和形式。船票作为海上旅客运输客票的一类，本身含义就是指旅客乘坐船票的凭证，据此只要旅客持有邮轮公司认可的凭证得以登船，此类凭证便在实质意义上具有船票的性质，能够证明旅客与邮轮公司之间的海上旅客运输合同关系。特别是在邮轮船票制度尚不健全的地区，船卡或称房卡等船上通行凭证其实就是实质意义上的船票。而且，包船模式下旅行社向邮轮公司采购的对象本就是船票，作为包价旅游产品的组成部分转而向旅客销售后船票仍应存在，无论船票实际采用了何种名称和形式。前述“蓝宝石公主”号邮轮案的判决即认为，“虽然本案原告和被告之间没有以船票为凭证的运输合同证明，但双方事实上存在海上旅客运输合同关系”。

（三）邮轮旅游运输合同当事人的法律定位

邮轮公司与旅行社两大邮轮旅游经营者的法律定位是完善我国邮轮旅游法律规制所必须解决的首要问题。两大旅游经营者在《海商法》下的法律定位主要涉及承运人和实际承运人的识别问题，目前学界对两者中到底何者为承运人存在相反的两种观点：一种观点认为，“在我国特有的邮轮运输三方经营模式下承运人往往是不实际从事运输的旅行社”；另一种观点则认为，邮轮公司在海上旅客运输合同下的法律地位应是承运人，旅行社不是海上旅客运输合同的当事人，也不作为实际承运人承担海上运输。出现如此分歧的根源在于对邮轮船票与海上旅客运输合同的关系及承运人与实际承运人的界定等两个问题尚未能达成统一认识。[①]

从《海商法》第108条中关于承运人和实际承运人的定义条款规定可知，承运

① 陈琦. 邮轮旅游经营者法律定位分歧的破解：以《旅游法》《海商法》的制度冲突为视角. 法学，2020（6）：148.

人的认定应符合两个要件：一是以自己的名义与旅客订立合同，二是该合同为海上旅客运输合同。实际承运人的认定也需符合两个要件：一是接受承运人的委托，二是实际从事全部或部分运送。根据《1974 年雅典公约》《海商法》《民法典》《旅游法》的相关规定①，只有承运人才能签订海上旅客运输合同。旅行社没有签订此类合同的资质，也无法从交通运输主管部门获取该项资质。同样，邮轮经营公司也没有签订旅游服务合同的资质，因为邮轮经营公司不是旅行社，也不可能拿到主管部门的批准和许可来经营旅游业务，设立、经营旅行社必须经过市场监督管理部门的批准和文化旅游主管部门的许可，只有旅行社才能与游客签订旅游服务合同。邮轮旅游运输合同具有海上运输的属性，因此，邮轮经营公司才是邮轮旅游运输法律关系中的承运人，它所签订的邮轮旅游运输合同不是旅游服务合同或者邮轮旅游服务合同。“蓝宝石公主”号邮轮案的判决也是由此认定当事人的法律地位，因被告实际提供了运送原告出行的相关服务，即使囿于我国目前的邮轮包船制度并无船票证明，亦足以将其认定为《1974 年雅典公约》规定的履行承运人，从而享有赔偿责任限额。

（四）邮轮旅游运输合同的法律适用

邮轮旅游运输的双重属性使得邮轮旅游法律关系复杂多样，受到国内多部法律交叉调整。我国对邮轮旅游运输法律适用关联较大的基础法律有以下五种（参见表 9-1），邮轮旅游运输的特殊性引发了邮轮旅游法律适用冲突。

表 9-1　我国邮轮旅游运输相关法律规范

法律名称	生效时间	最新修订时间	适用范围
《海商法》	1993 年 7 月 1 日	未修订	海上旅客运输关系
《旅游法》	2013 年 10 月 1 日	2018 年 10 月 26 日	境内旅游及境内组织的境外旅游
《消费者权益保护法》	1994 年 1 月 1 日	2013 年 10 月 25 日	境内消费者购买商品和接受服务
《涉外民事关系法律适用法》	2011 年 4 月 1 日	未修订	涉外民事关系
《民法典》	2021 年 1 月 1 日	未修订	民事关系

邮轮旅游在性质上应属于旅游服务合同与海上旅客运输合同相结合的混合合同，游客提起违约之诉的基础是邮轮旅游运输合同。在合同准据法的确定上，主要适用《涉外民事关系法律适用法》第 41、42 条以及《海商法》第 269 条的规定。三者之中，《涉外民事关系法律适用法》第 41 条是一般合同法律适用的规定，《海商法》第 269 条则是海商合同法律适用的规定，后者作为特别规定优于前者适用并无疑问；问题的焦点在于《涉外民事关系法律适用法》第 42 条关于消费者合同法律适用的特别规定，其与《海商法》第 269 条之间到底何者构成特别规定？

有学者认为，这一疑问可以通过一般法和特别法框架下的精细化定性进行解析，

① 《1974 年雅典公约》第 1 条第 2 款、《海商法》第 107 条、《民法典》第 809 条、《旅游法》第 57～58 条。

也即将法律适用规则分为一般法的一般规定、一般法的特别规定、特别法的一般规定和特别法的特别规定等四类。[①] 问题的实质即在于一般法的特别规定（《涉外民事关系法律适用法》第 42 条）和特别法的一般规定（《海商法》第 269 条）的适用顺位问题。将《涉外民事关系法律适用法》第 42 条认定为两者之中的特别规定更为适宜。因为《海商法》第 269 条作为海事合同法律适用的一般规则，其传统上主要调整该法项下的各类涉外海商合同，如船舶租用、海上拖航、海难救助和海上保险等商事合同。此类合同主要在商事公司之间订立，各方之间不仅在形式上具有平等的法律地位，在事实上也通常具备相当的经济地位；而邮轮旅游则因旅客一方具有明显的弱势地位而在属性上归于消费者合同，只不过此种消费活动发生于海上而已。鉴于《海商法》没有对海事消费者合同进行特别规定，在特别法的特别规定缺位的情况下，将《涉外民事关系法律适用法》第 42 条作为调整邮轮旅游的合同法律适用规则更贴合其消费者合同本质，应为基于合同诉因的邮轮旅游法律适用规则。

司法实践中，法院往往根据诉因来定性当事人之间的法律关系从而确定应当适用的法律，如“蓝宝石公主”号邮轮案、蒋某某与皇家加勒比 RCL 邮轮有限公司人身损害责任纠纷案等。邮轮旅游是我国近十几年来蓬勃兴起的一种新型海事活动业态。如果旅客依据海上旅客运输合同起诉，按照特别法优于普通法的原则，会优先考虑《海商法》第 269 条的适用；如果旅客依据邮轮旅游服务合同起诉，《海商法》第十四章对于海上旅客运输合同的法律适用没有专门规定，因而适用该法第 269 条关于合同法律适用的一般规定，即意思自治原则以及最密切联系原则。《涉外民事关系法律适用法》虽然对于旅游服务合同的法律适用亦无专门规定，但由于旅客实际是消费者，旅游服务合同具有消费者合同的性质，因而实践中大多适用该法第 42 条关于消费者合同的法律适用规则。同样，由于公海因素的影响，邮轮航行于公海时并不存在对应的服务提供地法律，因而消费者本就有限的单方意思自治在邮轮旅游中进一步受到限制。该规则也存在难以适应邮轮旅游的问题。由此推及《海商法》的修改，交通运输部办公厅于 2018 年 3 月 23 日针对《中华人民共和国海商法》（修订征求意见稿）开展定向征求意见，其中第六章“海上旅客运输合同”第三节为“邮轮旅游的特别规定”，但在第十六章“涉外关系的法律适用”中并未相应增加邮轮旅游法律适用的相关规定，此种不足应当在后续的立法工作中有所弥补。[②]

五、类案练习

（一）海上人身损害责任纠纷案

原告蒋某某与第二被告浙江省国际合作旅行社有限公司上海分公司（以下简称“国际合作旅行社”）订有出境旅游合同，购买“上海—冲绳—上海 5 天 4 晚”包价

① 陈琦. 海事国际私法视角下邮轮旅游法律适用规则的审思与重构：以《海商法》修订为契机. 大连海事大学学报（社会科学版），2019，18（2）：1-10.

② 孙思琪，郑睿. 邮轮旅客人身损害责任纠纷四题：评中国邮轮旅客公海人身侵权第一案. 大连海事大学学报（社会科学版），2020，19（2）：5.

邮轮旅游产品，乘坐的邮轮为第一被告皇家加勒比RCL邮轮有限公司（RCL. Cruises Ltd.，以下简称“皇家加勒比邮轮”）经营的“海洋量子”号（Quantum of the Seas）。原告与被告国际合作旅行社订立的出境旅游合同约定，原告在自行安排活动期间应对自己的安全负责，被告国际合作旅行社应对旅游中可能危及原告人身、财产安全的情况，作出真实说明和明确警示，并采取防止危害发生的适当措施。2016年5月29日，邮轮返程并靠泊上海吴淞口国际邮轮港口。当日上午天有小雨，原告自露天甲板步入室内船舱后摔倒。原告下船后，由被告皇家加勒比邮轮委托的中国上海外轮代理有限公司（以下简称“外轮代理”）送医，诊断结果为骨折。被告皇家加勒比邮轮在原告治疗期间通过外轮代理垫付交通费、救护车费、医药费以及轮椅、助行器等费用。原告据此以海上人身损害责任为由诉至上海海事法院，请求两被告连带赔偿医疗费、营养费、护理费、衣物损失费、鉴定费、残疾赔偿金、交通费、精神损害赔偿、律师费，并且承担本案案件受理费。

根据监控视频以及法院实地勘查，从甲板进入船舱需要经过两道自动门，间隔约为三至四步幅，间隔处铺设有地毯。原告先后经过两道自动门进入船舱，过程中未见步速放缓或步幅减小。船舱内自动门旁当时设有鼓风机并且处于工作状态，附近同时也有工作人员负责拖地；舱内地砖为防滑地砖，但未铺设地毯；原告摔倒后该出口陆续有十余人进出，个别旅客穿着拖鞋，但均无摔倒情形发生。另据法院查明，“海洋量子”号持有挪威船级社出具的客船安全证书。被告国际合作旅行社向原告出售的包价邮轮旅游产品包含的邮轮船票，系由案外人温州海外旅游有限公司（以下简称“温州旅游公司”）向皇家加勒比邮轮购买。被告国际合作旅行社与温州旅游公司订有旅行社委托代理协议。

本案的主要争议焦点有：第一，两被告的法律地位；第二，两被告是否应就原告摔倒承担赔偿责任；第三，基于两被告需要承担责任的前提，具体赔偿数额的认定。

上海海事法院认为：本案系海上人身损害责任纠纷。由于被告皇家加勒比邮轮注册于境外，本案具有涉外因素。案件审理过程中各方当事人一致选择适用中华人民共和国法律，因而根据《涉外民事关系法律适用法》第44条的规定，本案适用中国法律审理。

关于两被告的法律地位，法院认为：原告与被告国际合作旅行社订立的出境旅游合同为包价旅游合同，被告国际合作旅行社系组团社，温州旅游公司为地接社，被告皇家加勒比邮轮与温州旅游公司之间存在邮轮船票销售合同关系，实际提供了邮轮游览服务，构成协助履行包价旅游合同义务的履行辅助人。原告依据《旅游法》第71条第2款可以请求两被告承担侵权责任。

关于两被告是否应当承担赔偿责任，法院认为：两被告应就旅游过程中可能危及人身财产安全的特殊风险作出提示。具体至邮轮旅游的场合，两被告负有提示义务的应是与乘坐邮轮相关的特殊风险，而雨天路滑、小心行走是日常生活的基本常识，无须两被告作出特别提示。被告皇家加勒比邮轮作为公共场所管理人，负有的安全保障义务并非没有限制，而应限定在合理范围之内。本案中被告皇家加勒比邮轮已经采取了必要的防水防滑措施，导致事故的主要原因仍然在于原告自身在行走时未尽必要的谨慎注意。但是，考虑到被告皇家加勒比邮轮仍可通过其他措施进一步降低事故风险，综合其与原告的过错程度，酌定其承担本起事故20%的责任。至于被告国际合作旅行社的安全保障义务，要求旅行社导游在乘坐邮轮期间始终伴随原告或团内任何成员左右，并时刻进行指引，明显不切实际，同样超出了安全保障义务的合理限度。因此，被告国际合作旅行社对于原告摔倒不存在过错。但是，被告国际合作旅行社和被告皇家加勒比邮轮在旅游服务合同之下分别属于组团社和履行辅助人，原告依据《旅游法》第71条第2款可以要求组团社在履行辅助人的责任范围内承担同等赔偿责任。

法院依照《旅游法》第71条第2款，《侵权责任法》第16条、第22条、第26条、第37条第1款以及《民事诉讼法》第64条第1款之规定，判决对于原告的诉讼请求不予支持。[①]

思考题：

（1）邮轮合同订立模式与合同定性的关系是什么？

（2）如何处理邮轮合同下违约与侵权责任竞合的法律适用？

（二）生命权、健康权、身体权纠纷案

原告尤某苗和金某（尤某苗之母）于2016年8月30日参加被告旅行社组织的"歌诗达邮轮'赛琳娜'号上海—济州—福冈—上海4晚5日"的活动。由于旅客在房间安排方面发生纠纷，尤某苗和金某的房间被领队调整至相距较远的位置，金某在调房过程中情绪较为激动，次日凌晨身体出现昏迷等症状，当日14时邮轮因强风未停靠济州岛。9月1日金某被送到日本福冈医院，诊断为脑死亡（在船上已脑死亡）。

歌诗达邮轮"赛琳娜"号邮轮是意大利商船，属Costa Crociere S. p. A公司所有。第三人歌诗达邮轮船务（上海）有限公司系经Costa Crociere S. p. A公司授权代理邮轮船票销售，提供邮轮票务服务。

国旅公司向第三人歌诗达邮轮船务（上海）有限公司订购了2016年8月30日的歌诗达"赛琳娜"号的"上海—济州—福冈—上海4晚5日"的1 200个舱位，同程公司与国旅公司存在合作关系，尤某苗与金某在邮轮上的舱位包含于上述1 200个舱位中。

原告认为，被告未安排尤某苗与金某同宿，随意改变住宿房间，导致金某情绪波动血压升高引发疾病。金某发病后，被告未予足够重视及采取有效的救治措施，特别是8月31日14时邮轮应停济州岛而未停靠，使金某丧失上岸救治的最佳机会，遂以被告提供旅游团服务未全面履行人身安全保障义务为由提起侵权之诉，歌诗达邮轮船务（上海）有限公司（以下简称"邮轮公司"）为第三人。

被告同程公司杭州分公司、同程公司认为：根据《旅游法》的规定，被告同程

---

① 参见上海市高级人民法院（2018）沪民终85号民事判决书。

公司杭州分公司和上海公司订立了合同，本次的行程是在邮轮中度过，包括部分上岸时间，邮轮上具体的旅游合同是由歌诗达邮轮提供。邮轮公司不是履行辅助人，原告诉称邮轮方没有采取有效的措施，没有在济州岛及时停靠导致金某死亡，责任主体不是被告，是第三人邮轮公司，若公司确实对金某违反安保义务存在侵权责任的，责任也是邮轮公司。

被告国旅公司认为：国旅公司向邮轮公司购买了 1 200 个仓位，具体行程由邮轮公司进行安排，而对于不能够停靠济州岛等救助情况，被告国旅公司不知情。本公司对金某旅游中产生的死亡没有侵权行为，不应当承担侵权责任。

邮轮公司认为：本案原告对第三人没有诉请，第三人只是船票服务代理商，不是履行服务辅助人和船舶的所有权人，在邮轮上的服务与第三人无关，第三人不应当承担民事赔偿责任。

法院认为：被告作为旅游经营者，对金某这种老年游客应当负有更高标准的告知和警示义务，但被告在舱位安排分配过程中管理不够规范，协调纠纷过程中未能考虑安排家属就近照顾，亦未对其身体是否适宜旅行进行特别警示；在金某发病之后，被告并未积极与船方沟通协调有无其他救助方案的可能性或提出上岸申请，在履行救助义务时存在一定过错，与金某的死亡之间存在一定的因果关系。但是造成金某死亡的主要原因是其自身疾病，金某作为老年人，应当考虑到远赴国外旅游以及在海上航行可能遭遇的风险，显然是过于自信，缺乏对自身身体状况和适应能力的准确判断，导致在旅游途中疾病发作而死亡，故其自身应当承担主要责任。被告的过错对金某的死亡后果承担轻微次要责任，本院酌情认定其对金某死亡所造成的损失承担 20%的赔偿责任。被告同程公司的舱位系向被告国旅公司购买，双方存在着合作关系，在本次邮轮上的旅游过程中，存在共同操作的情况，在邮轮上均有相应的领队负责，双方作用相当，依法应共同对外承担责任，两被告对内可各半分担责任，并互负连带责任。

综上，法院判决被告同程国际旅行社有限公司、中国国旅（江苏）国际旅行社有限公司共同赔偿原告丧葬费、死亡赔偿金、交通费等各项损失，被告同程国际旅行社有限公司、中国国旅（江苏）国际旅行社有限公司共同赔偿原告精神损害抚慰金；驳回原告的其他诉讼请求。[①]

思考题：

（1）根据《旅游法》，旅行社与邮轮公司的法律定位是什么？

（2）组团社和邮轮公司承担侵权责任在法律构成上的区别是什么？

六、知识拓展

（一）拓展阅读

1. 谢振衔，郭灿. 外籍邮轮人身损害赔偿责任纠纷的法律适用. 人民司法，

---

① 参见浙江省杭州市下城区人民法院（2016）浙 0103 民初 8357 号民事判决书。

2019（5）.

2. 田洪鋆. 我们究竟需要怎样的灵活性?：对中国最密切联系原则可控性的思考. 中国国际私法与比较法年刊，2018，23（2）.

3. 谢振衔，陈琦. 论涉外邮轮旅客人身损害赔偿法律适用的困境与克服：兼评上海海事法院最新判决“羊某某邮轮溺水案”. 大连海事大学学报（社会科学版），2018，17（5）.

4. 陈琦. 邮轮旅游法律规制的理论困境与制度因应. 大连海事大学学报（社会科学版），2018，17（6）.

5. 曹兴国，初北平. 作为特别法的《海商法》的修改：制度体系、修法时机及规范设计. 政法论丛，2018（1）.

6. 林强. 涉外侵权法律选择中的“侵权行为地”界定：从侵权一般冲突规则的解释切入. 现代法学，2018，40（4）.

7. 孙思琪. 邮轮旅游法律适用论要. 武大国际法评论，2018，2（2）.

8. 关正义. 竞合下的侵权之诉和海事审判的专业特点. 法律适用（司法案例），2017（20）.

9. LAMBERT L R，HAMRA R. The Law in the United States of Maritime Personal Injury and Death since 1981：An Update. Tul. L. Rev.，2016（91）.

10. CUTLER W. Texas Conflicts Law：The Struggle to Grasp the Most Significant Relationship Test. Baylor L. Rev.，2013（65）.

11. RALEY III K P. The Public Vessels Act and Maritime Injustice：Proving Redress to Deserving Foreign Admiralty Tort Victims. Loy. Mar. L. J.，2011（10）.

（二）拓展写作

1. 邮轮旅游人身侵权案件的法律适用

2. 我国海上旅客运输法律制度的完善

（三）其他资料

1. 褚某某等与广州市心友汇国际旅行社有限公司等生命权、健康权、身体权纠纷案，广州市越秀区人民法院（2020）粤 0104 民初 5837 号民事判决书。

2. 徐某某与上海同程美辰国际旅行社有限公司旅游合同纠纷案，上海市徐汇区人民法院（2019）沪 0104 民初 13176 号民事判决书。

3. 王某某与歌诗达邮轮有限公司健康权纠纷案，上海市黄浦区人民法院（2017）沪 0101 民初 10592 号民事裁定书。

4. 西南政法大学国际私法学线上课程链接：国际私法学_西南政法大学_中国大学 MOOC（慕课）（https：//www. icourse163. org/course/swupl-1205596801）。

专题十　涉外婚姻

一、引　案

国际私法所调整的婚姻关系，包括具有涉外因素的结婚、离婚、夫妻人身关系、夫妻财产关系等内容。由于社会经济制度、历史文化传统、宗教信仰和风俗习惯等的影响，各国调整婚姻关系的法律规定千差万别，时常会发生法律冲突。目前，国际上尚未形成调整涉外婚姻关系的统一实体规范，因此国际私法必须解决涉外婚姻的法律适用问题。

（一）案情简介

原告林某1与被告周某系夫妻，婚后生育一子林某2。被告于1991年前往美国打工谋生，此后仅于1995年回国一次；原告则在国内工作生活并照顾儿子林某2，在近20年的时间里，原、被告长期两地分居。2002年被告购买了美国纽约州纽约市某一房屋股份并在该房屋居住，该房屋的产权性质为合作公寓（COOPUNIT）。2009年10月，原告与儿子林某2一同前往美国与被告团聚，父子两人后来也获得了美国永久居住卡。2011年，原告在美国法院起诉要求与被告离婚，美国法院在被告未到庭的情形下作出离婚判决，但该离婚判决未经过我国法院承认。同年3月，原告一人返回中国，6月又再次前往美国。2011年9月30日，被告将美国纽约州房屋股份无偿转让给林某2。同年10月，被告向中国某法院起诉要求与原告离婚，并要求分割原告在国内的相关财产。2012年10月12日，法院作出一审民事判决。[①]

林某1、周某提起上诉。2013年4月18日，福州市中级人民法院二审作出判决，驳回上诉人的上诉，维持原判。[②] 因对二审判决不服，林某1继续向福建省高级人民法院提出再审申请。2014年6月5日，福建省高级人民法院作出裁定，驳回林某1的再审申请。[③]

---

① 参见福建省福州市马尾区人民法院（2011）马民初字第1079-2号民事判决书。

② 参见福建省福州市中级人民法院（2012）榕民终字第3491号民事判决书。

③ 参见福建省高级人民法院（2014）闽民申字第47号民事裁定书。

2012 年 4 月 12 日，美国干瑟评估有限公司采用销售比较方法，评估出该美国纽约州房屋的市场价值为 21 万美元。2014 年 3 月 11 日，美国纽约州公证员陈某证明：管理该类合作公寓的公司拥有住宅公寓的所有权，住户仅持有该住宅公寓的股份，并没有该住宅的所有权，此股份只是一种个人动产；该合作公寓属于艾姆赫斯特花园有限公司管理，总股份数为 12 480 股，其中被告所购房屋所对应拥有的股份数为 460 股。2014 年 6 月 23 日，美国纽约州公证员陈某证明：被告所购房屋所对应拥有的 460 股房产股份经美国干瑟评估有限公司纽约州执照估价师安东尼评估，价值为 21.9 万美元。另查明，2012 年 11 月 5 日，周某加入美国国籍。此外，对于本案的法律适用问题，原告林某 1 与被告周某未能达成协议。原告选择适用中国法律，被告选择适用美国法律。此后，在一审法院按照涉外程序调取美国法律过程中，被告周某明确表示拒绝先行支付相关调查取证费用，导致涉外调取美国法律程序无法继续进行。

原告林某 1 诉称：美国纽约州房屋系原告与被告夫妻关系存续期间被告所购入的股权，属于夫妻共同财产。而被告未取得共有人原告同意，私自转让给他人且已经成为事实，被告这一转让行为已经严重侵害了原告共有财产的合法权益，被告应当就其对原告的侵权行为承担赔偿责任。

被告周某辩称：法院已经作出的生效判决可以证明该美国纽约州房屋是不动产。原告起诉要求的赔偿要基于侵权，即要证明被告有对原告进行侵权，但本案如果是侵权之诉根据法律规定应由原告向美国法院提起诉讼。

法院经审理，判决如下：被告周某应于本判决生效之日起 10 日内，赔偿原告林某 1 相关损失。如果未按本判决指定的期间履行给付金钱义务，应当依照《民事诉讼法》第 253 条之规定，加倍支付迟延履行期间的债务利息。[①]

（二）涉及问题

（1）本案相关问题准据法应如何适用？

（2）如何解决本案中夫妻共同财产的归属与处分问题？

二、法官释法

（一）本案准据法的适用问题

本案系涉外民事关系，应按照《涉外民事关系法律适用法》的规定适用法律。首先，必须确定本案中涉及的美国纽约州房屋股份是否属于林某 1 与周某的婚姻关系存续期间的夫妻共同财产。根据《涉外民事关系法律适用法》关于夫妻财产关系的法律适用规定，本案中原、被告双方未能就法律适用问题达成协议，没有共同经常居所地；2012 年 11 月周某加入美国国籍时，其与林某 1 之间的离婚诉讼民事判决尚未生效，双方还是夫妻关系，故俩人也没有共同国籍。对于此种情况，应适用

① 参见福建省福州市马尾区人民法院（2014）马民初字第 347 号民事判决书。

《涉外民事关系法律适用法》第 2 条“适用与该涉外民事关系有最密切联系的法律”的规定，即适用本案讼争的美国房屋股份所在地的美国法律。其次，必须确定对于周某转移财产给林某 2 的行为是否构成对林某 1 的侵权以及应当承担何种侵权责任。根据《涉外民事关系法律适用法》的规定，“侵权责任，适用侵权行为地法律，但当事人有共同经常居所地的，适用共同经常居所地法律。侵权行为发生后，当事人协议选择适用法律的，按照其协议”，本案中原、被告既没有就法律适用问题达成一致协议，也没有共同经常居所地，故应适用侵权行为地法律，即美国法律。

由于一审法院在通过最高人民法院委托美国主管当局调查上述美国法律的过程中，周某明确拒绝先行支付该笔调查取证费用，因而本次查明美国法律程序无法继续进行。根据《涉外民事关系法律适用法》的规定，“不能查明外国法律或者该国法律没有规定的，适用中华人民共和国法律”，据此，本案适用中国法律。

(二) 本案中夫妻共同财产的归属与处分问题

根据我国《婚姻法》的规定，夫妻在婚姻关系存续期间所得的应当归双方共同所有的财产，为夫妻共同财产。本案中，原、被告两地分居近 20 年，各自积累了一些财产，依法应作为夫妻共同财产。因此，2002 年被告在美国购买的纽约州纽约市房屋的股份属于夫妻共同财产。我国《婚姻法》规定，“夫妻对共同所有的财产，有平等的处理权”；《最高人民法院关于适用〈中华人民共和国婚姻法〉若干问题的解释（一）》规定，“夫或妻非因日常生活需要对夫妻共同财产做重要处理决定，夫妻双方应当平等协商，取得一致意见”；《最高人民法院关于适用〈中华人民共和国婚姻法〉若干问题的解释（三）》规定，“夫妻一方擅自处分共同共有的房屋造成另一方损失，离婚时另一方请求赔偿损失的，人民法院应予支持”。本案中，被告在 2011 年向一审法院提起离婚诉讼前一个月内，将其在美国房屋的股份转让给儿子林某 2，虽然被告未向林某 2 收取转让对价，但此行为事先并未征得原告同意，事后亦未得到原告追认，侵犯了原告就共同财产所享有的合法权益。考虑到诉讼之前被告已经就其与原告婚姻关系存续期间的大部分国内夫妻共同财产进行了分割，故原告要求被告对上述侵权行为进行赔偿的诉讼主张不仅于法有据，而且符合公平原则。

对于被告提出的转移给儿子财产的行为属于家庭成员内部的财产赠与行为，不构成侵权的抗辩主张，分析如下：首先，虽然讼争美国房屋股份的受让对象是原、被告之子，但彼时林某 2 业已成年，原、被告对其的抚养教育义务已经完成，没有义务再向其赠与财产。其次，对于被告引用我国《婚姻法》规定的“家庭成员间应当敬老爱幼，互相帮助，维护平等、和睦、文明的婚姻家庭关系”“照顾子女”等条文来论证其转移财产行为符合中国家庭亲情伦理的公序良俗，法院认为，照顾子女利益并不代表父母有义务向已经独立生活的成年子女给付财产，正确的家庭伦理关系应当是父母抚养教育未成年子女，子女成年后对父母进行赡养，而不是将父母财产全部归于子女名下，导致子女将来万一不履行赡养义务时，父母会陷入老无所依的境地。最后，将共同财产赠与他人的，必须征得其他共有人同意，否则，根据《民通意见》载明的“对其他共有人的损失，由擅自处分共有财产的人赔偿”规定，应由被告对原告的损失进行赔偿。

三、学理评析

根据我国《涉外民事关系法律适用法》第 24 条以及第 2 条第 2 款的规定，各连接因素均不能适用，则适用最密切联系原则确定准据法。本案中，法院在对婚姻关系存续期间的共同财产进行认定时适用了《涉外民事关系法律适用法》第 2 条第 2 款规定的“最密切联系”作为连结点，在确定被告周某转移财产是否构成对林某 1 的侵权时适用了《涉外民事关系法律适用法》第 44 条规定的“侵权行为地”作为连结点。那么，对于夫妻一方当事人对外转移夫妻财产的行为的性质认定该适用何种规则呢？我国《涉外民事关系法律适用法》中的夫妻财产关系冲突规则仅规定了夫妻财产关系的法律适用，但是并未言明夫妻财产关系的适用范畴。而法院的分割适用表明法官在处理本案件时认为存在夫妻内部财产关系和涉及第三人的外部财产关系，应当区别看待，也即对于夫妻一方擅自处分夫妻共同财产的行为先通过夫妻财产冲突规则来选择准据法，判定其是否属于夫妻共同财产，再通过侵权冲突规则选择准据法判断该行为是否给另一方当事人造成损害。而所谓夫妻财产关系，是有关夫妻婚前财产和婚后所得财产的归属、使用、管理、收益、处分以及债务清偿、离婚时的财产清算等方面的法律制度。从定义上来讲，本案中夫妻共同财产的归属与处分问题均应属于夫妻财产关系调整的范畴。

夫妻一方当事人在婚姻关系存续期间转移夫妻共同财产侵害了另一方当事人的财产权，是侵权行为，但是夫妻财产关系不同于其他民法上的财产关系，其是受《婚姻法》调整的婚姻关系的一部分，其存续以夫妻人身关系的存续为前提，具有一定的人身性。一方当事人可以随意转移财产也是基于夫妻在日常生活事务中具有相互代理的权利，也即“家事代理权”。而在我国，对该类行为也不是用《侵权行为法》加以规制，而是由《婚姻法》来调整，《婚姻法》第 47 条就对本案的行为作出了规定。而根据《涉外民事关系法律适用法》第 8 条之规定，我国对于涉外民事关系的定性，采用法院地法。故本案中周某处分夫妻共同财产的行为应属于夫妻财产关系调整的范畴。

综上，夫妻一方损害另一方共有财产权益的行为仍应适用夫妻财产关系冲突规则选择准据法，而非将之进行分割，对共同财产的认定以夫妻财产关系冲突规则确定，而对于是否侵权却以侵权冲突规则加以适用。法院以《涉外民事关系法律适用法》第 44 条加以适用割裂了夫妻人身关系和夫妻财产关系之间的依附性，也许忽略了夫妻财产关系中的人身性，与立法原意不那么相符。

四、延伸问题

由于婚姻关系与当事人的身份或能力有着千丝万缕的联系，因而各国在处理婚姻关系的法律冲突时，常常将属人法作为最基本的冲突原则。此外，由于婚姻关系会涉及法院地的道德观念和法律原则，因此法院地法也得到比较广泛的适用。

(一) 涉外婚姻关系的法律适用

1. 涉外结婚实质要件的法律适用

(1) 适用婚姻缔结地法。

对于结婚实质要件要依据婚姻缔结地的法律规定，这是最传统甚至在当前仍起主流作用的原则。在这一原则指引下形成的法律后果是，凡是婚姻缔结地法认为有效的婚姻，在其他任何地方均有效；凡是婚姻缔结地法认为无效的婚姻，在其他地方也会被认定为无效。这一法律适用原则有着充分的理论基础：第一，婚姻关系本质上是一种契约关系，基于“场所支配行为”的原则，结婚成立的实质要件应受婚姻举行地法支配；第二，婚姻的成立，事关缔结地的善良风俗和公共秩序，因此应当遵守婚姻缔结地的风俗习惯；第三，实际运用中简便易行，婚姻登记机关和当事人不需去了解外国法，减少许多麻烦；第四，对于外来移民较多的国家，采取婚姻缔结地法可以扩大其法律适用的范围。但对适用这一原则持否定意见的人则认为，适用婚姻缔结地法，会给当事人提供规避法律的机会，造成大量“候鸟婚姻”。

(2) 适用当事人属人法。

缔结婚姻是一项重要的身份行为，与当事人密不可分，因此许多国家认为结婚的实质要件应适用当事人属人法，反对婚姻缔结地法原则。这里的属人法同样有住所地法和国籍国法之分。奥地利、比利时、法国、德国、希腊、意大利、卢森堡、荷兰、葡萄牙、西班牙、瑞士、土耳其、瑞典、日本、泰国等国主张适用当事人国籍国法，而英国、加拿大、澳大利亚、新西兰等国则主张适用当事人住所地法。婚姻的实质要件适用当事人属人法，在一定程度上能减少“候鸟婚姻”的现象。从一般意义上来讲，当事人与其国籍国或住所地所在国建立了长期的联系，适用当事人属人法对当事人来说也比较合理。

(3) 采取混合制。

在结婚实质要件的法律适用上，一味僵化地采用婚姻缔结地法，很可能导致“候鸟婚姻”的现象频繁发生，助长法律规避的风气；并且完全摒弃当事人属人法的规定，也无法体现拟缔结婚姻双方在风俗习惯、宗教信仰、伦理道德等方面的民族传统。但若是单纯地适用当事人属人法，也可能与婚姻缔结地的公共秩序相抵触，从而为婚姻的成立带来诸多障碍，尤其在双方当事人的属人法相互矛盾时，更加难以处理。此外，要求侨居外国的内国人必须遵守内国法律规定的结婚实质条件，也不太符合情理。因此，现在许多国家已逐渐放弃了纯粹依婚姻缔结地法或当事人属人法的做法，而采用了将两者结合的规定。

2. 涉外结婚形式要件的法律适用

(1) 适用婚姻缔结地法。

就结婚形式要件的法律适用而言，长期以来一直占主导地位的方式同结婚实质要件一样，也是适用婚姻缔结地法，即遵循“场所支配行为”的原则。根据这一原则，只要按婚姻缔结地法规定的方式成立婚姻，在其他国家也会被认可。实践中，结婚形式要件依照婚姻缔结地法，在操作上简便易行，能给婚姻登记机关以及当事人减少很多程序上的麻烦。一般情况下，依照婚姻缔结地法规定的方式成立的婚姻，在其他国家应是有效的。1980 年海牙《结婚仪式和承认婚姻有效公约》也确认了这一原则。

（2）适用婚姻当事人本国法。

还有些国家要求，本国公民或住所在本国的人，即使在其他国家和地区结婚，也必须遵守本国法规定的宗教方式，如希腊、西班牙、也门等国家，这些国家不承认本国公民或在本国有住所的人在国外依其他方式成立的婚姻。而另一些国家的立法要求内国人的婚姻必须履行本国的民事登记程序，即使在国外缔结婚姻也需如此。

（3）混合原则。

为了尽可能地避免在一个国家有效而在另一个国家无效的"跛脚婚姻"（limping marriage）现象，在结婚形式要件问题上，各国普遍采取的立法原则是兼顾婚姻缔结地法和当事人属人法，例如 1978 年《奥地利联邦国际私法法规》第 16 条第 2 款。值得注意的是，随着西方国家的婚姻家庭观念转变，非婚同居现象日益增加。澳大利亚、新西兰和美国一些州已经通过立法承认非婚同居关系，并建立了家庭伴侣（domestic partners）登记机构，经登记的同居伴侣享有与已婚夫妻类似的权利。目前一些承认非婚同居关系的国家在结婚形式要件判断方面多适用登记地法律。

3. 涉外离婚的法律适用。

（1）适用当事人本国法。

采用此原则的理由为离婚关系属于人的身份问题，因此在实体法上，应该受属人法的支配。而且若夫妻关系的创设适用当事人的属人法，则婚姻关系的解除应当受同一法律支配。

在适用当事人本国法时，若夫妻双方国籍相同，则依夫妻共同本国法。日本就采用此种制度。若夫妻双方国籍不同，则又有以下几种准据法的确定方法：第一，适用丈夫的本国法。这种立法的理由为丈夫为一家之主，所以应当适用丈夫的本国法。此种做法违背男女平等原则。第二，适用原告的本国法。瑞士、比利时等国家采用此种制度。这种做法也没有平等地权衡双方主体的利益。第三，同时适用夫妻各自的本国法，即只有在夫妻双方的本国法都认为符合离婚条件时，才准予离婚。但是重叠适用双方当事人的本国法，容易增加离婚的难度，限制了离婚自由。第四，适用共同住所地法，即在夫妻双方已共同适用本国法时，以夫妻双方实际的共同住所地法作为准据法。该方法为法国首创。

（2）适用夫妻共同住所地法律或夫妻一方住所地法律。

英美法系国家大多是采取这一制度。在英美法系国家，住所地被认为是当事人生活的中心，与当事人关系最为密切，所以离婚适用夫妻共同住所地法律或一方住所地法律。美国 1971 年《冲突法第二次重述》第 285 节规定，确定离婚权利的法律应该是受理离婚之诉的当事人的住所地所在州的实体法。

（3）适用法院地法律。

该原则为德国学者萨维尼首创。适用此原则的理由为：离婚法律多为强行法，涉及法院地国的公共秩序、伦理道德以及宗教观念；同时，一国法院取得对离婚案件的管辖权后，没有不适用法院地法的理由，如果一味追求适用外国法，反而容易导致很多不便。适用法院地法的缺点是容易导致当事人挑选法院以及“跛脚婚姻”现象的产生。丹麦、挪威等国都采用此原则。英美法系国家审理离婚案件，首先以住所地为标志确定其管辖权，然后又依据管辖权来确定离婚实质要件的法律适用。因而这些国家规定的离婚适用住所地法律，从另一角度看也是适用法院地法律。

（4）选择或重叠适用当事人的属人法和法院地法。

该原则反对绝对的法院地法，也反对绝对的属人法，因为单方面地支持任何一种做法，都不利于离婚和离婚判决的承认与执行。因此，从司法实践的实际情况出发，主张选择或重叠适用属人法和法院地法。主张选择适用当事人属人法和法院地法的理由是，如果允许选择，则实现离婚比较容易。主张重叠适用当事人属人法和法院地法的理由是，如果重叠适用上述两个法律，则更能够避免“跛脚婚姻”的发生。

采用选择适用当事人属人法或者法院地法的各国，一般先要求选择双方当事人的共同本国法，在当事人没有共同本国法时，则法律又规定了各自不同的选择：有的国家要求，若无共同本国法时，则先改用双方共同住所地法，只有在无共同住所地法时，才允许选择法院地法；有的国家规定，在无共同本国法时，可直接选择适用法院地法；还有的国家规定，在无共同本国法时，应并行适用当事人各自的本国法，但如依该各自本国法不能解除婚姻时，应允许选择适用法院地法。

采取重叠适用原则的国家在立法上又分为三种情况：一是以采用当事人属人法为主，兼采法院地法。德国《民法施行法》、韩国《关于国际民事法律的法令》等均采用这种方法。二是以采用法院地法为主，兼采用当事人属人法。三是属人法和法院地法同时适用。

（5）适用有利于实现离婚的法律。

婚姻自由原则既包括结婚自由，也包括离婚自由。该原则在离婚关系方面的体现就是各国对离婚限制的放宽。为解除婚姻关系，适用最有利于解除婚姻关系的法律便是实现离婚目标的有效途径。1964 年《捷克斯洛伐克国际私法》第 22 条第 2 款、1978 年《奥地利联邦国际私法法规》第 20 条的规定即是如此。

4. 我国关于涉外结婚、离婚的法律适用规定

（1）我国涉外结婚的法律适用。

2009 年修订的《民法通则》（现已废止）第 147 条规定，中国公民和外国人结婚适用婚姻缔结地法律。2011 年施行的《涉外民事关系法律适用法》对此作出了新的规定。该法第 21 条规定：“结婚条件，适用当事人共同经常居所地法律；没有共同经常居所地的，适用共同国籍国法律；没有共同国籍，在一方当事人经常居所地或者国籍国缔结婚姻的，适用婚姻缔结地法律。”第 22 条规定：“结婚手续，符合婚姻缔结地法律、一方当事人经常居所地法律或者国籍国法律的，均为有效。”

《民法通则》的规定具有以下不足：1）适用范围过窄，只规定了中国人与外国人缔结婚姻，而没有规定中国人与中国人在境外缔结婚姻或者外国人在中国境内缔

结婚姻等情形应适用什么法律；2）针对涉外结婚的所有问题，一概适用单一的法律适用规则，没有区分结婚的形式要件和实质要件。而《涉外民事关系法律适用法》从总体上克服了《民法通则》的局限性。针对结婚的实质要件，采用了有条件的选择性冲突规范，即首先适用当事人的共同属人法，在当事人没有经常居所地或者共同国籍时，如婚姻缔结地与一方当事人的经常居所地或者国籍国重合，则适用婚姻缔结地法。而针对结婚的形式要件，其确立了使涉外结婚尽量有效的政策目标，即只要结婚手续符合婚姻缔结地法律、一方当事人经常居所地法律或者国籍国法律其中之一的，便可认为有效。

（2）我国涉外离婚的法律适用。

2003年国务院颁布的《婚姻登记条例》第10条规定："中国公民同外国人在中国内地自愿离婚的，内地居民同香港居民、澳门居民、台湾居民、华侨在中国内地自愿离婚的，男女双方应当共同到内地居民常住户口所在地的婚姻登记机关办理离婚登记。"

2011年《涉外民事关系法律适用法》第26条规定："协议离婚，当事人可以协议选择适用一方当事人经常居所地法律或者国籍国法律。当事人没有选择的，适用共同经常居所地法律；没有共同经常居所地的，适用共同国籍国法律；没有共同国籍的，适用办理离婚手续机构所在地法律。"该法第27条规定："诉讼离婚，适用法院地法律。"

协议离婚的法律适用规定吸纳了当事人意思自治原则，赋予当事人有限选择准据法的权利；在当事人未作出选择时，实际上依最密切联系原则确定应适用与婚姻关系有密切关联的法律即当事人的共同经常居所地法律或共同国籍国法律；在当事人无共同经常居所地或共同国籍时，适用办理离婚手续机构所在地法律。该条规定所采用的当事人意思自治原则具有以下特点：第一，在选择法律的方式上，依据《涉外民事关系法律适用法》第3条，当事人须明示选择特定法律；第二，在选择法律的范围上，当事人只能选择与婚姻有实际关联的当事人属人法，即一方当事人经常居所地法律或者国籍国法律；第三，在所选法律的调整事项上，该条未作出明确具体的规定。

就涉外诉讼离婚的法律适用而言，《民法通则》第147条规定，中国公民和外国人离婚适用受理案件的法院所在地法律。这一规则，仅涉及一方是中国公民、另一方是外国人的离婚情形，而没有涉及外国人和外国人在我国境内离婚、中国公民和中国公民在我国境外离婚的法律适用以及外国人之间在我国境外离婚的效力问题。根据这一冲突规范，凡我国法院受理的中国公民和外国人的离婚案件，依我国法律处理；外国法院受理的中国公民和外国人的离婚案件，依法院地法律处理。关于外国人与外国人之间离婚的法律适用，《民法通则》未作规定，但根据最高人民法院司法解释的精神，这类离婚案件只要由我国法院受理，也应适用法院地法即中国法律。

《涉外民事关系法律适用法》弥补了《民法通则》的不足，该法第27条规定：诉讼离婚，适用法院地法律。依此，我国法院受理的涉外离婚案件，包括外国人与外国人之间的离婚案件，将适用作为法院地法的中国法律。由此可见，2011年《涉外民事关系法律适用法》对离婚的形式进行了区分，并将当事人意思自治原则引入离婚领域，顺应了意思自治原则扩张至婚姻家庭领域这一发展趋势，体现了对婚姻自由的尊重。

(二) 涉外夫妻关系的法律适用

1. 关于夫妻人身关系的法律适用

夫妻人身关系的冲突体现在各国对夫妻权利义务的不同规定的基础之上。例如有关姓氏权、同居义务、男女从事职业和社会活动以及住所决定权方面等。

(1) 适用当事人的本国法。

夫妻的人身关系的法律适用同人的身份能力的法律适用有密切关系。人的身份能力按照属人法的原则一般适用当事人的本国法。由于各国关于夫妻身份关系的规定的区别，在适用丈夫的本国法还是适用夫妻共同本国法等方面的规定上也有不同，主要有以下几种做法：第一，适用夫妻共同属人法。在夫妻双方有共同本国法或共同住所地法时，适用此规则是比较理想的。但如果没有共同本国法或共同的住所地法时，一些国家主张适用他们的最后共同属人法，只有在无此最后共同属人法时，才适用丈夫的属人法。而法国的趋势是主张以住所地作为解决不同国籍夫妻间身份关系的辅助连结因素。第二，适用丈夫本国法。不过由于体现男女不平等，该主张逐渐被夫妻共同属人法所代替。第三，以夫妻双方共同本国法为主，兼采住所地法或法院地法。1982 年《南斯拉夫法律冲突法》第 36 条规定，夫妻之间的身份关系依双方共同的本国法；如夫妻为不同国家的公民，依他们共同的住所地法；如果既没有共同国籍，又没有共同住所，依他们最后的共同住所地法；而依上述各种立法均不能确立准据法时，则依南斯拉夫法。此外波兰等国也有类似规定。

(2) 适用当事人住所地法。

英美法系国家比较强调住所地作为连结点的重要作用，因此，关于夫妻身份关系适用住所地法也是比较普遍的。英国、美国、丹麦、巴西、秘鲁、乌拉圭等国家都规定适用住所地法。1989 年瑞士的《瑞士联邦国际私法》规定适用住所地法，不过应当是配偶双方的共同住所地法，如果没有这种共同住所，应适用有最密切联系的国家的法律。

(3) 适用法院地和行为地法。

1905 年海牙《婚姻对夫妻身份和财产关系效力的法律冲突公约》第 1 条规定："有关夫妻身份上的权利义务，依双方本国法，但前项权利义务的行使，非依行为地法所认可的方式，不得为之。"采用这一法律规定，多是考虑到法院地或者行为地的公共秩序或者善良风俗。

2. 关于夫妻财产关系的法律适用

(1) 属人法原则。

采用该原则的理由是夫妻关系由人身关系与财产关系构成，正是由于夫妻人身关系的存在，所以才会在人身关系的基础上形成主要的财产关系。既然夫妻人身关系适用属人法，财产关系当然也不例外。在解决夫妻财产的法律冲突时，许多国家相继采用属人法。

（2）意思自治原则的运用。

通过意思自治原则解决夫妻财产关系问题是婚姻家庭法律适用领域的新发展，也是对夫妻双方本身生活的尊重和不干涉，更是将婚姻自由原则贯彻到夫妻生活关系中，进而在处理夫妻财产关系时体现出对双方意志的尊崇。双方就财产关系协商一致对适用的法律作出选择的前提下，得到的结果往往双方都能接受，有利于争议的解决。1978 年《奥地利联邦国际私法法规》在夫妻财产关系的法律适用上，即采用该原则。如其第 19 条规定，夫妻财产依当事人明示选择的法律，无此协议选择的法律时，依结婚时支配婚姻的人身关系法律效力的法律。另外，美国、英国、日本、瑞士等国家都有类似条款。对意思自治原则，有的国家主张对夫妻选择的范围和方式作出一定的限制，有的国家主张不加限制。不过此种情况容易造成“法律规避”，不利于案件的公平解决。

（三）我国涉外夫妻关系的法律适用

2010 年前，中国对于国际夫妻关系的法律适用没有明确的法律规定，但《民法通则》和《婚姻法》的有关规定可供参考。在夫妻人身关系方面，《民法通则》及其司法解释中规定，夫妻间相互扶养，应当适用与被扶养人有最密切联系的国家的法律。扶养人和被扶养人的国籍、住所以及供养财产所在地，均可视为最密切联系地。在夫妻财产关系方面，中国采取夫妻共同财产制。中国现行有关婚姻法律规定：夫妻在婚姻关系存续期间所得的财产，归夫妻共同所有，双方另有约定的除外。对共同所有的财产，夫妻双方有平等处理权。与此有关的法律适用，可参照 1988 年《民通意见》第 188 条“我国法院受理的涉外离婚案件，离婚以及因离婚而引起的财产分割，适用我国法律”的规定。据此，中国一般采用法院地法原则来解决这个问题。

2011 年的《涉外民事关系法律适用法》第 23 条规定：“夫妻人身关系，适用共同经常居所地法律；没有共同经常居所地的，适用共同国籍国法律。”该法在夫妻人身关系法律适用上采用当事人共同属人法不仅体现了夫妻平等原则，从冲突法的角度，也是最密切联系原则适用的结果。第 24 条规定：“夫妻财产关系，当事人可以协议选择适用一方当事人经常居所地法律、国籍国法律或者主要财产所在地法律。当事人没有选择的，适用共同经常居所地法律；没有共同经常居所地的，适用共同国籍国法律。”在该法通过之前，我国法律、行政法规与相关司法解释没有就涉外夫妻关系的法律适用作出专门规定。新法的颁布将夫妻财产关系与夫妻人身关系相区别，单独规定其法律适用规则，符合国际私法在夫妻财产关系领域立法的发展趋势。此外，在夫妻财产关系的法律适用上引入有限意思自治原则，允许夫妻双方自主选择适用于其财产关系的法律，这是我国冲突法在婚姻家庭领域立法上的突破。

需要注意的是，在我国对涉外夫妻人身、财产关系均规定适用当事人共同国籍国法律。如果当事人没有共同国籍，那么，就采用 2011 年《涉外民事关系法律适用法》第 2 条第 2 款的规定，即“本法和其他法律对涉外民事关系法律适用没有规定的，适用与该涉外民事关系有最密切联系的法律”。

五、类案练习

（一）倪某杰诉林某离婚后财产纠纷案

原告倪某杰与被告林某于2014年6月10日在澳门登记结婚，登记的财产制度为一般共同财产制，后倪某杰因感情不和在澳门起诉离婚。

原告倪某杰诉称：原、被告于2014年6月10日在澳门登记结婚，登记的财产制度为一般共同财产制，后因感情不和在澳门起诉离婚并经裁决宣告解除婚姻关系。经调查，原告掌握被告在内地有部分共同财产，应依照澳门法律予以分割。双方对于2703室的价值已经协商一致；因被告故意隐瞒转移车辆的事实，故原告请求按照车辆的购置价和使用年限确定车辆价值；原告根据调查情况要求分割被告银行账户、股票账户中截至离婚诉讼日现金价值的一半。故而于2020年7月3日，向法院变更诉讼请求。

被告林某辩称：原告诉讼请求第二项没有事实及法律依据；第三项股票及基金是被告父亲的钱，与被告无关，不属于本案应当分割的财产。本案原、被告之间离婚纠纷是由本案原告倪某杰提起的，被告是在2016年的5月份才收到澳门法院传票，而本案原告倪某杰在该案时没有申报其在内地的财产，倪某杰是准备好才起诉的，被告申请法院调查原告账户，法院出具调查令，被告去调查发现倪某杰的一个交通银行的账户在2016年3月14日的存款是0，而被告名下的工商银行存折是交由其父亲炒股使用，从来没有防备倪某杰提起离婚诉讼，造成现在被告父亲的炒股钱登记在被告名下的困局，请求法院查明事实，对该股票及基金不予分割。

法院经审理查明：原、被告于2014年6月10日在澳门民事登记分站结婚，婚前约定财产制度为一般共同财产制。2018年5月9日，澳门特别行政区初级法院裁判宣告解除原被告的婚姻关系，该判决于2018年6月8日转为确定。珠海市香洲区人民法院曾就原、被告离婚后的财产纠纷作出（2018）粤0402民初7462号民事判决，认定双方已经明确选择澳门地区实体法律来处理双方的财产关系，且双方居住、工作在澳门，故对于双方离婚后的财产争议应适用澳门地区实体法。《澳门民法典》第1609条规定，夫妻采用之财产制为一般共同财产制时，共同财产由夫妻现在及将来拥有之一切财产组成，但被法律排除之财产除外。第1610条规定，（1）下列者不属于共同拥有之财产：a）附有规定不可由夫妻共同拥有之条款而被赠与或死因处分之财产，即使该等财产系计入特留份范围亦然；b）附归还条款或信托替换条款而被赠与或死因处分之财产，但该条款已失效者除外；c）因用益权人死亡或消减而应终止之用益权，又或使用权或居住权，以及其他纯属人身性质之权利；d）第1584条第1款d项及e项，以及第2款所指之财产。（2）财产具有不可由夫妻共同拥有之性质时，并不表示该财产之孳息及有益改善物亦具有该性质。原告提交的澳门梁某娜大律师法律意见书显示，根据《澳门民法典》第1644条第1款的规定，因原告在2016年3月14日提起离婚程序，故双方财产共同状况会追溯到该日终结，此后取得之财产不再属于夫妻共同财产。

截至2016年3月14日，经查明，被告名下有房产、机动车、股票及银行存款若干。[①]

思考题：

（1）本案的争议焦点是什么？

（2）本案相关问题准据法应如何适用？

（3）本案法官应如何对案件进行裁判？

（二）黄某王某离婚纠纷案

黄某（中国台湾地区居民）与王某于2014年在台湾地区经人介绍相识。××××年××月××日，双方在福建省福州市民政局登记结婚，婚后未生育子女。黄某认为夫妻二人已经没有感情，且王某因受管制无法来台（未提供证据予以证明），结婚至今夫妻双方无法长期生活，无法信任对方，婚姻无法维持下去，遂向内地法院起诉离婚。王某辩称：双方在相识后自愿登记结婚，有一定的感情基础，且黄某每隔数月到大陆探亲，只是因生活琐事产生隔阂。双方加强沟通，互谅互让，夫妻关系可以得到改善。希望双方能够珍惜以往的夫妻感情，共同创造和谐家庭。[②]

思考题：

（1）本案的争议焦点是什么？

（2）本案相关问题准据法应如何适用？

（3）本案法官应如何对案件进行裁判？

六、知识拓展

（一）拓展阅读

1. 李双元，郭玉军，张万明，等. 涉外婚姻继承法. 北京：中国政法大学出版社，1989.

2. 李浩培. 关于离婚及别居的国际私法//李浩培. 李浩培文选. 北京：法律出版社，2000.

3. 徐冬根. 国际私法趋势论. 北京：北京大学出版社，2005.

4. 刘想树. 国际私法. 2版. 北京：法律出版社，2015.

5. 韩德培，韩健. 美国国际私法（冲突法）导论. 北京：法律出版社，1994.

6. 焦燕. 婚姻冲突法问题研究. 武汉：武汉大学，2005.

7. 杜新丽. 国际私法教学案例. 北京：中国政法大学出版社，1999.

8. 肖永平. 法理学视野下的冲突法. 北京：高等教育出版社，2008.

9. 刘仁山. 加拿大国际私法研究. 北京：法律出版社，2001.

10. 马丁·沃尔夫. 国际私法：第2版. 李浩培，汤宗舜，译. 北京：北京大学

---

① 参见广东省珠海市中级人民法院（2021）粤04民终67号民事判决书。

② 参见福建省福州市中级人民法院（2020）闽01民终751号民事判决书。

出版社，2009.

（二）拓展写作

1. 论意思自治原则在涉外夫妻财产关系中的法律适用
2. 论我国涉外婚姻家庭法律适用中的弱者保护原则
3. 论涉外婚姻中的法律规避

（三）其他资料

西南政法大学国际私法学线上课程链接：国际私法学_西南政法大学_中国大学MOOC（慕课）（https：//www.icourse163.org/course/swupl-1205596801）。

专题十一　涉外家庭

第一节　涉外亲子关系

一、引　案

（一）案情简介

耿某为香港特别行政区居民，由于工作原因，于 2009 年到广州工作，并认识了同样单身的秦某。秦某属广东籍公民，在长期相处后，秦某与耿某情投意合，开始同居，并在未登记结婚的情况下生育了女儿小耿。由于耿某工作繁忙，小耿一直由秦某实际携带抚养。2 年后，秦某发现耿某在香港特别行政区已有配偶，并与配偶育有一子一女，因而两人感情破裂。在两人的同居关系结束后，秦某与耿某均表达了抚养非婚生女小耿的强烈愿望，因而产生了纠纷。

耿某因抚养费问题于 2013 年 11 月 28 日向广东省广州市××人民法院提起诉讼，请求解决女儿小耿的抚养费、探视等问题。秦某答辩认为：对本案应适用不方便法院原则，由香港特别行政区法院对本案进行审理，故应驳回耿某的起诉。

法院查明：耿某于××××年在香港特别行政区注册结婚，与其配偶育有两名子女。而秦某至诉讼时仍为单身，小耿在出生两个月之后，一直跟随秦某在广州生活，由秦某抚养至今。秦某曾任职于内地某地产投资有限公司，目前无工作，与小耿等家人共同居住在租赁房屋内，并依靠积蓄和房租维持生活，每月房屋租金收入扣除税款、杂费和贷款后剩余约 14 700 元。耿某系内地××地产有限公司职员，并自 2009 年起任该司华南区域总监，每月薪酬超过港币 85 000 元。耿某与其妻子在香港特别行政区共同共有一处总面积约 120 平方米的房屋，耿某的配偶表示愿意共同抚养小耿。香港特别行政区社会福利署于 2013 年出具社会福利调查报告，建议小耿的管养、照顾及管束权归于秦某。另查明，根据耿某近 4 年出入境记录记载，耿某近4年中有2/3的时间生活、居住在广州。[①]

（二）涉及问题

（1）本案司法管辖权的认定。

（2）本案准据法的适用问题。

（3）本案抚养权及抚养费的认定。

二、法官释法

（一）本案司法管辖权的认定

耿某与被抚养人小耿虽然均属香港特别行政区居民，但被抚养人小耿经常居住地位于广州市，根据“原告就被告原则”，耿某选择在广州法院进行本案之诉，符合法律规定。由于本案中秦某根据不方便法院原则，认为该案应由香港特别行政区法院进行审理，应当驳回耿某的起诉，因此，针对“不方便管辖原则”，仍需予以考虑。2012年修正的《民事诉讼法》第21条规定：“对公民提起的民事诉讼，由被告住所地人民法院管辖；被告住所地与经常居住地不一致的，由经常居住地人民法院管辖。”本案中，耿某与小耿为香港特别行政区籍属，但是被告秦某住所地为广州市，根据“原告就被告原则”，可认定××法院对该案拥有管辖权，针对被告秦某所提出的“不方便法院原则”的问题，对此：（1）《民事诉讼法》司法解释第530条“不方便法院原则”适用的前提是我国法院对案件本身享有管辖权，秦某对××法院对于本案具有司法管辖权并无异议。（2）本案并不适用“不方便法院原则”。《民事诉讼法》司法解释第530条规定了本国法院放弃司法管辖权必须同时符合的六种法定情形，鉴于涉案争议的抚养权纠纷发生在广州，且被抚养人小耿经常居所地在广州，本案亦不存在认定事实和适用法律方面的重大困难，故本案××法院不宜放弃管辖权。

（二）本案准据法的适用问题

在适用冲突规范前，应当对本案进行涉外性认定。根据《涉外民事关系法律适用法》司法解释（一）第1条第1项规定，若当事人一方或双方是外国公民、外国法人或者其他组织、无国籍人则可以认定为涉外民事关系。本案的原告耿某与其非婚生女儿小耿都为香港特别行政区籍属，因此本案应认定具有涉外性，属于涉外亲子关系纠纷。

《涉外民事关系法律适用法》第25条规定，父母子女人身、财产关系，适用共同经常居所地法律；没有共同经常居所地的，适用一方当事人经常居所地法律或者国籍国法律中有利于保护弱者权益的法律。另，《涉外民事关系法律适用法》司法解释（一）第17条规定，涉及香港特别行政区、澳门特别行政区的民事关系的法律适

---

① 参见广东省广州市中级人民法院（2016）粤01民再131号民事判决书。

用问题，参照适用本规定。因而，本条所规定的准据法认定十分明确，即父母子女若存在共同的经常居所地则直接适用经常居所地的法律，如没有则适用一方当事人经常居所地法律或者国籍国法律中“有利于”保护弱者权益的法律。本条法律规定并未指向明确弱者，而是交由法官在具体的案件之中自行判断。而对“有利于”的具体认定通常有两种典型做法：第一种是形式上的认定，从实现冲突正义的角度出发，在不预判适用不同国家或地区实体法得出的判决结果哪个对被保护者最有利的情况之下，仅仅判断如何适用冲突规范对弱者而言最为公平；第二种是实质上的认定，从实现实体正义的角度出发，在实质层面对弱者进行保护。这要求法官找出可能适用的国家或地区的法律，再根据这些国家或地区的法律作出判断，对比不同的判决结果从而寻找出最有利于保护弱者利益的法律。

本案中小耿虽为香港特别行政区籍属，但小耿一直跟随着秦某在广州长期生活，经常居所地在广州；从出境记录反映情况来看，耿某每年有 2/3 的时间在广州生活，足以认定广州已经为耿某连续居住一年以上且是作为其生活中心的地方。由于小耿、秦某、耿某的共同经常居所地在广州，故应当适用三人的共同经常居所地的法律，对本案进行审理；若本案当中三人缺失共同经常居所地，则法官应当在充分考虑“有利于弱者权益保护”的标准下对香港特别行政区法律和内地的法律进行自由裁量，从而选取最有利于保护关系之中弱势方小耿的法律作为本案的准据法。

(三) 本案抚养权及抚养费的认定问题

针对小耿抚养权的确定，虽然耿某、秦某均表达了抚养非婚生女小耿的强烈愿望，但此时应当对两人的情况予以考察。耿某有配偶，与配偶育有一子一女，耿某作为唯一与小耿熟络的亲人，工作较忙，而小耿贸然融入一个陌生的家庭，难以令人确信其所有权益会得到保障。而秦某一直陪伴着小耿在广州长大，秦某亦具备抚养条件和能力，且抚养能力并未发生巨大变化。小耿作为女孩年纪尚小，也更需要母亲的陪伴，因而抚养权确认给秦某并无不妥。《民法典》第 1071 条规定：“不直接抚养非婚生子女的生父或生母，应当负担未成年子女或者不能独立生活的成年子女的抚养费。”未抚养非婚生子女的生父也需要负担孩子的生活费、教育费等费用，因此应当结合父母双方的职业收入，以及作为携带抚养人今后实际监护抚养所付出的心血、精力预况，对该费用予以确定。针对此情况，抚养权归属于秦某更为得当。针对小耿抚养费的认定，应当充分考量广州地区城镇居民实际生活水平、教育情况，且衡平耿某、秦某的经济能力及家庭负担等情形下予以认定。

三、学理评析

本案主要涉及涉外案件当中父母子女关系的法律适用，而小耿作为非婚生子女，如何将其权益与婚生子女进行同等保护，这是本节需要探讨的重要问题。

(一) 子女婚生身份确认的准据法

婚生子女一般而言指在有效婚姻关系中所生育的子女，而非婚生子女是指非婚姻关系（有的国家包括无效婚姻）中所生育的子女。历史上，法律对婚生子女与非婚生子女加以区别。随着时代的发展，许多国家的立法正努力缩小婚生子女与非婚生子女的差别，然而，各国法律对非婚生子女歧视和差别对待的客观情况依然存在，也由此产生了法律冲突。关于子女是否为婚生的准据法，一般而言有以下几种主张。

1. 适用父母的属人法

许多国家采用父母的属人法来确认子女是否为婚生。如1999年修正的《日本法例》第17条规定："根据子女出生时夫妇一方的本国法，子女为婚生子女时，即视为婚生子女。生父于子女出生前死亡时，生父死亡时的本国法为前款所指的本国法。"

2. 适用子女的属人法

有些国家认为，为保护子女的利益，且婚生子女的认定与子女的身份密切相关，因此应当适用子女的属人法。如1966年《波兰国际私法》第19条第2款规定：父子关系或母子关系的承认或否认，依出生时子女的本国法。但是，依子女的属人法也不一定能保障子女的婚生地位。由于子女利益取决于冲突规则所指向的最有利的实体法，因而即使适用子女属人法也不一定能保障子女的利益。

3. 适用父母婚姻有效性的法律

如英国的判例曾采用此种做法，子女只有在合法的婚姻中诞生才为婚生子女，而父母婚姻的效力直接影响到子女的婚生与否。但适用支配婚姻效力的法律作为判断子女婚生的准据法，也并不意味着无效婚姻下，子女一定为非婚生子女。由于支配婚姻效力的冲突规则所指向的实体法决定了子女是否为婚生，因而只有该实体法将父母婚姻的有效性作为子女为婚生的条件，且婚姻无效时，子女才为非婚生子女，否则，即使婚姻无效，也不影响子女的婚生地位。

4. 适用有利于子女为婚生的法律

由于适用子女的属人法并不一定能保障子女的利益，因而有部分国家采取明确立法规定适用有利于子女为婚生的法律。如1978年《奥地利联邦国际私法法规》第21条规定："配偶双方的属人法不同时，依其中更有利于子女为婚生的一方的法律。"

（二）非婚生子女的准正

在过去，世界上不少国家的法律都对非婚生子女有诸多歧视，婚生子女与非婚生子女地位有所区别。为改变这一现状，各国在立法上确立了非婚生子女的准正制度，从而使非婚生子女取得婚生子女资格。

1. 非婚生子女准正的方式

准正，是指非婚生子女在一定条件下依法取得婚生子女地位的法律制度。一般而言，准正的方式有以下几种。

（1）父母后为婚姻，即非婚生子女出生后，其父母结婚，则该非婚生子女便取得婚生子女资格。有些国家将此种方式作为非婚生子女准正的唯一途径。但是有些国家，例如日本，仅有父母的事后婚姻并不能直接使非婚生子女准正，还需要其他的认领行为。

（2）认领方式，即除父母后为婚姻以外，还须生父母对非婚生子女认领才可使其获得婚生子女资格。但有些国家被认领的非婚生子女并不能完全取得婚生地位，而对以认领方式准正的非婚生子女予以有限的权利。

（3）司法程序，即父母不能为后为婚姻或拒绝认领的情况时，法院可以判决确认非婚生子女与其生父母的血缘关系。

2. 非婚生子女准正的准据法

有些国家不区分各种不同的准正方式，而是笼统地规定准正应适用的法律。例如 1982 年《土耳其国际私法和国际诉讼程序法》第 16 条规定："非婚生子女准正，适用准正时的父亲的本国法；依父亲本国法如无法准正，则适用母亲的本国法或子女的本国法。"有些国家则分别针对父母后为婚姻、认领方式、司法程序分别规定应当适用的法律。

（1）因父母后为婚姻而准正的准据法。

在父母后为婚姻的情况下，有些国家通常以父母的属人法来确认非婚生子女准正的准据法。如英国 1926 年《婚生子女法》规定，非婚生子女准正，依结婚时生父母之住所地法。

（2）因认领而准正的准据法。

认领的准据法有形式要件和实质要件之分。认领的形式要件在各国有些许差别，一般认为只要符合认领行为发生地的要求即可。

认领的实质要件的准据法主要有以下几种：其一，依父母属人法。子女的父母住所地或者本国法常被用来决定认领问题。如《泰国国际私法》第 31 条规定，非婚生子女的认领，依认领时父的本国法；如父已死，则依父死亡时的本国法。其二，依子女属人法。如 1966 年《波兰国际私法》第 19 条第 2 款规定，父子关系或母子关系的承认或否认，依出生时子女的本国法。但子女的认领，依认领时子女所属国法。其三，适用父或母或子女的属人法。如《瑞士联邦国际私法》第 72 条规定，对瑞士境内子女的认领，只要符合子女习惯居所地法或本国法，或父母任何一方的住所地法或本国法，即为有效。这种选择性立法的目的在于有利于认领的成立。其四，分别依父母和子女的属人法。如 1989 年《日本法例》第 18 条规定，非婚生子女的认领，对其父或母，依认领时父或母的本国法；对其子，依认领时子的本国法。

（3）因司法程序而准正的准据法。

非婚生子女因司法程序而准正时，有些国家规定同时适用父母属人法和子女属人法，如《秘鲁民法典》第 2086 条规定："行政或司法宣告准正……依准正宣告时父母一方住所地法或子女住所地法。准正效力必须符合上述两地法律。"但也有一些国家从有利于非婚生子女准正出发，允许法院参照父母后为婚姻或父母认领的冲突原则决定应当适用的准据法。

（三）亲子关系的法律适用

1. 适用父母属人法

如 1942 年《意大利民法典》第 20 条规定："父母子女间的法律关系，依父的本国法，如无父时，依母的本国法。”也有的国家主张适用父亲的住所地法。

2. 适用子女属人法

为子女的幸福与利益考量，有些国家的立法实践会主张适用子女的属人法。如，1987 年《瑞士联邦国际私法》第 82 条规定：“父母子女关系由子女惯常居所地国家的法律支配。”1989 年修订的《日本法例》第 21 条规定：“亲子间的法律关系，如果子女的本国法与父的本国法或母的本国法或如果父母一方死亡时与另一方的本国法相同，依子女的本国法。”

3. 适用亲子共同属人法

在亲子关系中，如对子女的监护、教育，并不能将其完全理解为谋求子女的利益，因此也有国家主张适用亲子共同属人法。如 1982 年《南斯拉夫国际冲突法》第 40 条规定：（1）父母和子女之间的关系，依他们的本国法。（2）如父母和子女的国籍不同，依他们的共同住所地法。（3）如果父母和子女的国籍不同，住所不同，只要子女或父母中任何一人为南斯拉夫公民，则依南斯拉夫法。

（四）我国亲子关系的法律适用

《涉外民事关系法律适用法》第 25 条规定了亲子人身关系和财产关系的法律适用：“父母子女人身、财产关系，适用共同经常居所地法律；没有共同经常居所地的，适用一方当事人经常居所地法律或者国籍国法律中有利于保护弱者权益的法律。”该条只笼统地对父母子女关系作出规定，从该条所用的措辞，以及我国平等对待婚生子女和非婚生子女的态度，可以理解此条款既适用于父母与婚生子女的关系，也适用于父母与非婚生子女的关系。

前述引案属涉外亲子关系认定问题，并涉及对非婚生子女的权益保护。在全世界范围内，非婚生子女被歧视的情况普遍存在。为保护非婚生子女的权利，各国出现了通过父母后为婚姻、父母认领及法律程序的方式来使非婚生子女取得婚生子女的地位。根据《民法典》第 1071 条，非婚生子女享有与婚生子女同等的权利，任何组织或者个人不得加以危害和歧视。从中国的立法精神来看，我国一贯主张将非婚生子女和婚生子女同等对待，对非婚生子女的权益依法予以保护。因而，本案中对于非婚生子女的权利问题，也应当遵循我国的法律规定，对其法律地位与权利依法予以保护。非婚生子女的抚养问题本应由父母双方协商解决，若无法达成一致意见，那对非婚生子女的抚养应从有利于子女身心健康、保障子女合法权益出发，结合父母双方的抚养能力和抚养条件等具体情况妥善解决。

四、延伸问题

近年来，因跨国婚姻等，人口流动日益频繁，加之多国生育率不断下降，国际收养也获得了长足发展。被收养儿童在他国的权益保护也是涉外家庭关系中值得讨论的重要问题。涉外收养是通过法律程序创设亲子关系的一种制度，一般收养人与被收养人之间并无血缘关系，而收养使收养人与被收养人之间产生了拟制的血亲关系。各国对收养案件的管辖权、成立要件、收养的效力和解除有着不同的规定。

(一) 收养案件的管辖权

收养的管辖权一般以住所或国籍为依据。根据1975年《英国收养法》的规定，只要收养申请人在英国有住所，英国高等法院就有权颁布收养令，如果被收养人或其生父母或监护人于收养申请提出时在英国，则英国高等法院和地方法院均可发布收养令。而美国法院的收养管辖权也以住所为前提，如被收养人住所地州或收养人住所地州等。在近年来的一些立法文件当中，惯常居所地这一连结点也受到了重视。如联邦德国1986年7月25日发布的《对免除诉讼费用法的修订文本》第436条规定，如果收养人、收养夫妻一方、被收养人是德国人，或在德国有习惯居所，德国法院有管辖权。这在国际公约上也有所体现，如1965年海牙《收养管辖权、法律适用和判决承认公约》第3条规定："收养人惯常居所地国家或国籍国的主管机关有审批收养的管辖权"。

(二) 收养的成立要件

收养的成立要件可分为形式要件和实质要件。收养的形式要件指收养需要经过的程序及手续，如是否经过当事人申请、经公证和登记等大多数依"场所支配行为"原则，主张适用收养成立地法律。收养的实质要件包括收养人和被收养人年龄、身份和意思表示等内容，其准据法的立法和实践主要有以下几种。

1. 适用法院地法

在英国，收养的成立要件的法律选择并不重要，首先考虑的应当为管辖权问题，一旦英国法院确定有管辖权，那么一般而言就适用英国法来决定。除此之外，1987年《瑞士联邦国际私法》第77条第1款也规定："在瑞士宣告收养的条件，由瑞士法律支配。"它还进一步规定了在某些情况下应当考虑国家的有关法律规定。

2. 适用收养人属人法

收养的成立与否和收养人权利义务息息相关，因而一些国家采取适用收养人的属人法作为准据法。并且，由于收养人的生活中心一般都在收养人的本国，因而符合收养人属人法是必要的。如《葡萄牙民法典》第60条第1款规定："养子女的亲子关系的成立适用收养人的属人法。"

3. 重叠适用收养人和被收养人属人法

如《秘鲁民法典》第2087条第1款规定："在收养人和被收养人的住所地法均允许时，才能收养。"

4. 分别适用收养人和被收养人各自本国法

这种立法的理由是认为收养不仅影响收养人的权利与义务，也影响被收养人的权利与义务。另外，这种立法也考虑了收养的外国承认的问题。如《希腊民法典》第23条规定："收养的实质要件适用收养人和被收养人的各该本国法。"

5. 适用被收养人属人法

完全以被收养人属人法作为准据法的国家并不多见。如1978年《奥地利联邦国际私法法规》第26条第1项规定："收养适用养父母的各自属人法，如子女的属人法要求取得他的同意或他与之具有合法亲属关系的第三者的同意，该法则在此限度内起决定作用。”

(三) 收养的效力

收养的效力是指收养关系成立以后，对养子女与养父母的法律效力和收养对子女与生父母的法律效力。各国对这一问题作出了不同的规定，在养子女与生父母的关系上，大多数国家采用完全收养制，即一旦收养关系成立，养子女与生父母的关系完全解除；部分国家采用不完全收养制，仍然保留养父母与生父母的一定的权利义务关系；还有的国家可由当事人选择完全收养制和不完全收养制。关于收养效力的法律适用，一般而言有以下几种做法。

1. 适用收养人属人法

如 2006 年日本《法律适用通则法》第 31 条第 1 款规定：“收养，依收养人收养时的本国法。”奥地利对此规定更为详细，《奥地利联邦国际私法法规》第 26 条第 2 项规定：“收养的效力，依收养人的属人法；如为配偶双方所收养，依支配他们婚姻的人身法律效力的法律；但在配偶一方死亡后，依另一方的属人法。”

2. 适用被收养人本国法

如 1982 年《南斯拉夫国际冲突法》第 45 条第 4 款规定：“如果收养人既无共同本国法也无共同住所地法并且双方均非南斯拉夫公民时，则依被收养人的本国法。”

3. 分别适用收养人和被收养人各自本国法

如 1928 年《布斯塔曼特国际私法典》第 74 条规定：“收养的效力，就收养人的遗产而言，依收养人的属人法调整。但关于姓氏及被收养人对其原来家庭所保留的权利义务，以及收养人对其遗产的关系，依被收养人的属人法调整。”

4. 收养人和被收养人共同属人法

如 1982 年《南斯拉夫国际冲突法》第 45 条第 1、2 款规定：“收养的效力依收养人和被收养人在实行收养时的本国法。如收养人和被收养人国籍不同，应依他们共同住所所在国法律。”

(四) 收养的解除

关于收养解除的法律适用，一般而言有两种做法：一是适用与收养成立相同的准据法，如意大利等的做法；二是采用与收养效力相同的准据法，如匈牙利、罗马尼亚等的做法。

(五) 我国涉外收养的相关规定

于 1998 年 11 月修订并自 1999 年 4 月起施行的《收养法》(现已废止) 第 21 条规定：“外国人依照本法可以在中华人民共和国收养子女。外国人在中华人民共和国收养子女，应当经其所在国主管机关依照该国法律审查同意。”此规定采用的重叠性的冲突规范，即外国人在我国境内收养子女应当重叠适用我国和其所在地法律。这一冲突原则适用于收养的实质要件、形式要件及收养的效力。与其他国家立法相比，此规定并不完全。《民法典》第1109条规定：“外国人依法可以在中华人民共和国收养子女。外国人在中华人民共和国收养子女，应当经其所在国主管机关依照该国法律审查同意。”本条吸纳《收养法》第21条的有关规定，并将涉外收养的法律依据的“依照本法”修改为“依法”，涉外收养不仅应当符合《民法典》中收养的规定，也应当符合其他法律中有关收养的规定。除此之外，该条还将收养登记机关以及收养登记的有关程序予以完善。

《涉外民事关系法律适用法》第28条规定：“收养的条件和手续，适用收养人和被收养人经常居所地法律。收养的效力，适用收养时收养人经常居所地法律。收养关系的解除，适用收养时被收养人经常居所地法律或者法院地法律。”该条对收养的条件及手续、收养的效力、收养关系的解除分别规定了应当适用的法律，与1993年《跨国收养方面保护儿童及合作公约》的要求一致，弥补了《收养法》原规定的部分不足：一是扩大了调整范围，使收养不只是适用于外国人在华收养子女，填补了《收养法》未规定的中国人在境外收养子女等情形的空白；二是强化了法律适用的针对性，分别针对收养的条件、收养的效力制定了冲突规范，而非单一冲突规范或统一调整涉外收养的全部问题；三是灵活运用了属人法原则，针对收养条件及手续，从保护被收养人的利益出发，重叠适用收养人和被收养人经常居所地法律。而针对收养的法律效力，立法者以收养人经常居所地法作为适用原则，可以认为是收养人和被收养人建立权利义务中心地，在调整养子女与养父母关系当中可发挥更大的作用。

五、类案练习

（一）符某与甘某同居关系纠纷案

1978年，甘某与吴某在新加坡登记结婚。1998年，甘某与符某在中国海南相识，两人于2001年开始同居，并于2004年生育了女儿小玲。在同居期间，符某一直在家中照顾孩子，并未外出工作，没有经济来源。2011年8月，双方因生活矛盾发生冲突，符某被迫带女儿搬到外面单独居住至诉讼时，鉴于双方感情已经破裂，符某请求法院判决解除双方的同居关系，并分割双方同居期间的共有财产、海南省房产数套并承担女儿的抚养费用。甘某为新加坡籍，在中国海南有固定住所，其认为符某在中国国内没有工作，亦无其他经济收入，符某所主张的上述资产均是甘某用从新加坡汇入中国境内的资金购买，这些资金是甘某与吴某的共有财产，原始产权应属其与吴某所有，而符某无权主张分割。吴某则认为，符某所主张的部分同居期间共有财产一部分是其与甘某的夫妻共有财产，这已经严重侵犯了其合法权益。[①]

思考题：

（1）本案的争议焦点是什么？

（2）本案的管辖权归属如何？准据法应当如何适用？

---

① 参见海南省高级人民法院（2012）琼民三终字第41号民事判决书。

（二）孙某、李某抚养纠纷案

孙某与李某于1993年相识。1995年孙A出生，1997年孙B出生。2000年孙某与李某于丹麦结婚，婚后未办理孙A与孙B有关法律关系的手续。后因李某与他人同居，2007年年初，孙某与李某曾达成离婚协议，但李某拒付或少付各项费用。2009年孙某向德国法院起诉与李某离婚。德国法院判决解除了双方的婚姻关系，并对孙A与孙B的抚养费作出了判决。2011年6月，孙某向北京市第一中级人民法院提出申请，要求承认上述判决中关于解除双方婚姻关系部分的效力，并要求李某承担孙A和孙B的相应抚养费。北京市第一中级人民法院于2011年7月13日裁定对上述判决中关于解除双方婚姻关系部分的法律效力予以承认。孙A与孙B都一直跟着孙某生活至今。李某辩称：对孙A与孙B的主体资格有异议。德国法院已经对子女抚养费作出处理，不能在中国再处理。

思考题：

（1）本案涉及哪些法律关系？

（2）本案的准据法应当如何确定？

（三）小周诉周一等继承纠纷案

在20世纪50年代，周一、周二、周三与小周系嫡亲姊妹，而周一、周二、周三与小周同周先生为嫡亲叔侄。周先生在小周出生后不久以“过继”的方式收养其为养子，但未办理收养等手续。后周先生前去美国工作并加入了美国国籍，居住在美国加利福尼亚州。周先生每次回国后都与小周居住在一起，由小周照顾其生活起居。1978年，周先生回国，并按习俗在家中摆酒，向亲友正式宣布收养小周为养子，但未办理收养手续。周先生家族亲属亦均认可小周系周先生的养子。周先生因有回国养老意愿，遂打算购置房产。经多方察看，周先生选中某别墅。交房后，小周对房屋进行了装修并居住于此，装修费用及物业管理费等相关费用均由小周承担，周一、周二、周三在小周装修过程中给予了帮助并向小周提供了部分借款。2011年7月1日，周先生在美国加利福尼亚州的家中去世。在周先生去世后，周一、周二、周三因别墅的继承问题与小周产生了纠纷。

法院认为：根据《涉外民事关系法律适用法》第28条的规定，收养的效力应适用收养时收养人经常居所地法律。周先生收养小周时的经常居所地为中国，所以应当适用中国法有关收养子女的相关规定。考虑到周先生以“过继”形式收养小周为养子的事实发生于《继承法》施行前，即周先生去美国生活工作并加入了美国国籍之前的20世纪50年代，当时中国法律对成立合法收养关系的条件和程序并未作出规定，因而本案收养的效力应考虑当时的特定历史环境并结合当地风俗民情及收养事实等因素来确定。小周与周先生系嫡亲叔侄关系，周先生按照习俗以“过继”形式收养小周为养子，该收养事实也得到家族亲戚认可；且在实际生活中，周先生对小周及其家人在经济、生活等多方面给予了支持，小周在周先生回国期间尽到赡养义务，因此，周先生与小周之间的收养关系虽然未办理收养登记等手续，但符合中华民族的传统习俗，属于事实收养关系。

由于周先生与小周的收养关系成立，根据《继承法》的有关规定，周先生并未留下遗嘱或者遗赠扶养协议，就该套房产应当进行法定继承，而小周理应作为唯一的第一顺序继承人继承该套房产。①

思考题：

（1）本案的准据法应当如何选择？

（2）我国涉外收养当中应当履行哪些手续？

（四）甲诉乙继承纠纷案

父亲游某龄、母亲林某玉共生育一子一女，子为甲，女为乙。在20世纪40年代初，游某龄、林某玉因战争逃难，将出生不久的女儿送给福建省沙县夏茂镇罗姓人家收养。后游某龄到台湾地区工作，林某玉也带其子一起到台湾地区生活并落户。在20世纪80年代初，游某龄回乡探亲并寻找女儿，认为乙就是当初自己送养的女儿。1998年，林某玉去世。同年，游某龄按与林某玉生前的协议，以赠与方式汇给乙美元。1999年，游某龄从台湾地区汇款××美元到大陆其本人的账户，作为其在大陆的生活费用，并希望在大陆进行投资保值。2003年，游某龄在中国银行沙县支行挂失并补领存折。2003年，游某龄支取80 000美元。2006年，游某龄在台湾地区去世。2007年，乙向甲出示一张落款时间为2004年的字条，主张该字条是游某龄亲笔所写，其可依字条的安排与甲共同继承游某龄的财产。甲认为，乙未按约定履行代管义务，无权依遗赠获得80 000美元及存款利息，且其父母游某龄、林某玉与乙之间法律上的父母子女关系因送养行为而终止，甲作为被继承人游某龄的唯一法定继承人，依法有权继承游某龄在中国银行的存款××美元及存款利息。

乙认为甲关于其为游某龄遗产唯一的法定继承人的主张与事实不符。乙不是被罗某以养女身份收养，而是以童养媳身份被收留，并最终与罗家儿子罗某满结婚，未与罗家形成事实上的收养关系，乙应当作为唯一的继承人继承所有财产。同时，乙认为，综合福建省沙县公证处于1995年确定其为游某龄和林某玉的亲生女儿，其于2000年在福建省沙县公证处承诺对游某龄晚年来沙县定居承担主要赡养义务，甲曾委托其照顾父亲，游某龄晚年长时间在大陆生活时由其一人赡养照料这四点，无论收养成立与否，都不影响其对游某龄遗产的继承权。

法院查明：被继承人游某龄于2004年亲笔书写了合法有效的遗嘱，应按遗嘱办理：80 000美元由乙单独继承，80 000美元以外的遗产（包括××美元以及台湾地区的遗产）由乙与甲共同继承，各享有50%的份额。②

思考题：

（1）本案应当适用哪个法域的规定？

（2）如果你是法官，你会如何判决该案件？

---

① 参见湖南省长沙县人民法院（2012）长县民初字第456号民事判决书。

② 参见福建省高级人民法院（2013）闽民终字第533号民事判决书。

六、知识拓展

（一）拓展阅读

1. 刘想树. 国际私法. 2 版. 北京：法律出版社，2015.

2. 李双元. 国际私法（冲突法篇）. 3 版. 武汉：武汉大学出版社，2016.

3. 齐湘泉，安朔. 跨境代孕法律规制研究：兼议跨境代孕产生的亲子关系认定. 中国青年社会科学，2021（5）.

4. 蒋新苗. 中德跨国收养法律冲突的解决路径. 国际法研究，2021（3）.

5. 凯莉・奥哈洛兰. 收养法与人权：一个国际视角. 纽约：劳特利奇出版社，2021.

（二）拓展写作

1. 跨国代孕亲子关系认定法律适用研究

2. 《民法典》施行与我国涉外收养法律适用的完善

（三）其他资料

1. 海牙国际私法会议 1993 年《跨国收养方面保护儿童及合作公约》。

2. 西南政法大学国际私法学线上课程链接：国际私法学_西南政法大学_中国大学 MOOC（慕课）（https：//www.icourse163.org/course/swupl-1205596801）。

第二节 涉外扶养与监护

一、引 案

（一）案情简介

林甲的母亲潘某与林乙于 1999 年 12 月登记结婚，并于 2002 年生育林甲，林甲、林乙与潘某都为中国籍。2010 年 1 月 7 日，由于长期分居，夫妻感情淡薄，潘某与林乙协议离婚，并约定了一份包含了林甲抚养费的离婚协议。离婚后，潘某与林甲搬到了澳大利亚生活居住，潘某也与他人结婚生子。2016 年，林甲由于抚养费问题向林乙提起了诉讼，请求林乙支付拖欠的抚养费。

双方离婚签订离婚协议书一份，约定：林甲由潘某抚养，林乙每月支付抚养费 5 000 元。该协议书同时约定夫妻共同所有某房产所有权归林乙所有，银行存款 100 万元归林甲所有，潘某与林乙双方婚后无共同债权债务处理。林甲与母亲潘某在潘某与林乙离婚后在澳大利亚联邦生活，现正读书。而林乙于 2011 年重新组建家庭，其现任妻子也于同年 7 月罹患鼻咽癌，而其原工作单位企业负责人破产，林乙现已无工作，又需要治疗患病的妻子，其离婚后多年生活艰辛、收入巨变，在此情况下，法院应视双方收入情况合理裁决。而潘某也再次生育两个小孩，生活无忧。林乙认为自己连温饱也难以保障，对于如此巨额的抚养费，实属不能。

二审法院认为，本案林甲经常居所地为澳大利亚联邦，故本案可以被认定为涉外民事诉讼。根据《涉外民事关系法律适用法》第29条之规定："扶养，适用一方当事人经常居所地法律、国籍国法律或者主要财产所在地法律中有利于保护被扶养人权益的法律。"因林甲、林乙均系中华人民共和国公民，故应当适用中华人民共和国法律处理本案纠纷。而支付子女抚养费是夫妻离婚后非直接抚养子女一方应承担的法定义务，且及时支付抚养费也是为了保障子女生活、教育、医疗所需。原审法院鉴于林乙再婚妻子罹患重病和工作问题导致其经济状况出现较大变化的实际情况，考虑林乙的负担能力，已将抚养费酌情减至人民币2 500元/月。[①]

（二）涉及问题

（1）本案准据法的选择与适用问题。

（2）本案抚养费的确定。

二、法官释法

（一）关于本案的准据法

在本案中，首先应当判断本案的涉外性。由于本案中林甲的经常居所地在澳大利亚，根据《涉外民事关系法律适用法》司法解释（一）第1条第2项，该案系涉外案件。对本案进行定性后，认定本案属于典型的涉外扶养案件。

再考虑本案的准据法的适用。根据《涉外民事关系法律适用法》第29条之规定，该条是有条件的选择性冲突规范，其目的是贯彻保护弱者利益原则，从而保障处于扶养关系当中弱势一方的被扶养人的利益。该条赋予了法官自由裁量的权力，既要结合"有利于被扶养人权益"的判断标准，也要在经常居所地、国籍国法及主要财产所在地法三个连结点中进行权衡和选择，从而最终选择最能保障被扶养人利益的法律。法官不仅要从冲突正义的角度出发，还要从实质正义的角度出发，去判断如何适用冲突规范对于弱者而言更为公平。在审理该案时，法官将《婚姻法》中有关于扶养的规定与澳大利亚的法律进行查明、比较，以此判断哪国法律更加符合"有利于保护被扶养人权益"的选法标准，最后得出适用中国法或是适用澳大利亚法的结论。然而，法院的判决并未说明"有利于被扶养人权益"的考量因素，而仅基于当事人的国籍国法，认为林甲的国籍国为中国就直接选择中国法来作为准据法。当然，"有利于"原则存在一定的司法操作的难度，也缺乏一个清晰的指导标准，因而法官常常在判断时直接将经常居所地法律作为有利于保护被扶养人的法律，该案法官的处理，实际上也折射出我国法院对于此类案件审理的普遍现象与存在的不足。

---

① 参见浙江省杭州市中级人民法院（2016）浙01民终593号民事判决书。

(二) 关于本案抚养费的确定

由于林乙在与林甲母亲潘某离婚时已对林甲抚养费的处理达成协议，因而如子女生活学习的实际需要及父母双方的负担能力等情况没有重大变化，应按约履行。林甲母亲潘某与林乙签订的离婚协议书中约定林乙按月支付抚养费 5 000 元，符合澳大利亚联邦的生活条件，也考虑到了林乙的负担能力。现林乙提供证据证明其再婚妻子罹患重病导致其经济状况出现较大变化，故林甲要求林乙每月支付抚养费 5 000 元的诉请，法院根据林甲的实际需要和当地的实际生活水平、林乙的负担能力予以酌情调整。

三、学理评析

(一) 扶养的法律适用

扶养指的是根据身份关系，在一定亲属之间，一方给予他方生活上的扶助。负有供养义务的一方被称为扶养人，享受供养权利的一方被称为被扶养人。扶养具有广义和狭义之分，广义的扶养不区分身份或者辈分，包括抚养（长辈亲属对晚辈亲属)、赡养（晚辈亲属对长辈亲属）和狭义的扶养（平辈亲属之间)。各国的扶养制度存在一些相同特征，但是对扶养的立法总体而言存在较大差异，可能导致涉外扶养的法律冲突。关于扶养的法律适用，存在不同的适用方法。

1. 针对不同类型扶养制定不同的准据法

如 1979 年《匈牙利国际私法》第 39 条规定："夫妻之间的扶养，应适用起诉时夫妻共同的属人法；如无，则适用其最后的共同属人法；如没有最后的共同属人法，则适用夫妻最后的共同住所地法；如夫妻没有共同住所，则适用法院地或其他机构地法。"第 45 条规定："父母对子女的扶养，应适用子女的属人法。"第 47 条规定："亲属互相扶养的义务、条件、程序和方法，应根据扶养权利人的属人法确定。"此种立法模式针对不同类型的扶养关系分别规定了不同的准据法。

2. 对各种扶养统一制定准据法。

采用此种模式制定准据法的国家，一般而言有以下几种做法。

（1）适用扶养人的属人法。如 1982 年《土耳其国际私法和国际诉讼程序法》第 21条规定："扶养义务适用义务人本国法。"

（2）适用被扶养人的属人法。有些国家从保护被扶养人利益的角度出发，适用被扶养人的属人法。如 1962 年韩国《关于涉外民事法律的法令》第 23 条规定："扶养义务，依扶养义务人的本国法。"

（3）适用双方共同的属人法。扶养义务在一定的亲属之间也可能是双向的，扶养人也可能为被扶养人，扶养的准据法选择也应当尊重两者的利益。如，1986 年《联邦德国国际私法》第 18 条原则上规定扶养义务适用被扶养人惯常居所地的法律，但该法同时补充规定："如果被扶养人依照该法无法得到扶养，则应适用扶养人与被扶养人的共同本国法。"

（4）适用选择性的冲突规范。为了使被扶养人的利益得到尽可能的保护，1973年海牙国际私法会议通过的《扶养义务法律适用公约》规定，凡因家庭关系、亲属关系、婚姻或姻亲关系而产生的扶养义务，首先适用扶养权利人惯常居所地法；如依该法被扶养人不能获得扶养，则依扶养权利人和扶养义务人共同本国法；如依该法仍不能使扶养权利人获得扶养，则依管理机关的国内法，即法院地法。该公约的规定，对一些国家的立法和实践具有重大影响。如瑞士作为公约的缔约国，其1987年《瑞士联邦国际私法》第83条对父母与子女之间的扶养义务的准据法未作具体规定，而是指出直接适用或类推适用该海牙公约的规定。

（二）我国对于涉外扶养的相关规定

在《涉外民事关系法律适用法》生效以前，《民法通则》第148条规定："扶养适用与被扶养人有最密切联系的国家的法律"。由此可见，我国采用的是各种扶养统一制定准据法的模式，以最密切联系原则取代传统的固定连结点，虽然增强了法律适用的灵活性，但是对扶养人予以保护的意图并不明确。

《涉外民事关系法律适用法》第29条规定："扶养，适用一方当事人经常居所地法律、国籍国法律或者主要财产所在地法律中有利于保护被扶养人权益的法律。"该条实现了法律选择灵活性与针对性的有机统一，弥补了原有冲突规范的不足。一方面，该条采用了有条件的选择性的冲突规范，规定了"经常居所地"、"国籍国"和"主要财产所在地"三个连结点；另一方面，法官在法律选择当中自由裁量权受到立法者明确设定的价值目标的限制，即法官应当选择数个国家和地区中"有利于被扶养人权益"的法律，体现了我国在相关立法上追求法律适用的实质正义和对弱者利益予以保护的趋势。

四、延伸问题

（一）监护的法律适用

监护指的是对无民事行为能力人和限制民事行为能力人的人身、财产权益依法实行监督、管理和保护的制度。承担监护义务的一方为监护人，受监护一方为被监护人。各国法律对监护人的职责权利、监护终止等方面规定不同，常常产生法律冲突，需要运用国际私法规则来解决涉外监护的法律适用等问题。监护的法律适用原则主要有以下几种。

1. 适用被监护人属人法

监护制度的目的是保护受监护人利益，因此各国立法大多以被监护人的属人法来作为监护问题的准据法。该各国原则上都主张适用被监护人的本国法，如1978年《意大利民法典》第21条、1984年《秘鲁民法典》第2071条均是如此。

2. 适用法院地法

以英国为例，英国在监护问题上从管辖权入手，如果英国法院对所涉监护案件具有管辖权，便适用英国法。除此之外，意大利在其1995年《意大利国际私法制度改革法》第 43 条还补充规定："为了临时和在紧急情况下保护无行为能力人的人身和财产，意大利法官可采取意大利法律所规定的措施。"

3. 适用被监护人属人法兼法院地法

监护的情况有时较为复杂，如单纯适用被监护人的属人法难以保护被监护人的权益，因而有些国家在原则上适用被监护人属人法的同时，在一定条件下也可运用法院地法予以补充。

从近年来国际私法立法来看，监护的法律适用在逐步推进对被监护人利益的保护。在我国《涉外民事关系法律适用法》第 30 条规定："监护，适用一方当事人经常居所地法律或者国籍国法律中有利于保护被监护人权益的法律。"此条规定采用了有条件的选择性冲突规范，规定了"经常居所地""国籍国"，并限定了"有利于保护被监护人利益"的选法标准，彰显了国际私法当中弱者利益保护原则，也体现了以人为本的理念，符合我国当前对于实质正义的追求。我国《民法典》中并没有规定涉外监护的适用规则，但在总则编，即第 35 条规定："监护人应当按照最有利于被监护人的原则履行监护职责"。由此引入了有利于被监护人利益的原则，体现了现代监护制度的立法理念。

（二）涉外家庭领域的弱者利益保护原则

由于在家庭关系当中，主体常常存在强弱之分，常有被扶养人、被监护人等因为年龄、生理、经济等原因处于不利地位的弱势方，若不关怀弱者，不仅损害当事人的权益，也无益于当前法律问题的公平解决，更有甚者会损害我国的国家利益、破坏公序良俗。因而，我国在涉外家庭的立法当中引入了弱者利益保护原则，在当前软化冲突规则的趋势下，修订后的《涉外民事关系法律适用法》第 25、29、30 条中灵活地采用了"有利于保护弱者权益""有利于保护被扶养人权益""有利于保护被监护人权益"这一兼有人本性与灵活性的连结点，不仅彰显了以人为本的立法理念，彰显着我国国际私法从实现冲突法上的公正向实现实体正义转化的趋势，凸显了当前我国国际私法对于实质正义的不断追求，还体现了我国冲突立法的发展。

我国在立法上对于那些处于相对不利地位的主体给予了倾斜保护，并在一定程度上平衡了各方的利益，并期盼在涉外案件当中，法官能够充分考虑这一标准，自由裁量，从而作出最有利于当事人的判决。真正在涉外家庭领域实现实体正义、冲突法上的公正、程序正义的有机统一，需要完善的理念、立法的指引与司法实践具体的裁判的相互配合，从而才能真正使弱者利益保护原则得到贯彻实施，保障家庭的稳定和谐，促进社会的良性发展。

五、类案练习

（一）赡养费纠纷案

沈某与妻子宋某于 1972 年结婚，后生下了女儿小沈。沈某与宋某对女儿百般疼爱。1997 年 5 月，小沈定居美国，并取得美国国籍。同年 12 月，沈某退休后打算去美国共享天伦之乐，但遭小沈拒绝。沈某遂起诉至法院，要求小沈尽赡养义务，并主张小沈对生活在国内的父母不闻不问，在定居美国16年间，小沈仅于2005年其母亲去世时回国一次，后再也没有回国看望沈某。小沈在美国定居后从事医生职业，收入丰厚，但是由于和沈某的矛盾并未尽赡养义务。小沈认为自己已经通过亲友多次给付沈某钱款，但因沈某想至美国定居，小沈因为条件所限无法同意，且沈某也有丰厚的养老金。

法院经审理后认为，父母有要求子女支付赡养费的权利，原告的养老金收入能维持个人的正常生活；遂适用相关规定，判决小沈每月支付原告沈某适额的赡养费。①

思考题：

（1）法院的判决是否合理？

（2）本案的准据法应当如何选择？

（二）监护权案

原告陶某与被告尹某霖于2009年7月9日登记结婚，婚后经美国加利福尼亚州公司介绍及安排，陶某与尹某霖于2012年1月24日作为“受助父母”一方签署卵子捐赠合同，约定由卵子捐赠人提取的卵子与“受助父亲”的精子用于试管内受精；2012年1月23日陶某与尹某霖作为“受助父母”一方签署妊娠亲子协议，约定由代孕人替“受助父母”怀上孩子；10月31日，三胞胎陶A、陶B、陶C出生，并获加利福尼亚州圣贝纳迪诺县公共卫生局颁发的加利福尼亚州出生证明。2014年4月25日陶某与尹某霖在中国云南省昆明市办理协议离婚，在离婚协议中双方约定陶A、陶B、陶C由陶某抚养，尹某霖不支付抚养费用。

离婚后，因陶A、陶B、陶C系美国国籍，需要法定监护人也即陶某与尹某霖签字配合办理换护照，但在陶某多次通知尹某霖配合办理时，尹某霖以各种理由拖延办理，导致婚生子陶A、陶B、陶C的护照过期，出行、旅游严重受阻，亦无法正常到国外接受教育，故向法院提出如下诉讼请求：判令尹某霖配合办理其婚生子陶A、陶B、陶C的护照签字换证手续，履行监护人义务。

法院认为本案的焦点在于尹某霖是否与陶A、陶B、陶C三个孩子形成自然血亲或拟制血亲的关系。

第一，法院认为并未形成自然血亲的母子关系。这是基于以下几个理由。

（1）尹某霖和陶某双方均认可本案所涉的三个孩子为第三人捐赠卵子通过人工辅助生殖技术代孕出生，尹某霖并非三个孩子的“基因母亲”，也非三个孩子的“孕生母亲”。

（2）美国加利福尼亚州圣贝纳迪诺县高级法院作出的亲子关系判决依托于妊娠亲子协议，无法赋予尹某霖母亲身份以及其与陶A、陶B、陶C的母子关系，理由为：1）《民法总则》第8条规定“民事主体从事民事活动，不得违反法律，不得违

---

① 参见上海市虹口区人民法院（2013）虹民一（民）初字第3637号民事判决书。

背公序良俗”，《民法通则》第 6 条规定“民事活动必须遵守法律，法律没有规定的，应当遵守国家政策”，《民法通则》第 7 条规定“民事活动应当尊重社会公德，不得损害社会公共利益，扰乱社会经济秩序”，据此，现行法律未明确规定禁止“代孕”行为。但对于实施人类辅助生殖技术，原卫生部颁布的《人类精子库管理办法》第3条规定，“精子的采集和提供应当遵守当事人自愿和符合社会伦理原则。任何单位和个人不得以营利为目的进行精子的采集与提供活动”；《人类辅助生殖技术管理办法》第 3 条规定，“禁止以任何形式买卖配子、合子、胚胎。医疗机构和医务人员不得实施任何形式的代孕技术”；《人类辅助生殖技术和人类精子库伦理原则》第 4 条规定，“医务人员不得对近亲间及任何不符合伦理、道德原则的精子和卵子实施人类辅助生殖技术”，第 5 条规定，“医务人员不得实施代孕技术”。以上行政规章虽无法直接作为确认“代孕”的法律依据，但国家及实施辅助生殖技术的行业有其鲜明的禁止立场，明确禁止通过代孕技术而由婚姻共同体之外的第三人完成有偿代孕的过程。2）“代孕协议”以协议方式将女性的子宫通过有偿代孕协议确定为为委托代孕人提供生育服务的工具，是对女性最基本尊严以及社会伦理、道德等公共利益和秩序的严重违反，依据《涉外民事关系法律适用法》第 5 条“外国法律的适用将损害中华人民共和国社会公共利益的，适用中华人民共和国法律”，美国加利福尼亚州圣贝纳迪诺县高级法院作出的亲子关系判决认为尹某霖为三名孩子的“合法自然母亲”，法院并不认可。综上，一审法院认为尹某霖未与陶 A、陶 B、陶 C 形成自然血亲的母子关系。

第二，法院认为并未形成拟制血亲的母子关系。这是基于以下几个理由。

（1）尹某霖未与陶 A、陶 B、陶 C 形成事实收养关系。《收养法》第 15 条规定：“收养应当向县级以上人民政府民政部门登记。收养关系自登记之日起成立”。本案中没有证据证实尹某霖与陶 A、陶 B、陶 C 具备形成收养关系法定条件的相关事实，因而本案不存在合法的养父母子女关系。

（2）尹某霖未与陶 A、陶 B、陶 C 形成继父母子女关系。继父母子女间的权利义务关系，既不同于生父母子女关系，也不同于养父母子女关系：生父母子女之间的权利义务是无条件的，源于自然血亲；养父母子女之间的权利义务取决于收养关系是否合法有效，而继父母子女之间的权利义务依据《婚姻法》第 27 条第 2 款规定产生，即对继父母子女关系适用《婚姻法》第 21 条的规定，继父母与继子女之间只有存在事实上的“抚养教育”关系，才能具备为法律所认可的继父母子女关系，即需要通过继父母是否为继子女给付了经济上的抚养支出、是否存在共同生活的事实、继父母对继子女的抚养是否在时间上满足了持续性的要求以及继父母在主观上是否具有抚养继子女的意愿等方面综合予以判断。本案中，2012 年 10 月 31 日三个孩子在美国加利福尼亚州出生，陶某与尹某霖于 2014 年 4 月 25 日协议离婚，离婚协议约定三个孩子由陶某抚养，尹某霖不支付抚养费用，离婚后尹某霖未对三个孩子进行过探望。结合以上案件事实，一审法院认为尹某霖与三个孩子共同生活的时间较短，其主观上也没有抚养三个孩子的意愿，故尹某霖未与陶 A、陶 B、陶 C 形成继父母子女关系。综上，一审法院认为，因尹某霖未与陶 A、陶 B、陶 C 形成母子关系，故对于陶某要求判令尹某霖配合办理其婚生子陶A、陶B、陶C的护照签字换证手续，履行监护人义务的诉讼请求，不予支持。应当说明的是，法院在审理过程中查阅了相关资料并了解了国际社会对于跨国代孕的最新发展动态，对于跨国代孕所引发的纠纷，不同国家在案件裁判结果上存在巨大分歧，本案的审理立足于我国法律、社会伦理道德及国家政策，并非对联合国《儿童权利公约》所确立的儿童最大利益原则的放弃，本案所涉三名具有美国国籍的跨国代孕孩子享有不可剥夺的生存权和发展权。[①]

思考题：

(1) 尹某霖与陶A、陶B、陶C三个孩子的亲子关系应当如何认定？

(2) 本案中所应适用的准据法应当如何选择？

(3) 法院所作的判决是否合理？谈谈你的看法。

(三) 抚养费纠纷案

王某与孙某原系夫妻关系，孙甲、孙乙、孙丙都为王某与孙某所生育子女。王某与孙某于2013年10月10日经深圳市福田区民政局登记离婚，离婚时签订离婚协议书对子女抚养约定如下："婚生女儿孙甲于2002年3月13日出生，离婚后由女方直接抚养，男方每月付抚养费45 000元，抚养费给付期限为10年。如遇重大医疗费用或其他支出，双方各承担50%，男方可随时探望女儿，女方无异议，抚养费以每年10%的幅度上浮"。孙甲于2002年3月13日出生；孙乙、孙丙的香港特别行政区生死登记处的出生登记（未履行认证手续）显示，孙乙于2008年7月14日出生，孙丙于2011年1月12日出生。现原告孙甲、孙乙、孙丙就有关抚养费支付问题将孙某起诉至法院。

原告主张孙乙、孙丙口头约定并且事实上由母亲王某抚养；孙某辩称，口头约定原告孙乙由被告抚养，但可以由王某带，由孙某支付抚养费，孙甲、孙乙、孙丙现跟随王某生活。王某认为孙某应当承担三个孩子每月抚养费45 000元，且抚养费每年按照10%上浮。但是离婚后孙某并没有按照约定足额给付抚养费，截至2014年1月尚欠抚养费数万元，导致孙甲、孙乙、孙丙生活困窘，因此要求孙某支付足额的抚养费。

法院认为，原告母亲王某与被告孙某签订的离婚协议书对小孩抚养的约定合法有效，当事人均应当履行。原告孙乙、孙丙的抚养权在本案离婚协议书中没有约定，抚养权的争议正在诉讼过程中，抚养权（包括监护权）尚需确定；原告孙乙、孙丙提交的与被告的亲子关系证明（香港特别行政区出生证）没有履行认证手续；双方确认3个小孩实际由原告母亲王某抚养，故约定的抚养费也应当是就3个小孩的抚养费以一人名义作出的约定，综上，在不影响原告孙乙、孙丙利益的前提下，对原告孙乙、孙丙的主张，本案不予处理。依照《婚姻法》《民事诉讼法》《最高人民法院关于民事诉讼证据的若干规定》的相关规定，被告对未支付的孙甲的抚养费应当

---

① 参见云南省昆明市中级人民法院（2019）云01民终2092号民事裁定书。

予以付清。[①]

思考题：

（1）本案的准据法应当如何选择？

（2）法院的判决是否合理？

六、知识拓展

（一）拓展阅读

1. 刘想树．国际私法．2版．北京：法律出版社，2015.
2. 李双元．国际私法（冲突法篇）．3版．武汉：武汉大学出版社，2016.
3. 宋晓．当代国际私法的实体取向．北京：中国财政经济出版社，2004.
4. 肖永平．法理学视野下的冲突法．北京：高等教育出版社，2008.
5. 陈卫佐．瑞士国际私法法典研究．北京：法律出版社，1998.

（二）拓展写作

1. 我国涉外婚姻家庭领域弱者利益保护问题研究
2. 我国涉外监护法律适用的实证考察
3. 我国涉外扶养法律适用的实证考察

（三）其他资料

1. 1973年海牙国际私法会议《扶养义务法律适用公约》。

2. 西南政法大学国际私法学线上课程链接：国际私法学_西南政法大学_中国大学MOOC（慕课）（https：//www.icourse163.org/course/swupl-1205596801）。

---

① 参见广东省深圳市福田区人民法院（2014）深福法民一初字第579号民事判决书。

专题十二　涉外继承

第一节　涉外法定继承的法律适用

随着经济全球化的发展和我国对外开放的逐渐深入，公民财富的配置与代际传承日趋国际化。实践中，涉及跨境遗产以及境外遗嘱等因素的继承纠纷案件呈逐年上升的趋势。涉外继承，是指公民死亡时依法将其个人所有的财产和其他合法权益，转移给他人所有的、具有涉外因素的一种法律制度。

一、引　案

（一）案情简介

何某与周某为夫妻，在婚姻关系存续期间，两人共生育甲、乙、丙、丁四名子女。四名子女均持有加拿大护照，现居住地为加拿大。此外，何某还有非婚生子女戊和己，现住中国澳门特别行政区，珠海市香洲区人民法院（2014）珠香法民一初字第 130 号、（2016）粤 04 民终 1367 号民事判决书已认定戊、己为何某的非婚生女儿。同时，何某母亲吴某现居住于中国境内。何某生前已移民加拿大，且经常往返于中国和加拿大两地，但取得加拿大国籍后其并未向公安机关注销其身份证，而是使用该身份证在中国境内购置不动产、车辆，投资经营企业。2012 年 8 月 14 日，何某于广东因发生交通事故去世，去世前未立有遗嘱或签订遗赠扶养协议。经查明，何某名下的财产包括均位于广东省的 10 处房产及股权若干，其股权分别是：1）广东 A 公司 10%的股份；2）新疆 B 公司 50%的股份；3）布尔津县 C 公司 39.5%的股份；4）新疆 D 公司 50%的股份，何某均未在上述公司担任经营、管理职务，上述公司章程也均未对股权的继承有限制性规定。在何某去世后，周某及其子女在未告知戊和己的情况下，按份继承了何某位于广东省的 10 处房产。

2017 年 8 月，戊和己在得知这一情况下，向法院提起诉讼，主张对何某的遗产依照法定继承享有其继承权。对于已被周某及其子女按份继承的财产，主张周某及其子女应返还相应的份额。

周某及其子女认为，《涉外民事关系法律适用法》司法解释（一）第12条规定："涉外民事争议的解决须以另一涉外民事关系的确认为前提时，人民法院应当根据该先决问题自身的性质确定其应当适用的法律"。戊、己请求继承何某的遗产，该请求权的基础为该两人与何某之间的人身关系。而审理涉外民事诉讼中的人身关系的首要问题是按照《涉外民事关系法律适用法》确定准据法。该法第25条规定："父母子女人身、财产关系，适用共同经常居所地法律；没有共同经常居所地的，适用一方当事人经常居所地法律或者国籍国法律中有利于保护弱者权益的法律。"戊和己系中国澳门特别行政区居民，周某及其子女系加拿大公民，各方没有共同经常居住地。因此，法院就审理戊和己与何某之间人身关系的问题应适用加拿大法律或中国澳门特别行政区法律来确认。此外，从何某在国内投资的企业中股权比例较少，且均未担任企业经营、管理职务的事实可知，何某移民加拿大后，其主要居住在加拿大，因此，本案关于继承份额分配问题应当适用加拿大法律。

戊和己则认为：本案是法定继承纠纷，戊和己是否享有继承权取决于何某与二人是否具有亲子血缘关系，已有生效判决证明该事实，无须其他法律要件认定人身关系。此外，何某生前在中国多地进行投资、居住，中国为何某最后住所地，因此本案应当适用中国法律。

法院经审理认为本案系涉外法定继承纠纷，并依照《涉外民事关系法律适用法》第31条等的规定，判决登记在何某名下的股权，由周某拥有56.25%的份额，由甲、乙、丙、丁、戊、己和吴某分别拥有6.25%的份额。对于何某位于广东省的10处房产，周某、甲、乙、丙、丁于判决发生法律效力之日起10日内分别返还戊其已继承财产1.25%的份额，返还己其已继承财产1.25%的份额。[①]

（二）涉及问题

（1）对本案纠纷应当如何适用准据法？

（2）戊和己是否享有继承权？

（3）对未继承的遗产应如何继承？

（4）对已继承的财产应如何处理？

二、法官释法

（一）本案中应如何确定并适用准据法

本案为涉外法定继承纠纷，应以《涉外民事关系法律适用法》来确定本案的准据法。

《涉外民事关系法律适用法》第31条规定，法定继承，适用被继承人死亡时经常居所地法律，但不动产法定继承，适用不动产所在地法律。根据上述法律规定，

① 参见广东省佛山市中级人民法院（2018）粤06民终9359号民事判决书。

不动产适用不动产所在地法律，动产适用被继承人住所地法律，被继承人住所地法律为其生前最后住所地国家的法律。何某生前持有中华人民共和国居民身份证，显示住址为广东省佛山市。何某购置的房产多位于广东省，何某以其名义购置车辆使用，结合其生前分别在新疆、广东多地投资经营公司以及何某在广东发生交通事故去世的事实，故可认定何某生前最后住所地在中华人民共和国境内，本案纠纷就不动产部分及动产部分均适用中华人民共和国相关法律规定处理。

（二）戊和己是否享有继承权

根据《继承法》第10条的规定，遗产按照下列顺序继承，第一顺序：配偶、子女、父母……继承开始后，由第一顺序继承人继承，第二顺序继承人不继承。本法所说的子女，包括婚生子女、非婚生子女、养子女和有扶养关系的继子女。何某去世前并未立下遗嘱或遗赠协议，因此对其生前个人合法财产应按法定继承的相关规定进行处理，其第一顺序继承人享有继承权。此外，珠海市香洲区人民法院（2016）粤04民终1367号终审民事判决书已认定戊和己系何某的非婚生女儿，根据《最高人民法院关于民事诉讼证据的若干规定》第9条的规定，已为人民法院发生法律效力的裁判所确认的事实无须举证证明，因此，戊、己为合法的继承人，对何某的遗产享有继承权。

（三）对未继承的遗产应如何继承

《继承法》第13条规定，同一顺序继承人继承遗产的份额，一般应当均等。第26条规定，夫妻在婚姻关系存续期间所得的共同所有的财产，除有约定的以外，如果分割遗产，应当先将共同所有的财产的一半分出为配偶所有，其余的为被继承人的遗产。本案中法院查明何某名下的股权未被继承，此外，这些股权均系在夫妻婚姻关系存续期间所得，遗产继承开始前应先将共同所有的财产的一半分出为配偶所有，其余的为何某的遗产。也即对上述财产，周某作为配偶应先划分走一半的份额，剩余部分由周某、甲、乙、丙、丁、戊、己等均等分割。

（四）对已继承的财产应如何处理

《侵权责任法》第6条规定，行为人因过错侵害他人民事权益，应当承担侵权责任。《物权法》第29条规定，因继承或者受遗赠取得物权的，自继承或者受遗赠开始时发生效力。继承是指将死者生前所有的于死亡时遗留的财产依法转移给他人所有的制度，继承人因继承权取得被继承人的遗产，被继承人遗产在继承完成之后转化为继承人的个人财产。本案中法定继承权是基于身份关系而享有的权利，戊和己对何某的遗产享有继承权，可依法取得何某的遗产。但周某、甲、乙、丙、丁在戊和己取得遗产之前已将遗产转移登记至自己名下，遗产因继承的完成已转化为个人财产。没有遗产则不能发生继承，也不能实现继承权。周某、甲、乙、丙、丁的行为侵犯了戊和己的继承权，戊和己有权请求其恢复继承权原状，即因继承而转移登记至周某、甲、乙、丙、丁名下的财产应恢复至继承开始时的遗产状态并予以重新继承。对于已转移登记的该部分财产，戊和己应按继承比例拥有财产份额。

三、学理评析

涉外继承有法定继承和遗嘱继承之分。法定继承是指被继承人没有订立遗嘱或虽然订有遗嘱但该遗嘱无效的情况下，由法律规定的继承人按照法定的继承顺序、继承份额和遗产分配原则取得被继承人遗产的一种制度。遗嘱继承则是指继承人及其继承的份额系由被继承人生前通过遗嘱加以指定的一种继承方式。

（一）法定继承法律适用的两种模式

在法定继承方面，各国因其对法定继承的性质认识不同，各自采取的确定继承准据法的方法也不一样。目前，国际上主要采用同一制和区别制两种原则确定法定继承的准据法。

同一制又称单一制，是指把继承中的遗产当成一个整体，不分动产和不动产，统一地以一个法律作为法定继承的准据法。采取同一制的国家一般依据财产所在地法（如乌拉圭）或依被继承人属人法（如德国、意大利、西班牙等国家规定依被继承人本国法；瑞士、挪威、丹麦等国家规定依被继承人住所地法）确定法定继承的准据法。此外，同一制在一些国际条约中也得到了支持与采纳。如《布斯塔曼特法典》第 144 条规定：法定继承和遗嘱继承，包括继承顺序、继承权利的数量和处分的内在效力，不论遗产的性质及其所在地，均受被继承人属人法支配。而 1998 年缔结于海牙的《遗产继承法律适用公约》也采用了同一制。

区别制又称为分割制，是指将继承中的遗产区分为动产和不动产，并分别确定动产继承和不动产继承的准据法，即动产继承依被继承人属人法，不动产继承依不动产所在地法。而在属人法的选择中，各国立法的具体规定又有所区别，玻利维亚、保加利亚等少数几个国家规定动产继承依被继承人死亡时本国法，多数国家则规定依被继承人死亡时的住所地法。目前，区别制已为许多国家所接受，英国、美国、法国、比利时以及一些英联邦国家在继承的法律适用上一般实行区别制。

（二）我国关于法定继承的法律适用规则

回顾我国关于法定继承法律适用的立法史，早在 1954 年，外交部和最高人民法院就联合发布了《外国人在华遗产继承问题处理原则》。[①] 根据该规定，对外国人在华土地，一律不承认其所有权，不作为外国人遗产范围，任何人不得继承，应归中华人民共和国所有。继承动产可以在互惠的前提下适用被继承人国家的法律。外国人所立遗嘱经过认证后也可得到执行。

1985 年的《继承法》第 36 条规定："中国公民继承在中华人民共和国境外的遗产或者继承在中华人民共和国境内的外国人的遗产，动产适用被继承人住所地法律，

① 1954 年 9 月 28 日，外交部、最高人民法院联合发布。该文件作为内定规则，不对外公布，也不得在判决书中引用。

不动产适用不动产所在地法律。外国人继承在中华人民共和国境内的遗产或者继承在中华人民共和国境外的中国公民的遗产，动产适用被继承人住所地法律，不动产适用不动产所在地法律。中华人民共和国与外国订有条约、协定的，按照条约、协定办理。”这一规定坚持了动产继承与不动产继承的区别制，但废除了原来的互惠要求，并从国籍原则改为住所原则。之后 1986 年《民法通则》第 149 条作了进一步规定：“遗产的法定继承，动产适用被继承人死亡时住所地法律，不动产适用不动产所在地法律。”

我国现行法律仍延续了之前的立法传统，采用区别制原则确定涉外法定继承的准据法。2010 年颁布的《涉外民事关系法律适用法》第 31 条规定：“法定继承，适用被继承人死亡时经常居所地法律，但不动产法定继承，适用不动产所在地法律。”该规定仍然坚持了动产和不动产的“区别制”。此外，《涉外民事关系法律适用法》第 34 条规定：“遗产管理等事项，适用遗产所在地法律”。该条规定采纳了《中华人民共和国国际私法示范法》中的观点，即“有利于涉外的遗产管理问题的解决”，应采用遗产所在地法。①

但区别制在实践中存在缺陷，即如果遗产不在被继承人本国法或住所地法所属国境内，或者其不动产遗产分布于不同国家境内，则继承就要受不同国家法律支配，这样会使继承关系复杂化。对不同遗产适用不同国家的法律，还会产生准据法之间的调适问题。有鉴于此，目前多数国家的学者都赞同同一制。② 我国是“一国两制”“三法系四法域”的国家，在法定继承方面可能会产生法律冲突，而区别制与同一制的对立，更为我国解决区际继承纠纷带来了障碍。③

（三）法定继承的准据法适用范围

根据冲突规范确定法定继承的准据法后，还需要通过准据法解决包括继承开始的条件，法定继承人资格，继承内容，继承权丧失、放弃和恢复，遗产管理事项等问题。

1. 继承开始的条件

继承准据法首先决定继承的开始，包括开始的原因、时间等。通常情况下继承都是因被继承人死亡而开始。但有些国家存在推定死亡、宣告失踪或宣告死亡的制度。死亡的时间、推定死亡、宣告失踪或宣告死亡等问题，属于继承的先决问题，应当适用该先决问题自己的准据法。至于推定死亡、宣告失踪和宣告死亡能否引起继承的开始，应当由继承的准据法确定。我国《民法典》第 1121 条规定：“继承从被继承人死亡时开始。”而对于宣告失踪和宣告死亡的情形，则依据《民法典》第 48 条的规定确定死亡日期。

---

① 中国国际私法学会. 中华人民共和国国际私法示范法. 北京：法律出版社，2000：174.

② COLLINS L，BRIGGS A，DICKINSON A，et al. . Dicey，Morris and Collins on the Conflict of Laws. 4th cumulative supplement. Sweet & Maxwell，2011：1238.

③ 梅傲. 我国区际继承法律适用之比较：同一制抑或区别制. 北方法学，2012，6 (4)：156.

2. 法定继承人资格

各国基于私有财产不可侵犯原则，将继承人的范围规定得相当广泛。而继承顺序也是决定哪些法定继承人有权取得被继承人遗产的重要因素，只要前一顺序继承人存在并具有继承权，后面顺序的继承人就不得继承遗产。在我国根据《民法典》的规定，配偶、子女、父母以及对公婆、岳父母尽了主要赡养义务的丧偶儿媳或丧偶女婿是第一顺序继承人，兄弟姐妹、祖父母、外祖父母是第二顺序继承人。同时，对继承人以外的依靠被继承人扶养的人或者继承人以外对被继承人扶养较多的人，也有权继承遗产。[①] 至于继承人与被继承人之间是否存在合法的亲属关系，如父母关系、夫妻关系、亲子关系等，属于继承的先决问题，应当由各法律关系的准据法确定。此外，《民法典》也规定了代位继承制度：若被继承人的子女先于被继承人死亡，则由被继承人的子女的直系晚辈血亲代位继承。若被继承人的兄弟姐妹先于被继承人死亡，则由被继承人的兄弟姐妹的子女代位继承。[②]

3. 继承内容

遗产范围、继承份额一般也由继承准据法决定。在我国根据《民法典》的相关规定，遗产是自然人死亡时遗留的个人合法财产[③]，包括公民的收入、房屋、储蓄、生活用品、有价证券等根据法律性质可以继承的财物。实践中较常引起争议的是保险金的继承问题。例如，中国公民甲在泰国旅游期间向泰国保险公司投保了人身保险。后来甲由于意外事故死亡，获得一笔保险金。甲生前未立遗嘱，其亲属对甲的遗产继承发生争议，向中国法院起诉。对于该笔保险金是否属于甲的遗产，因这一问题属于保险法律关系范畴，而不是继承问题，因此应当根据保险法律关系的准据法来确定。根据我国《涉外民事关系法律适用法》及相关司法实践，保险合同适用保险人营业地法律，该案中为泰国法。只有泰国保险合同法规定保险金属于被保险人的遗产，甲的亲属才能继承该笔保险金。

继承份额是指同一顺序中的各共同继承人在继承遗产时所应取得的份额。根据《民法典》的规定，同一顺序继承人继承遗产的份额，一般应当均等。但对被继承人尽了主要扶养义务或者与被继承人共同生活的继承人，分配遗产时可以多分，有扶养能力和有扶养条件的继承人，不尽扶养义务的，分配遗产时应当不分或者少分。在继承人协商同意的情形下，也可以不均等分配遗产。[④] 对于尚未出生的胎儿，《民法典》也规定遗产分割时应当保留胎儿的继承份额，胎儿娩出时为死体的，保留的份额按照法定继承处理。[⑤]

4. 继承权丧失、放弃和恢复

法定继承人的继承权并非不可剥夺。若继承人对被继承人或其他继承人有严重的不道德行为或违法行为，其继承权将丧失。《民法典》规定了继承人继承权丧失的五种情形：（1）故意杀害被继承人；（2）为争夺遗产而杀害其他继承人；（3）遗弃被继承

① 参见《民法典》第1127条、第1129条、第1131条。

② 参见《民法典》第1128条。

③ 参见《民法典》第1122条。

④ 参见《民法典》第1130条。

⑤ 参见《民法典》第1155条。

人，或者虐待被继承人情节严重；（4）伪造、篡改、隐匿或者销毁遗嘱，情节严重；（5）以欺诈、胁迫手段迫使或者妨碍被继承人设立、变更或者撤回遗嘱，情节严重。但继承人对第3项至第5项行为，确有悔改表现，被继承人表示宽恕或者事后在遗嘱中将其列为继承人的，该继承人不丧失继承权。[①] 同时，各国的继承法都允许继承人自由地放弃其继承权。我国《民法典》亦规定允许继承人主动放弃继承权，但在继承开始后，继承人应当在遗产处理前，以书面形式作出放弃继承的表示，否则视为接受继承。[②] 此外，合法继承人的继承权遭受侵害时，该继承人有权请求将其继承权恢复到继承开始时的状态。我国《民法典》并未延续《继承法》所规定的2年诉讼时效，而是统一适用3年诉讼时效，并且规定最长时效仍为20年。[③]

5. 遗产管理事项

英美法系中存在独立的“遗产管理”（estste administration）程序，这也是英美法系继承法与大陆法系继承法之间最大的差异之一。按照英国法，遗产管理是继承必经的一个独立程序。英国于1925年专门颁布了《遗产管理法》，根据该法，遗产必须由遗嘱指定的遗产执行人或法院指定的管理人进行管理。遗产管理人对遗产进行清理，清偿死者债务后，将剩余财产分配给合法继承人。遗产管理人必须向法院申请遗产管理令状（grant）才能分配遗产。未经法院授权，任何人都无权处分死者遗产。因此，在英国，遗产管理应当依据授予遗产管理令状的法院地法。

在多数大陆法系国家，并没有必经的遗产管理程序，遗产一般由继承人直接占有。[④] 大陆法系有些国家也有遗产管理的概念，但其含义与英美法系中的大相径庭。例如《德国民法典》规定的遗产管理指为向遗产继承人清偿债务而由继承人向遗产法院申请遗产管理命令，对遗产债务进行清偿的程序。[⑤] 死者虽然也可以在遗嘱中指定遗产管理人，但管理人的职能类似监督人。因此，大陆法系中，遗产管理不具有独立意义，是继承法的一部分，所以大陆法系国家都认为，遗产管理也适用法定继承准据法。

我国《民法典》借鉴了英美法系国家的立法传统，新增了遗产管理人制度。按照《民法典》的规定，遗嘱执行人为遗产管理人，没有遗嘱执行人的，遗嘱管理人由继承人推选，若继承人未推选则共同担任遗产管理人。在没有继承人或继承人均放弃继承的情形下，由被继承人生前住所地的民政部门或村民委员会担任遗产管理人。[⑥] 此外，对遗产管理人有争议的，利害关系人可以向人民法院申请指定遗产管理人。[⑦] 遗产管理人应当履行制作遗产清单、报告遗产情况、处理被继承人债务等职责，还负有通知义务，但同时也享有获取报酬的权利。[⑧]

---

① 参见《民法典》第1125条。
② 参见《民法典》第1124条。
③ 参见《民法典》第188条。
④ 《法国民法典》第724条；《德国民法典》第1942条。
⑤ 参见《德国民法典》第1975条。
⑥ 参见《民法典》第1145条。
⑦ 参见《民法典》第1146条。
⑧ 参见《民法典》第1147条、第1149条、第1150条。

我国《涉外民事关系法律适用法》第34条规定："遗产管理等事项，适用遗产所在地法律。"该条针对遗产管理事项，专门设置了一条冲突规则，尽管我国已经新建遗产管理人制度，但该条文所指的遗产管理事项内容是什么并不明确，实践中，法官也很难区分哪些问题属于遗产管理问题。此外，我国《民法典》并未规定独立的遗产管理程序。可能出现遗产管理的是遗产信托。我国《民法典》规定可以设立遗嘱信托[①]，受托人可以根据遗嘱信托的规定对遗产进行信托管理。对这种遗产的信托管理应当依照《涉外民事关系法律适用法》第17条确定准据法。综上所述，《涉外民事关系法律适用法》第34条所规定的遗产管理单独适用遗产所在地法会使得遗产处理中法定继承准据法与遗嘱信托准据法发生分离，给法官适用法律带来困扰。

四、延伸问题

涉外法定继承案例中有许多审判要点值得关注：首先是夫妻共同财产的界定。在案例中经常出现夫妻中一方去世后，另一方和其他合法继承人关于继承份额发生争议的情形。在此情形下，需要结合《涉外民事关系法律适用法》所指引的准据法进行界定：若属于夫妻共同财产，则直接适用《涉外民事关系法律适用法》第24条解决相关继承问题；若不属于，则对于在继承人一方（夫妻二人中未去世一方）名下的财产就不存在先析产再继承的问题。

其次是关于遗嘱效力的认定。涉外继承案件中，为保障被继承人的意志自由，一般先根据遗嘱内容进行继承。但遗嘱并不一定有效，仍可触发法定继承机制。对此，要关注中外遗嘱的形式、书写及理解差异，如在一则案件[②]中，一审法院没有把遗嘱中的"遗赠"翻译出来，只是认定遗嘱人的姐姐拥有遗嘱执行人身份，导致对实体权利分配的理解出现偏差。二审法院根据有翻译资质的机构提供的翻译件，认定"bequeath"为受遗赠意，确定遗嘱人的姐姐继承"不动产的1/2"的财产份额。此外，还应当关注遗嘱内容是否有违我国强制性规定或公序良俗等问题。

最后，关于被继承人死亡时经常居所地的确定，如被继承人死于2011年4月1日之前，适用当时《民通意见》第9条的规定确定。若被继承人死于2011年4月1日之后，适用《涉外民事关系法律适用法》第31条以及2012年《涉外民事关系法律适用法》司法解释（一）第15条（2020年调整为第13条）的规定确定。如在另一案[③]中，被继承人与内地和澳门特别行政区都有密切联系，关于适用内地法律还是澳门特别行政区法律，原、被告双方争执不下。法院认为："被继承人生前经商安身立命，其生活中心的认定除考虑其本人、父母、子女的居住情况外，应重点考查其资产来源、投资经营、资金流转、财产分布等情况，进行综合酌情认定。"法院最终根据被继承人在内地的巨额资金往来确定适用内地法律。

---

① 参见《民法典》第1133条。

② 参见吉林省长春市中级人民法院（2017）吉01民终3768号民事判决书。

③ 参见广东省高级人民法院（2020）粤民申4080号民事裁定书。

五、类案练习

(一) 遗产管理事项纠纷案

有利公司于1998年在广东省设立，由香港特别行政区居民甲及其儿子乙分别持股80%和20%。有利公司的章程未对股东股权继承作任何规定。2004年5月2日，甲在香港特别行政区去世。其曾于2001年11月6日立下遗嘱，注明：委任丙、丁、戊、己为遗嘱执行人及信托受托人。由全部四名信托受托人共同管理其遗产；信托受托人有权依信托将其遗产出售变为现款。只要信托受托人使用绝对酌情权认为恰当，可拥有充分的权利延期出售上述财产，并无须承担损失；信托受托人从其现金及上述出售所得的现款中支出预留款项用于缴付相关债务和费用以及由其缴纳的遗产税后，由信托受托人持有余款，将尚未出售的财产分为17.2份，分配给13名受益人以信托方式持有；本遗嘱根据香港特别行政区法律解释及生效。2006年1月11日，香港特别行政区高等法院出具了上述遗嘱的遗嘱认证书，明确对该遗嘱进行了认证及登记。将遗嘱项下的全部及个别遗产及财物的管理权授予丙、丁、戊、己四人，四人已充分并如实确认，将会支付在上述遗嘱中所载的由于死者死亡及遗产管理而欠下的合理债务，并会根据法律的要求，出示相关真确*、完整的财产清单和账目。2014年1月22日有利公司将公司股东名册上记载于甲名下的80%股份变更记载于丙、丁、戊、己四人名下，并向公司登记机关办理相应的股权变更登记手续。至诉讼时，甲的全部遗产尚处于收集和管理阶段。

作为13名受益人之一的庚认为：其有权持有原登记在甲名下的有利公司80%的股权中应持有的份额2.79%，并将上述股权变更记载在其本人名下，且向公司登记机关办理相应的股权变更手续。此外，本案属于遗产管理事项纠纷，根据相关规定，应当适用遗产所在地法律，即内地法律。

丙、丁、戊、己四人认为，庚无权将上述股权变更登记在其名下，对有利公司80%的股权应由新的遗产管理人来继承持有并管理，且本案属于跨境遗嘱继承纠纷，根据相关规定，应当适用立遗嘱人立遗嘱时或死亡时的经常居所地法律，即香港特别行政区法律。

本案主要的争议焦点如下：

第一，本案应当适用内地法律还是香港特别行政区法律；

第二，庚能否请求将股权按照遗产继承份额直接登记到自身名下。

法院认为，针对焦点一：本案系关于遗产管理事项的纠纷，《涉外民事关系法律适用法》第34条规定："遗产管理等事项，适用遗产所在地法律"。本案争议遗产为有利公司80%股权，有利公司系依据内地法律设立的于广东省的有限责任公司，故有关遗产管理的准据法应选择适用内地法律。针对焦点二：本案中，遗嘱规定，丙、丁、戊、己四人作为遗产管理人及信托受托人，具有绝对酌情权，为遗嘱受益人的

* 判决书原文如此。——编辑注

利益考虑，进行遗产管理及分配。目前遗产尚处于收集、管理阶段，并未全部进入分配阶段。根据遗嘱，本案遗产由信托受托人从其现金及出售所得的现款中支出预留款项用于缴付相关债务和费用以及由其缴纳的遗产税后，由信托受托人持有余款，将尚未出售的财产分为 17.2 份，分配给 13 名受益人以信托方式持有。至诉讼时，甲的全部遗产尚处于收集和管理阶段，有利公司 80%的股权仅系部分遗产，而需要“缴付相关债务和费用以及由其缴纳的遗产税”总额并不确定，因此庚虽对遗产整体享有一定的份额，但并不代表庚对有利公司 80%的股权享有的继承份额已经确定。庚主张将前述 80%的股权按照遗嘱分配份额的 2.79%登记在自己名下，既无法律依据，亦不符合遗嘱，也有违遗产管理和信托制度，实践中难以执行。①

思考题：

（1）遗产管理是否可以涵盖遗嘱信托？

（2）涉外遗嘱信托和普通涉外遗嘱继承法律适用是否有所区别？

（二）继承纠纷案

甲、乙、丙、丁均系中国公民。甲与乙于 2013 年结婚后前往日本工作、生活。2014 年，甲被查出患有疾病并在日本接受治疗。2015 年甲在日本病故。由于甲生前未立遗嘱，因此对其遗产按照法定继承处理。2017 年甲的父母丙、丁具状至法院，要求对被继承人甲死亡当天乙名下的动产进行析产，对其中属于甲部分的财产由乙、丙和丁法定继承。

丙、丁认为：甲与乙就夫妻关系存续期间所得财产没有特别约定，且甲与乙均系中国公民，故本案应该适用中国法律。此外，丙、丁要法定继承乙名下属于甲的财产部分，包括中国银行账号××××账户余额人民币 800 元、该银行账户内购买理财产品的人民币 30 万元和人民币 37 万元、该银行账户以现金存入的日币 40 万元、乙母亲给乙的日币 97 万元和日币 98 万元，以及乙名下支付宝账户余额人民币 1 000 元。

乙认为：甲名下的动产，根据《涉外民事关系法律适用法》第 31 条的规定，法定继承适用被继承人死亡时经常居所地法律，即日本法律，故不在可继承范围。且丙、丁所要求法定继承的上述钱款属于其个人财产，不应作为遗产予以分割。

上述钱款中，双方均认可日币 97 万元和日币 98 万元系乙母亲给乙的，而对购买理财产品的款项人民币 30 万元和人民币 37 万元中的 35 万元，双方认可系乙母亲给乙的。②

思考题：

（1）本案的争议焦点是什么？

（2）本案纠纷应当如何适用准据法？

（3）通常情况下，被继承人死亡时经常居所地应如何确定？

---

① 参见最高人民法院（2020）最高法民再 111 号民事判决书。

② 参见上海市第二中级人民法院（2018）沪 02 民终 10957 号民事判决书。

六、知识拓展

(一) 拓展阅读

1. 刘想树. 国际私法. 2版. 北京：法律出版社，2015.

2. 杜涛. 国际私法原理. 上海：复旦大学出版社，2014.

3. 宋晓. 同一制与区别制的对立及解释. 中国法学，2011 (6).

4. 梅傲. 我国区际继承法律适用之比较：同一制抑或区别制. 北方法学，2012 (4).

5. 王歌雅. 论继承法的修正. 中国法学，2013 (6).

6. 沈涓. 继承准据法确定中区别制与同一制的理性抉择：兼评《涉外民事关系法律适用法》第31条. 国际法研究，2014 (1).

(二) 拓展写作

1. 涉外法定继承准据法确定的完善路径

2. 涉外遗嘱继承法律适用的实证考察

(三) 其他资料

西南政法大学国际私法学线上课程链接：国际私法学_西南政法大学_中国大学MOOC (慕课) (https：//www.icourse163.org/course/swupl-1205596801)。

第二节　涉外遗嘱继承的法律适用

一、引　案

(一) 案情简介

周某生前共育有四名子女，分别为甲、乙、丙、丁。在案件审理过程中，乙于2018年去世，法院依法追加乙的法定继承人庚、辛参加诉讼。周某原居住于上海，在1997年左右加入美国国籍并前往美国纽约州居住。2004年10月1日，周某回中国就医。2005年10月28日，周某于中国过世。甲的户籍地为中国上海，现住美国，庚现住美国，辛住中国上海，丙现住美国，丁现住中国吉林省。周某生前享有上海市某房屋的产权份额，并就其死后该份额的继承事项于1990年、2002年立有两份遗嘱，两份遗嘱内容差异较大，现甲、庚、辛、丙、丁就两份遗嘱的效力和应继份额发生争议，并诉诸法院。

周某生前曾于1990年12月13日立遗嘱一份，并经上海市一律师事务所见证，将其享有的上海市某房屋的产权份额留由丙一人继承。2002年5月3日，周某再次立有一份遗嘱，名为“周某的最后遗嘱”，遗嘱内容为甲、乙、丙、丁各享有系争房屋产权份额的1/4，遗嘱中周某签字时间为5月3日，两名见证人签字时间为6月3日，并经美国纽约州昆斯县公证员公证。2004年5月15日，周某出具委托书。在该委托书中，周某明确表示其于1990年所立遗嘱继续有效。

甲、庚、辛认为应当依周某2002年的遗嘱进行继承，理由是：2002年6月3日进行认证公证的遗嘱内容和形式符合美国纽约州法律。该州相关法律规定两名见证人见证时间间隔不超过30天，而不是立遗嘱人应当在立遗嘱后30天内见证，关于此项规定，有华东政法大学外国法查明中心提供的“法律意见书”加以佐证。此外，甲、庚、辛还提交了两份遗嘱文件，即英文机打版“周某的最后遗嘱”以及中文打印版“立遗嘱人（最后遗嘱）”。

丙认为周某2002年所立遗嘱无效，且2004年周某所出具的委托书合法有效，应当按照1990年的遗嘱进行继承。理由是：周某在1997年前往美国时，已经患有老年痴呆症，且具有不可逆性，因此周某在2002年已经不具备立遗嘱的行为能力。在庭审过程中，甲、庚、辛提供的周某的遗嘱时间有2002年5月3日与2002年6月3日两个时间，内容矛盾，不符合中、美两国任何一个国家法律规定的遗嘱的生效要件，故周某所立遗嘱无效，且本案应当适用中国法，2004年周某已回到中国居住，至其去世已连续居住满一年以上。2004年周某出具的委托书内容完整，具有法律效力。此外，丙提交了周某患有老年痴呆症的证据以及该委托书的复印件，但并未提供证据证明该委托书符合美国遗嘱的生效要件，以及周某已丧失行为能力。

丁认为2002年遗嘱是甲伪造的，并不具有有效性。

华东政法大学外国法查明中心提交的“法律意见书”内容如下，依据纽约州《纽约州遗产、遗产分配权力与信托法》第3—2.1条，遗嘱的执行和认证及形式要求上，都应当采用书面形式，并且符合以下方式执行和认证：（1）遗嘱末尾应当由立遗嘱人或以立遗嘱人的名义签名，或由在场的另一人在立遗嘱人的要求下签名。（2）立遗嘱人的签名应在每个见证人在场的情况下签署，或者遗嘱人应当向见证人申明，这是他（或她）的遗嘱，签名是由其签署或依其指示下签署。立遗嘱人也可以分别在每个遗嘱见证人的见证下签名或者分别向每一个遗嘱见证人面前签名。（3）立遗嘱人应当在执行和见证遗嘱的仪式中某个时间向每个遗嘱见证人声明他署名的文书是其所立的遗嘱。（4）至少应该有两个遗嘱见证人，他们可以在立遗嘱之后的30天时间里在该遗嘱上签名，并且他们申明该遗嘱是在他们在场的情况下签名，或者，在立遗嘱人的要求下，他们在遗嘱的末尾签上自己的名字并附上居住地址。前句所述的30天时间是几个见证人签字的时间间隔，但这并不是强制性要求。见证人未在遗嘱上附上其住址不影响遗嘱的有效性。在本案中，2002年的遗嘱符合该条所规定的形式要件：该遗嘱有立遗嘱人的签字，并注明立遗嘱日期为2002年5月3日，且两位见证人也于2002年6月3日同时见证该遗嘱，并签名且附上地址。因此，该遗嘱自有效认证之后成立，在形式要件上符合纽约州《纽约州遗产、遗产分配权力与信托法》第3—2.1条的规定。针对见证人和立遗嘱人签字的时间间隔问题，上述判例和纽约州《纽约州遗产、遗产分配权力与信托法》均显示，30天的要求是指两位见证人见证并签字的时间间隔，并非指见证人签字与立遗嘱人签字的时间期限。

法院经审理认为，依照《涉外民事关系法律适用法》第 6 条、第 32 条、第 33 条，《涉外民事关系法律适用法》司法解释（一）第 18 条以及《民事诉讼法》第 170 条第 1 款第 2 项之规定，被继承人周某享有的上海市某房屋的产权份额由甲、丙、丁各享有 1/4，由庚、辛共同享有 1/4。

（二）涉及问题

（1）本案纠纷适用的准据法应为中国法还是美国法？

（2）周某于 2002 年所立遗嘱是否成立及有效？

（3）周某于 2004 年 5 月 15 日所出具的委托书是否合法有效？

二、法官释法

（一）对本案纠纷适用的准据法应为中国法还是美国法

本案为涉外遗嘱继承纠纷，应以《涉外民事关系法律适用法》来确定准据法。

由于周某在 2002 年立遗嘱和在 2004 年出具委托书的相关时点时已为美国人，2004 年 10 月来中国的主要目的是就医，因此经常居住地仍为美国纽约州。《涉外民事关系法律适用法》第 32 条规定：遗嘱方式，符合遗嘱人立遗嘱时或者死亡时经常居所地法律、国籍国法律或者遗嘱行为地法律的，遗嘱均为成立。第 33 条规定：遗嘱效力，适用遗嘱人立遗嘱时或者死亡时经常居所地法律或者国籍国法律。因此，对前述争议焦点的评判应适用美国纽约州法律。

（二）周某于 2002 年所立遗嘱是否成立及有效

（1）周某于 2002 年所立遗嘱是否成立。依据《纽约州遗产、遗产分配权力与信托法》第 3—1.1 和 3—2.1 条的规定，在该州除了口述遗嘱和全手写的自书遗嘱，其他遗嘱均应当按照第 3—2.1 条规定的形式予以订立。因此，判断周某 2002 年所立遗嘱是否成立，等同于判断“周某的最后遗嘱”是否完成了第 3—2.1 条规定的形式要求，简而言之，遗嘱的执行和认证程序是否真实完成。通过《纽约州遗产、遗产分配权力与信托法》第 3—2.1 条规定的书面遗嘱形式要求可见，该形式的遗嘱从起草、签署到执行与见证仪式完成，是一个完整而复杂的过程，然而该条款并未对何人起草、何种语言起草遗嘱作出规定，也未对立遗嘱人如何确认该遗嘱内容符合其意思以及是否须即刻予以签名确认作出规定；根据该条款的规定，只要立遗嘱人声明签名的文件是其遗嘱，见证人并非必须目睹立遗嘱人在遗嘱上签名这一过程。关于周某 2002 年所立遗嘱，撇开该遗嘱是否严格遵循了“30 天”期限内这一规定，其形式并未违反美国纽约州的相关法律，应认定为遗嘱成立。

（2）周某 2002 年所立遗嘱是否有效。从已经查明的美国《纽约州遗产、遗产分配权力与信托法》第 3—1.1 和 3—2.1 条的规定来看，对涉案遗嘱效力的判断应从立遗嘱人行为能力和遗嘱形式要件两个方面进行。关于周某在2002年立遗嘱时是否具有行为能力，法院认为，丙提供的证据虽然可以证明周某患有老年痴呆症，但是不能证明其病情的程度是否导致其丧失行为能力，且按照丙的说法，周某在2004年还能办理委托书，也说明周某并未丧失行为能力，故不应认定周某在2002年立遗嘱时不具有行为能力。就遗嘱有效与否，双方当事人争议的主要问题在于，该遗嘱的见证是否满足法律规定的“30天内”的期限要求。考虑到美国系判例法国家，而已经查明的美国纽约州法律仅限于《纽约州遗产、遗产分配权力与信托法》第3—1.1条及第3—2.1条的规定。华东政法大学外国法查明中心提交的“法律意见书”、有关判例和《纽约州遗产、遗产分配权力与信托法》均显示，30天的要求是指两位见证人见证并签字的时间间隔，并非指见证人签字与立遗嘱人签字的时间期限。甲、庚、辛所提交的两份公证材料均显示，两位见证人系在彼此在场的情况下完成见证签字，故“周某的最后遗嘱”的认证时间并未超过《纽约州遗产、遗产分配权力与信托法》规定的30天。综上，周某于2002年所立遗嘱并不存在不符合法律规定的有效要件的情况，应被认定为有效。

（三）周某于2004年5月15日所出具的委托书是否合法有效

丙提供的该委托书仅系复印件，且未提供证据证实该委托书符合美国遗嘱的生效要件，故对该委托书法院应当不予采信。①

三、学理评析

遗嘱是自然人生前对其财产进行处分并于死后发生法律效力的单方法律行为。立遗嘱人在不违反法律强制性规定的前提下，可以通过订立遗嘱改变法定继承中继承人的范围、继承份额、继承顺序等事项，而按照自己的意愿处理遗产。此外，遗嘱中还可以规定将其遗产的全部或者一部分在其死后赠给国家或法定继承人以外的个人或组织，即为遗赠。

（一）涉外遗嘱继承基础知识

通常情况下，遗嘱继承的许多问题应当适用立遗嘱人所选择的法律，但立遗嘱人所选择的法律也有所限制，必须与立遗嘱人有密切联系，且不能违反相关国家的强制性规定。立遗嘱人未选择法律的，适用法定继承的准据法。但是，遗嘱的一些特殊问题，特别是遗嘱的效力，应当有自己的准据法。

此外，各国对遗嘱继承中遗嘱能力、遗嘱方式等问题也存在区别制和同一制两种不同的立法模式。例如在关于遗嘱能力的法律适用中，捷克斯洛伐克的国际私法规定关于遗嘱人订立和撤销遗嘱的能力依遗嘱人立遗嘱时的本国法②，奥地利则规

---

① 参见上海市第二中级人民法院（2017）沪02民终1359号民事判决书。

② 参见《捷克斯洛伐克国际私法及国际民事诉讼法》第18条。

定依遗嘱人立遗嘱时或死亡时的本国法[①]，阿根廷规定依遗嘱人立遗嘱时的住所地法[②]，瑞士则规定选择适用遗嘱人的住所地法、习惯居所地法或本国法。[③] 但英国、美国、法国等国家对遗嘱处分的财产作动产和不动产的区分，并主张处分动产的遗嘱能力适用遗嘱人的住所地法，处分不动产的遗嘱能力适用不动产所在地法。在关于遗嘱方式的法律适用中，埃及、泰国、意大利、奥地利等国家不区分动产与不动产，适用相同的法律，这些国家的立法大多规定对遗嘱方式可以选择适用遗嘱人属人法或遗嘱订立地法。美国、日本、英国、匈牙利等国家都采用区别制来解决遗嘱方式的法律冲突，这些国家的通常规定是，对处分动产的遗嘱方式依遗嘱人属人法或遗嘱订立地法，对处分不动产的遗嘱方式依不动产所在地法。在关于遗嘱内容和效力的法律适用中，日本、波兰、捷克、奥地利等国家采用依遗嘱人本国法的冲突原则，阿根廷、泰国等国家采用依遗嘱人住所地法的冲突原则，少数拉丁美洲国家从继承权属物权范畴的观念出发，主张以物之所在地法为遗嘱内容和效力的准据法，而美国、英国、法国等国家则采取对动产处分适用遗嘱人住所地法，对不动产处分适用不动产所在地法的冲突原则。

（二）我国关于涉外遗嘱继承的法律适用规则

对于遗嘱形式要件的法律适用，各国的立法形成了为遗嘱形式要件的冲突规范设立多个可供选择的连结点以尽量使遗嘱在形式上有效的趋势。1961 年通过的海牙《遗嘱处分方式法律冲突公约》就规定了多达 8 个连结点，而《德国民法典施行法》第 26 条则规定了 10 个连结点供法官选择。关于遗嘱实质要件的效力认定，通常情况下依法定继承的准据法。对于采用同一制的国家，统一适用订立、撤销或修改遗嘱时被继承人的属人法。对于采用区别制的国家，一般情况下也要区分动产和不动产确定准据法，于动产适用遗嘱人立遗嘱时的住所地法，但于不动产适用不动产所在地法。

我国针对遗嘱形式要件和实质要件的法律适用分别作出了规定。《涉外民事关系法律适用法》第 32 条规定："遗嘱方式，符合遗嘱人立遗嘱时或者死亡时经常居所地法律、国籍国法律或者遗嘱行为地法律的，遗嘱均为成立。"这里的"方式"就是指"形式"（form）。该规定采用了"有利于遗嘱形式生效"原则，符合各国立法的普遍趋势。《涉外民事关系法律适用法》第 33 条规定："遗嘱效力，适用遗嘱人立遗嘱时或者死亡时经常居所地法律或者国籍国法律。"这一规定也采用了同一制，这里的"效力"一词，应该被理解为"有效性"（validitiy）而不是"效果"（effect）。

（三）遗嘱继承的准据法适用范围

1. 遗嘱形式要件

各国对遗嘱形式的规定较为广泛，不仅是传统书面形式的遗嘱，口头形式和电

---

① 参见《奥地利联邦国际私法法规》第 30 条。

② 参见 1974 年《阿根廷国际私法（草案）》第 31 条。

③ 参见《瑞士联邦国际私法》第 94 条。

子记录形式的遗嘱也为越来越多国家所认可。我国《民法典》中规定，遗嘱可以采用遗嘱人自书、代书、打印、录音录像、口头、公证几种形式。同时，每一种形式的遗嘱真正具有效力又需满足不同的条件。自书遗嘱需由遗嘱人亲笔书写、签名，并注明年、月、日。代书遗嘱应当由两个以上见证人在场见证，由其中一人代书，并由遗嘱人、代书人和其他见证人签名，注明年、月、日。打印遗嘱应当有两个以上见证人在场见证，遗嘱人和见证人应当在遗嘱的每一页签名，注明年、月、日。以录音录像形式立的遗嘱应当有两个以上见证人在场见证。遗嘱人和见证人应当在录音录像中记录其姓名或肖像，以及年、月、日。在危急情况下，遗嘱人可以立口头遗嘱。口头遗嘱应当有两个以上的见证人在场见证。危急情况消除后，遗嘱人能够以书面或录音录像形式立遗嘱的，口头遗嘱无效。公证遗嘱则由遗嘱人经公证机构办理。此外，无民事行为能力人、限制民事行为能力人、继承人、受遗赠人以及与继承人、受遗赠人有利害关系的人等不能作为遗嘱的见证人。

2. 遗嘱实质要件

遗嘱实质要件主要涉及立遗嘱人订立、撤销和修改遗嘱的能力、遗嘱人意思表示、代理等问题。各国立法虽然赋予了遗嘱人处分自己财产的权利，但同时又对遗嘱人处分其财产作了相应的限制。例如《法国民法典》第913、914条规定，在有直系尊血亲或有直系卑血亲时，遗嘱人只能处分其部分财产。我国《民法典》中也规定有虽然遗嘱人可以通过立遗嘱将个人财产指定由法定继承人中的一人或数人继承，但遗嘱应当为缺乏劳动能力又没有生活来源的继承人保留必要遗产份额的内容。同时，对于遗嘱的撤回、变更，《法国民法典》第1005条规定，遗嘱只能在日后重订遗嘱或在公证人面前作成证书以声明改变意志的情形下全部或部分取消。《日本民法典》第1024条则规定，遗嘱人故意毁弃遗嘱或遗赠标的物时，毁弃部分视为撤销遗嘱。我国《民法典》也允许遗嘱人撤回、变更自己所立的遗嘱，并规定遗嘱人在立遗嘱后实施与遗嘱内容相反的民事法律行为的，视为对遗嘱相关内容的撤回，立有数份遗嘱且遗嘱内容相抵触的，以最后的遗嘱为准。此外，根据我国《民法典》的规定，无民事行为能力人或限制民事行为能力人所立的遗嘱、违背遗嘱人真实意思表示的遗嘱、受欺诈、胁迫所立的遗嘱、伪造的遗嘱，无效。遗嘱被篡改的，篡改的内容亦无效。

四、延伸问题

（一）无人继承的遗产

无人继承的遗产又称为绝产，是指在继承开始后，在法定期限内无人接受继承并且无人受领遗赠的财产。对于无人继承的遗产，各国主要有两种处理方式。第一种是继承权主义，即国家以最后顺序继承人的身份取得无人继承的财产。采此主张的国家有德国、意大利、瑞士、匈牙利等。例如《瑞士民法典》第555条规定，主管官厅以适当的方式公告后一年内无人申请继承，且继承人仍不详时，遗产归属于有继承资格的国家机关。第二种是先占权主义，即将无人继承的遗产认定为无主物，国家根据领土主权以先占的名义取得该财产。英国、美国、法国、日本、土耳其等国家支持这一主张。例如《法国民法典》第539条中规定："一切无主继承或无继承人的财产，或继承人放弃继承的财产，均归国家所有。"

在实践中，由于不同国家对无人继承遗产的性质认定存在不同，因此便可能产生定性冲突问题。例如一方当事人以最后继承人的身份要求继承，而另一方当事人则以无主物所有人的身份主张所有权。典型案例如马尔多纳遗产继承案①，该案中，英国法律将该案视为无主物归属问题。按照英国法律，无主物的归属按照财产所在地法律即英国法，应当归英国所有。而西班牙法律则将该案定性为国家的继承权，应当依照英国关于财产继承的冲突规范适用被继承人死亡时住所地法，即西班牙法律。根据西班牙的法律，西班牙政府以最后继承人的身份获得该遗产。英国法院最终以继承关系来处理该案，并适用西班牙法律，判决西班牙政府继承遗产。

我国《民法典》第1160条规定："无人继承又无人受遗赠的遗产，归国家所有，用于公益事业；死者生前是集体所有制组织成员的，归所在集体所有制组织所有。"该条虽未明确国家或集体组织以什么身份取得遗产，但从条文中"无人继承"这一术语可以推论，国家和集体所有制组织应当不属于"继承人"，否则该财产就不是"无人继承财产"。因此，我国应当是采用先占主义，将无人继承遗产认定为"无主物"。我国《民事诉讼法》第204条亦作出规定，判决认定财产无主后，原财产所有人或者继承人出现，在民法典规定的诉讼时效期间内可以对财产提出请求，人民法院审查属实后，应当作出新判决，撤销原判决。这一条文也可佐证我国将无人继承的财产作为无主物看待。

对于无人继承财产的法律适用，我国《涉外民事关系法律适用法》第35条作出规定："无人继承遗产的归属，适用被继承人死亡时遗产所在地法律"。但这一规定可能会引发与该法第31条的冲突，因为第31条规定动产继承适用被继承人死亡时经常居所地法律，假设某一动产根据被继承人死亡时的经常居所地法律为无人继承的无主物，但依照遗产所在地法律为有人继承，该如何处理？欧盟于2012年通过的《关于继承事项管辖权、准据法、判决的承认与执行、公证书的接受与执行以及创设欧洲继承证书的欧盟第650/2012号条例》第33条对此作出规定："如果根据条例规定的继承准据法，在遗嘱继承的情况下不存在继承人或遗赠人，或在法定继承情况下没有任何自然人可以继承遗产，则本条例不排除遗产所在地国根据其国内法将其境内的遗产据为已有的权利。"有鉴于此，我国《涉外民事关系法律适用法》第35条可以只用来确定无人继承财产的归属问题，对于某一财产是否属于无人继承财产，仍然依照法定继承的准据法即第31条确定。

（二）企业股份继承

对于企业股份的继承，企业的性质不同会影响继承的准据法适用。例如各国通常对资合型公司如股份公司的股权继承不加限制，在冲突法上，对于股份公司的继

① Re Maldonado's Estate (1954), P233 (C. A.).

承，可以按照一般继承准据法处理。而对于人合性质的公司或企业如有限公司或合伙企业股权的继承，各国法律通常会施加限制，因此，在冲突法上，有限公司和合伙股份的继承，除了适用继承准据法，还要考虑公司章程和公司准据法。

五、类案练习

（一）丙、丁、庚、辛继承纠纷案

被继承人甲为美国公民。甲与前妻乙先后生育丙、丁。2006年11月28日，甲在美国立下遗嘱，遗嘱载明：趁身心健康之际，本人，甲，特此将自己的所有财产以同等份额遗留给我的两个女儿：丙和丁。该遗嘱为打印件，甲及两名见证人在遗嘱上亲笔签名。2007年，甲来到中国，并于当年与庚在中国登记结婚，婚后生育辛（2007年10月出生），此后长期在国内居住。2012年7月9日，甲在马尔代夫旅游时因病死亡。甲生前的主要财产为：（1）位于广州市的房产，由甲与庚共同共有，各占50%的产权份额。该房产于2009年购买，首付45万元，银行贷款100万元，甲于2012年7月9日去世时还有91万元左右贷款未还。（2）音响设备一套，为甲个人所有。现丙、丁与庚、辛就甲遗产的分割产生纠纷，丙、丁遂于2014年6月24日将庚、辛诉至该院，并在庭审中明确其诉求为依照甲生前所立遗嘱，由丙、丁等额继承上述房产中属于甲的遗产份额及甲个人所有的音响设备。庚、辛则主张涉案遗嘱无效，应按法定继承办理。①

思考题：

（1）本案的准据法应如何适用？

（2）本案遗嘱是否有效？

（3）本案遗产应当如何分配？

（二）黄某1、谢某等遗嘱继承纠纷案

黄某6（香港特别行政区居民，永久居留地在香港特别行政区）生前与谢某系“配偶”关系，共生育黄某5、黄某1、黄某2、黄某3、黄某4二男三女。两人在20世纪60年代于福建省安溪县按农村风俗举办婚礼并以夫妻名义共同居住生活，但并未办理结婚登记。两人移居香港特别行政区后也未办理结婚登记。2011年10月20日，黄某6于香港特别行政区在执业律师涂某、社区干事戴某的见证下，立下书面遗嘱。遗嘱内容：“兹郑重声明：将本人所有以前订立之嘱书及遗产处置办法，尽行作废，并立此嘱书，为本人最后之嘱书。一、本人将本人名下在各处所有之不动产及动产，除清付本人之丧葬及其他费用外，全部尽行遗赠余之儿子黄某5（香港特别行政区居民）承受及享用。二、本人以香港特别行政区为永久居留地，本遗嘱系应根据香港特别行政区法律处理。三、本人指定及委派余之儿子黄某5为本人此遗嘱之全权执行人，此嘱。”2015年8月12日，黄某6在香港特别行政区去世。2016

① 参见广东省广州市中级人民法院（2016）粤01民终9704号民事判决书。

年2月2日，黄某5持该遗嘱向香港特别行政区高等法院申请认证，同月12日，香港特别行政区高等法院作出遗嘱认证。认证书确定：上述法院已将死者的全部及个别遗产和财物的管理授予上述遗嘱内指名唯一执行人黄某5……经黄某5申请，2016年8月3日，中国司法部委托公证人卢某对遗嘱及遗嘱认证进行了公证证明。同年10月5日，中国法律服务（香港）有限公司就该遗嘱及遗嘱认证办理了中华人民共和国司法部委托香港特别行政区律师办理内地使用的文书的转递手续，并加盖了转递专用章。本案涉案房产为址在安溪县的房产，案涉房产在黄某6生前登记于其一人名下。

谢某、黄某1、黄某2、黄某3、黄某4主张黄某6所立遗嘱无效，且虽然黄某6与谢某并未办理结婚登记，但两人早在20世纪60年代即以夫妻名义共同生活，育有二男三女，已构成事实婚姻，案涉房产应认定为黄某6与谢某的共同财产，黄某6仅享有50%的产权。本案应当按照法定继承分割黄某6生前所有的财产。

黄某5认为，黄某6所立遗嘱有效，黄某6和谢某之间的关系根据中国内地和香港特别行政区的法律均不构成婚姻关系，且案涉房产登记于黄某6一人名下，谢某并不享有该房产一半产权，故应当按照遗嘱，由黄某5一人继承案涉房产所有产权。①

思考题：

（1）本案的争议焦点是什么？

（2）本案相关问题准据法应如何适用？

（3）遗嘱是自由价值的体现，但绝对的自由并不存在，请谈谈如何鉴别遗嘱自由的界限？

六、知识拓展

（一）拓展阅读

1. 李建忠. 论涉外遗嘱法律适用制度的发展趋势：兼论《涉外民事关系法律适用法》第32、33条的解释与完善. 法律科学（西北政法大学学报），2014，32（1）.

2. 刘宏. 我国涉外遗嘱继承法律适用的立法、理论与实践. 中国政法大学学报，2019（5）.

（二）拓展写作

1. 涉外遗嘱继承中的自由与公序良俗价值的博弈

2. 我国涉外遗嘱继承法律适用的实证考察

（三）其他资料

西南政法大学国际私法学线上课程链接：国际私法学_西南政法大学_中国大学MOOC（慕课）（https：//www.icourse163.org/course/swupl-1205596801）。

---

① 参见福建省泉州市中级人民法院（2017）闽05民终6970号民事判决书。

专题十三　域外送达、取证与公证

第一节　域外送达

一、引　案

在涉外民事纠纷中，司法文书的送达是启动涉外民事诉讼的重要节点。送达程序不仅关系到原告是否能获得及时救济，还关系到被告的基本诉讼权利能否得到保障，甚至关系到生效的裁判文书能否在域外得到承认和执行，以及司法文书送达目的地国家的司法主权有没有被侵犯。因此，域外送达[①]的规范性、有效性不仅为法院所关注，也备受当事人重视。最高人民法院公布的指导案例109号安徽省外经建设（集团）有限公司诉东方置业房地产有限公司保函欺诈纠纷案[②]对域外送达进行了详细的阐述。

（一）案情简介

安徽省外经建设（集团）有限公司（以下简称“外经集团公司”）作为承包方、东方置业房地产有限公司（以下简称“东方置业公司”）作为开发商，针对哥斯达黎加共和国的工程项目订立合同。合同签订后，外经集团公司向中国建设银行股份有限公司安徽省分行（以下简称“建行安徽省分行”）提出申请，并以哥斯达黎加银行作为转开行，向作为受益人的东方置业公司开立履约保函，保证事项为哥斯达黎加湖畔华府项目。哥斯达黎加银行开立履约保函，建行安徽省分行同时向哥斯达黎加银行开具反担保函。合同履行过程中双方发生纠纷。外经集团公司向安徽省合肥市中级人民法院起诉东方置业公司称，东方置业公司的行为构成保函欺诈，请求判令其保函索赔行为无效；并将哥斯达黎加银行、建行安徽省分行列为第三人，要求判

---

① 需说明的是，域外送达包括一国内的区际送达和跨越国境的国际送达两类。本章将区际送达单列研究，域外送达等同于国际送达。

② 参见最高人民法院（2017）最高法民再134号民事判决书。

令两家银行不得支付保函及反担保函项下的款项。外经集团公司提起诉讼的同时申请中止支付保函及反担保函项下款项。一审法院认为其理由成立，作出保函止付裁定，并向建行安徽省分行送达了上述裁定。随后，建行安徽省分行向哥斯达黎加银行发送电文告知了一审法院已作出的裁定事由，并于当日向哥斯达黎加银行寄送了上述裁定书的复印件。

安徽省合肥市中级人民法院一审认为：其已于哥斯达黎加银行实际向东方置业公司付款之前下发了保函止付裁定，要求哥斯达黎加银行和建行安徽省分行发送中止支付涉案履约保函及反担保函项下款项。建行安徽省分行在收到裁定后，业已发送电文告知了哥斯达黎加银行上述裁定事由，并向其寄送了裁定书复印件，哥斯达黎加银行在明知一审法院已作出保函止付裁定并向建行安徽省分行承诺中止支付直到中国法院解决纠纷的情况下，仍然违反上述裁定，擅自向东方置业公司付款，明显违反诚实信用原则这一国际通行的惯例，应对其行为自行承担相应的法律后果。遂认定东方置业公司的索赔行为构成欺诈而无效，建行安徽省分行应终止向哥斯达黎加银行支付反担保函项下款项。

东方置业公司不服一审判决，向安徽省高级人民法院提起上诉。其理由之一为一审法院认定哥斯达黎加银行收到保函止付裁定是错误的。安徽省高级人民法院认为：根据《民事诉讼法》第 267 条之规定，人民法院对在我国领域内没有住所的当事人送达法律文书，首先应依照受送达人所在国与我国缔结或者共同参加的国际条约中规定的方式送达，无国际条约关系的则通过外交途径送达。我国与哥斯达黎加尚未签订或共同参加司法互助的国际条约，一审法院应当通过外交途径向哥斯达黎加银行送达保函止付裁定书，一审法院通过建行安徽省分行发送电文告知哥斯达黎加银行相关事实并邮寄裁定书复印件，不符合《民事诉讼法》关于涉外送达的相关规定。尽管如此，哥斯达黎加银行在知悉前述民事裁定书内容并答复建行安徽省分行“将按照中国法院的解决方法来实施”的情况下，申请建行安徽省分行延长保函的有效期，并在上述保函延期后的次日向东方置业公司支付了保函项下款项，违反了诚实信用这一国际通行的惯例，构成非善意付款，应对其行为自行承担相应的法律后果。

东方置业公司不服二审判决，向最高人民法院申请再审。在再审过程中，哥斯达黎加银行提交意见称，一审法院未依法将止付裁定送达给哥斯达黎加银行，程序错误，止付裁定对哥斯达黎加银行不产生法律效力。最高人民法院认为外经集团公司不能证明东方置业公司存在独立保函欺诈情形以及哥斯达黎加银行明知东方置业公司存在独立保函欺诈情形，仍然违反诚信原则予以付款，遂驳回了外经集团公司全部诉讼请求，且未就哥斯达黎加银行的前述意见发表意见。

（二）涉及问题

在我国涉外民事诉讼程序中，由一方当事人通过电文的方式向另一方当事人进行送达是否符合法律规定？

二、法官释法

从前述案件可以看出，一审法院的保函止付裁定由第三人建行安徽省分行通过电文的方式向第三人哥斯达黎加银行送达。该送达的有效性在一、二审阶段都成为哥斯达黎加银行向东方置业公司支付保函项下款项是否违反诚实信用原则的判断依据，再审阶段哥斯达黎加银行更是就此提出程序错误的异议。一审法院和二审法院对于此种送达方式存在不同观点，但再审法院以有其他理由否定一、二审的裁判结果，而未就此进行评述。究竟一审法院对此哥斯达黎加银行的送达是否合法有效，需考察以下几个方面。

（一）国际条约或内国程序法的适用

《民事诉讼法》（2007 年修正）[①] 第 235 条规定，在中华人民共和国领域内进行涉外民事诉讼，适用本编规定。同时，第 236 条规定，中华人民共和国缔结或者参加的国际条约同本法有不同规定的，适用该国际条约的规定，但中华人民共和国声明保留的条款除外。可见，除非我国声明保留的，我国缔结和参加的国际条约优先于内国程序法适用。那么本案首先需要确定国际条约的缔结和参加情况。我国和哥斯达黎加共和国就司法协助并未订立双边条约，哥斯达黎加共和国是 2016 年才加入《海牙送达公约》的，本案一审判决作出时间为 2014 年 4 月，二审判决作出的时间是 2015 年 3 月，那么在本案一、二审阶段，我国和哥斯达黎加共和国没有共同参加的关于域外送达方面的国际公约，本案的域外送达应当适用我国的程序法。

（二）域外送达主体的确定

既然本案应当适用我国程序法，那么送达的主体应当依据我国的程序法确定。《民事诉讼法》（2007 年修正）第 245 条规定的域外送达的主体是人民法院，那么送达主体只能是人民法院。但是应该注意的是，对送达主体的判断不应依据谁具体实施了将司法文书交付给当事人的行为，而应当依据文书的制作主体、送达的义务主体等方面。前述条文规定的司法协助送达、邮寄送达等方式均不是由法院工作人员将司法文书交付给当事人，而是法院委托其他主体实施交付行为，如果此种交付存在瑕疵，只会归责于法院。此外，《民事诉讼法》（2007 年修正）第 144 条规定，在适用简易程序的案件中可以用简便方式传唤当事人，而此处的简便方式包括“委托有关人员口头传唤当事人”[②]。尽管涉外民事案件不能适用简易程序，但至少说明捎口信等非由法院直接通知当事人的送达途径并不为我国程序法所绝对排除。由此可见，一审法院将保函止付裁定委托给建行安徽省分行送达是否违反我国程序法是有探讨空间的。

---

① 一审法院于 2012 年 2 月 27 日作出（2012）合民四初字第 00005-1 号民事裁定书，裁定中止支付案涉两份保函项下款项，当时施行的是《民事诉讼法》（2007 年修正）。

② 姚红．中华人民共和国民事诉讼法释义．北京：法律出版社，2007：228．

(三) 域外送达的途径选择

《民事诉讼法》(2007 年修正) 第 245 条列举了七种域外送达的方式，其中并不包括电子送达。[①] 但是 2006 年《最高人民法院关于涉外民事或商事案件司法文书送达问题若干规定》第 10 条规定，人民法院可以通过传真、电子邮件等能够确认收悉的其他适当方式向受送达人送达。因此，本案一审法院通过电文方式及邮寄方式送达并不违反我国程序法的规定。同时，《民事诉讼法》(2007 年修正) 第 245 条第 7 项规定“不能用上述方式送达的，公告送达”，亦即，公告送达是不能与其他送达途径同时适用的，其只能是最后的送达途径，但是该条并没有规定其他的送达方式有适用的顺序或不能同时适用。《最高人民法院关于涉外民事或商事案件司法文书送达问题若干规定》第 11 条规定，除公告送达方式外，人民法院可以同时采取多种方式向受送达人进行送达，但应根据最先实现送达的方式确定送达日期。这个条款亦可印证除公告送达外的域外送达方式没有适用顺序。鉴于哥斯达黎加共和国与我国没有双边和多边条约，那么本案一审法院在通过电文及邮寄能够送达的情况下未通过外交途径送达，是否如二审法院所说必然违反我国程序法的规定，也是值得讨论的。

(四) 域外送达的证明及日期

一般地，送达回证是送达的证明，其上记载的日期为送达日期，但是司法协助送达的送达证明文件、邮寄送达的签收联均为送达的证明。本案中，如果我们的结论是允许法院委托建行安徽省分行通过电文系统和邮寄送达保函止付裁定，那么哥斯达黎加银行回复电文或签收邮件都表明其收到司法文书，送达日期以先到日期为准。

三、学理评析

(一) 送达与域外送达

在民事诉讼中，送达是指法院依照法定方式和程序，将诉讼文书送交当事人和其他诉讼参与人的行为。[②] 送达实质是让诉讼参加人知晓诉讼文书的内容，以便诉讼程序的进行。其看似是民事诉讼中一个较为简单的承上启下的程序性事项，实际上诉讼文书的送达必将导致一定法律效果的产生，意味着诉讼参加人在相应的期间内有为某些行为的权利或义务，否则将产生相应的法律后果。因此，送达对于整个诉讼程序而言极为关键，它意味着相应诉讼程序的启动、一定期间的起算等，送达程序的合法性也常常成为当事人提起上诉、申请再审等的事由。

在国际民事诉讼中，送达系诉讼程序面临的首要问题之一，由于当事人的争议

---

① 我国《民事诉讼法》对于电子送达的规定有一个发展的过程：1991 年《民事诉讼法》于 2007 年修正时未增加电子送达的规定；于 2012 年修正时增加了电子送达，但明确规定判决书、裁定书、调解书除外；于 2021 年修正时规定针对判决书、裁定书、调解书也可进行电子送达；于 2023 年修正时保留了 2021 年的规定。

② 姚红. 中华人民共和国民事诉讼法释义. 北京：法律出版社，2007：114.

系就国际民事交往中的权利、义务等方面而产生纠纷，它不仅具有国内民事诉讼中送达的制度价值，同时合法送达还是一个国家行使司法审判权的基础。国际民事诉讼中，并不只要是涉外民事案件[①]，其送达就一定是域外送达。域外送达（extraterritorial service）是指一国法院根据国际条约或本国法或互惠原则，将司法文书和司法外文书送交给国外的诉讼当事人或其他诉讼参与人的行为。[②] 因此，域外送达的判断标准不在于涉外民事案件的当事人是否涉外，而在于送达时当事人所处位置是否位于域外。以我国法律为例，我国《民事诉讼法》第 283 条规定了域外送达，该条判断是否适用域外送达的标准是当事人在我国领域内是否有住所。换言之，如果外国人、无国籍人或者外国企业、组织的代表人、主要负责人在我国境内的，可以通过直接送达等方式送达，而无须进行域外送达；如果我国公民的住所地已经不在我国境内，那么向其送达，仍然要适用域外送达。

域外送达可以分为两种情形：一种是内国法院向外国送达诉讼文书，另一种是外国法院向内国送达诉讼文书。本节着重讲解第一种情形下的域外送达。

（二）域外送达的法源

1. 国内法

域外送达是国际民事诉讼的程序之一，因此，其法源应与国际民事诉讼的一致。当今世界不存在统一的国际民事诉讼法，而是以“程序适用法院地法”为基本原则，以国际管辖为前提，适用各国内国的民事诉讼法等程序法。[③] 因此，域外送达的法源主要是内国程序法。程序适用法院地法的主要原因在于诉讼法属于公法，而公法通常为国家主权的体现，内国一般不承认外国公法的域外效力。

在我国同样遵循“程序适用法院地法”的基本原则。《民事诉讼法》第 270 条规定，在中华人民共和国领域内进行涉外民事诉讼，适用本编规定。本编没有规定的，适用本法其他有关规定。从本条规定可以看出，在我国进行的国际民事诉讼的法律适用包括两个层面：首先，适用民事诉讼法涉外编的特别规定；其次，在涉外编没有规定的情况下，适用民事诉讼法的一般规定。但无论是特别规定还是一般规定，都没有超出法院地法的范畴。

2. 国际条约

“程序适用法院地法”是基本原则，但并非没有例外。所谓“程序适用法院地法”，是指一国在其领域内审理国际民事案件，除其缔结或参加的国际条约另有规定外，只适用本国的民事诉讼程序规范。[④] 可见，国际条约即为“程序适用法院地法”的例外。由于程序适用法院地法，而各个国家和地区的程序法不可能一致，难免产生冲突，因此，随着国际交往的不断增加，为了方便国际民事诉讼，关于国际民事

---

① 《民事诉讼法》司法解释（2022 年修正）第 520 条。

② 李双元，欧福永．国际私法．5 版．北京：北京大学出版社，2018：396．

③ 本间靖规，中野俊一郎，酒井一．国际民事诉讼法．2 版．柴裕红，译．北京：商务印书馆，2020：9．

④ 章尚锦，杜焕芳．国际私法．6 版．北京：中国人民大学出版社，2019：269．

诉讼的相关国际公约应运而生。

我国也存在国际条约在一定程度上排除内国法适用的情形。《民事诉讼法》第271条规定，中华人民共和国缔结或者参加的国际条约同本法有不同规定的，适用该国际条约的规定，但中华人民共和国声明保留的条款除外。1965年订于海牙的《关于向国外送达民事或商事司法文书和司法外文书公约》（以下简称《海牙送达公约》）是当前国际上协调各国送达制度差异，促进域外送达国际合作的最重要、最权威的国际公约。截至2022年5月，一共有79个国家加入该公约。自我国于1991年批准加入以来，该公约已成为我国司法实践中适用最多的公约之一。同时，我国已与法国、土耳其、西班牙、韩国、泰国、埃及等30多个国家缔结了民事或商事司法协助的双边条约。如果我国与受送达人所在国既有双边条约又同是《海牙送达公约》成员国，那么应当先适用双边条约，因为《海牙送达公约》虽然是强制适用于缔约国的，但是其第11条明确规定公约不妨碍两个或更多缔约国达成协议，允许采取公约规定的送达途径以外的途径。

（三）域外送达程序

1. 域外送达主体的确定

在大陆法系国家，一般将司法程序的送达视为国家主权行为，法院在诉讼中处于主导地位，送达应该由国家司法机关或者专门人员来执行。而在英美法系国家，送达文书、调查取证等行为被视为当事人或者其代理律师的事务，送达被看作私行为。[①] 可见，域外送达主体的确定与对域外送达的定性相关。我国通说认为，送达是法院行使司法权的一个重要职能，因此，无论是从理论界对域外送达的定义来看，还是从法律对域外送达的规定来看，送达的主体都是法院。但是，也有观点认为应该放下可能有损于“法院行使职权”“国家司法主权”的包袱，从送达所应有的功能出发，注重于送达方式的实用性和灵活性、送达主体的多元性，注重于司法效率的提升，注重于实质意义上的程序公正。[②] 虽然我国司法实践对此种观点普遍持谨慎态度，但是部分地方法院已经从区际民事诉讼着手探索当事人转交送达。[③] 虽然转交送达并不能被视为送达主体发生变化，其系法院委托当事人送达，只是对送达程序的变通，但是在某种程度上是对英美法系送达制度的借鉴。

2. 域外送达对象的选择

从域外送达的定义来看，域外送达的对象是当事人或其他诉讼参与人。但值得注意的是，有权接收司法文书或司法外文书的人并不限于当事人或其他诉讼参与人本人，尤其是作为拟制民事主体的法人或非法人组织，进行送达时必定还涉及确定有权代表其接收司法文书的机构或个人。根据我国的法律规定，对于自然人而言，

---

① 宋渝玲. 涉外民事诉讼法律实务. 厦门：厦门大学出版社，2017：276.

② 何其生. 域外送达制度研究. 北京：北京大学出版社，2006：318.

③ 参见《人民法院司法改革案件选编（八）》案例139，广东省深圳前海合作区人民法院建立涉港案件当事人转交机制，在涉港案件中委托住所地在香港特别行政区的原告将程序性法律文书送达被告。

司法文书除可以送达给本人之外，还可以向其诉讼代理人送达，向其同住成年家属、其在境内设立的外商独资企业或其在境内担任法定代表人、公司董事、监事和高级管理人员的企业转交送达。[①] 对于法人或非法人组织而言，如果其代表人、主要负责人在我国境内，可以向其代表人、主要负责人送达，主要负责人包括董事、监事、高级管理人员等；可以向其在我国设立的代表机构或者有权接受送达的分支机构、业务代办人送达。[②] 分支机构、业务代办人与代表机构接受送达的区别在于，代表机构无须授权即可接受送达，而分支机构、业务代办人则需经授权才可接受送达。

3. 域外送达地址的确定

向当事人进行送达必然涉及送达地址的确定，当当事人在域外时，其地址的确认较为困难，尤其是当被告位于域外时，很少有被告向法院确认其送达地址，因此域外当事人送达地址的确认往往成为困扰司法程序推进的痛点。我国区际民事诉讼参照国际民事诉讼进行，所以通过区际民事诉讼的送达也可管窥域外送达地址的确认影响有多深远。在肖某与吴某申请认可广东省深圳市南山区人民法院涉台民事判决案中，“桃园地方法院”认为，大陆法院的判决书记载的吴某在台湾地区的住所与其依职权查询的吴某户籍地址不一致，对大陆法院的判决送达是否合法存疑，有剥夺吴某程序权利而使其遭受不利益之虞，有悖于公序良俗，因而不予认可。[③] 可见，送达地址的确认不仅影响国际/区际民事诉讼程序的正当和效率，甚至影响判决在域外的承认和执行。

我国一般将当事人住所认定为送达地址。法人或非法人组织通常以登记设立，故其住所可以通过查询获得，尤其在互联网发展背景下，很多国家或地区都有官方机构的网站可以进行查询。而自然人住所的确定则更为困难。虽然“程序适用法院地法”是国际民事诉讼的基本原则，但住所不仅是一个程序法上的概念，而且是一个实体法上的概念。就住所的确定标准，主要存在“法院地法说”和“属地法说”，如果采取“属地法说”，可能导致程序上住所的确定与实体上住所的确定适用不同国家的法律，那么可能存在在同一案件中针对同一当事人住所认定不一致的悖论，因为各国法律对于住所的规定并不一致。[④] 因此，为了确保程序和实体概念的统一性，采“法院地法说”更为合理。

其他地址被认定为送达地址的情形。为了解决送达难的问题，司法实践中存在将当事人的其他地址认定为送达地址的情况。《全国法院涉外商事海事审判工作座谈会会议纪要》第13条规定，在中华人民共和国领域内没有住所的当事人未填写送达

---

① 参见《民事诉讼法》第88条、第283条，《全国法院涉外商事海事审判工作座谈会会议纪要》第12条。

② 参见《民事诉讼法》第283条，《民事诉讼法》司法解释第533条。

③ 郑林，陈延忠. 大陆民事司法文书对台送达的标准：以在台认可与执行为视角. 海峡法学，2020，22(4)：13.

④ 我国《民法典》第25条规定：“自然人以户籍登记或者其他有效身份登记记载的居所为住所；经常居所与住所不一致的，经常居所视为住所。”《日本民法典》第21条规定：“人的生活的本据为住所。”《法国民法典》第102条规定，住所意味着经常居住的地方。而英美法上的住所意味着永久居住的意思，且居住的地方有着与我国法律规定的住所不同的含义。李旺. 国际民事诉讼中的冲突与程序. 北京：清华大学出版社，2022：8.

地址确认书，但在诉讼过程中提交的书面材料明确载明地址的，可以认定该地址为送达地址。《最高人民法院关于进一步加强民事送达工作的若干意见》第 8 条规定，当事人拒绝确认送达地址或以拒绝应诉、拒接电话、避而不见送达人员、搬离原住所等躲避、规避送达，人民法院不能或无法要求其确认送达地址的，可以分别以下列情形处理：（1）当事人在诉讼所涉及的合同、往来函件中对送达地址有明确约定的，以约定的地址为送达地址；（2）没有约定的，以当事人在诉讼中提交的书面材料中载明的自己的地址为送达地址；（3）没有约定、当事人也未提交书面材料或者书面材料中未载明地址的，以 1 年内进行其他诉讼、仲裁案件中提供的地址为送达地址；（4）无以上情形的，以当事人 1 年内进行民事活动时经常使用的地址为送达地址。

4. 域外送达途径的选择

域外送达通常包括直接送达和间接送达两种途径：前者包括外交代表或领事送达、邮寄送达、个人送达、公告送达、依当事人协商的方式送达等，个人送达、依当事人协商的方式送达通常为普通法系国家所接受；后者主要是指司法协助和外交途径送达。我国缔结的国际条约以及我国国内法规定前述部分方式的送达以及新形式的送达途径，构成了我国域外送达制度。

（1）司法协助送达。此即依照受送达人所在国与我国缔结或共同参加的国际条约中的规定，并通过条约指定或建立的中央机关进行送达。

司法协助请求的提出。我国在加入《海牙送达公约》时，指定司法部为中央机关。根据《最高人民法院关于依据国际公约和双边司法协助条约办理民商事案件司法文书送达和调查取证司法协助请求的规定》及其实施细则的规定，司法协助工作由最高人民法院统一管理。因此，我国现阶段的做法是，有司法协助需求的人民法院将相关材料送高级人民法院转最高人民法院国际合作局，再送司法部送受送达国的中央机关。但是《海牙送达公约》并不要求此类请求必须通过双方的中央机关提出，也可以由请求机关直接向被请求国的中央机关提出。正因如此，最高人民法院指定北京市、上海市、广东省、浙江省、江苏省高级人民法院可以直接向《海牙送达公约》成员国中央机关提出和转递本院及下级人民法院送达的相关材料。

请求的执行和执行情况的通知。《海牙送达公约》第 5 条规定了三种执行送达请求的方式：一是正式送达。由被请求国中央机关自行或安排某一适当机构，按照其国内法规定的在国内诉讼中对在其境内的人员送达文书的方式进行送达。二是依特定方式送达。按照请求国要求采用的方式进行送达，但此种方式不得与被请求国的法律相抵触。三是非正式递交。在被送达人自愿接受时向其送达文书，而不必严格遵守公约中有关形式上的要求。对于执行送达的结果，国际社会普遍采取送达回证或由有关机构出具送达证明书的方式。

费用的承担。国际条约通常会对司法协助费用作出规定。《海牙送达公约》第 12 条规定，发自缔约一国的司法文书的送达不应产生因文件发往国提供服务所引发的税款或费用的支付或补偿。但申请者应支付或补偿下列两种情况下产生的费用：

一是有司法助理人员或依送达目的国法律主管人员的参与；二是特定送达方法的使用。民事司法协助系因民事案件的当事人起诉而产生，而案件受理费并未涵盖司法协助的费用，因此，司法协助费用一般应由当事人缴纳。但如果当事人拒绝缴纳，会产生怎样的法律后果，实践中认识不一。[①]

对送达请求的异议和拒绝。《海牙送达公约》规定了三种情况下，被请求国有权提出异议或拒绝：一是送达地址不详，二是请求书不符合公约要求，三是执行请求将有损被请求国的公共秩序。

（2）外交途径送达。此即在两国没有缔结或共同参加的司法协助条约的情况下，通常还可根据互惠原则通过外交机构互相转递的方式进行送达。我国外交途径送达的程序在《最高人民法院、外交部、司法部关于我国法院和外国法院通过外交途径相互委托送达法律文书若干问题的通知》有明确规定。但该通知时间较早，在具体操作层面已经与司法协助送达趋于一致，由最高人民法院统一管理。

（3）外交代表或领事送达。此即法院将需要在域外送达的文书委托给内国驻受送达人所在国的外交代表或领事代为送达。《海牙送达公约》第8条规定缔约国可以采取这种送达方式，但也允许缔约国声明，外交代表或领事在其领土上直接送达文件，以文书发出国国民为限。我国在加入《海牙送达公约》时作出了此项声明，因此，我国民事诉讼法规定外交代表或领事送达只适用于具有我国国籍的受送达人。

（4）邮寄送达。此即法院直接将文书寄送给域外的诉讼当事人或其他诉讼参与人。随着国际物流的发展，邮寄送达的效率不断提高，而且此种方式成本较低，因此，邮寄送达在实务中颇受青睐。但具体案件中是否能够使用邮寄送达方式，还需根据国际条约或受送达人所在国法律，判断其是否允许邮寄送达。以《海牙送达公约》为例，可以登录国际私法会议网站查询各缔约国的保留条款，以此判断特定国家是否允许邮寄送达。我国在加入《海牙送达公约》时声明反对采取邮寄送达方式在我国境内进行送达，而美国等国则允许邮寄送达。

（5）电子送达、传真。此即通过电子邮件等数据交换方式或者传真将司法文书传输给当事人。这种送达方式是随着科学技术的进步而出现的新型送达方式。诸如《海牙送达公约》等缔结较早的国际条约是不可能预见科技的发展结果的，因此其中并无电子送达的直接规定。2003年海牙国际私法会议特委会认为公约范围内文件的跨国传输能够并且应该通过信息技术商务途径包括电子邮件进行。[②] 欧盟《关于在

---

① 江苏省高级人民法院（2018）苏民终991号民事裁定书认为，为保证涉外民商事诉讼程序的正常进行，当事人支付涉外送达费用是其法定义务，如果不缴纳送达费用就不能向对方当事人送达诉讼文书，无法通知其应诉及开庭，诉讼程序也就无法开展。法院通知上诉人缴纳送达费用后，其一直拒绝缴纳费用，应视为其以不作为方式放弃了诉讼程序的正常进行，可视为其自动撤回上诉。陕西省高级人民法院（2020）陕民终328号民事裁定书则认为，一审法院认为原告在规定的时间内未交纳涉外送达所需费用，导致无法履行后续送达程序，亦不能核实被告的身份状况为由，驳回其起诉不当，认为原告起诉时已经明确了被告名字、住所等信息，有确定的被告且不存在不符合起诉条件的情形。

② Conclusions and Recommendations of the Special Commission on the Practical Operation of the Hague Apostle Evidence and Service Conventions（28 October to 4 November 2003）. para. 6.

成员国之间送达民事或商事司法及司法外文书条例》第 19 条也专门规定了电子送达[①]，前提是当事人同意。我国《民事诉讼法》在 2012 年进行第二次修正时新增了传真、电子送达方式。《全国法院涉外商事海事审判工作座谈会会议纪要》第 11 条则进一步说明能否适用电子送达的判断方法：一是审查受送达人所在国是否禁止电子送达；二是审查电子送达是否违反我国缔结的国际条约，具体到《海牙送达公约》，如果缔约国声明反对邮寄送达，应推定其不允许电子送达。

（6）公告送达。此即内国法院通过张贴公告、登报等方式告知当事人相关诉讼程序视为送达的情形。我国《民事诉讼法》规定，不能以其他方式送达的可以采取公告送达的方式，自公告之日起满 3 个月视为送达。除公告送达以外的其他送达方式可同时进行，公告送达却不能，因为公告送达是其他送达方式不能送达后最终的弥补手段。

5. 域外送达的证明及日期

域外送达需要通过一定的载体来表明送达成功及其日期，以便确定送达的法律效果。在我国，送达回证即为送达的证明，当事人在其上签署的日期即为送达日期。但域外送达形式多样，不同的送达方式其证明亦有所区别。司法协助送达及外交途径送达通常有专门的送达证明文件，其上记载有送达日期；邮寄送达时受送达人未在送达回证上签收但在邮件回执上签收的，邮件回执为送达证明，签收日期为送达日期；电子送达以送达信息到达受送达人特定系统的日期为送达日期；公告送达以公告本身为送达证明，公告期届满之日为送达日期。此外，《最高人民法院关于涉外民事或商事案件司法文书送达问题若干规定》第 13 条还规定了受送达人未履行签收手续，但视为送达的三种情形：一是受送达人书面向人民法院提及了所送达司法文书的内容；二是受送达人已经按照所送达司法文书的内容履行；三是其他可以视为已经送达的情形。

（四）区际送达

在一国领域内不同法域之间的送达被称为区际送达。在我国，内地（大陆）与香港特别行政区、澳门特别行政区，以及台湾地区之间相互的送达即为区际送达。

根据《最高人民法院关于涉港澳民商事案件司法文书送达问题若干规定》《最高人民法院关于涉台民事诉讼文书送达的若干规定》，向住所地在香港特别行政区、澳门特别行政区、台湾地区的受送达人送达司法文书，可以直接向该自然人或者法定代表人、主要负责人，诉讼代理人，代表机构或有权接受送达的分支机构或者业务代办人送达。区际送达的途径包括区际司法协助送达、邮寄送达、电子送达、公告送达等。内地与港、澳特区的区际司法协助送达依据为《最高人民法院关于内地与香港特别行政区法院相互委托送达民商事司法文书的安排》《最高人民法院关于内地

---

① Regulation（eu）2020/1784 of the european parliament and of the council of 25 November 2020 on the service in the Member States of judicial and extrajudicial documents in civil or commercial matters（service of documents）（recast）.

与澳门特别行政区法院就民商事案件相互委托送达司法文书和调取证据的安排》，大陆与台湾地区的区际司法互助依据为《最高人民法院关于人民法院办理海峡两岸送达文书和调查取证司法互助案件的规定》。

四、延伸问题

域外送达程序的目的在于保障当事人参与国际民事诉讼的权利，同时国际民事诉讼的效率也是另一方当事人最为关心的问题。域外送达的主体、对象、地址以及送达途径，任何一个因素的变化都可能影响程序的成功率及耗时，尤其是送达途径。比如司法协助，因为有官方指定的中央机关参与，其送达成功率相对较高，但是司法协助需要内国法院与中央机关的转递、内国中央机关与外国中央机关的转递、外国中央机关与外国法院的转递等一系列程序，因此，程序上较为复杂，耗时比较长。而邮寄送达，因为是内国法院直接寄送至当事人的送达地址，程序大大简化，送达耗时较短，单纯送达的耗时一般均在一个月以内，但是其送达的结果可能存在当事人不在该送达地址、联系不上当事人甚至根本没有送达结果而不能视为成功送达的情形，其送达的成功率相对较低。可见，不同的送达途径对于送达有效性和效率影响不同。即便选择诸如邮寄送达等相对高效的送达方式，也可能存在未有效送达，而不得不选择其他送达方式的情形，致使送达程序耗时增加。域外送达的低效性历来备受诟病，但是如果仅追求效率而未确保程序正当进而保障当事人参与诉讼的权利，同样会导致最终裁判结果被否定而诉讼程序空转的后果。因此，寻找域外送达的程序正当与效率的平衡一直是本专题研究中的重点和难点。

域外送达相关问题是实践性、操作性较强的问题，寻找其程序正当与效率平衡困境的具体表现均应从实践出发，最终才能真正了解和解决问题。从目前的研究来看，尽管有不少涉及域外送达的论述，但较少是专门针对域外送达实践的数据收集和调查研究，导致对于域外送达的真实状况缺乏系统的认识和分析，尤其是随着网络技术的发展，电子送达等新的送达方式出现以后，其在实践中的应用及发展，以及在应用过程中所面临的问题更是值得关注的。除了电子送达方式本身，信息化技术对于域外送达的影响亦颇值得关注，比如，我国最高人民法院专门建立了统一的国际司法协助以及区际司法协助的管理平台，以提高司法协助送达国内层层转交阶段的效率。

域外送达作为国际司法的重要内容，各国法律在送达主体、送达对象、送达地址、送达途径等问题上的规定不一，即便是加入同一国际条约，在声明和保留方面亦有所不同。各国之所以对于域外送达的同一问题态度不一，其背后的深层次原因与其法律沿革、观念选择以及经济发展程度等诸多方面均有关系，因此，要研究域外送达程序正当与效率问题，从前述各方面对各国域外送达制度进行比较研究也是必不可少的。

对于我国来说，域外送达制度在不断完善和发展，但是对于已有的送达方式，还存有研究空间，比如在《海牙送达公约》之下可否通过设置更多的“（送出）转送机关”替代仅依靠“中央机关”正式送达的方式提高司法协助的效率；因为互惠原则，我国对邮寄送达的声明保留可能会影响我国法院对于域外当事人邮寄送达的有效性，如果我国整体接受邮寄送达，可能存在何种利弊；我国程序法虽增加了电子送达的方式，但是基于电子数据的易篡改性，如何确保电子送达的安全性；等等问题，均值得研究。同时，随着我国经济不断发展，在越来越融入全球经济，尤其是加强区域经济合作，如共建"一带一路"、与东盟国家的合作等背景下，与之相关的国际纠纷解决的需求也越来越多，而与这些区域、国家之间的域外送达的法律冲突及合作也颇具研究价值。

在研究上述问题的同时，我们需对关于域外送达的规范性文件有一个通盘的了解和掌握，才能对于相关问题有深刻而务实的研究。对此，梳理如下：

1. 国际条约

(1)《海牙关于向国外送达民事或商事司法文书和司法外文书公约》。

(2) 我国与外国缔结的司法协助双边条约。

2. 国内法

《中华人民共和国民事诉讼法》(2023 年修正) 第七章第二节、第二十五章第 283 条、第 284 条。

3. 司法解释

(1)《最高人民法院关于内地与香港特别行政区法院相互委托送达民商事司法文书的安排》(法释 [1999] 9 号)。

(2)《最高人民法院关于内地与澳门特别行政区法院就民商事案件相互委托送达司法文书和调取证据的安排》(法释 [2020] 1 号，2020 年修正)。

(3)《最高人民法院关于涉外民事或商事案件司法文书送达问题若干规定》(法释 [2020] 20 号，2020 年修正)。

(4)《最高人民法院关于涉台民事诉讼文书送达的若干规定》(法释 [2008] 4 号)。

(5)《最高人民法院关于涉港澳民商事案件司法文书送达问题若干规定》(法释 [2009] 2 号)。

(6)《最高人民法院关于人民法院办理海峡两岸送达文书和调查取证司法互助案件的规定》(法释 [2011] 15 号)。

(7)《最高人民法院关于依据国际公约和双边司法协助条约办理民商事案件司法文书送达和调查取证司法协助请求的规定》(法释 [2020] 20 号，2020 年修正)。

(8)《最高人民法院关于适用〈中华人民共和国民事诉讼法〉的解释》(法释 [2022] 11 号，2022 年修正)。

4. 司法文件或政策

(1)《最高人民法院、外交部、司法部关于执行〈关于向国外送达民事或商事司法文书和司法外文书公约〉有关程序的通知》(外发 [1992] 8 号)。

(2)《最高人民法院办公厅关于就外国执行民商事文书送达收费事项的通知》(法办 [2003] 242 号)。

(3)《最高人民法院办公厅关于指定北京市、上海市、广东省、浙江省、江苏省高级人民法院依据海牙送达公约和海牙取证公约直接向外国中央机关提出和转递司法协助请求和相关材料的通知》(法办［2003］297号)。

(4)《最高人民法院印发〈关于依据国际公约和双边司法协助条约办理民商事案件司法文书送达和调查取证司法协助请求的规定实施细则(试行)〉的通知》(法发［2013］6号)。

(5)《最高人民法院印发〈关于进一步加强民事送达工作的若干意见〉的通知》(法发［2017］19号)。

五、类案练习

股东损害公司债权人利益责任纠纷案

上诉人上海浦东江夏发展公司(以下简称“江夏公司”)因与被上诉人上海贞元投资管理有限公司(以下简称“贞元公司”)及原审被告 NY NORTHEAST TRADING AND DEVELOPMENT COMPANY, INC.(以下简称“东北贸易公司”)股东损害公司债权人利益责任纠纷一案，不服一审法院判决，提起上诉。其提起上诉的理由之一是，本案一审程序上存在严重瑕疵，根据江夏公司提供的新证据足以证明东北贸易公司已于1997年解散，不具备诉讼主体资格，一审法院应依职权查明东北贸易公司的承继主体并追加其参加诉讼，如经查明东北贸易公司主体不存在，二审理应对本案发回重审。江夏公司提交的从纽约州州务院公司处“公司和企业实体数据库”中调取的东北贸易公司目前的状态信息及中文翻译件，证明东北贸易公司已于1997年解散，不具备诉讼主体资格。江夏公司提交的美国律师法律意见书，证明一审司法文书的送达地址系纽约州的律所，因该地址系由该公司为非常有限之目的提交纽约州务厅，提交的时间很可能是其成立之时，东北贸易公司已于1997年司法解散，故该地址不应视为东北贸易公司接受司法文书的合法有效地址。且上述材料的送达程序不符合《海牙送达公约》的规定，存在重大瑕疵。贞元公司辩称，根据《涉外民事关系法律适用法》第14条的规定，判断法人的民事行为能力应依登记地法律。东北贸易公司的登记地在美国纽约州，根据美国纽约州公司法第10章第1006条的规定，“公司在解散后，产生于公司解散直接的相应的救济不受公司解散的影响”。现江夏公司查明东北贸易公司1997年被美国法庭撤销经营权公告解散，主体资格不受解散行为影响，相当于国内企业吊销未注销的状态，其诉讼权利不受影响，一审程序上不存在瑕疵。且一审法院已经按照司法协助程序送达，并根据送达反馈情况进行了公告送达。

上海市高级人民法院二审认为：对于东北贸易公司是否具有诉讼主体资格的问题，在2017年9月29日双方质证谈话中，江夏公司明确表示根据美国纽约州相关法律，公司解散状态不影响诉讼主体资格，放弃其上诉理由中提出的该项异议，故本院对东北贸易公司在本案的诉讼主体资格不再审查，并予以确认。鉴于江夏公司在该次谈话中根据其提交的美国律师的法律意见书提出本案一、二审程序中对东北贸易公司的送达程序不符合《海牙送达公约》及纽约州的相关法律规定，具有重大瑕疵，经审查，本案一审法院已按照东北贸易公司在纽约州公司数据库报备的地址对应诉材料进行了涉外委托送达，并根据反馈情况对判决书及上诉状进行了公告送达，上述程序符合按照《海牙送达公约》规定及最高人民法院有关涉外送达的实施细则规定，应属合法有效。现江夏公司虽对接收应诉材料的律所地址是否有合法授权以及是否实际送达给东北贸易公司提出异议，但其并未提出东北贸易公司更换过其他报备地址，故其该项主张本院不予支持，本案送达程序合法有效。[①]

思考题：

（1）送达地址的确认与诉讼主体资格的确认之间的关系？

（2）域外当事人送达地址的确认是否受受送达国法律的规制？

六、知识拓展

（一）拓展阅读

1. 刘想树．国际私法．2版．北京：法律出版社，2015.

2. 李双元，谢石松，欧福永．国际民事诉讼法概论．3版．武汉：武汉大学出版社，2016.

3. 宋渝玲．涉外民事诉讼法律实务．厦门：厦门大学出版社，2017.

4. 黄进．中国的区际法律问题研究．北京：法律出版社，2001.

5. 何其生．域外送达制度研究．北京：北京大学出版社，2006.

6. 本间靖规，中野俊一郎，酒井一．国际民事诉讼法．2版．柴裕红，译．北京：商务印书馆，2020.

7. Gary B. Born，Peter B. Rutledge. International Civil Litigation in United States Courts. Fifth Edition（Aspen Casebook）. Wolters Kluwer，2011.

8. 张利民，胡亚球．涉外案件司法文书电子送达条件分析．法学评论，2008（1）.

9. 向明华．域外"送达难"困局之破解．法学家，2012（6）.

10. 涂广建．我国涉外民事诉讼文书送达制度之考问及续造．国际法研究，2017（3）.

（二）拓展写作

1. 论科技发展视域下域外送达机制的完善

2. 中国—东盟自贸区下区域送达机制的构建

（三）其他资料

西南政法大学国际私法学线上课程链接：国际私法学_西南政法大学_中国大学MOOC（慕课）（https：//www. icourse163. org/course/swupl-1205596801）。

---

① 参见上海市高级人民法院（2016）沪民终444号民事判决书。

第二节　域外取证与公证

一、引　案

审理必须在程序、实体两方面均适当。为了达到实体上正当的审理，需要有正当的诉讼资料。[①] 证据是诉讼资料的重要组成部分，其是否能够支持己方的主张，关乎案件的审理结论。证据的重要性不言而喻。在涉外民事诉讼中，有可能部分证据形成于域外，那么就存在域外取证的问题。在涉外民商事案件中，一方当事人对于对方当事人自行自域外获取的证据是否具有合法性常常围绕着证据是否经过公证认证展开。在中国人民财产保险股份有限公司南京市分公司与中国大地财产保险股份有限公司上海分公司再保险合同纠纷再审案[②]中，双方即对此产生争议。

（一）案情简介

申请人中国人民财产保险股份有限公司南京市分公司（以下简称“人保财险”）因与被申请人中国大地财产保险股份有限公司上海分公司再保险合同纠纷一案，不服上海市高级人民法院判决[③]，向最高人民法院申请再审，其申请再审的理由之一为原判决以人保财险提交的证据未办理公证认证为由不予认可，导致认定事实错误。根据《最高人民法院关于修改〈关于民事诉讼证据的若干规定〉的决定》，域外形成的非公文文书证据已不需要公证认证，该规定应适用于本案。人保财险提交的关于损失计算、保险赔款、费用计算书及理算报告、索赔授权书和电子邮件等证据能够形成完整证据链，足以证明被保险人对案涉货物具有保险利益，人保财险作为主共保人善意合理地代表共保体进行了理赔。人保财险提交的另案调解书可以证明其他共保体均同意分摊，原判决对该证据未予质证，存在不当。

最高人民法院经审理认为，本案一审期间，2019 年公布的《最高人民法院关于民事诉讼证据的若干规定》（以下简称《民事诉讼证据规定》）尚未适用，一审法院依据之前的《民事诉讼证据规定》认为域外形成的证据应办理公证认证手续，符合法律规定。本案中，部分设备受风浪影响冲破包装箱悬于船舷受损且并未落海的事实，系原审法院依据人保财险的自述予以认定，原审法院仅凭该事实不属于保险事故就有充分理由不支持人保财险的主张。人保财险提交域外形成的证据主要是为证明世界村公司对案涉货物具有保险利益，但即使人保财险证明的主张成立，亦不影响原判决的裁判结果。至于人保财险主张另案调解书未经质证的问题，该调解书系人保财险庭后提交，且人保财险也未将其作为二审新证据，即使二审法院未就该调

---

① 本间靖规，中野俊一郎，酒井一. 国际民事诉讼法. 2 版. 柴裕红，译. 北京：商务印书馆，2020：111.

② 参见最高人民法院（2020）最高法民申 6025 号民事裁定书。

③ 参见上海市高级人民法院（2020）沪民终 377 号民事判决书。

解书组织质证，程序亦无不当。因此，人保财险关于原判决认定证据不当导致认定事实错误的申请再审理由不成立。

（二）涉及问题

（1）当事人取得的域外证据是否应当进行公证认证？

（2）未经公证认证的域外证据是否必然不能采纳？

二、法官释法

尽管证据是否经过公证认证是一个显而易见的事实，但是就域外获取的证据是否必须经过公证认证以及经公证认证的证据证明力如何等问题，各方时常发生争议，根据案件情况的不同，法院可能也会作出不同的判断。[①] 在本案中，对于申请人在一审期间提交的域外证据公证认证的问题，需要考虑以下几个方面。

（一）新旧司法解释的衔接

《民事诉讼证据规定》在 2019 年修改前对于域外形成的证据并未进行区分，笼统规定所有证据均应当经过公证认证，但是修改后的《民事诉讼证据规定》区分不同种类的证据作了公证认证、公证以及无须公证认证三种不同的要求。因此，适用何时的司法解释对于域外证据是否须经公证认证这一特定程序将产生影响。证据认定规则作为程序性规范，应当遵从程序法溯及效力的基本原则。“实体法以不溯及既往为原则之一……但程序法无此原则，与此相反的是，在新程序法生效时尚未处理的案件，均应采取程序从新原则，依照新程序法处理”[②]。《最高人民法院关于修改后的民事诉讼法施行时未结案件适用法律若干问题的规定》第 1 条第 1 款规定，2013 年 1 月 1 日未结案件适用修改后的民事诉讼法，此系认可民事诉讼“程序从新”的基本原则。同时第 2 款规定，前款规定的案件，2013 年 1 月 1 日前依照修改前的民事诉讼法及其司法解释的规定已经完成的程序事项仍然有效。《民事诉讼证据规定》作为程序规定在没有明确时间效力规定的情况下，可类推适用民事诉讼法时间效力的规定。本案中一审程序进行时修改后的《民事诉讼证据规定》尚未生效，一审法院按照当时的司法解释进行证据审查应当有效。

（二）域外证据是否必须公证认证

事实上，《民事诉讼证据规定》修改前，司法实践对于未经公证认证的域外证据也并非一律不予采信。《最高人民法院关于未经我国驻外使领馆认证的域外形成的证

---

① 在最高人民法院（2021）最高法民申 2887 号民事裁定书中，最高人民法院认为部分证据虽然未经公证认证，但形式完备，且与其他证据相互对应，能够形成完整的证据链，原审据此予以认定，并无不当；而在最高人民法院（2020）最高法民申 5174 号民事裁定书中，最高人民法院认为根据《最高人民法院关于民事诉讼证据的若干规定》（法释［2001］33 号）第 11 条第 1 款的规定，二审法院认为申请人提交的相关证据应当履行公证认证手续并无不当。

② 卓泽渊. 法学导论. 北京：法律出版社，2000：20.

据效力问题的请示的复函》[①] 就明确：即使相关证据或文件因特殊原因确实不能得到使领馆的认证，人民法院亦不能直接采纳。而应根据《民事诉讼法》第 65 条、第 66 条的规定，由当事人相互质证、辨别真伪后决定是否采纳。从这个复函来看，最高人民法院虽然只谈到了未经认证的情况，但也说明了域外证据并非一定要经过公证认证。《民事诉讼证据规定》修改后，虽放宽了对域外证据的程序要求，也并不意味着没有公证认证要求的域外证据就可以完全不考虑公证认证，毕竟公证认证的目的在于增强证据的客观真实性和合法性。本案申请人在一审时提交的域外证据均为证明其具有保险利益的关键证据，在对方不认可、案外人未出庭的情况下，的确需要一些证据真实性方面的补强。

（三）经公证认证证据的证明力

域外证据经公证认证只能说明其具有形式上的真实性。以证人证言为例，经过公证认证的证人证言只能理解为证人在公证人面前作出了这样的证词，但并不能仅因其经过了公证认证就认定该证言内容的真实性，并可支持举证一方主张。因此，经公证认证的证据不必然被采信，即使被采信，也不必然被认定可支持举证一方的主张。比如，本案中，如果申请人在一审程序中对域外证据进行了公证认证，最高人民法院仍然认为案涉损害并非保险事故，那么其是否具有保险利益的证据即便经过公证认证也是达不到其证明目的的。

三、学理评析

有观点认为，域外取证是指一国司法机关请求外国主管机关代为收集、提取与案件有关而又处在该外国境内的证据。[②] 也有观点认为，域外取证是指一国有关机构或人员对本国法院审理的民商事案件进行境外提取诉讼证据的行为制度。[③] 导致域外取证定义不一的原因，主要在于对域外取证的主体的认识不同。但从各国法律规定来看，域外取证的主体并不限于法院，还包括当事人或诉讼代理人。因此，对域外取证应当作更为宽泛的界定。就域外取证的法律渊源而言，其与域外送达的基本一致，本节不再赘述。

（一）域外取证的方式

根据域外取证的主体，可以分为当事人或诉讼代理人自行取证和法院调查取证两种方式，在不同主体取证的情况下又有不同的途径和要求。

1. 当事人或诉讼代理人自行取证

这种调查方式主要为普通法系国家所采用。[④] 域外取证最重要的国际公约《关

---

① 参见最高人民法院〔2012〕民四他字第 15 号。

② 章尚锦，杜焕芳．国际私法．6 版．北京：中国人民大学出版社，2019：269．

③ 宋渝玲．涉外民事诉讼法律实务．厦门：厦门大学出版社，2017：286．

④ 李双元，欧福永．国际私法．5 版．北京：北京大学出版社，2018：408．

于从国外调取民事或商事证据的公约》(简称《海牙取证公约》)没有明确提及当事人或诉讼代理人自行取证，但是第 27 条规定，“本公约的规定不妨碍缔约国根据其国内法或惯例允许以本公约规定以外的方式调取证据”。同时第 23 条规定，“缔约国可在签署、批准或加入时声明，不执行普通法国家的旨在进行审判前文件调查的请求书”。可以说《海牙取证公约》没有明确反对普通法下的当事人或诉讼代理人自行取证，但是也允许缔约国声明保留，我国加入《海牙取证公约》时对第 23 条进行了保留。我国的《民事诉讼法》第 294 条亦规定，除司法协助以及外交和领事取证之外，未经我国主管机关准许，任何外国机关或者个人不得在我国领域内调查取证。结合我国缔结国际条约时所作的保留以及国内程序法的规定，也不能就此得出我国在涉外民事诉讼中不允许当事人或诉讼代理人自行取证的结论。当事人或诉讼代理人自行取证大致包括两种情形：一是境外主体需要在法院地所在国取证的情形，二是境内外主体需要在法院地所在国以外的国家取证的情形。各国对于是否允许境外当事人或诉讼代理人取证的规定不同，所以第一种情形取决于法院地所在国是否允许境外当事人或其诉讼代理人在内国进行取证，第二种情形则取决于证据所在国是否允许境外当事人或其诉讼代理人在该国进行取证。由此可见，即便如我国一样规定不允许外国机关和个人未经允许在内国取证，也并不意味着在该国域外取证程序不允许当事人及其诉讼代理人自行取证，只要取证国不反对自行取证即可。事实上，在民事诉讼中，当事人或诉讼代理人自行取证是诉讼程序顺利推进的基础。当事人为证明自己的主张应当提交证据，否则将承担举证不能的法律后果，当事人举证的基础在于其搜集证据的行为。在涉外民事诉讼中，当事人亦有举证证明自己主张的义务，那么自行取证则是其获得证据最主要的方式，完全依靠法院的取证进行诉讼事实上也是不可行的。但是对于当事人自行取证的内容，必须符合我国法律对其形式上的要求。

(1) 公证认证。

证据形成于域外，超出了我国司法权的范围，增加了误判的风险。因此，有必要对境外形成的证据规定若干程序或手续上的限制，以增强客观真实性和合法性，尽力消除司法权的地域限制给民事诉讼带来的不利影响。[①] 基于这样的考虑，2001 年《民事诉讼证据规定》第 11 条首次规定域外证据应当经证据所在国公证机关公证并经我国驻该国使领馆认证或者履行我国与该国订立的有关条约中规定的证明手续。此条规定的“应当”使司法实践对于域外证据的形式审查相当严格而受到质疑。有观点认为，将特别证明程序作为域外证据取得证据能力的前提条件存在三个立法上的不足，即：公证证明对证据能力认定无实质意义；证据本身的性质决定了并非所有域外证据都能进行公证与认证；强制要求进行公证认证将带来诉讼的负效益。因此，2019 年在修改《民事诉讼证据规定》时对域外证据的形式要求进行了修改——并非所有的证据都需要公证认证。结合我国《民事诉讼法》及其司法解释、民事诉

① 最高人民法院民事审判第一庭. 最高人民法院新民事诉讼证据规定理解与适用. 北京：人民法院出版社，2020：200.

讼证据之规定，域外证据的形式要求可以分为以下几种情形。

1）需公证的情形。根据 2019 年修改后的《民事诉讼证据规定》第 16 条第 1 款之规定，公文书证仅需公证即可。《全国法院涉外商事海事审判工作座谈会会议纪要》第 16 条对于公文书证进行了罗列，包括外国法院作出的判决、裁定，外国行政机关出具的文件，外国公共机构出具的商事登记、出生及死亡证明、婚姻状况证明等文件。公文书证进行公证是为了增强其可靠性，但是在某些情形下不经公证亦可对公文书证的内容进行核实。比如，对于商事登记，很多国家和地区都有官方网站可供查询，此时免去公证程序既快捷又经济，因此实践中并不排除这样的核实方式，这也被前述会议纪要第 16 条第 2 款所印证。而对于外国法院作出的判决、裁定这一类特殊的公文，仅经公证是否符合证据的形式要求又存在不同观点。比如有的法院认为外国法院判决“未经我国法院司法承认其效力，其裁判结果不作为证据予以采用”①。另一种观点则认为，不能仅以外国法院的判决、裁定未经承认为由主张不能作为证据使用，未经承认的判决、裁定可以作为证据，只是其认定的事实不属于当事人无须举证证明的事实。前述会议纪要赞同后一种观点。

2）需公证认证的情形。《民事诉讼法》第 275 条、《民事诉讼法》司法解释第 521 条、《民事诉讼证据规定》第 16 条规定了需所在国公证机关证明并经我国驻该国使领馆认证的情形，主要包括外国公司或其他组织的身份证明文件、授权参与诉讼的证明文件以及身份关系的证据。这里需要注意两个问题：一是公司或其他组织的身份证明文件的程序要求。《民事诉讼法》司法解释第 521 条第 2 款与《民事诉讼证据规定》第 16 条第 1 款存在不一致之处，前者要求公司或其他组织身份证明文件应当公证认证，但公司或其他组织通常是登记设立，那么其证明文件通常为公文书证，那么依据《民事诉讼证据规定》要求则无须认证。公文书证本身是政府、法院、立法机关、仲裁机构、监管部门、登记机关等具有公共管理、治理、裁判职能的机关发布或出具的文书，由所在国公证机关公证证明确由该机关发布后，应该具有较强的公信力。因此，免去了公文书证认证的程序。由此看来，对于这些登记文件以无须认证为宜。二是授权参与诉讼的证明文件。这类文件包括律师的授权文件及公司或其他组织的人员有权参与诉讼的证明文件。对于后者应当公证认证，对于前者则需要注意区分授权文件的形成地点进行区别。形成于域外的授权文件才需要公证认证，如果授权文件是在法官见证下签署或经我国公证机构公证的，则无须公证认证。②

3）无公证认证要求的情形。除以上列明的应当公证认证以及公证的证据外，其他证据并无进行公证或公证认证的要求。无公证认证要求并不意味着这类域外证据不能进行公证认证的程序。域外证据审查的难度高于形成于境内的证据的，如果其本身通过这些程序可以加强对该证据真实性确认的可能性，那么当事人可根据自己证据本身的情况以及与其他证据形成印证的情况决定是否进行公证认证。

---

① 参见重庆市第五中级人民法院（2017）渝 05 民初 157 号民事判决书。

② 参见《民事诉讼法》司法解释第 523 条、第 524 条。

（2）中文译本。

在诉讼中适用本国语言、文字是国际上通用的原则，这也涉及国家主权和民族尊严的问题。我国《民事诉讼法》第 273 条亦规定，人民法院审理涉外民事案件，应当使用中华人民共和国通用的语言、文字。当事人要求提供翻译的，可以提供，费用由当事人承担。但是这里的“要求提供翻译”仅限于口头翻译，即在言词辩论背景下的翻译，而不包括书面翻译。《民事诉讼法》司法解释第 525 条、《民事诉讼证据规定》第 17 条均规定，当事人向人民法院提供外文资料应当提交中文翻译件。

2. 法院调查取证

法院的域外调查取证是指案件的受诉法院在征得有关国家同意的情况下，直接在该国境内收集、提取案件所需的证据，或通过国际民事司法协助途径，以请求书的方式委托有关国家的主管机关在该国境内代为收集、提取案件所需的证据。法院调取域外证据主要包括以下几种途径。

（1）外交或领事人员取证。

这种取证途径是指一国法院通过该国驻他国的外交官员或领事代表在驻在国直接调查取证。除少数国家如葡萄牙和丹麦等不允许外国外交代表和领事在其境内自行取证外，多数国家在一定条件下给予外交代表和领事这种权利。[①] 《海牙取证公约》第 15 条、第 16 条规定了这种取证方式，第 15 条针对的是外交官员或领事代表在驻在国对本国国民进行调查取证，第 16 条针对的是外交官员或领事代表在驻在国对驻在国或第三国国民进行调查取证，前述调查取证均不可采取强制措施，若需采取强制措施，则需按照公约第 18 条向驻在国提出申请。公约对于外交或领事人员取证，既允许缔约国声明排除适用，也允许缔约国针对此种方式声明只有外交官员或领事代表经驻在国同意的情况下才可调查取证。我国在加入公约时声明只可适用第 15 条，即只允许通过此种方式对外交官员或领事代表本国国民取证。我国《民事诉讼法》亦与此态度一致。《民事诉讼法》第 294 条第 2 款规定，外国驻华的使领馆可向本国公民调查取证。

（2）特派员取证。

这种取证途径是指一国法院委派专门的官员去外国境内调查取证。受诉法院的法官、书记员、律师，甚至取证地国的公职人员或律师都有可能被受诉法院委派为特派员。[②]《海牙取证公约》第 17 条规定了特派员取证，此种取证方式同样不可采取强制措施，且必须符合两项条件：一是必须经过取证国指定主管机关的许可，这个许可可以是一般性的也可以是针对特定案件的；二是遵守该主管机关设定的取证条件。我国在加入公约时对此条进行了保留，也尚未签订双边条约认可特派员方式取证，但这并不代表在我国不能进行特派员取证。我国《民事诉讼法》第 294 条第 3 款规定，除前款规定的情况外，未经我国主管机关准许，任何外国机关或者个人不得在我国进行调查取证。那么，只要经过我国主管机关许可即可以进行特派员

① 章尚锦，杜焕芳. 国际私法. 6 版. 北京：中国人民大学出版社，2019：291.

② 李双元，欧福永. 国际私法. 5 版. 北京：北京大学出版社，2018：408.

取证。如 1983 年经我国外交部准许，美国法院曾就美国钻井船“爪哇”号沉船案派员来我国对该事故进行调查取证。[①]

（3）司法协助取证。

这种取证途径是指一国法院依据国际公约或双边条约委托外国法院调查取证，也是大多数国家最常使用的域外调查取证的方式，我国于 1997 年加入《海牙取证公约》，并就域外调查取证与多国签订了双边条约。

司法协助请求的提出。我国在加入《海牙取证公约》时，指定司法部为中央机关。在我国，提出域外调查取证的司法协助请求的程序与司法协助域外送达的一致。

请求的执行和执行情况的通知。《海牙取证公约》关于请求的执行规定了以下内容：一是迅速执行；二是依被请求国内国法的方式和程序进行调查取证；三是可以内国法适当采取强制措施。无论调查取证的结果如何，被请求国主管机关都需将结果通过与请求国主管机关采取的同一途径送交请求国机关。

费用的承担。《海牙取证公约》第 14 条规定，请求书的执行不产生任何性质的税费补偿，但以下几种情况除外：第一，鉴定人和译员的费用；第二，按照请求国的特殊程序要求进行的调查取证所产生的费用；第三，经请求国同意被请求国指定法院外人员执行请求书所产生的费用。

对送达请求的异议和拒绝。《海牙取证公约》规定了两种情况下，被请求国有权提出异议或拒绝：一是请求书的执行在被请求国不属于司法机关的职权范围；二是被请求国认为请求书的执行损害其主权或安全。同时，公约还规定，被请求国不得仅以其内国法对该项诉讼标的规定了专属管辖或不允许提起诉讼为由，而不执行请求书。

（二）区际调查取证

在我国，内地（大陆）与香港特别行政区、澳门特别行政区以及台湾地区属于不同法域，相互之间的调查取证属于区际调查取证。对于区际调查取证，仍然存在当事人或诉讼代理人自行调取证据和法院调取证据的情况。就法院调取证据而言，仅有司法协助调查取证一种途径。

内地与澳门特别行政区司法协助调取证据的依据是 2001 年《最高人民法院关于内地与澳门特别行政区法院就民商事案件相互委托送达司法文书和调取证据的安排》（2020 年修正），内地与香港特别行政区相互委托提取证据的依据是 2017 年颁布的《最高人民法院关于内地与香港特别行政区法院就民商事案件相互委托提取证据的安排》。两项安排分别规定了委托书的内容、委托书不符合要求的处理、协助调取证据的范围、执行委托书的程序及通知、完成时限等内容。大陆与台湾地区相互委托调查取证的依据是《最高人民法院关于人民法院办理海峡两岸送达文书和调查取证司法互助案件的规定》，该规定除规定调查取证的范围、请求书的格式等内容外，对于材料的流转程序及其时限作出了尤为详细的规定，如高级人民法院应当在收到请求

---

① 乔雄兵.《海牙取证公约》在我国的实施分析. 政法论丛，2010（4）：81－88.

书及相关资料之日起 7 个工作日内完成初步审查，并将审查意见和资料立即转送最高人民法院，这样的规定对于减少司法互助调查取证的耗时具有一定的积极作用。

四、延伸问题

域外取证包括内国法院或人员调取外国领域内证据和外国法院或人员调取内国领域内证据两种情形。这两种情形在程序上虽然存在一定的镜像关系，但是其中可值关注的问题并非一致，从我国的司法实践来看，对于前述两种情形关注的侧重点的确不同。

对于内国法院或人员调取外国领域内证据的情形，我国虽然通过加入国际公约、缔结双边条约、国内程序法及司法解释等方式，逐步完善域外取证的法律规定，但是，从实践来看，“我国法院经司法部向外国中央机关转递取证请求的数量较少，其原因可能主要有两个方面：第一，根据最高人民法院相关司法解释，对于依据《海牙取证公约》提出的取证请求，部分省市的高级人民法院可以直接向外国中央机关提出，无须经过司法部转递。第二，一定程度上是由于我国法院通过《海牙取证公约》或双边司法协助条约进行域外调查取证的积极性不高”①。我国法院对于司法协助调查取证积极性不高的原因在于，虽然关于域外取证的法律规定看似充足，但是缺乏体系性规定，散见于国际条约、国内程序法、司法解释之中。虽然国际条约对于域外送达的程序等内容规定得较为详细，但多为国与国之间如何转递的问题，而不涉及具体的程序如何启动的问题，且国际条约的规定缺乏普适性，而我国民事诉讼法又规定得过于原则，致使我国法院在域外取证方面面临操作性难题。多方面原因导致我国法院域外取证的积极性不高。那么如何完善我国域外取证制度，尤其是国内程序法如何为民商事案件的域外取证提供普适性、体系性、可操作性的基本制度框架，这是域外取证相关问题研究应当予以关注的重点。

外国法院或人员调取内国领域内证据的情形，比较突出的是法律适用的冲突问题，尤其是美国审前证据开示制度带来的法律冲突。“证据开示在当事人的主导下实施，不经由《民诉公约》等的程序，当事人或代理人（美国的律师）在外国也可以实施。因此，大陆法系诸国在实务中对其持怀疑态度。”② 基于美国证据开示制度的广泛性和随意性的特点，美国的取证请求在我国的执行情况并不理想。“2008—2018年，美国法院共向我国提出 66 项取证请求，目前仅有 2 项取证请求得到执行，这意味着美国法院通过司法协助途径提出的取证请求很少获得我国法院的执行。”③ 不仅如此，美国常常“绕过《海牙取证公约》，要求我国在美公司履行举证义务”④。这

① 刘桂强. 我国民商事域外取证的司法实践：现状、问题与对策. 武大国际法评论，2021，5（1）：92-112.

② 本间靖规，中野俊一郎，酒井一. 国际民事诉讼法. 2 版. 柴裕红，译. 北京：商务印书馆，2020：120.

③ 刘桂强. 我国民商事域外取证的司法实践：现状、问题与对策. 武大国际法评论，2021，5（1）：92-112.

④ 马晓旭. 欧盟信息保护立法与美国域外取证的冲突和启示. 法律适用，2014（3）：118-121.

进一步加深了双方在域外调查取证方面的冲突。双方就域外取证产生冲突的原因在于双方在域外取证的范围、方式、程序、主体方面存在法律规范方面的冲突。因此，如何协调这些法律冲突则是域外调查取证的难点问题。

尽管域外取证仍然存在法律冲突，但是我国通过缔结国际条约和制定国内法等方式已经可以解决部分域外取证的问题。关于域外取证的规范性文件主要包括：

1. 国际条约

(1)《海牙取证公约》。

(2) 我国与外国缔结的司法协助双边条约。

2. 国内法

《民事诉讼法》第73条、第293条至第295条。

3. 司法解释

(1)《最高人民法院关于内地与澳门特别行政区法院就民商事案件相互委托送达司法文书和调取证据的安排》(法释〔2020〕1号，2020年修正)。

(2)《最高人民法院关于民事诉讼证据的若干规定》(法释〔2019〕19号，2019年修正)。

(3)《最高人民法院关于人民法院办理海峡两岸送达文书和调查取证司法互助案件的规定》(法释〔2011〕15号)。

(4)《最高人民法院关于依据国际公约和双边司法协助条约办理民商事案件司法文书送达和调查取证司法协助请求的规定》(法释〔2020〕20号，2020年修正)。

(5)《最高人民法院关于适用〈中华人民共和国民事诉讼法〉的解释》(法释〔2022〕11号，2022年修正)。

(6)《最高人民法院关于内地与香港特别行政区法院就民商事案件相互委托提取证据的安排》(法释〔2017〕4号)。

(7)《最高人民法院关于知识产权民事诉讼证据的若干规定》(法释〔2020〕12号)。

4. 司法文件或政策

(1)《最高人民法院办公厅关于指定北京市、上海市、广东省、浙江省、江苏省高级人民法院依据海牙送达公约和海牙取证公约直接向外国中央机关提出和转递司法协助请求和相关材料的通知》(法办〔2003〕297号)。

(2)《最高人民法院关于未经我国驻外使领馆认证的域外形成的证据效力问题的请示的复函》(〔2012〕民四他字第15号)。

(3)《最高人民法院印发〈关于依据国际公约和双边司法协助条约办理民商事案件司法文书送达和调查取证司法协助请求的规定实施细则(试行)〉的通知》(法发〔2013〕6号)。

五、类案练习

买卖合同纠纷案

周某与威阳公司订立买卖合同，约定周某向威阳公司购买一批机器设备，双方约定了付款条件、安装标准等内容。周某在国内收货后，将机器设备运送至其马来西亚的关联公司，威阳公司前往马来西亚安装调试完毕。此后双方就机器设备的运行状况进行多次邮件沟通及整改，周某仍认为该批机器设备未达合同要求，起诉要求威阳公司返还货款、支付违约金等。周某向法院提出申请对机器设备进行质量鉴定。国内鉴定机构的鉴定人员在马来西亚周某的关联公司处，对案涉机器设备进行现场调查和查验并出具鉴定报告。威阳公司提出鉴定机构到马来西亚进行鉴定，违反了《民事诉讼法》关于域外取证、司法协助的相关规定。

广东省东莞市第一人民法院一审认为，威阳公司没有证据证明鉴定机构与鉴定人员与本案的另一方当事人以及审理结果有利害关系，鉴定人员在双方在场的情况下，运用专业知识设计鉴定方案，组织和实施鉴定，鉴定报告在国内形成，鉴定程序合法。最终支持了周某的部分诉讼请求。

双方均不服一审判决，向广东省东莞市中级人民法院提起上诉，其中，威阳公司仍对鉴定程序提出异议：鉴定机构到马来西亚进行鉴定，违反民事诉讼法关于域外取证、司法协助的相关规定。本次鉴定虽是周某申请，但是在法院组织和安排下进行。如到国外进行鉴定，必然涉及所在国（马来西亚）的司法主权问题。根据《民事诉讼法》第276条、第277条的规定，如果我国与所在国对此没有缔结相关的国际条约或者互惠原则或者司法协助协议，将产生司法主权冲突。即使存在前述约定，也只能在中国法院和外国法院之间进行，或者通过外交途径进行。就犹如向不在中国境内的当事人送达法律文书，中国法院不能直接到所在国送达，只能按照国际条约、外交途径等方式送达。即使采取邮寄方式送达，还需所在国允许。

广东省东莞市中级人民法院二审认为：案涉鉴定机构以及鉴定人员均具有机械鉴定的资质，案涉鉴定结论是在双方当事人以及鉴定人员均在场的情况下，由鉴定人员运用专业知识设计鉴定方案，组织和实施鉴定，通过双方当事人在鉴定现场对案涉设备进行调试之后，鉴定人员开展鉴定活动，最终在国内形成相应的鉴定结论，案涉鉴定程序并无违法之处。一审中，威阳公司对案涉鉴定结论提出异议，相关鉴定人员亦出庭接受质询，鉴定机构亦针对威阳公司的异议作出相应的书面回复，但威阳公司并未能提出充分的证据或依据予以反驳。在此情况下，原审法院对案涉鉴定结论予以采纳并无不妥。①

思考题：

（1）诉讼过程中鉴定机构域外进行调查和检验是否属于法院调查取证？

（2）关于域外调查取证，我国与马来西亚是否有共同加入的国际公约或缔结了双边条约？如果我国和马来西亚之间没有前述公约，域外调查取证应当适用法院地法还是适用调查取证地法？

（3）如果本案调查取证适用马来西亚法律而马来西亚国内程序法不允许这种方式的调查取证，对于鉴定报告应当如何评价？

① 参见广东省东莞市中级人民法院（2016）粤19民终1895号民事判决书。

六、知识拓展

（一）拓展阅读

1. 李双元，谢石松，欧福永. 国际民事诉讼法概论. 3 版. 武汉：武汉大学出版社，2016.

2. 宋渝玲. 涉外民事诉讼法律实务. 厦门：厦门大学出版社，2017.

3. 乔雄兵. 域外取证的国际合作研究：以《海牙取证公约》为视角. 武汉：武汉大学出版社，2010.

4. 本间靖规，中野俊一郎，酒井一. 国际民事诉讼法. 2 版. 柴裕红，译. 北京：商务印书馆，2020.

5. Gary B. Born，Peter B. Rutledge. International Civil Litigation in United States Courts. Fifth Edition（Aspen Casebook）. Wolters Kluwer，2011.

6. 理查德·D. 弗里尔. 美国民事诉讼法. 张利民，孙国平，赵艳敏，译. 北京：商务印书馆，2013.

7. 刘桂强. 我国民商事域外取证的司法实践：现状、问题与对策. 武大国际法评论，2021，5（1）.

（二）拓展写作

1. 中国企业在美诉讼中的信息披露义务与我国信息保护法的冲突及其解决

2. 现代信息技术视域下我国域外取证的发展与完善

（三）其他资料

西南政法大学国际私法学线上课程链接：国际私法学_西南政法大学_中国大学MOOC（慕课）（https：//www. icourse163. org/course/swupl-1205596801）。

专题十四　涉外仲裁的司法审查

一、引　案

（一）案情简介

运裕有限公司（住所地为英属维尔京群岛，以下简称“运裕公司”）拟转让其所持有的新劲企业公司（以下简称“新劲公司”）的股权，深圳市中苑城商业投资控股有限公司（以下简称“中苑城公司”）被确定为意向受让方。双方在磋商中明确了签订“产权交易合同”以及“债权清偿协议”的股权转让流程。运裕公司通过电子邮件方式向中苑城公司发送草签版本的“产权交易合同”和“债权清偿协议”，要求后者对两份合同文本的内容提供修改意见。其中“产权交易合同”第16条和“债权清偿协议”第12条均规定双方产生纠纷时应当提交北京仲裁委员会仲裁。双方在磋商后将争议解决条款的内容改为“提交深圳国际仲裁院仲裁”，并约定两份协议的签署版本以正式版本的内容为准。

此后，双方对股权转让的交易细节发生争议，运裕公司向中苑城公司发出取消交易的通知。中苑城公司于是根据草签版本的“产权交易合同”第16条以及“债权清偿协议”第12条约定，以运裕公司等为被申请人向深圳国际仲裁院提出了仲裁申请。运裕公司则在仲裁庭开庭前向深圳市中级人民法院提起诉讼，要求确认双方之间不存在有效的仲裁协议。在深圳中院审查期间，CICC认为本案具有重大意义，由其审理可以统一法律适用，因此裁定本案由CICC审查。

运裕公司向CICC请求：确认运裕公司与中苑城公司之间就“产权交易合同”及“债权清偿协议”不存在有效的仲裁条款。理由如下：合同本身未成立，因而其中的仲裁条款亦未成立；运裕公司并非“债权清偿协议”的当事方，故该协议中的仲裁条款不能约束运裕公司。

中苑城公司称：“产权交易合同”“债权清偿协议”已经成立并生效，双方在协商履行“产权交易合同”“债权清偿协议”中已就本案纠纷提交仲裁达成合意，双方之间存在有效的仲裁协议。[①]

---

① 参见最高人民法院（2019）最高法民特1号民事裁定书。

（二）涉及问题

（1）仲裁条款的成立与效力的关系是什么？

（2）本案应如何适用法律？

（3）本案仲裁条款是否成立并生效？

二、法官释法

（一）仲裁条款的成立与效力的关系

被申请人以仲裁条款未成立为由，向人民法院申请确认双方之间不存在有效的仲裁条款。虽然这不同于要求确认仲裁协议无效，但是仲裁协议是否存在与是否有效同样直接影响到纠纷解决方式，同样属于需要解决的先决问题，因而要求确认当事人之间不存在仲裁协议也属于广义的对仲裁协议效力的异议。《仲裁法》第 20 条第 1 款规定：当事人对仲裁协议的效力有异议的，可以请求仲裁委员会作出决定或者请求人民法院作出裁定。据此，当事人以仲裁条款未成立为由要求确认仲裁协议不存在的，属于申请确认仲裁协议效力案件，人民法院应予立案审查。

（二）本案应如何适用法律

本案属于涉外仲裁协议司法审查，在确认仲裁协议效力之前首先要通过法律选择确定准据法。根据《涉外民事关系法律适用法》第 18 条的规定，当事人可以协议选择仲裁协议适用的法律。本案双方当事人均同意本案仲裁协议适用中国法律确认仲裁协议的效力，因此我国《仲裁法》及相关规定为本案的准据法。

（三）本案仲裁条款是否成立并生效

仲裁条款是一种特殊合同，仲裁条款是否成立的本质是双方当事人是否就“通过仲裁方式解决争议”这一观点达成合意，因此本案中判断仲裁条款是否成立应当适用我国《合同法》中关于要约和承诺的规定。从本案磋商情况看，当事人双方一直共同认可将争议提交仲裁解决。本案最早的“产权交易合同”，系北交所提供的标准文本，连同“债权清偿协议”由运裕公司等一方发给中苑城公司，两份合同均包含将争议提交北京仲裁委员会仲裁的条款。之后，当事人就仲裁机构进行了磋商。运裕公司等一方发出的合同草签版的仲裁条款，已将仲裁机构确定为深圳国际仲裁院。就仲裁条款而言，这是运裕公司等发出的要约。中苑城公司在合同草签版上盖章，表示同意，并于 2017 年 5 月 11 日将盖章合同文本送达运裕公司，这是中苑城公司的承诺。根据我国《合同法》的规定，两份合同文本中的仲裁条款已经在当事人之间成立。此后双方在磋商过程中并未对仲裁条款产生争议，运裕公司亦未能证明仲裁条款存在法定无效事由，应当认定仲裁条款成立并生效。

综上，最高人民法院最终裁定，运裕公司与中苑城公司之间存在有效的仲裁协议，双方产生的争议应当提交深圳国际仲裁院解决。

三、学理评析

上述引案涉及对涉外仲裁协议效力的司法审查。仲裁协议是程序上的旋转门，在诉讼与仲裁之间发挥着程序分流的作用。涉外仲裁协议是否真实存在且合法有效，关系着仲裁庭是否享有管辖权；关系着依此作出的仲裁裁决是否能够得到跨国承认与执行。因此，对涉外仲裁协议进行司法审查，是维护当事人合法权益的必要途径，也是监督仲裁公正与否的必要手段。

（一）涉外仲裁司法审查的类型

《最高人民法院关于审理仲裁司法审查案件若干问题的规定》（以下简称《仲裁司法审查规定》）第1条明确了仲裁司法审查案件的类型，结合《涉外民事关系法律适用法》司法解释（一）第1条对涉外民事关系的界定，可将涉外仲裁司法审查的类型归纳如下[①]：（1）涉外仲裁协议的司法审查；（2）涉外仲裁裁决的司法审查（含执行、不予执行、撤销）；（3）区际仲裁裁决的认可与执行审查；（4）外国仲裁裁决的承认与执行审查。

结合人民法院在具体案件中关注的问题点，涉外仲裁司法审查的主要内容包括：

（1）对仲裁管辖权进行审查，即审查当事人之间是否存在仲裁协议，仲裁协议是否有效，以及是否可以执行；

（2）对仲裁庭的组成进行审查，即审查被申请人是否得到了指定仲裁员的通知，审查仲裁庭的组成是否与仲裁规则的规定、仲裁协议的约定或者在没有协议的情况下是否与仲裁地所在国的法律规定不符；

（3）对仲裁机构或者仲裁庭裁决事项的审查，即审查仲裁裁决的事项是否具有可仲裁性，是不是属于法律禁止仲裁的事项，审查仲裁裁决的事项是否超出了仲裁协议约定的范围；

（4）对仲裁程序及仲裁程序进行中的相关强制措施进行审查，即审查被申请人是否得到过仲裁程序的通知，审查仲裁程序是否与仲裁规则的规定、仲裁协议的约定，或者在没有协议的情况下是否与仲裁地所在国的法律规定不符，审查在仲裁过程中是否有非因被申请人负责的原因而未能陈述意见的情形等；

（5）对作为仲裁结果的仲裁裁决的执行进行审查，即审查执行我国涉外仲裁裁决是否违背社会公共利益，审查承认和执行外国仲裁裁决是否违反我国的公共政策。

由于承认与执行外国仲裁裁决另有章节专题论述，故本专题仅讨论我国涉外仲裁协议与涉外仲裁裁决的司法审查。

（二）涉外仲裁司法审查的法定依据

1. 涉外仲裁协议司法审查的法定依据

对涉外仲裁协议进行司法审查首要的是通过冲突规范确定其准据法，准据法关

---

① 参见《仲裁司法审查规定》第1条、《涉外民事关系法律适用法》司法解释（一）第1条。

于涉外仲裁协议的相关规定即为司法审查过程中应当遵守的法定依据。

如果以我国法作为涉外仲裁协议准据法，则应满足如下形式要件以及实质要件。关于仲裁协议的形式要件，我国现行《仲裁法》第16条第1款即规定，仲裁协议是指包括在合同中的仲裁条款，以及以其他书面方式在纠纷发生前或后达成的请求仲裁的协议。《仲裁法》司法解释第1条进一步将“其他书面形式”的仲裁协议明确为，包括以合同书、信件和数据电文（包括电报、电传、传真、电子数据交换和电子邮件）等形式达成的请求仲裁的协议。

关于仲裁协议的实质要件，我国现行《仲裁法》第16条明确了有效的仲裁协议应当符合的三个条件，即请求仲裁的意思表示、仲裁事项以及选定的仲裁委员会。此外，仲裁协议约定的仲裁事项不得超出法律规定的仲裁范围；仲裁协议的约定主体不得是无民事行为能力人或者限制民事行为能力人；仲裁协议应当是当事人之间自愿达成的意思合意，一方不得采取胁迫手段，迫使对方订立仲裁协议。[①]

2. 涉外仲裁裁决司法审查的法定依据

我国立法对于涉外仲裁裁决的司法审查包括三种情形：执行审查、不予执行审查，以及撤销仲裁裁决。三类司法审查的依据未作明显区分，均为《仲裁法》第70、71条规定，即均应依据《民事诉讼法》第291条第1款的规定进行审查。

我国人民法院对涉外仲裁裁决司法审查的依据是法定的，不得约定。[②] 其渊源主要表现在两个层面上：一是正式立法，且分别规定在《仲裁法》[③] 和《民事诉讼法》[④] 之中；二是司法解释，主要是《仲裁司法审查规定》[⑤] 和《最高人民法院关于人民法院办理仲裁裁决执行案件若干问题的规定》（以下简称《仲裁裁决执行》司法解释）[⑥] 的相关条款。根据上述法律等规范性文件的相关条款，可将人民法院司法审查涉外仲裁裁决具体分为五类[⑦]：

（1）基于仲裁协议的司法审查。此类审查要点是，当事人之间是否事先或事后存在仲裁条款或仲裁协议。按照《仲裁法》司法解释第18条的进一步规定，它还包括虽然有仲裁协议但仲裁协议无效或被撤销的情形。

（2）基于程序参与的司法审查。此类审查要点是被申请人是否得到通知或有机会陈述自己的意见。此处的通知主要是参与仲裁程序和指定仲裁员组建仲裁庭两方面的通知。按照《仲裁裁决执行》司法解释第14条的规定，它还包括未按照仲裁法、仲裁规则、当事人约定方式送达的情形。

（3）基于程序违反的司法审查。此类审查要点主要有二：一是仲裁庭的组成，

---

① 参见《仲裁法》第17条。

② 参见《仲裁法》司法解释第17条：“当事人以不属于仲裁法第五十八条或者民事诉讼法第二百五十八条规定的事由申请撤销仲裁裁决的，人民法院不予支持。”另参阅张春良，官隆清．论涉外仲裁裁决的法外撤裁．国际法研究，2021（1）：113。

③ 《仲裁法》第70、71条。

④ 2023年《民事诉讼法》第291条。

⑤ 《仲裁司法审查规定》第18～20条。

⑥ 《仲裁裁决执行》第13、14条。

⑦ 张春良，黄晖，许志华．中国涉外商事仲裁裁决撤销：机制与实证．北京：法律出版社，2019．

二是仲裁程序的进行。需要注意区分的是，国内仲裁裁决程序违反的基准是仲裁法或仲裁规则；涉外仲裁裁决程序违反的基准则只有仲裁规则一项，也就是排除了我国仲裁法，因为在涉外仲裁中可能并不适用我国《仲裁法》。此外，按照《仲裁法》司法解释第 20 条之规定，此类违反还需要附加结果考虑，即违反程序且“可能影响案件正确裁决”。不仅如此，《仲裁裁决执行》司法解释第 14 条也进一步规定，它还包括：仲裁员根据所适用的仲裁法或仲裁规则应当回避而未回避的情形，以及在经特别提示后当事人知道或者应当知道法定仲裁程序或选择的仲裁规则未被遵守，但仍然参加或者继续参加仲裁程序且未提出异议的。

（4）基于裁决范围的司法审查。此类审查要点有二：一是裁决事项超过仲裁协议约定范围，可简称为超裁；二是仲裁机构无权仲裁。《仲裁裁决执行》司法解释第 13条进一步列举了四类情形，分别是：裁决事项超出仲裁协议约定范围；裁决事项超出当事人仲裁请求范围；裁决事项依法或依仲裁规则不可仲裁；以及，仲裁机构非仲裁协议所约定的机构。《仲裁法》司法解释第 19 条对超裁的司法审查作了限制，即在超裁部分可以分割的情形下，可仅撤销该可分割的超裁部分；否则，人民法院应当一并撤销所涉仲裁裁决。

（5）基于公共利益的司法审查。本项司法审查依据属于人民法院依职权主动进行审查的依据，而上述四类司法审查依据则需要当事人提出申请并提供证据进行证明。

（三）涉外仲裁司法审查的法律效果

1. 涉外仲裁协议司法审查的法律效果

根据“无协议即无仲裁”的原则，一项真实存在且有效的涉外仲裁协议对于当事人、仲裁庭、法院和仲裁裁决的执行具有十分重要的意义。[①]

对于当事人而言，双方当事人自愿达成仲裁协议后，均要受到协议的约束。当协议约定的争议事项发生时，协议当事人只能依据约定提请仲裁机构仲裁。如果一方当事人擅自起诉至法院，对方当事人有权依据该仲裁协议向法院提出管辖权异议。

对于仲裁庭而言，其是根据仲裁协议的授权而享有案件管辖权的。仲裁庭的管辖范围限于仲裁协议的约定范围，如果仲裁庭裁决的事项不属于该仲裁协议的范围，则对方当事人有权向仲裁裁决作出地法院申请撤销超裁部分的裁决，或者在执行程序中申请不予执行该部分裁决。

对于法院而言，有效的涉外仲裁协议是排除法院对协议约定事项行使管辖权的依据。此外，如果双方当事人之间没有达成有效仲裁协议，但一方当事人未在仲裁庭首次开庭前提起管辖权异议，则视为仲裁庭具有管辖权，同样排除法院的管辖权。

对于裁决的执行而言，有效的仲裁协议才能确保仲裁裁决不被撤销或得到执行。根据我国民事诉讼法和仲裁法的有关规定，无仲裁条款、事后没有达成仲裁协议或者裁决超出仲裁协议范围的，法院将裁定不予执行或撤销仲裁裁决。

---

① 江伟. 仲裁法. 2 版. 北京：中国人民大学出版社，2012：93 - 94.

2. 涉外仲裁裁决司法审查的法律效果

（1）涉外仲裁裁决的（不予）执行。

涉外仲裁裁决得到执行，首要的和最直接的法律效果是当事人之间的争议得到解决，双方当事人的权利义务得到确定。如果当事人就仲裁裁决中已经确定的事项重提是非，则承认该仲裁裁决的国家的法院或其他机关应当不予受理。

若涉外仲裁裁决被裁定不予执行，首先，在当事人的救济层面，在被执行人申请不予执行情形之下，《民事诉讼法》司法解释第 476 条明确地规定，当事人对不予执行裁定不服，只能选择重新达成书面仲裁协议申请仲裁或向法院起诉。该规定明确否定给予申请执行人向上一级法院申请复议或提起上诉的权利。《仲裁裁决执行》司法解释第 22 条也延续了该立场。其次，在法律后果层面，一是导致原执行程序终结。若原执行标的尚未兑现，则该执行程序终结。二是导致执行回转。若原执行标的已部分兑现，则需要启动执行回转程序或者解除强制执行措施。

（2）涉外仲裁裁决的撤销。

仲裁裁决被撤销后，将产生域内和域外两种法律效果。

就域内效果而言，被撤销的涉外仲裁裁决将不能得到执行。不仅如此，涉外仲裁裁决被撤销之后，其所具有的法定证明效力也将丧失。作为连带的效应，如果其后存在相关法院判决利用该仲裁裁决的法定证明效力裁决了案件，则相关法院判决具有被再审的可能与依据。同样地，仲裁裁决对于仲裁的事实证明效力将同样丧失。[①] 对于当事人而言，仲裁裁决被人民法院裁定撤销的，当事人就该纠纷可以根据双方重新达成的仲裁协议申请仲裁，也可以向人民法院起诉。[②]

就域外效果而言，某一涉外仲裁裁决被该裁决的国籍国的适格机构撤销后，该仲裁裁决一般情形下就不能在其他国家得到承认和执行。但在《纽约公约》框架下，这一结论并不绝对。根据《纽约公约》第 5 条第 1 款之规定，只有当一方当事人向适格的管辖机构提出证据证明存在相关拒绝承认和执行的情形时，该仲裁裁决才“可以”（may）被拒绝。其中第五种情形即是与仲裁裁决撤销有关的拒绝事由。该情形是：仲裁裁决尚未对当事人产生拘束力，或者被裁决作出地国或所适用法律的国家的适格机构撤销或停止。据此，即便具有公约规定的否定情形，被请求国的态度是决定性的，它“可以”而非必然拒绝承认和执行该仲裁裁决。这即是已撤销仲裁裁决在外国仍存在被承认和执行的现象。

四、延伸问题

（一）关于司法审查的双轨制问题

对于仲裁司法审查是内、外并轨还是分轨，学界曾经引起热烈的争论。[③] 学术

---

① 许志华. 商事仲裁已决事实效定位之批判与重构. 学术交流，2018（3）：82.

② 参见《仲裁法》第 9 条第 2 款。

③ 陈安. 中国涉外仲裁监督机制评析. 中国社会科学，1995（4）：7；肖永平. 内国、涉外仲裁监督机制之我见：对《中国涉外仲裁监督机制评析》一文的商榷. 中国社会科学，1998（2）：94－97；陈安. 中国涉外仲裁监督机制申论. 中国社会科学，1998（2）：97－105.

上的争鸣有利于更好地观瞻现行立法的利弊，但我国现行立法体制对仲裁的司法审查仍然维持的是内外分设模式，概括而言，主要是实体与程序之别。我国立法对于涉外仲裁裁决在撤销依据的设定上，除违背社会公共利益之外，排除了对仲裁裁决其他实体问题的审查。

这种双轨制模式可能存在如下一些问题：

第一，当事人可能操纵仲裁及其裁决的内外属性，从而规避人民法院的撤裁范围。

第二，如果实体确有明显错误，此种情况下是否存在有效的救济路径？

第三，依据我国刑法规定，枉法仲裁已经入罪，如果特定涉外仲裁中仲裁员被依法定罪，其所涉涉外仲裁裁决是否应该撤销？如果不能撤销，是否有违基本正义；如果可以撤销，则依据何在？人民法院是否可以依据仲裁裁决违背公共利益条款予以撤销？

需要补充的是，正在进行中的《仲裁法（修订）（征求意见稿）》第77条将内国仲裁裁决与涉外仲裁裁决的司法审查标准合并为一体①，在实质内容上延续了此前国内仲裁裁决的审查依据。对于涉外仲裁裁决而言，则是纳入了实体问题的审查，包括对恶意串通、伪造证据等欺诈行为取得的裁决，以及涉嫌虚假仲裁的撤销情形。该条的修订动向在一定程度上回应了司法实践中涉外仲裁裁决实质性错误无法得到纠正的问题。

（二）关于涉外仲裁协议司法审查的问题

1. 涉外仲裁协议的法律适用

在涉外仲裁中，司法机关行使审查权判断涉外仲裁协议是否具备有效的构成要件，应当首先确定准据法的适用。选择适用不同的法律可能对仲裁协议的效力作出不同的判断。我国关于涉外仲裁协议的法律适用主要体现在相关立法和司法解释之中，并且历经多次调整。下表即是对我国迄今有关涉外仲裁协议法律适用的规则概括（见表14-1）。

表14-1 我国有关涉外仲裁协议法律适用的规则演变

序号	相关规则	规则性质	具体规定
1	《仲裁法》司法解释第16条	司法解释	意思自治＞仲裁地法律＞法院地法
2	《涉外民事关系法律适用法》第18条	国家立法	意思自治＞仲裁机构所在地或仲裁地法律
3	《涉外民事关系法律适用法》司法解释（一）第12条	司法解释	意思自治＞仲裁机构所在地或仲裁地法律＞法院地法
4	《仲裁司法审查规定》第14条	司法解释	意思自治＞仲裁机构所在地或仲裁地法律中确认仲裁协议有效的法律＞法院地法
5	《仲裁法（修订）（征求意见稿）》第90条	意见稿	意思自治＞仲裁地法律＞中国法

① 需略作说明的是，仲裁裁决按照其国籍可分为国内仲裁裁决和外国仲裁裁决（含非国内仲裁裁决）。其中，国内仲裁裁决又可进一步区分为不含涉外因素的内国仲裁裁决和涉外仲裁裁决，二者的区别是是否含有涉外因素；二者的共同之处是均为国内仲裁裁决。

2. 临时仲裁协议的法律效力

按照仲裁是否存在常设机构进行日常管理，可以将仲裁区分为机构仲裁与临时仲裁。当前，我国尚未建立临时仲裁制度。但随着涉外经济的发展，我国司法解释规定在自贸区内注册的企业相互之间约定在内地特定地点、按照特定仲裁规则、由特定人员对有关争议进行仲裁的，可以认定该仲裁协议有效。[①] 该规则没有对“选定仲裁委员会”进行规定，因而被认为是对《仲裁法》第 16、18 条的突破，为我国有条件施行临时仲裁打开了窗口。

考虑到我国涉外仲裁协议的法律适用及我国作为《纽约公约》的缔约国身份，在我国司法审查临时仲裁协议时将形成三种局面：其一，我国非涉外的临时仲裁协议因违反《仲裁法》的规定，应被认定为无效。其二，我国涉外的临时仲裁协议，若以我国法律作为准据法，则该协议仍然被认定无效；若以外国法律作为准据法的，则根据该准据法，临时仲裁协议可能被认定为有效或无效。其三，以临时仲裁协议为依据作出的外国仲裁裁决，在符合《纽约公约》的规定下将被我国承认和执行，从而间接承认该外国仲裁裁决所依据的临时仲裁协议有效。这使得临时仲裁协议的效力认定在我国存在内、外不平等的情形。

(三) 关于涉外仲裁裁决司法审查的问题

1. 仲裁裁决国籍的确定

在法律层面，国籍指的是个人作为特定国家的成员隶属于某一国家的法律资格。对于个人而言，国籍是与国家建立一种固定的法律联系的核心纽带，个人基于这种联系对国家享有特定的权利并承担特定的义务，国家基于此联系行使属人管辖权和外交保护权。[②] 通说认为，仲裁裁决同样具有国籍属性，一国法院可对本国仲裁裁决进行撤销等司法审查，但对于外国仲裁裁决则只有拒绝承认与执行与否的权力，并无直接撤销的审查权。当前，国际上关于仲裁裁决国籍的确定仍然缺乏统一的判断准则，纵观各国立法与国际公约，以及在司法实践中的具体表现，目前仲裁裁决国籍的认定以裁决作出地为主要标准，以仲裁程序所适用的法律所属国为辅助参照。[③]

我国关于仲裁裁决国籍的判定没有明确规定。《仲裁法》和《民事诉讼法》相关条款的表述呈现为“仲裁机构标准”，但最高人民法院相关人士通过具体案例明确指出，“司法应依仲裁地而非仲裁机构所在地确定仲裁裁决籍属”[④]。此外，我国作为《纽约公约》的缔约国，在公约适用范围内还应当遵守《纽约公约》中采用的“裁决作出地”标准。

---

① 参见《最高人民法院关于为自由贸易试验区建设提供司法保障的意见》第九点意见。

② 李浩培．国籍问题的比较研究．北京：商务印书馆，1979：5.

③ 高薇．论仲裁裁决的国籍：兼论中国司法实践中的“双重标准”．西北大学学报（哲学社会科学版），2011，41（5）：153－158.

④ 高晓力．司法应依仲裁地而非仲裁机构所在地确定仲裁裁决籍属．人民司法（案例），2017（20）：68.

2. 不予执行与撤销程序的关系

在《仲裁法》颁布之前，我国民事诉讼法对于涉外仲裁裁决仅规定了不予执行的司法监督方式[①]，1994年《仲裁法》颁布后，增加了撤销涉外仲裁裁决的司法监督方式。立法的修订理由是规定申请撤销仲裁裁决的程序，有利于保护当事人的合法权益，减少仲裁工作的失误，美国、德国、法国、日本等许多国家都有这样的程序。[②] 至今，我国仍延续着撤销与不予执行国内、涉外仲裁裁决并行的司法审查模式。其依据在于，对于不予执行仲裁裁决的救济方式，仅有败诉方当事人享有申请权，未对胜诉方当事人赋予同等的救济权利。而对于撤销仲裁裁决，双方当事人均享有申请的权利，有助于平等保护仲裁中各方当事人的合法权益。

我国关于撤销与不予执行的司法审查依据具有一致性，且在效果上二者也具有功能等同性。值得反思的是，作为对当事人合法权益的双重救济制度，二者是否实际发挥了双重的救济功效。因此，围绕应否取消仲裁裁决不予执行制度，存在一定的争议。[③]

3. 司法审查实践中撤裁依据的竞合适用

仲裁协议系仲裁之根基，仲裁协议的缺失或无效对仲裁裁决而言具有根本否定的功效，并构成国际社会共识性的撤裁或拒绝承认与执行的依据。《民事诉讼法》第291条是规范我国人民法院对涉外仲裁裁决进行司法审查的法定“负面清单”，其第1款第1项即是关于仲裁协议审查的规定。由于仲裁协议在仲裁制度安排与撤裁依据体系设置中的基础性地位，我国立法所列示的其他四类撤裁依据直接或间接地与仲裁协议存在关联，这种立法上的关联是司法实践中人民法院竞合适用撤裁依据的根由。

当前，人民法院在司法审查中存在两大类型、三种形态的撤裁依据竞合适用情形[④]：第一类是内部竞合，它是指《民事诉讼法》第291条第1款第1项中无仲裁协议与无效仲裁协议之间的竞合适用。尽管二者同属一类撤裁依据，但在涉外语境中二者存在不同的法律处理，前者可能涉及事实认定；后者则主要是法律选择与适用的问题，必须作出区分并采取不同的司法审查方式。[⑤] 第二类是外部竞合，它包括《民事诉讼法》上述同条款第1、4项之间的直接竞合，以及第1、3项之间的间接竞合。鉴于我国立法列示的五类法定撤裁依据彼此之间本应边界明晰，各有明确的规制对象，因此，针对涉外仲裁裁决的同一个问题应予明确区分并严谨援引一类撤裁依据，而不应混淆性地竞合适用。[⑥]

---

① 参见1991年《民事诉讼法》第260条。

② 薛驹. 关于仲裁法（草案修改稿）和审计法（草案修改稿）修改意见的汇报：1994年8月30日在第八届全国人民代表大会常务委员会第九次会议上. 中华人民共和国全国人民代表大会常务委员会公报，1994（6）：19-22.

③ 刘想树. 中国涉外仲裁裁决制度与学理研究. 北京：法律出版社，2001.

④ 张春良. 论涉外仲裁撤裁依据的竞合适用及其厘正：以仲裁协议为中心的实证考察. 政法论丛，2021（3）：126.

⑤ 张春良，毛杰. 树欲静而风不止：CICC司法审查仲裁协议第一案未尽问题之审思. 商事仲裁与调解，2020（2）：92.

⑥ 具体案例可进一步参阅张春良，黄晖，许志华. 中国涉外商事仲裁裁决撤销：机制与实证. 北京：法律出版社，2019。

五、类案练习

(一) BY.O服务合同纠纷管辖权异议案

2015 年 5 月 4 日，原告 BY.O 与被告豫商公司签署“并购财务顾问服务协议”，约定被告及其关联方聘请原告提供并购财务顾问服务等内容。合同生效后，原告按照合同约定履行了主要义务并向被告开具了第一、二、三阶段服务费发票，被告分别予以支付。对于第四阶段成功费，原告已向被告开具发票且多次催讨，但被告至今未付。于是原告向上海市浦东新区人民法院提起诉讼，请求法院：(1) 判令被告向原告支付服务费；(2) 判令被告赔偿原告前述服务费的利息损失。被告豫商公司在提交答辩状期间对管辖权提出异议，认为根据合同中的争议解决条款，应由新加坡国际仲裁中心仲裁解决。

上海市浦东新区人民法院经过审理，依照相关规定作出裁定：(1) 被告豫商集团有限公司对本案管辖权提出的异议成立；(2) 驳回原告 BY.O 的起诉。

BY.O 不服一审裁定，向上海市第一中级人民法院提起上诉，称：本案所涉协议第 6.2 条的约定违反了仲裁“一裁终局”的基本原则，属于“或裁或审”条款，应当认定无效。BY.O 据此请求撤销原审裁定，依法裁定本案由上海市浦东新区人民法院审理。

关于本案是否应提交新加坡国际仲裁中心仲裁解决，上海市浦东新区人民法院一审认为：本案中原告 BY.O 为外国法人，原、被告又签订“并购财务顾问服务协议”，可以认定双方成立涉外民事关系，本案为涉外民事案件。根据合同第 6.1 条约定，本协议争议的解决适用中国法律，双方亦认可仲裁协议适用中华人民共和国法律，故合同中的涉外仲裁条款效力认定应适用中华人民共和国法律。

首先，合同第 6.2 条约定，“因本协议所引起的或与本协议有关的任何纠纷或争议，首先通过新加坡国际仲裁中心进行仲裁解决”。该约定就争议解决选定了明确、唯一的仲裁机构，双方作为商事主体理应知晓选择仲裁机构解决争议后的法律后果，故上述涉外仲裁条款约定符合法律规定，合法有效，本案应通过新加坡国际仲裁中心进行仲裁解决。

其次，根据《仲裁法》第 9 条规定，双方在合同中约定“对仲裁结果无法达成一致的，有权将争议提交诉讼方式解决”属于违反法律规定，人民法院依照上述法律规定应裁定不予受理，故该部分约定不具有法律效力。

再次，仲裁方式解决约定和诉讼方式解决约定效力应相互独立，一部分约定无效，不影响另一部分效力，故虽然诉讼方式解决约定部分无效，仲裁方式解决约定部分仍然有效。

最后，合同中的争议解决条款不属于“或裁或审”协议，即不属于当事人约定争议可以向仲裁机构申请仲裁也可以向人民法院起诉的情形，故其中的涉外仲裁条款合法有效，不应认定为无效。综上，被告对管辖权提出的异议成立，本案应提交新加坡国际仲裁中心进行仲裁解决，应驳回原告 BY.O 的起诉。

针对 BY.O 的上诉请求，上海市第一中级人民法院经审理并报上海市高级人民法院审核后认为：本案系涉外民事案件。本案所涉“并购财务顾问服务协议”第 6.2 条约定“首先通过新加坡国际仲裁中心进行仲裁解决”，在仲裁方式和诉讼方式之间明确了仲裁优先，对仲裁机构的选择具体、明确、唯一，并不具有“或裁或审”的选择的特点，故法院对该仲裁条款的约定予以认定。对于双方当事人进一步约定“若双方对新加坡国际仲裁中心的仲裁结果无法达成一致，任何一方均有权将争议提交于甲方住所所在地有管辖权的商业法庭以诉讼方式解决”，不符合《仲裁法》第 9 条第 1 款关于“仲裁实行一裁终局”的规定，违反了仲裁排除法院管辖的基本原则，应认定该约定为无效。本案应提交新加坡国际仲裁中心进行仲裁解决。[①]

思考题：

（1）如何认定“或裁或审”条款、“先裁后审”条款的效力？

（2）新加坡国际仲裁中心作出裁决后，当事人可以通过哪些途径寻求救济？

（二）上海金纬机械制造有限公司仲裁裁决执行复议案

上海金纬机械制造有限公司（以下简称“金纬公司”）与瑞士瑞泰克公司（RETECH Aktiengesellschaft，以下简称“瑞泰克公司”）买卖合同纠纷一案，由中国国际经济贸易仲裁委员会于 2006 年 9 月 18 日作出仲裁裁决。2007 年 8 月 27 日，金纬公司向瑞士联邦兰茨堡（Lenzburg）法院（以下简称“兰茨堡法院”）申请承认和执行该仲裁裁决，并提交了由中国中央翻译社翻译、经上海市外事办公室及瑞士驻上海总领事认证的仲裁裁决书翻译件。同年 10 月 25 日，兰茨堡法院以金纬公司所提交的仲裁裁决书翻译件不能满足《纽约公约》第 4 条第 2 点关于“译文由公设或宣誓之翻译员或外交或领事人员认证”的规定为由，驳回金纬公司申请。其后，金纬公司又先后两次向兰茨堡法院递交了分别由瑞士当地翻译机构翻译的仲裁裁决书译件和由上海上外翻译公司翻译、上海市外事办公室、瑞士驻上海总领事认证的仲裁裁决书翻译件以申请执行，仍被该法院分别于 2009 年 3 月 17 日和 2010 年 8 月 31 日，以仲裁裁决书翻译文件没有严格意义上符合《纽约公约》第 4 条第 2 点的规定为由，驳回申请。

2008 年 7 月 30 日，金纬公司发现瑞泰克公司有一批机器设备正在上海市浦东新区展览，遂于当日向上海市第一中级人民法院（以下简称“上海一中院”）申请执行。上海一中院于同日立案执行并查封、扣押了瑞泰克公司参展机器设备。瑞泰克公司遂以金纬公司申请执行已超过《民事诉讼法》规定的期限为由提出异议，要求上海一中院不受理该案，并解除查封，停止执行。

法院认为，本案争议焦点是我国法院对该案是否具有管辖权以及申请执行期间应当从何时开始起算。

第一，关于我国法院的执行管辖权问题。

根据《民事诉讼法》（2007 年修正）的规定，“一方当事人不履行仲裁裁决的，

---

① 参见上海市第一中级人民法院（2020）沪 01 民辖终 780 号民事裁定书。

对方当事人可以向被申请人住所地或者财产所在地的中级人民法院申请执行”；我国涉外仲裁机构作出的仲裁裁决，如果被执行人或者其财产不在中华人民共和国领域内的，应当由当事人直接向有管辖权的外国法院申请承认和执行。

鉴于本案所涉仲裁裁决生效时，被执行人瑞泰克公司及其财产均不在我国领域内，人民法院在该仲裁裁决生效当时，对裁决的执行没有管辖权。2008 年 7 月 30 日，金纬公司发现被执行人瑞泰克公司有财产正在上海市参展。此时，基于被申请执行人瑞泰克公司有财产在中华人民共和国领域内的事实，以及被执行人不履行仲裁裁决义务的事实，我国法院产生了对本案的执行管辖权。

考虑到《纽约公约》规定的原则是，只要仲裁裁决符合公约规定的基本条件，就允许在任何缔约国得到承认和执行。《纽约公约》的目的在于便利仲裁裁决在各缔约国得到顺利执行，因此并不禁止当事人向多个公约成员国申请相关仲裁裁决的承认与执行。被执行人一方可以通过举证已经履行了仲裁裁决义务进行抗辩，向执行地法院提交已经清偿债务数额的证据，这样即可防止被执行人被强制重复履行或者超标的履行的问题。因此，人民法院对该案行使执行管辖权，符合《纽约公约》规定的精神，也不会造成被执行人重复履行生效仲裁裁决确定的义务的问题。

第二，关于本案申请执行期间的起算问题。

《民事诉讼法》(2007 年修正) 第 215 条规定，“申请执行的期间为二年”。“前款规定的期间，从法律文书规定履行期间的最后一日起计算；法律文书规定分期履行的，从规定的每次履行期间的最后一日起计算；法律文书未规定履行期间的，从法律文书生效之日起计算。”

我国法律有关申请执行期间起算，是针对生效法律文书作出时，被执行人或者其财产在我国领域内的一般情况作出的规定；而本案的具体情况是，仲裁裁决生效当时，我国法院对该案并没有执行管辖权，当事人依法向外国法院申请承认和执行该裁决而未能得到执行，不存在怠于行使申请执行权的问题；被执行人一直拒绝履行裁决所确定的法律义务；申请执行人在发现被执行人有财产在我国领域内之后，即向人民法院申请执行。考虑到这类情况下，外国被执行人或者其财产何时会再次进入我国领域内，具有较大的不确定性，应当合理确定申请执行期间的起算点，才能公平保护申请执行人的合法权益。

在司法实践中，人民法院的执行管辖权与当事人的民事强制执行请求权不能是抽象或不确定的，而应是具体且可操作的。义务人瑞泰克公司未履行裁决所确定的义务时，权利人金纬公司即拥有了民事强制执行请求权，但是，因此时被执行人或者其财产不在我国领域内，我国法院对该案没有执行管辖权。具有执行管辖权是人民法院审查申请执行人相关申请的必要前提，因此应当自执行管辖确定之日，即发现被执行人可供执行财产之日，开始计算申请执行人的申请执行期限并审查申请是否在法律规定的时效期间内提出。[①]

---

① 参见上海市高级人民法院（2009）沪高执复议字第 2 号民事裁定书。

思考题：

我国现行立法对申请撤销或不予执行涉外仲裁裁决的时限规定如何？其是否存在问题？

（三）成都优邦文具有限公司等申请撤销仲裁裁决案

2007年2月1日，友邦公司与成都优邦签订“商标使用许可合同”，含纠纷解决条款。同日，成都优邦与深圳长友签订“合同书”，约定双方同时获得友邦的商标使用许可权等事宜。纠纷解决条款约定：由双方先行协商，协商不成时，双方一致同意将争议提交到深圳仲裁委员会并按该会仲裁规则处理。2月7日，王某某、祈某、陈某某共同签署“担保书”，就本案合同为成都优邦向友邦公司提供担保。深圳长友出具“收据”，显示其收到成都优邦交来的使用费。2008年10月28日，深圳长友向成都优邦发出《关于解除〈合同书〉的通知》。2011年1月，友邦向深圳仲裁委员会提出仲裁申请，仲裁委受理案件，并适用自2008年1月1日起施行的《深圳仲裁委员会仲裁规则》。随后仲裁委决定受理案件。

深圳市市场监督管理局注册登记信息查询单显示，深圳长友的股东为香港友邦胶袋印制公司和深圳长龙华科技实业有限公司。友邦系香港特别行政区注册公司，在内地没有注册成立自己的经营或办事机构，注册商标使用许可合同的履行均是通过其在深圳设立的合资公司深圳长友公司进行。四川省成都市国力公证处签署的证据保全公证书显示了两个网页上申请人的名称和商品图片，以及深圳长友宣传的友邦注册商标的公司介绍与商品图片。

仲裁过程中，王某某向仲裁庭提出管辖权异议，认为：其并不是商标使用许可合同的当事人，并不受该合同中的仲裁条款约束，担保书上并没有约定由仲裁委员会对争议进行管辖。仲裁庭审查认为，担保书明确表示是为商标使用许可合同中的相关事宜进行担保，从合同关系看，担保书是从合同，依据主从合同关系，商标使用许可合同中的仲裁条款对担保书的签订方具有约束力。综上，仲裁庭依据《仲裁法》第20条之规定，作出管辖权异议决定书。2011年仲裁庭作出案涉仲裁裁决。随后，成都优邦文具有限公司、王某某向深圳市中级人民法院申请撤销深圳仲裁委员会（2011）深仲裁字第601号仲裁裁决。

深圳市中级人民法院认为：依《仲裁法》第70条及2012年《民事诉讼法》第258条进行审查。对于仲裁庭对无约定仲裁条款的担保书进行审理并作出裁决，是否属于无权仲裁或超越仲裁协议范围的问题，法院认为，案件所涉的商标使用许可合同和担保书虽然有主从合同关系，但两个合同的签约主体不同，且担保书中并未约定该保证合同受主合同的仲裁条款的约束。仲裁是建立在当事人有真实有效的仲裁协议的基础之上的，且对于仲裁协议的形式，一般均要求是书面的形式。主从合同关系中，主合同有仲裁条款，从仲裁协议必须明确且采用书面形式的要求来看，无法推定担保人默示接受主合同中的仲裁条款，因此不能认定主合同的仲裁条款对担保合同有约束力。对仲裁裁决的超裁部分即担保事项的裁决应予以撤销。同时，对于仲裁裁决第6项关于仲裁费用由申请人和四位被申请人承担的内容，该共同承担费用的责任是不可分的，故该部分仲裁内容是不能分开的，由此导致本案仲裁裁决应予以全部撤销。

广东省高级人民法院认为：担保书未约定仲裁条款，根据《仲裁法》第16条，仲裁条款必须以书面形式达成。在双方未达成仲裁协议的情况下，不能以任何方式推定双方接受仲裁条款的约束。本案两合同为主从合同，依据法律规定，从合同虽然在法律效力方面受到主合同的制约，但在纠纷解决方式方面，主从合同可分别约定。故主合同中的仲裁条款不能约束担保书。据此，仲裁庭对没有约定仲裁条款的担保书进行审理并作出裁决，缺乏法律依据，应撤销。祈某与陈某某在仲裁委审理期间，无正当理由未到庭亦未答辩，对仲裁机构作出的仲裁裁决亦未提撤销申请，故应视为两人对仲裁机构管辖及裁决无异议。王某某对友邦的债务承担连带清偿责任与仲裁裁决其他内容是独立可分的，对该部分内容应予撤销；王某某不承担担保责任，相应也不承担仲裁费用。因王某某对友邦承担的是连带保证责任，故在裁决费用的分担上成都优邦、王某某、祈某和陈某某对外并不区分份额，而是应对外全部承担之后再向其他连带责任人追偿。因此，王某某承担的仲裁费用亦可从与其他人共分担的仲裁费用中区分出来。综上，根据《仲裁法》第58条第1款第1项的规定，对可区分的上述内容，应予撤销。

最高人民法院经审查后复函：案涉担保合同没有约定仲裁条款，仲裁庭关于主合同有仲裁条款，担保合同作为从合同应受主合同中仲裁条款约束的意见缺乏法律依据。仲裁庭对没有约定仲裁条款的担保合同进行审理并作出裁决，担保人王某某申请撤销仲裁裁决中涉及其作为担保人部分的裁项的理由成立。鉴于王某某与祈某、陈某某系共同保证人，三者具有共同的法律地位，且关于该三人责任的裁决共同表述在裁决书第4项中，法院宜将该裁决作为一项不可分的裁决予以撤销。根据《仲裁法》第70条、《民事诉讼法》第274条第1款第1项的规定，案涉裁决书第4项以及第6项中关于王某某、祈某与陈某某共同承担仲裁费用的内容予以撤销。①

思考题：

（1）主合同中的纠纷解决条款是否当然及于从合同？

（2）异议放弃是否适用于没有仲裁协议的从合同当事人？

（3）如何区分《民事诉讼法》（2021年修正）第281条第1款第1项和第4项之间的适用？

（4）如何判断仲裁裁决相关内容的可分性？

（四）美国制作公司等申请执行仲裁裁决案

美国制作公司、汤姆·胡莱特公司（以下简称“美国两公司”）与中国妇女旅行社（以下简称“旅行社”）在1992年签订演出协议，约定美国两公司到中国数个城

① 参见深圳国际仲裁院（2011）深仲裁字第601号仲裁裁决书，最高人民法院（2013）民四他字第9号复函。

市演出20多场，由旅行社支付报酬，演出曲目为美国优秀的、中国观众喜闻乐见的乡村音乐等流行歌曲，并先行录制演出样带，报经中国文化部批准。但演出过程中，演出内容为“重金属歌曲”，与样带不符，演出非常疯狂激烈，演员在演出中抽烟、喝水、洒水、躺在地上唱、翻筋斗、跳下台、随意中断演出等等。观众极为不满，纷纷中途退场，要求退票。后该演出被中国文化部停止。美国两公司以旅行社尚欠款项为由，根据合同中的仲裁条款向中国国际经济贸易仲裁委员会申请仲裁，要求旅行社支付拖欠款项并赔偿损失，旅行社提出反请求。仲裁庭最终裁决旅行社向美国两公司支付所欠款项的70%，驳回旅行社的反请求。

美国两公司向北京市第一中级人民法院申请强制执行该仲裁裁决。旅行社提出不予执行申请，其理由是：美国公司在华的演出违反我国的社会公共利益，应不予执行该仲裁裁决。

北京市第一中级人民法院经审查后向上级法院请示：执行案涉仲裁裁决将违反我国的公共政策，拟不予执行。

北京市高级人民法院经审查后向上级法院请示：拟同意北京市第一中级人民法院的审查意见。

最高人民法院经审查后形成两种意见。第一种意见认为，人民法院对涉外仲裁裁决的审查只能针对程序方面的问题，不能进行实体审查。本案中旅行社所提出的反诉理由属实体方面的问题，在执行程序中人民法院是无权审查的。如果执行该仲裁裁决的结果并不产生违背社会公共利益的后果，就不能以此为由不予执行。从本案看，即使演出违背社会公共利益，其与执行仲裁裁决违背的社会公共利益也不同。本案仲裁裁决仅仅解决了合同双方当事人的民事责任问题，执行该裁决的结果也仅仅是合同一方当事人向另一方当事人支付欠款，并不涉及社会公共利益的问题。

第二种意见认为，本案当事人在合同中明确约定美方的“演员们应尽全力遵守中国的规章制度和政策，并圆满达到演出的娱乐效果”，“中国有权审查和批准演出的各项细节”，“演出曲目应为美国优秀的、中国观众喜闻乐见的美国乡村音乐等流行歌曲”，当事人还根据双方的约定录制了演出样带，报经文化部批准。然而，实际演出被文化部认为是“与我国国情不符，违反了社会公共利益的‘重金属歌曲’”，仲裁庭却置这些重要事实于不顾，作出明显不公的裁决，实质是肯定了美国公司的演出内容，放纵其违反合同，无视我国政府主管部门对演出曲目的审批权。类似事件的滋生将对我国文化氛围和文化导向产生不良影响，势必损害我国的社会公共利益，人民法院对这样的仲裁裁决，应当裁定不予执行。

最高人民法院经审判委员会讨论后于1997年12月26日作出复函：人民法院如果执行该裁决，就会损害我国的社会公共利益，同意根据《民事诉讼法》第260条第2款的规定不予执行该仲裁裁决的意见。①

思考题：

(1) 人民法院对涉外仲裁裁决进行司法审查，如何把握实体与程序的界限？

---

① 参见最高人民法院经他（1997）35号复函。

（2）人民法院应如何认定仲裁裁决“违背社会公共利益”?

六、知识拓展

（一）拓展阅读

1. 刘想树．中国涉外仲裁裁决制度与学理研究．北京：法律出版社，2001.

2. 石现明．国际商事仲裁当事人权利救济制度研究．北京：人民出版社，2011.

3. 黄晖，张春良．中国涉外仲裁裁决司法审查：案例与评析．北京：中国社会科学出版社，2020.

4. 张春良，黄晖，许志华．中国涉外商事仲裁裁决撤销：机制与实证．北京：法律出版社，2019.

5. 宋建立．涉外仲裁裁决司法审查：原理与实践．北京：法律出版社，2016.

6. 张卫平．现行仲裁执行司法监督制度结构的反思与调整：兼论仲裁裁决不予执行制度．现代法学，2020，42（1）.

7. 顾维遐．无涉外因素争议的域外仲裁问题．中外法学，2018，30（3）.

8. 何其生．国际商事仲裁司法审查中的公共政策．中国社会科学，2014（7）.

9. 汪祖兴．论无权仲裁的司法救济．法学评论，2014，32（4）.

10. Gray B. Born. International Commercial Arbitration. Kluwer Law International，2009.

（二）拓展写作

1. 仲裁裁决国籍认定的实证考察

2. 我国涉外仲裁裁决撤裁依据的实证考察

3.《纽约公约》在我国适用的实证考察

（三）其他资料

1. 广晟投资发展有限公司与中国恒基伟业集团有限公司、北京北大青鸟有限责任公司、香港青鸟科技发展有限公司确认仲裁条款权力及管辖权纠纷二审案，最高人民法院（2006）民四终字第28号民事裁定书。

2. 最高人民法院关于撤销中国国际经济贸易仲裁委员会（2010）中国贸仲京裁字第0159号裁决案的请示的复函，最高人民法院〔2010〕民四他字第49号。

3. 西南政法大学国际私法学线上课程链接：国际私法学_西南政法大学_中国大学MOOC（慕课）（https：//www. icourse163. org/course/swupl-1205596801）。

专题十五　外国法院判决的承认与执行

一、引　案

外国法院判决只有经过承认和执行程序才能在域外被接受。承认和执行外国法院判决是两个不同的法律概念，承认是执行的前提，但有些外国法院判决只需要承认。我国法院在承认和执行外国法院判决时，主要根据缔结或参加的国际条约，或依照互惠原则，审查外国法院是否具有适格管辖权，判决程序是否正当，是否违背我国社会公共利益。经审查，在其不违背我国社会公共利益时，裁定承认其效力，并根据需要颁发执行令。在裁定不予承认和执行时，则可告知当事人在我国法院另行起诉。我国还针对外国法院离婚判决的承认，在申请与受理、审查依据和程序方面，作了特别规定。

（一）案情简介

申请人花某某诉称：花某某与刘某某原系夫妻关系。1981 年二人获准移居美国（诉讼时为永久性居民）。1995 年 7 月，刘某某向美国加利福尼亚州阿拉米达市高级法庭起诉，要求与花某某离婚，1996 年 1 月 9 日，该法庭判决双方离婚，现该判决已生效，花某某与刘某某对离婚判决无异议，双方无财产争执，无子女抚养争议。现向贵州省贵阳市中级人民法院提出申请，要求承认美国加利福尼亚州阿拉米达市高级法庭的离婚判决。

贵州省贵阳市中级人民法院接到花某某的申请书及有关证明文件后，经组成合议庭，经审理查明：花某某、刘某某原居住在贵州省贵阳市，二人于 1962 年 1 月 30 日在贵州省贵阳市登记结婚。1981 年，花某某与刘某某获准迁居美国，现为美国永久性居民。1995 年 9 月，刘某某向美国加利福尼亚州阿拉米达市高级法庭提起诉讼，要求与花某某离婚，该法庭受理了刘某某的离婚诉讼，同月 24 日，花某某受到法庭的正常传唤，依法出庭应诉。审理中，花某某与刘某某均同意离婚，且无子女抚养及财产问题争执。据此，法庭根据美国有关法律规定，作出如下判决："双方婚姻关系终止，当事人各自恢复未婚单身状态。"同时，该判决还注明："判决生效日期：1996 年 1 月 9 日。"1996 年 7 月，花某某委托其居住在国内的亲戚杨某某向贵州省贵阳市中级人民法院提出申请，要求确认阿拉米达市高级法庭有关花某某与刘某某的离婚判决。[①]

（二）涉及问题

（1）案涉法院是否具有适格管辖权？

（2）承认和执行外国法院判决的依据和条件是什么？

二、法官释法

（一）关于案涉法院的管辖权

依照《民事诉讼法》第267条关于“外国法院作出的发生法律效力的判决、裁定，需要中华人民共和国人民法院承认和执行的，可以由当事人直接向中华人民共和国有管辖权的中级人民法院申请承认和执行”，以及《最高人民法院关于中国公民申请承认外国法院离婚判决程序问题的规定》第5条关于“申请由申请人住所地中级人民法院受理”，“申请人不在国内的，由申请人原国内住所地中级人民法院受理”的规定，经审查，申请人花某某现不居住在国内，其移居美国前居住地为贵州省贵阳市，其申请承认美国法院的离婚判决，贵州省贵阳市中级人民法院有管辖权。

（二）案涉外国判决应否承认

花某某申请承认美国加利福尼亚州阿拉米达市高级法庭的离婚判决，不违背我国法律规定，无《最高人民法院关于中国公民申请承认外国法院离婚判决程序问题的规定》第12条规定的不予承认的五种情形，应予承认。

《民事诉讼法》第268条规定：“人民法院对申请或者请求承认和执行的外国法院作出的发生法律效力的判决、裁定，依照中华人民共和国缔结或者参加的国际条约，或者按照互惠原则进行审查后，认为不违反中华人民共和国法律的基本原则或者国家主权、安全、社会公共利益的，裁定承认其效力，需要执行的，发出执行令，依照本法的有关规定执行。”以及《最高人民法院关于中国公民申请承认外国法院离婚判决程序问题的规定》第12条规定：“经审查，外国法院的离婚判决具有下列情形之一的，不予承认：（一）判决尚未发生法律效力；（二）作出判决的外国法院对案件没有管辖权；（三）判决是在被告缺席且未得到合法传唤情况下作出的；（四）该当事人之间的离婚案件，我国法院正在审理或已作出判决，或者第三国法院对该当事人之间作出的离婚案件判决已为我国法院所承认；（五）判决违反我国法律的基本原则或者危害我国国家主权、安全和社会公共利益。”对于花某某依法提起的符合规定的申请，合议庭按照互惠原则，依照我国法律的基本原则予以审查。美国加利福尼亚州阿拉米达市高级法庭的离婚判决并未违背我国宪法的基本原则和我国婚姻法的基本原则，未危害我国国家主权、安全和社会公共利益；花某某与刘某某均居住

---

① 参见贵州省贵阳市中级人民法院（1996）筑民字第1号民事裁定书。

美国加利福尼亚州，系永久性居民，加利福尼亚州阿拉米达市高级法庭拥有对刘某某诉花某某离婚一案的管辖权；申请人提供的经过旧金山领事馆认证的离婚判决书于 1996 年 1 月 9 日发生法律效力；申请人花某某提交的申请书载明其作为被告于 1995 年 9 月 24 日受到法庭的正常传唤，依法到庭应诉；没有证据证明花某某、刘某某曾向我国或其他国家提出过离婚诉讼，可以认定前述规定第 12 条第 4 项规定的情形不存在。

三、学理评析

（一）外国法院判决承认与执行内涵

1. 外国法院判决的界定

在国际民事诉讼中，“外国法院判决”具有特定的含义，应重点把握“外国”、“法院”和“判决”三个关键词。

所谓“外国”，应当包含两层含义。该词首先是指国际法意义上的国家，即拥有主权、一定范围的领土和长期居住于该领土之上的公民的政治实体。其次，“外国”包括超国家的或国家间的国际组织，前者如欧盟，后者如联合国等。需要指出的是，在非国家的组织或法域之间，也是参照“外国”实施相应司法协助程序的。

所谓“法院”，也有广狭二义。狭义的法院当指一国内依据其宪法相对独立地承担司法职能的机构；而广义的法院还包括其他一些承担着裁判职能的行政或其他机构。如在波兰，公证处有权处理一些小额财产纠纷，以及有关遗嘱有效性、遗产保护的纠纷。《瑞士联邦国际私法》第 31 条也在功能上将受理并裁判非讼事件的管辖机构与法院等量齐观，这些机构和法院作出的决定和判决均依共同的条件和程序予以承认和执行。需要指出的是，在国际民商事实践中发挥着越来越重要作用的仲裁机构，一般不被界定为“法院”的范畴，而是相对于法院而言的替代性争端解决机构。

所谓“判决”，相对于法院的广狭二义来说也有两种理解：一是仅将其界定为法院作出的狭义上的判决，包括法院作出的判决和裁定；二是包括行政机关或其他机构作出的认定或裁定。就本书论述的主题而言，这里的判决还特指民商事判决，不包括刑事判决和行政判决。1971 年《海牙民商事案件外国判决的承认和执行公约》就规定，公约仅适用于缔约国法院作出的民事或商事判决，包括这些国家法院作出的所有决定，不论请求国在诉讼程序上或在决定中称之为判决、裁定还是命令。判决的“民商事”性质是一个变动的概念。为统一认知，1989 年海牙国际私法会议特别委员会会议曾对它的范围进行讨论，但未能如愿达成一致结论。会议最终形成几点积极的共识：（1）由各国自主解释民事或商事一词，并不强制要求适用请求国法或被请求国法。（2）对于介于公法和私法之间的灰色区域，发展趋势是对民事或商事概念作出更灵活的解释，如破产、保险和雇佣关系等宜纳入民商事概念的范畴。（3）这种扩大理解的灵活姿态不能被援引作为要求将大多数国家都视为公法性质的案件，如税收案件等，解释为民商事性质。（4）缔约国可以自主地在相互关系中将《海牙送达公约》和《海牙取证公约》适用于公法案件，也不必拘泥于以同一方式适用两公约。迄今，对民商事概念的直接界定仍然缺乏，解决这个问题决定于两个方面：一是依相关国家之间缔结的条约或协定进行解释，二是由被请求国认定。

限于本书研究主题及行文篇幅，下文主要阐述狭义上的法院判决。

2. 对外国法院判决的承认与执行

承认与执行是两个不同的法律行为，针对不同的法律对象产生不同的法律效果。

从逻辑上看，承认是执行的前提，未经承认的外国法院判决，不具有被执行的资格；执行则是承认之后的结果，但并非必然结果，因为有的外国法院判决并不需要执行。一般而言，确认之诉的判决通常就不需要执行，如针对个人身份或能力方面的确认判决。这就体现出了二者在所针对的判决对象上的类型差异。简言之，所有外国法院判决在内国要发生生效判决的效果，都必须经历内国法院的承认；一份业经内国法院承认的外国法院判决，就将如同内国法院判决那般发生既判力。在这些被承认的外国法院判决中，只有具有执行内容的判决部分才需要进一步予以执行。在产生的法律效果上，承认和执行也有一定的差异。承认是对外国法院判决所裁定的权利状态的再确认，其法律效果是抽象的，具有“对世”性质；执行的法律效果则是具体的，它将外国法院判决纸面上的意义转化为现实的效果，具有特定化的性质。

（二）我国承认和执行外国法院判决的依据

我国承认和执行外国法院判决的依据主要是正式立法和最高人民法院的司法解释，部分案例，包括最高人民法院公布的指导性案例或在《最高人民法院公报》上刊登的案例虽然具有指导性意义，但在正式意义上并非我国承认和执行外国法院判决的依据。此外，我国和许多国家签订过双边司法协助协定，它们构成我国和外国相互间承认和执行彼此法院判决的主要依据。有观点认为，目前我国在承认和执行外国法院判决方面已经出现“三级”依据：全国性规则、双边条约和多边公约。但事实上，我国在承认和执行外国法院判决方面主要是依赖全国性规则和双边司法协助条约，尚未加入多边性的国际公约。以下对此两部分展开论述。

1. 我国缔结或参加的条约

在国际公约或双边条约与国内立法的适用位序上，我国缔结或参加的国际公约和双边条约具有优先适用的地位。迄今为止，我国和三十多个国家达成了有关民商事司法协助的双边条约。这些条约对承认和执行的对象范围、程序和条件作了具体和有可操作性的安排，并优先于国内立法适用。

比较而言，我国和其他国家签订的双边司法协助条约大致相同，但仍存在某些细微却重要的差别：

（1）在承认和执行的对象方面，例如，我国和越南《关于民事和刑事司法协助的条约》第1条第2款规定：“本条约所指的‘民事’一词，应理解为亦包括商事、婚姻、家庭和劳动事项”。对承认和执行的对象即“裁决”，条约也作了界定。第15

条第1款作了具体的类型界定，它包括三类：一是法院对民事案件所作出的裁决，二是法院在刑事案件中所作出的有关民事损害赔偿的裁决，三是仲裁裁决。第2款则对“法院判决”作了概括界定，在我国方面是指“法院的判决、裁定和调解书”；在缔约对方方面则是“法院的判决、决定和调解书”。而我国和塔吉克斯坦《关于民事和刑事司法协助的条约》第1条第3款规定，“民事案件”包括经济、婚姻家庭和劳动案件，可予承认和执行的裁决包括两类：一是法院的民事裁决，二是法院对刑事案件中有关损害赔偿作出的裁决。而“法院裁决”在中国方面包括“法院作出的判决、裁定、决定和调解书”，在塔吉克斯坦方面则是指“法院（包括经济法院）作出的判决、裁定、决定和其批准的和解书”。

（2）在承认和执行的主体、条件和程序等方面，各司法协助条约也大同小异。在我国法院承认和执行涉及这些国家法院判决时，或者反之，均应严格区分各条约中的不同之处，恪守条约规定，予以承认和执行。当然，必须指出的是，这种点对点式的分散安排虽然有助于促进国家间的合作，避免多边条约因众口难调而难以生效实施，但它因缺乏统一性而不便于在整体上促进国家间判决的承认和执行。后续的做法应当是通过分析整理我国与三十多个国家之间签订的双边司法协助协定，提炼其共同成分，巩固和扩大各国之间的共识，再经由双边达致多边的安排。

2. 国内立法及相关司法解释

在我国尚未加入多边国际条约，以及上述双边司法协助条约无规定，或属于尚未与我国签订司法协助的国家之间承认和执行外国法院判决的，当事人就只能依据国内立法承认和执行法院判决。我国有关判决承认和执行的立法主要规定在《民事诉讼法》中，该法第297～299条对法院判决和仲裁裁决在国内与国外的承认和执行作了双边规定。限于本书主旨，此处专论法院判决在国内外的承认和执行。

关于我国人民法院的判决在域外的承认和执行问题。《民事诉讼法》第297条规定了两种路径可供选择：（1）自助，即判决当事人应当直接向相关外国法院提出申请；（2）司法协助途径，即由人民法院请求外国法院承认和执行，但其条件是必须存在国际条约或依据互惠原则进行。在司法实践中，当事人自行向外国法院请求承认和执行判决是主要的做法。并且，外国法院是否及如何审查、承认和执行我国法院作出的判决，这决定于外国国家立法和司法机制，我国立法只能为当事人提供程序方面的大致指引，当事人还必须查明外国立法和司法规定，启动承认和执行程序。

关于外国法院判决在我国的承认和执行问题，主要法律依据是《民事诉讼法》第298条和第299条。由此两条规定，可归纳出我国有关承认和执行外国法院判决的关键点：（1）请求承认和执行的对象包括已经生效的法院判决和裁定；（2）请求承认和执行的实体依据包括国际条约和互惠原则；（3）有权受理承认和执行外国法院判决的适格管辖机构是有管辖权的中级人民法院；（4）请求承认和执行的主体包括所涉判决当事人和外国法院；（5）请求承认和执行的外国法院判决不得违背我国的社会公共利益。《民事诉讼法》的两条规定虽然措辞简单，但却包含了承认和执行外国法院判决过程中涉及的各种要素。在我国既未缔结或参加多边相关国际条约，也未和大多数国家签订双边条约的背景下，该立法规定将构成我国法院承认和执行外国法院判决的主要法律依据。

此外，我国《企业破产法》第 5 条第 2 款也对外国法院的破产判决、裁定在我国的承认和执行作了特别的规定。就本条款而言，需注意这样几点：(1) 本条仅适用于外国法院作出的破产判决和裁定，相对于《民事诉讼法》第 298、299 条而言，属于特别法与一般法的关系，因此，本条中的特殊规定仅为外国法院的破产判决、裁定而设，不适用于外国法院作出的其他判决和裁定；(2) 在承认和执行的条件中，除外国法院的破产判决和裁定不违背我国社会公共利益之外，还特别规定了不得损害中国领域内的债权人的合法权益，这相当于提高了承认和执行外国法院作出的破产判决和裁定的门槛或难度；(3) 从本条款的精神看，我国依然采取的是属地破产主义，即一般地不承认外国法院破产判决和裁定在我国境内具有当然的域外效力，而必须通过承认与执行判决和裁定的程序与方式，有条件地赋予外国法院破产判决和裁定以域内效力。

除此类正式立法之外，最高人民法院也颁布过一些涉及外国法院判决承认和执行的司法解释，典型之一即是《最高人民法院关于人民法院受理申请承认外国法院离婚判决案件有关问题的规定》。该司法解释的实质性条款只有短短 3 条，总结而言，其要点如下：(1) 仅适用于外国法院作出的离婚判决的承认，但不涉及执行。(2) 中国公民申请承认的，人民法院在受理时不得以婚姻关系未在国内缔结而拒绝；如果该离婚判决是在中国公民缺席情况下作出的，应同时提交其业经合法传唤出庭的证明。(3) 外国公民申请承认的，如离婚原配偶是中国公民的，我国法院应受理；否则，不应受理，但可告知申请人直接向婚姻登记机关申请结婚登记。(4) 申请承认外国法院作出的离婚调解书的，法院应受理并审查，据情况作出承认与否的裁定。

(三) 我国承认和执行外国法院判决的条件

由于双边条约、国内区际安排、国内立法及司法解释针对判决承认（认可）和执行的不同情形作了不同的规定，因此在承认（认可）和执行条件方面也存在或大或小的差异。本部分仅以我国承认和执行外国法院判决的一般条件为主线展开论述，行文中可能对某些特殊安排或规定予以佐证性援引，因此，《民事诉讼法》第 298、299 条是主要的论述对象。根据这些规范，可整理出我国承认和执行外国法院判决的主要条件如下。

1. 存在条约或互惠关系

条约和互惠关系是我国《民事诉讼法》明确规定的承认和执行外国法院判决的条件。

(1) 条约和互惠的性质与适用位序是不同的。条约是优先适用根据，只要我国与案涉判决作出国之间存在双边或多边的国际条约，则毫无疑问地应以该国际条约作为承认和执行的直接根据。只有在无相关条约或相关条约无规定的情形下，才可能考虑互惠原则。

(2) 互惠是在没有条约的情形下，根据国家间既往司法实践而采取的对等态度。从本质上看，互惠有正反二义：一是反义，即外国拒绝承认和执行本国法院判决的，本国也拒绝承认该外国法院的判决。此可称为消极的互惠，即彼此拒绝承认和执行对方法院判决。二是正义，即本国承认和执行外国法院判决的条件与外国承认和执行本国法院判决的条件必须对等，或者对等严格，或者对等宽松。此可称为积极的互惠。有文章将各国确立和执行的互惠原则概括为三种类型：一是绝对的互惠原则，即坚持以互惠原则作为承认与执行外国法院判决的必要条件，此类国家包括日本、土耳其、英国、秘鲁、突尼斯。二是不完全的互惠原则，即对特定类型的外国法院判决，主要是身份领域的判决，放弃互惠要求，而在其他，主要是商事领域，坚持绝对的互惠原则。德国、罗马尼亚和匈牙利等国是此种互惠原则的代表。三是无互惠原则，即在承认和执行外国法院判决过程中放弃互惠要求，通过建立本国标准进行审查和控制，对符合标准者予以承认和执行；否则，反之。美国、瑞士被认为代表了这种互惠原则的发展趋势。

我国在规则层面和实践层面存在较大的差异。在规则层面，2021年、2023年两次修正的《民事诉讼法》都明确将互惠原则列入承认和执行的条件，只要国家间不存在国际条约，互惠关系就是必须的条件。最高人民法院在1996年刊登的一则判例就很明确地传递出这样的信息，即无国际条约和互惠关系存在时，我国法院不应承认和执行外国法院判决。

司法实践中对外国法院判决的承认与执行存在着某些差异，主要原因还是承认和执行的外国法院判决的类型差异。由于我国最高人民法院对涉外离婚判决的承认和执行的相关司法解释中，并未将互惠关系作为必须条件，因此在司法实践中就相应地出现双轨做法：针对外国法院作出的离婚判决，我国法院不要求存在互惠关系即可在审查后承认和执行外国法院的离婚判决；针对其他判决，我国法院则要求存在国际条约或互惠关系，才承认和执行外国法院判决。

互惠关系体现的是对等关系，但它的实施存在一个实践中的开端难题，即国家间的互惠关系是以现实化的行动为前提的，但在第一次承认和执行外国法院判决时，不可能存在互惠。因此，不解决互惠原则实施的开端问题，互惠原则就只能是一句空话。对此，德国法院对我国法院判决的第一次承认和执行，开放性地解决了互惠原则的难题。2006年5月18日德国柏林高等法院作出承认中国江苏省无锡市中级人民法院民商事判决的裁定。在该裁定中，德国柏林高等法院的法官就互惠原则的适用指出："由于中、德之间不存在相互承认法院判决的国际条约，那么具体司法实践就成了处理案件的依据。如果双方都等待对方先迈出一步，自己再跟进给予对方互惠的话，事实上永远不可能发生相互间的互惠，互惠原则也只能是空谈而已，这种情况并不是立法者和执法者所希望的。为了在没有签订国际条约的情况下不阻止相互承认法院判决的向前发展，要考虑的是，如果一方先走出一步，另一方会不会跟进。按现在国际经贸不断发展的情况，中国有可能是会跟进的。"德国法院以"预期互惠"作为思路，成功地解决了互惠的开端问题，值得借鉴。

2. 外国法院有适格的管辖权

关于判决作出国法院有适格管辖权，是否构成承认和执行该判决的条件，存在争议。有观点认为，这虽然并不是我国立法明确的规定，但从其立法表述看，是不言而喻的要求。事实上,《民事诉讼法》第298条的确规定，需要承认和执行的应当是“外国法院作出的发生法律效力的判决、裁定”。“发生法律效力”的表述必然地意味着判决作出国法院具有适格的管辖权。但另有观点认为，此种推理并不具有说服力，因为如此理解将导致出现这样的结论，即在中国承认和执行外国法院判决的所有条件都可以被高度概括在“发生法律效力”(legally effective）的用语中。依本书看来，“发生法律效力”的表述虽然不能完整地包括在中国承认和执行外国法院判决的全部条件，但有适格管辖权是其题中应有之义。

要判断外国法院是否具有适格管辖权，其法律依据仍然有二：一是规定在多边或双边条约中,上已述及，此处不赘。二是国内立法。这里的问题已然是法律适用，即究竟如何处理判决作出国的国际管辖权规则和作为被请求国的我国国际管辖权规则。我国的国际管辖权规则主要被规定在《民事诉讼法》第二十四章中，最高人民法院同时对涉外民商事案件诉讼管辖颁布了一个“集中管辖”的规定。这些内容是规范我国法院在受理涉外案件时的直接管辖规则，它们能否及如何适用于外国法院的管辖，是我国法院在承认和执行外国法院判决时必须解决的问题。

对此问题应从以下三个角度来看。首先，就正式的立法规则看，如何进行法律适用并不明确。

其次，就法理逻辑看，兼容考虑判决作出国和被请求国的管辖权规则具有必要性和合理性。前已述及，在某外国法院对案件行使直接管辖权时，它不可能对预期的被请求国作出精确的衡量，并抛弃本国管辖权规则而只考虑适用被请求国的管辖权规则，这是有违判决作出国司法主权和立法主权的做法。反过来，被请求国在承认和执行外国法院判决时，也不可能唯一地依判决作出国的管辖权规则，而置本国管辖权规则于不顾。因此，合作的态度应当是对两国管辖权规则的兼容考虑。对二者的分工来说，应建立以判决作出国管辖规则为基础，必要时考虑被请求国管辖规则的模式。难题在于如何判断“必要时”。依本书来看，涉及我国明确规定属于我国法院专属管辖，以及判决作出国法院行使管辖权明显不合理的情形时，即可依我国管辖规则进行判断。

最后，就司法实践看，我国法院承认和执行的某些外国法院判决的确是不自觉地适用了判决作出国的管辖规则。这表明，只要不涉及我国立法就管辖权问题的强制性、专属性规定，判决作出国管辖规则将是判决承认和执行过程中衡量判决作出国法院是否具有适格管辖权的依据。

3. 判决或裁定是终局的且发生法律效力

能为我国法院承认和执行的外国法院判决必须是终局的，且已经发生法律效力。我国与有关国家，如匈牙利所签署的司法协助条约还特别规定，裁决不仅必须是终局且发生法律效力的，而且必须是在双方签订的条约生效以后才具有法律效力并可执行的。这就意味着，该类司法协助条约所针对的裁决仅“面向未来”，而不溯及既往。这里要强调的是，“终局”与“发生法律效力”是两个不同的概念，在一般情形下，终局的判决或裁定即发生法律效力，但在涉外诉讼中已经终局的判决并不当然发生法律效力。

四、延伸问题

(一) 承认和执行外国法院判决的主体

1. 受理法院

受理承认和执行外国法院判决的机构是中华人民共和国适格法院。事实上，并非法院才有承认和执行外国法院判决的必要，其他一些行政机构如婚姻登记机关也可能面临承认外国法院判决的需求。在婚姻登记机关办理婚姻登记时，对于已婚但获得外国法院离婚判决的当事人或当事人之一申请再婚的，就需要对该离婚判决予以承认。此时，我国婚姻登记机关能否审查后直接承认该离婚判决，答案是否定的。我国《民事诉讼法》第 298 条和最高人民法院作出的上述司法解释，均将承认及执行外国法院判决的权限授予人民法院，其他机构因此无权受理。

在我国法院体制中存在着严格的管辖分工，地域、级别及专属管辖等都有明确的规定。在受理当事人请求承认和执行外国法院判决时，应当由何地、哪一级别的法院管辖，又或者是否存在专属管辖的特别规定？规范这个问题的法律依据包括：《民事诉讼法》第 298 条；《最高人民法院关于中国公民申请承认外国法院离婚判决程序问题的规定》第 5 条；以及《最高人民法院关于涉外民商事案件诉讼管辖若干问题的规定》。第 298 条是一般规定；后两者则是特别规则。这些规则对承认和执行外国法院判决的受理法院在级别和地域上作了特别规定，要点如下。

(1) 在级别管辖上，受理法院应当是高级人民法院，以及符合条件的中级或其他人民法院。《民事诉讼法》第 298 条首先一般地确立了中级人民法院管辖的原则。但最高人民法院通过司法解释即《最高人民法院关于涉外民商事案件诉讼管辖若干问题的规定》将受理承认和执行外国法院民商事判决、裁定的案件的管辖权又一般地集中到了高级人民法院和部分中级或其他人民法院。此外，依最高人民法院司法解释，有关请求承认外国法院离婚判决的管辖，也应当由中级人民法院受理。

(2) 在地域管辖上，《民事诉讼法》第 298 条只规定了“有管辖权”的中级人民法院，在地域上判断人民法院是否具有管辖权，则只能适用《民事诉讼法》中有关地域管辖的一般规定。此外，最高人民法院对外国法院离婚判决请求承认的地域管辖作了明确规定。综合此类条款，可总结如下：一是，在请求承认外国法院的离婚判决时，由申请人住所地法院管辖；申请人另有经常居住地的，由经常居住地法院管辖；申请人不在国内的，由其原住所地法院管辖。二是，请求承认外国法院的其他判决的，对公民提起的承认和执行请求，由被申请人住所地法院管辖；被申请人另有经常居住地的，由经常居住地法院管辖。对法人或其他组织提起的承认和执行请求，由被申请人住所地法院管辖。三是，针对合同纠纷或其他财产权益纠纷，对在我国领域内没有住所的被申请人提出的承认和执行请求，可由合同签订地、履行地、标的物所在地、可供扣押财产所在地、侵权行为地或代表机构所在地法院管辖。

2. 法院审查

《民事诉讼法》第 299 条对法院审查进行了非常简单的规定，较详细的审查内容被规定在《最高人民法院关于中国公民申请承认外国法院离婚判决程序问题的规定》之中。

（1）法院在接到申请书之后，应审查其请求是否符合受理条件。符合的，应在7日内受理；否则，应通知申请人不予受理，并附具理由。

（2）法院审查时应成立三人制合议庭，并且该合议庭应由三名审判员组成。由其作出的裁定为终局的，不得上诉。

（3）审查外国法院离婚判决的效力，查明其是否生效。必要时可要求申请人提交判决作出国法院出具的判决生效证明文件。

（4）在判决原告提交申请的情况下，法院应要求申请人提交外国法院已合法传唤被告出庭的证明文件。

（5）审查域外文件是否经过公证认证手续。

（6）审查重点包括：判决是否尚未发生法律效力；作出判决的外国法院对案件有无管辖权；判决是否是在被告缺席且未得到合法传唤情况下作出的；该当事人之间的离婚案件，我国法院是否正在审理或已作出判决，或第三国法院对该当事人之间作出的离婚判决是否已经为我国法院所承认；判决是否违背我国社会公共利益。

3. 作出裁定

依《民事诉讼法》第299条，请求承认和执行外国法院判决的，经过上述审查之后，如果符合我国承认和执行的条件，则应以裁定方式承认其法律效力；需要执行的，则发出执行令，并依照《民事诉讼法》有关执行的规定予以执行。未能通过审查的，人民法院也应作出裁定，裁定驳回申请人的申请。

此种裁定的要求包括：第一，裁定是终局的，一经送达，即发生法律效力；第二，裁定应当由合议庭成员签署，并加盖人民法院印章；第三，裁定驳回之后，当事人不得再提出申请，但可以向人民法院另行起诉。

4. 不违背我国社会公益

不违背公共利益、公共政策或公共秩序，是所有国家在承认和执行外国法院判决过程中明示或默示规定的强制性条件。它也规定在我国签署的各类双边司法协助条约、国内立法和相关司法解释之中。在司法实践中，很少有法院以违背我国公共秩序为由拒绝承认和执行外国法院判决。不过，有文献认为，我国法院在旅居阿根廷的中国公民请求承认阿根廷长期分居协议的案件中，就实质性地运用了公共秩序来拒绝承认该分居协议。①

综上所述，我国法院在承认和执行外国法院判决时需要恪守一系列的条件，这些条件或者明确地表述在立法或条约之中，或者不言而喻地表达于承认和执行程序的当然之义中。只有通过这些条件审查的外国法院判决，才能在我国获得被承认和执行的资格。接下来的问题是，应当依照何种程序予以承认和执行。

---

① 参见《最高人民法院关于旅居阿根廷的中国公民按阿根廷法律允许的方式达成的长期分居协议我国法院是否承认其离婚效力问题的复函》（〔84〕民他字第14号）。

(二) 我国承认和执行外国法院判决的程序

我国承认和执行外国法院判决的程序，视我国与相关国家或地区是否存在条约或互惠原则而定。在与我国签订有国际条约或存在互惠实践的情形下，我国承认和执行外国法院判决模式，更接近大陆法系的执行令程序，而非重新审理程序。但在不存在国际条约或互惠原则的情况下，我国司法实践表明，重新审理程序被作为补救程序推荐给当事人。

在具体程序上，一般包括这样几个阶段：申请与受理；法院审查；裁定是否颁发执行令。

1. 申请与受理

规范承认和执行外国法院判决程序的法律依据主要有二：一是《民事诉讼法》第 298 条，二是《最高人民法院关于中国公民申请承认外国法院离婚判决程序问题的规定》。前者针对的是所有外国法院判决和裁定的承认与执行程序，后者针对的是有关外国法院作出的离婚判决的承认程序。

(1) 申请主体。

依《民事诉讼法》第 298 条之规定，可以提出申请的主体有二：一是判决当事人，二是作出判决的外国法院。其他案外人，包括对外国法院判决具有利害关系的当事人，不得主动向相关法院提出不予承认或执行的请求，而只能在执行过程之中提出执行异议。实践中，几乎都是由判决当事人直接向我国法院提出承认和执行的请求，外国法院一般不会提出此类请求。

需要指出的是，对于外国法院作出的离婚判决，《最高人民法院关于中国公民申请承认外国法院离婚判决程序问题的规定》第 1 条只规定了中国籍当事人的申请人资格，这似乎排除了外国籍当事人的申请。从法理上看，对于外国法院作出的离婚判决，向我国法院提出承认申请的一般是中方当事人，外方当事人一般情况下无申请承认的必要。然而，外方当事人也可能有向中国法院提出申请的情形，如某一外方当事人在与中国籍当事人在外国获得离婚判决后，又在中国与另一中国籍当事人申请结婚。此时，该外方当事人就有请求承认外国法院离婚判决的需要。从规则实证主义的角度看，该外方当事人只能依《民事诉讼法》第 298 条的规定申请承认，而不能依最高人民法院上述司法解释提出请求。本书认为，此种实证区分是拘泥于文字的体现，事实上，不论是中国籍当事人还是外籍当事人，都可以依该司法解释提出承认的请求，否则，就可能出现针对同一个外国法院离婚判决，因申请人不同，程序和条件不同的不合理情形。最终，《最高人民法院关于人民法院受理申请承认外国法院离婚判决案件有关问题的规定》允许人民法院受理外国公民提出的其与中国公民之间在外国法院获得的离婚判决，但如果双方都是外国公民的，法院则不予受理，而是告知其直接向婚姻登记机关申请结婚登记。

(2) 申请时限。

《民事诉讼法》第四编有关涉外民事诉讼程序部分对承认和执行外国法院判决的申请时限并未作出明确规定，但依第 270 条的规定，该编没有规定的应适用其他部分的规定。因此，在申请承认和执行外国法院判决时，应适用《民事诉讼法》第250条的规定，其要点有三：一是申请执行的期间为2年。二是申请执行时效的中止、中断，适用法律有关诉讼时效中止、中断的规定。三是起算时间为法律文书规定履行期间的最后一日起算；法律文书规定分期履行的，从最后一期履行期限届满之日起算；法律文书未规定履行期间的，从法律文书生效之日起算。

特别需要指出的是，《民事诉讼法》第250条针对的是申请执行的时效，对于不需要执行而只需要承认的外国法院判决，如外国离婚判决，则存在两个问题：一是申请承认外国法院判决或裁定，是否存在申请时效。二是如果存在申请时效，是否适用第250条的规定。对此，有观点认为，承认和执行是两个不同的法律行为，第250条仅适用于请求执行外国法院判决的情形，不适用于请求承认外国法院判决。本书认为，承认和执行是两种性质不同的法律行为，并产生不同的法律效果，不应将执行时效同时用作"承认的时效"。承认是对法律关系及其效力状态的确认，具有对世宣告的效力，如宣告当事人的婚姻关系解除；执行则是对有执行内容的判决采取的强制措施。当然，对外国法院判决的承认也并不总是无期限的，这不利于法律关系的稳定。当某一法律关系是以对外国法院的判决的承认为前提时，该法律关系的设立、变更或消灭时刻通常就是当事人需要提出承认请求的时限，否则该外国法院判决很可能不被承认，或者该法律关系不发生当事人所意欲的效果。例如，在当事人在我国为结婚请求时，在结婚之前需要对其所涉的外国法院离婚判决提出承认的请求，否则，该结婚关系很可能无法缔结。

2. 申请书内容

承认和执行外国法院判决的申请书应包括哪些内容，《民事诉讼法》未作规定。《最高人民法院关于中国公民申请承认外国法院离婚判决程序问题的规定》第3、4、17条作了较为详细的列示。依该类条款的规定，中国公民向法院提出承认外国法院离婚判决的申请时应注明如下信息并附带如下资料：书面申请书，并附有外国法院离婚判决书正本及经证明无误的中文译本。申请书应载明申请人姓名、性别、年龄、工作单位和地址；判决由何国法院作出，判决结果及时间；受传唤及应诉的情况；申请理由及请求；其他需要说明的情况；委托他人代理的，必须向法院提交由委托人签名或盖章的授权委托书；在国外出具的授权委托书，必须经我国驻该国的使领馆证明。

五、类案练习

(一) 秦某某诉刘某某案

秦某某与刘某某于1986年7月8日登记结婚，于1989年5月30日生育一女。1998年，秦某某赴美留学，刘某某及女儿跟随出国。2006年6月，秦某某向美国加利福尼亚州洛杉矶地区高级法院对刘某某提起离婚诉讼。2007年，秦某某回国工作。2009年3月19日，美国加利福尼亚州洛杉矶地区高级法院对秦某某缺席审理，作出离婚判决，并对财产作了相关处理。该判决作出后，秦某某与刘某某均未申请中国法院承认和执行该判决。同年，秦某某在北京市海淀区人民法院起诉刘某某，要求离婚，并提交了经过翻译和认证的该美国法院离婚判决。

北京市海淀区人民法院经过审理认为：秦某某与刘某某在出国期间互相猜忌、指责、争吵，导致双方长期分居，夫妻感情确已破裂。美国法院的民事判决虽然不被我国法院承认，但双方当事人对判决书的内容的真实性均无异议，可作为离婚后财产分割时的参考。据此，判决准予秦某某与刘某某离婚；秦某某于判决生效后 10 日内支付刘某某人民币 30 万元。

宣判后，秦某某与刘某某均不服一审判决，提起上诉。秦某某上诉称：同意一审判决的离婚部分，但不同意将美国法院判决作为离婚财产分割的参考证据；要求撤销一审判决中关于双方对美国法院判决“均无异议”的不实之词，并根据事实和证据对共同财产进行分割、补偿、赔偿。刘某某上诉称：请求撤销一审判决，改判不准离婚。

北京市第一中级人民法院在审理中发现，一审法院在审理本案过程中，未查明美国法院的判决文书是否已经生效，也未明确美国判决书中涉及的财产依照中国法律是否可以认定为夫妻共同财产。此外，一审法院查明的事实仅仅涉及美国法院判决书中列明的位于美国境内的财产，并没有对位于中国境内的夫妻共同财产予以查明。在上述事实没有查明的情况下，一审法院就判决原告向被告支付 30 万元人民币，事实不清，依据不足，故作出裁定：撤销一审判决，发回重审。

案件发回重审后，原审法院重新组成合议庭进行审理，对双方实际共同财产状况进行了重新审查，最终判决认为双方在婚姻生活中，特别是出国期间，互相猜忌、指责、争吵，导致秦某某在美国法院提起离婚诉讼。双方长期分居，应当认定双方的感情确已破裂，对刘某某以美国法院的民事判决为依据提出的财产请求，因该判决未经我国法院承认，故刘某某以此为据，要求分割此部分财产，法院不予支持。判决准予秦某某与刘某某离婚；秦某某于本判决生效后 10 日内支付刘某某人民币 56万元；驳回秦某某其他诉讼请求。

判决后，双方均提起上诉。北京市第一中级人民法院经过审理作出判决：驳回上诉，维持原判。①

思考题：

（1）未经承认的外国法院判决在我国是否具有生效判决的效力？

（2）人民法院已经受理的案件，当事人是否可以再申请承认外国法院判决？

（3）未经承认的外国法院判决在内国诉讼中可否作为证据使用？

（4）外国法院判决的证明力是否等同于公文书证或我国生效判决？

（5）公共秩序保留原则是否适用于案件事实的查明？

---

① 参见北京市海淀区人民法院（2009）海民初字第 27700 号民事判决书，北京市第一中级人民法院（2011）一中民终字第 5688 号民事判决书，北京市海淀区人民法院（2011）海民初字第 17364 号民事判决书，北京市第一中级人民法院（2012）一中民终字第 12357 号民事判决书。

(二) 奥某某与某某国际商务咨询（北京）有限公司上诉案

申请人德国公民奥某某于 2010 年 4 月 26 日向中国某法院提出申请，要求承认英国高等法院于 2009 年 10 月 13 日关于奥某某与某某国际商务咨询（北京）有限公司及奥地利公民赛某某之间借款协议纠纷案作出的判决。

经审查，中国法院认为：根据《民事诉讼法》第 266 条规定，人民法院对申请或者请求承认和执行外国法院作出的发生法律效力的判决、裁定，依照中华人民共和国缔结或者参加的国际条约，或者按照互惠原则进行审查。由于我国与英国之间没有缔结或者参加相互承认和执行法院判决、裁定的国际条约，亦未建立相应的互惠关系，因此，英国高等法院作出的案涉判决，不符合我国法律规定的承认外国法院判决效力的条件，应拒绝承认。①

思考题：

当事人被我国法院拒绝承认外国法院判决后，还存在哪些救济途径？

(三) 蒋某某申请承认外国解除婚约的决议书效力案

1985 年 10 月 2 日，申请人蒋某某与中国籍人陈某在中国西安市登记结婚。双方婚后没有生育子女，亦没有产生对外的共同债权债务。1989 年年初，陈某自费前往新西兰留学，后在该国克赖斯特彻奇市长期居住。蒋某某仍在国内居住工作。1992 年 9 月 9 日，陈某向新西兰克赖斯特彻奇地区法庭起诉，要求与在中国境内的蒋某某离婚，并放弃对在蒋某某处的夫妻共同财产的任何要求。该法庭将陈某的离婚起诉状副本通过陈某之父转送给蒋某某，并同时附上诉讼通知书，告知蒋某某对陈某的离婚起诉应提出答辩并通知本法庭，同时应向陈某提交答辩状副本；告知蒋某某应直接或通过一名中国境内的律师用航空信件委托一名新西兰律师作为其诉讼代理人。但蒋某某没有应诉答辩，对此诉讼未予理睬。

1992 年 10 月 14 日，新西兰克赖斯特彻奇地区法庭依据陈某的诉讼请求和新西兰 1980 年家庭诉讼条例第 39 条，作出第 1219 号决议书：解除蒋某某与陈某于 1985 年 10 月 2 日在中国西安市达成的婚约。

1994 年 5 月 2 日，蒋某某持新西兰克赖斯特彻奇地区法庭的上述第 1219 号解除婚约决议书、该法庭的诉讼通知书和陈某的离婚起诉状副本的英文本与中文译本，向陕西省西安市中级人民法院申请承认该解除婚约决议书的效力。

陕西省西安市中级人民法院接到蒋某某的申请后，经审查认为符合《民事诉讼法》第 267 条规定的条件，予以立案受理。该院认为：蒋某某申请承认的新西兰克赖斯特彻奇地区法庭的解除其与陈某的婚约关系的第 1219 号决议书，内容与我国法律不相抵触，符合我国法律规定的承认外国法院判决效力的条件。根据《民事诉讼法》第 268 条的规定，对新西兰克赖斯特彻奇地区法庭第 1219 号决议书的法律效力予以承认。②

---

① 参见北京市第二中级人民法院（2010）二中民特字第 10324 号民事裁定书。

② 最高人民法院中国应用法学研究所. 人民法院案例选（1992—1996 年合订本）· 民事卷（上）. 北京：中国法制出版社，2000.

思考题：

陕西省西安市中级人民法院关于承认新西兰法院作出的解除蒋某某与陈某离婚判决是否正确？

（四）甘某某申请承认外国离婚判决案

申请人甘某某于 2011 年 8 月 10 日向南宁市中级人民法院提出申请，要求承认加拿大安大略省高等法院对其与黄某某离婚一案于 2009 年 7 月 6 日作出的判决。

南宁市中级人民法院经审理查明：2009 年加拿大安大略省高等法院所审理的甘某某与黄某某的离婚诉讼，系甘某某作为原告或申请人提起的，于 2009 年 7 月 6 日作出的判决。在审理本案过程中，法院要求申请人甘某某提交加拿大安大略省高等法院在审理离婚诉讼时已合法传唤被告或被申请人黄某某出庭的有关文件，但申请人甘某某未能提供。

南宁市中级人民法院认为：《最高人民法院关于中国公民申请承认外国法院离婚判决程序问题的规定》第 9 条规定："外国法院作出离婚判决的原告为申请人的，人民法院应责令其提交作出判决的外国法院已合法传唤被告出庭的有关证明文件。"第 12条第 3 项规定："经审查，外国法院的离婚判决具有下列情形之一的，不予承认：……（三）判决是在被告缺席且未得到合法传唤情况下作出的……"本案中，由于申请人甘某某未能按上述规定提供作出离婚判决的加拿大安大略省高等法院已合法传唤被告黄某某出庭应诉的有关证明文件，故法院不能确定该判决是在黄某某已得到合法传唤的情形下作出的。《最高人民法院关于中国公民申请承认外国法院离婚判决程序问题的规定》第 13 条规定："对外国法院的离婚判决的承认，以裁定方式作出。没有第十二条规定的情形的，裁定承认其法律效力；具有第十二条规定的情形之一的，裁定驳回申请人的申请。"参照该条的规定，裁定驳回申请人甘某某请求承认加拿大安大略省高等法院作出的离婚判决法律效力的申请。①

思考题：

中国公民向我国法院申请承认外国法院离婚判决时应当遵循哪些程序要求？

六、知识拓展

（一）拓展阅读

1. 董立坤．略论对外国法院判决的承认与执行：兼析我国民事诉讼法中的有关规定．中国社会科学，1985（2）．

2. 宣增益．国家间判决承认与执行：纳入 WTO 体系可行性研究．中国法学，2004（2）．

3. 刘仁山．国际民商事判决承认与执行中的司法礼让原则：对英国与加拿大相关理论及实践的考察．中国法学，2010（5）．

---

① 参见广西壮族自治区南宁市中级人民法院（2011）南市民三特字第 1 号民事裁定书。

4. 李旺．外国法院判决的承认和执行条件中的互惠原则．政法论坛，1999（2）．

5. 郭玉军，向在胜．欧盟《民商事管辖权及判决承认与执行条例》介评．法学评论，2002（2）．

6. 杜涛．互惠原则与外国法院判决的承认与执行．环球法律评论，2007（1）．

7. 李浩培．国际民事程序法概论．北京：法律出版社，1996．

8. 费宗祎，唐承元．中国司法协助的理论与实践．北京：人民法院出版社，1992．

9. 钱锋．外国法院民商事判决承认与执行研究．北京：中国民主法制出版社，2008．

10. 孙劲．美国的外国法院判决承认与执行制度研究．北京：中国人民公安大学出版社，2003．

11. 王吉文．外国判决承认与执行的国际公约模式研究．北京：中国政法大学出版社，2010．

12. 贺晓翊．英国的外国法院判决承认与执行制度研究．北京：法律出版社，2008．

13. 徐崇利．经济全球化与外国判决承认和执行的互惠原则．厦门大学法律评论，2005（1）．

14. 杜涛．互惠原则与外国法院判决的承认与执行．环球法律评论，2007（1）．

15. 宣增益．国家间判决承认与执行问题研究．北京：中国政法大学，2004．

16. 谢石松．论对外国法院判决的承认与执行．中国社会科学，1990（5）．

17. 马丁·沃尔夫．国际私法：第 2 版．李浩培，汤宗舜，译．北京：北京大学出版社，2009．

18. 丁伟．国际私法学．2 版．上海：上海人民出版社，2010．

19. 徐宏．国际民事司法协助．武汉：武汉大学出版社，1996．

20. 赵相林，宣增益．国际民事诉讼与国际商事仲裁．北京：中国政法大学出版社，1994．

21. KENNETT W A. Enforcement of Judgments in Europe. Oxford：Oxford University Press，2000.

22. PONTIER J A，BURG E，Pontier-Burg. EU Principles on Jurisdiction and Recognition and Enforcement of Judgments in Civil and Commercial Matters. The Hague：TMC Asser Press，2004.

23. Brussels I Regulation. Walter de Gruyter，2011.

24. Born G. B. International Civil Litigation in United States Courts. Aspen Publishing，2022.

（二）拓展写作

1. 我国承认和执行外国法院民商事判决司法实践的实证考察

2. 外国法院离婚判决在我国的承认和执行问题研究

(三) 其他资料

1. 日本公民五某某申请中国法院承认和执行日本法院判决案。[①]

2. 胡某某请求承认和执行德国柏林高等法院判决案。[②]

3. 郑某某请求承认韩国首尔家庭法院的离婚和解权告决定书效力案。[③]

4. 中国信托商业银行股份公司请求强制执行台湾地区地方法院支付令案。[④]

5. 潘某申请承认美国佛罗里达州法院离婚判决案。[⑤]

6. 于某请求承认南非约翰内斯堡“中央离婚法院”离婚判决案。[⑥]

7. 西南政法大学国际私法学线上课程链接：国际私法学_西南政法大学_中国大学 MOOC（慕课）（https：//www. icourse163. org/course/swupl-1205596801）。

---

① 最高人民法院公报，1996（1）.

② 涉外商事海事审判指导，2011（1）.

③ 涉外商事海事审判指导，2010（2）.

④ 涉外商事海事审判指导，2010（2）.

⑤ 参见云南省昆明市中级人民法院（1996）裁认字第1号民事裁定书。

⑥ 涉外商事海事审判指导，2012（2）.

专题十六　外国仲裁裁决的承认与执行

一、引　案

外国仲裁裁决的承认与执行是指一国法院依法确认某一外国仲裁裁决在内国有可予执行的法律效力，依照该外国仲裁裁决确定双方当事人的权利义务，法院在承认外国仲裁裁决的基础上按照法律规定的程序强制被申请人履行仲裁裁决书确定的义务。仲裁裁决作出之后，就会面临着裁决的承认和执行问题，如果一方当事人不执行仲裁裁决，另一方当事人可以向法院申请强制执行。对于外国仲裁裁决，由于作出裁决国和执行国分属两个不同的国家，裁决的承认和执行不仅关系当事人双方的权利义务，还涉及国家之间的利益博弈。目前，国际上主要是根据国际条约以及各国国内法对外国仲裁裁决进行承认与执行。

（一）案情简介

2014 年 5 月 21 日，大宝株式会社与浩瀚公司在中国大连签订“富甲烷气体液化处理装置的买卖合同”（以下简称“买卖合同”）。“买卖合同”约定由浩瀚公司向大宝株式会社购买富甲烷气体液化处理装置，其中第 11 条就仲裁和管辖法律作出约定：“1. 合同有关的所有歧义和争议（以下简称‘争议’），双方应友好协商解决。如果在第一次提出协商的日期后九十（90）天内不能通过协商解决争议，争议应提请仲裁。向日本商事仲裁协会（JCAA）申请争议仲裁，争议应由上述仲裁机构根据机构的仲裁规则予以解决。仲裁程序由三名中国籍仲裁员组成的小组执行，仲裁使用的语言为中文。仲裁结果为最终结果，对双方具有约束力。仲裁费用由败诉方承担。仲裁期间，应继续履行与争议无关的合同内容。2. 管辖法律为中国法律。《联合国国际货物销售合同公约》不包括在内。”

2017 年 4 月 4 日，大宝株式会社以浩瀚公司迟延履行合同义务为由向 JCAA 提请仲裁，大宝株式会社提交的仲裁裁决书中载明仲裁请求为：被申请人（浩瀚公司）向申请人（大宝株式会社）支付未付的合同款项、因迟延付款产生的逾期违约金、货物保管费、运费、仲裁程序中的相关费用、律师费等。

2017 年 4 月 13 日，JCAA 向浩瀚公司及浩宇集团送达关于仲裁申请的通知及仲裁申请书副本等，仲裁申请通知书载明："关于仲裁员的选任，根据当事人之间2014年5月21日签订的'买卖合同'第十一条中仲裁员为3人的仲裁合意，按照仲裁规则第29条第2款，在收到本通知之日起3周内，申请人与被申请人分别选任仲裁员一人，依据仲裁规则第30条的规定，将仲裁员选任信息通知本协会。"

2017年9月26日上午，浩宇集团向仲裁庭提交管辖权异议答辩意见。同日下午，仲裁庭在上海市召开了该仲裁案件的第一次庭审，审议了浩宇集团提出的管辖权异议，3名仲裁员、申请人的代理人、被申请人的代理人出庭，浩宇集团缺席。2017年10月8日，浩宇集团向仲裁庭提交管辖权异议最终意见。2017年10月17日，JACC向申请人及被申请人发送了《关于终止部分当事人的仲裁程序的决定》，申请人与浩宇集团之间的仲裁程序即终止。2017年12月18日，仲裁庭在上海市召开了该仲裁案件的第二次庭审，3名仲裁员、申请人的代理人、被申请人的代理人出庭。

2018年1月31日，JCAA作出东京17－04号仲裁裁决，裁决被申请人需向申请人支付合同款项、违约金等一系列费用。

2018年8月14日，申请人大宝产业株式会社向山东省日照市中级人民法院申请承认一般社团法人日本商事仲裁协会东京17－04号仲裁案件仲裁裁决书。2019年12月25日，法院裁定承认该仲裁裁决。[①]

（二）涉及问题

（1）如何认定《纽约公约》下仲裁庭组成是否合法？

（2）如何认定《纽约公约》下仲裁裁决是否超裁？

二、法官释法

（一）关于仲裁庭组成是否合法

仲裁规则对仲裁员人数规定了一名和三名这两种情况。大宝株式会社与浩瀚公司之间的合同约定，仲裁员人数为三人，此约定为仲裁协议双方对于仲裁程序性事项的约定，该约定不违反仲裁规则。如果JCAA确定仲裁员人数为一人，则违反了仲裁协议双方对于仲裁程序性事项的约定。就本案大宝株式会社与浩瀚公司之间的纠纷而言，JCAA确定仲裁员人数为三名，不违反仲裁规则的规定。

关于JCAA对于仲裁员的选任。本案仲裁程序中，在JCAA确定仲裁员人数和选任仲裁员时，共有三方当事人。仲裁规则第29条[②]第1款规定，有一个以上的申请人或被申请人且仲裁员人数为三人的，应根据仲裁规则第29条选任仲裁员。

---

① 参见山东省日照市中级人民法院（2018）鲁11协外认3号民事裁定书。

② 第29条—仲裁员的选任——多方仲裁中的三名仲裁员：1. 如果申请人或答辩人不止一人，且仲裁员人数应为三人，则应根据本规则第29条选任仲裁员。2. 如果双方同意仲裁员人数为三名，申请人和被申请人应各自选任一名仲裁员，并在被申请人收到仲裁请求通知后三周内，根据第30条将该选任通知JCAA3. 如果JCAA根据第26.2条规定确定仲裁员人数为三名，申请人和被申请人应各自选任一名仲裁员，并在双方收到JCAA根据第26.2条作出选任的通知后三周内，根据第30条将该选任通知JCAA……7. 如果申请人或被申请人均未能在第29.2条或第29.3条规定的期限内根据第30条将上述选任通知JCAA，则JCAA应任命所有三名仲裁员。在这种情况下，如果没有一方提出异议，JCAA可以指定申请人或被申请人已经选任的仲裁员作为三名仲裁员之一。

对于在有三方当事人的仲裁中，仅两方当事人约定仲裁员人数为三人的情况下如何选任仲裁员的问题，各方当事人未作约定，仲裁规则中也没有作出规定。JCAA 通知当事人按照仲裁规则第 29 条第 2 款规定的期间选任仲裁员，并不与当事人之间的约定或仲裁规则不符。

在被申请人未按照 JCAA 的要求选任仲裁员的情况下，仲裁庭适用仲裁规则第 29条第 7 款选任了仲裁员。该款中，“在第 29 条第 2 款或第 29 条第 3 款规定的期限内”是关于期间的规定，并非以该两款规定为适用前提，因此，不应因为本案不具备适用上述两款规定的条件而认定 JCAA 不能适用第 7 款。此外，该两款中规定当事人选任仲裁员的期间均为三周，起算点分别为“被申请人收到仲裁通知”与“申请人及被申请人收到JCAA 根据第 26 条第 2 款确定仲裁员人数的通知”。本案仲裁过程中，JCAA 在仲裁申请通知中告知各方，仲裁员为三名，不论适用哪一款，被申请人选任仲裁员期间的起始时间都是一致的。JCAA 通知当事人按照仲裁规则第 2 款选任仲裁员，并未影响到被申请人选任仲裁员的权利。因此，本案仲裁程序中，在被申请人未在规定期限内选任仲裁员的情况下，JCAA 选任所有三名仲裁员，亦不与当事人之间的约定或仲裁规则不符。

（二）关于仲裁裁决是否超裁

涉案仲裁裁决书记载，申请人的仲裁请求第一项为：“裁决被申请人向申请人支付未付的合同款项”。被申请人主张 2017 年 12 月 18 日在上海的第二次庭审中申请人的代理人以口头方式将仲裁申请请求修改为被申请人以信用证方式支付未付合同款项，对此，申请人陈述仲裁庭开庭审理时要求申请人确认仲裁请求目的时，申请人一直主张要求被申请人履行支付义务，并未更改仲裁请求。其在仲裁开庭审理期间基于仲裁庭的要求曾以口头方式提出希望被申请人仍能按照合同约定以信用证的方式履行付款义务，但因被申请人在仲裁程序前表示银行无法为其开具信用证，故申请人认为其在仲裁开庭审理期间提出希望被申请人按照合同约定以信用证方式履行付款义务并非对仲裁请求的变更，仅为对被申请人履行债务的方式的一种提议与建议。

根据申请人提交的涉案仲裁裁决书的记载，涉案仲裁裁决书中并未有申请人变更仲裁请求及仲裁庭准许申请人变更仲裁请求的记载。涉案仲裁裁决主文第一、二、三项涉及“被申请人于本裁决生效之日起 15 日内以信用证或其他付款方式向申请人支付”相应款项。仲裁庭在裁决时，考虑涉案仲裁裁决案件涉及买卖合同关于信用证付款的约定而裁决“以信用证或其他付款方式”只是对于付款方式进行了明确，与申请人的仲裁申请第一项“裁决被申请人向申请人支付未付的合同款项”的仲裁请求相比，并未超出其仲裁请求的支付数额及请求内容，并未加重被申请人的付款义务，被申请人可以选择信用证方式或其他方式支付款项。

被申请人认为仲裁庭允许申请人变更仲裁请求、仲裁裁决明显超出仲裁申请请求范围不能成立，法院不予支持。被申请人据此认为涉案仲裁裁决构成《纽约公约》第 5 条的情形应不予承认，理由不能成立，法院不予支持。

三、学理评析

（一）外国仲裁裁决的判断标准

国际社会为了建立一个统一、完善的承认与执行外国仲裁裁决的国际制度，先后签署了三个国际公约，包括1923年《日内瓦仲裁条款议定书》、1927年的《关于执行外国仲裁裁决的日内瓦公约》以及1958年《纽约公约》。截至2022年9月5日，《纽约公约》已经有170个缔约国，成为国际上关于承认和执行外国仲裁裁决的最主要的公约，使外国仲裁裁决在全球绝大多数国家范围内获得承认及执行，并对外国仲裁裁决的理论和司法实践都产生了非常重要的积极影响。

在承认和执行外国仲裁裁决时，首先需要判断的是外国仲裁裁决的标准，对此各国有不同的主张，有的主张以仲裁机构设立地为标准，有的主张以仲裁适用的法律为标准，还有的以仲裁地为设立标准。《纽约公约》为各缔约国判定某项仲裁裁决是否属于外国仲裁裁决提供了两项标准：一是以外国仲裁裁决的地域标准为主。依照这一标准，凡是在被请求承认及执行的缔约国本国领土之外的外国领土上作出的仲裁裁决即属外国裁决。二是以外国仲裁裁决的“非内国裁决”标准为辅。《纽约公约》在保留地域标准的前提下，增加了认定外国仲裁裁决的第二项标准，即第1条第1款规定的适用范围的另一种情形——“本公约对于仲裁裁决经申请承认及执行地所在国认为非内国裁决者”。

世界上大多数国家是采取“地域标准”来判断外国仲裁裁决，如英国、美国、瑞典、波兰、埃及等国家都是以裁决作出地作为判断仲裁裁决国籍的主要标准。而我国从2009年以来呈现向“地域标准”转换的趋势，但在立法上仍然采取的是“机构标准”。和国际主流标准的差别已经给我国司法实践造成了一定的困扰，而且，随着仲裁服务国际化的进一步加深，实践中仲裁机构所属国与仲裁裁决作出地国不一致的情况会越来越多，这将给我国法院相关的司法实践活动带来一定的混乱。

（二）承认与执行外国仲裁裁决的程序

外国仲裁裁决的承认和执行的程序一般分为三步：首先，由当事人向法院申请承认和执行外国仲裁裁决，同时提交相应的材料。当事人应向法院提交：原裁决的正副本及仲裁协定的正副本。此处应注意的问题是，仲裁协定的正副本必须要向申请承认与执行的法院提交，且法院有权对仲裁协议重新进行审查，仲裁员在仲裁时对仲裁协议的认定不能取代法院在承认与执行仲裁裁决阶段对仲裁协议的审查。其次，由法院审查是否存在可拒绝承认和执行的事由，然后作出裁定。最后，如果裁定承认和执行仲裁裁决，则由执行地法院进行执行。

关于承认和执行外国仲裁裁决的费用问题，《纽约公约》没有规定具体的标准，而是规定执行地法院在承认或执行外国仲裁裁决时，不应当比承认或执行内国仲裁裁决附加过苛的条件或者收取过多的费用即可，因此各国根据内国仲裁裁决承认和执行的标准自行制定合理数额。

(三) 承认与执行外国仲裁裁决的条件

《纽约公约》没有从正面规定外国仲裁裁决必须符合哪些条件才能得到承认和执行，而是从反面列举了被请求承认和执行地国的主管机关在哪些条件下可以拒绝承认和执行外国仲裁裁决，该公约第5条列举了具体情形。以下七项拒绝承认和执行的情形在各国的司法实践中得到了广泛应用，前五项由当事人主张，后两项由法院主动审查。

1. 仲裁协议无效

此项主要涉及仲裁条款的效力问题：仲裁协议无效包括仲裁协定的当事人没有相应的行为能力，或仲裁协议依当事人作为协定准据之法律系属无效，或未指明以何法律为准时，依裁决地所在国法律系属无效者。一项有效的仲裁协议，必须有当事人双方将争议提交仲裁的明确的意思表示。

2. 仲裁程序不当

此项重点在于关注仲裁程序是否不当或存在瑕疵："受裁决援用之一当事人未接获关于指派仲裁员或仲裁程序之适当通知，或因他故，致未能申辩者。"由于仲裁案件审理遵循一裁终局，因此如果当事人的程序权利没有得到保障，也可以成为当事人申请拒绝承认和执行的理由。但并不是存在程序不当法院就一定能拒绝承认和执行，轻微的程序瑕疵不能成为法院拒绝承认和执行外国仲裁裁决的理由。

3. 仲裁庭"超裁"

此项规定主要涉及仲裁庭越权的情形："裁决所处理之争议非为交付仲裁之标的或不在其条款之列，或裁决载有关于交付仲裁范围以外事项之决定者，但交付仲裁事项之决定可与未交付仲裁之事项划分时，裁决中关于交付仲裁事项之决定部分得予承认及执行。"仲裁庭只有在当事人订立的仲裁条款授权的范围内才拥有裁决权，如果当事人申请承认和执行的仲裁裁决超过了仲裁条款约定范围，则可能被拒绝承认和执行。同时法院在审理此项时应当考虑裁决事项是不是可分的，如果可以分割，那么裁决可能部分被承认和执行。

4. 仲裁庭组成不当

此项规定主要涉及仲裁庭的组成是否不当："仲裁机关之组成或仲裁程序与各当事人间之协议不符，或无协议而与仲裁地所在国法律不符者。"如果仲裁庭的组成违背当事人约定的仲裁协议或者法律规定，那么该仲裁庭作出的仲裁也不应被认可。例如，仲裁条款约定双方不能就独任仲裁员的选定达成一致，则双方各自指定一名仲裁员，如两名仲裁员不能达成一致意见，则另行指定第三名仲裁员。后一方指定的仲裁员辞职后，若由另一方的仲裁员进行了独任仲裁，则违背了双方约定，该仲裁庭作出的裁决无法得到法院的承认和执行。

5. 原裁决未产生约束力或者被撤销

此项规定了裁决对各方当事人还没有产生约束力，或已经被裁决地所在国或裁决所依据法律之国家之主管机关撤销或停止执行的情形。但具备此项情形并不代表就一定被拒绝承认和执行，主管机关对此有较大的自由裁量权，可以决定是否延缓执行裁决。且当事人在援引此项时要提交符合法律形式要件的证据，如无证据证明仲裁裁决已经被原法院撤销，则依然可以承认和执行。

6. 争议事项不能提交仲裁

仲裁庭处理的纠纷的权力来源除了当事人的授权，其还受到法律的约束，因此仲裁裁决的争议事项应当具备可仲裁性。依照一国法律，争议事项系不能以仲裁解决者，即仲裁裁决在裁决作出地或申请执行地不具有可仲裁性，则都可能被法院拒绝承认和执行。由于我国作出了商事保留声明，因此我国仅对按照我国法律属于契约性和非契约性商事法律关系所引用的争议适用公约。如果仲裁事项涉及婚姻、收养、监护、抚养、继承或者应当由行政机关处理的行政争议，则不能被承认和执行。

7. 承认或执行裁决有违该国公共政策

公共政策条款是各国维护本国利益的有效制度之一，各国对于公共政策的界定不同，大多包括国家主权、社会公共安全、善良风俗习惯等。在法律没有明确具体规定的情况下，大多数国家对适用该条款采取的是谨慎态度，尽量使外国仲裁裁决得到执行。

四、延伸问题

关于境外仲裁裁决的承认和执行，在立法上主要有国际条约、我国国内法规定等。

（一）国际条约

1958 年，在联合国经社理事会主持下制定和通过了《纽约公约》。截至 2022 年 9 月 5 日，《纽约公约》已经有 170 个缔约国，成为国际上关于承认和执行外国仲裁裁决的最主要的公约，使外国仲裁裁决在全球绝大多数国家范围内获得承认及执行，并对外国仲裁裁决的理论和司法实践都产生了非常重要的积极影响。

1987 年 4 月 10 日最高人民法院向全国法院发布了《关于执行我国加入的〈承认及执行外国仲裁裁决公约〉的通知》。1986 年 12 月 2 日，第六届全国人大常委会第十八次会议决定我国加入《承认及执行外国仲裁裁决公约》。随后，我国外交部正式向联合国秘书处交存了加入书，该公约于此后 90 日起即 1987 年 4 月 22 日正式对我国生效。自此，中国成为《纽约公约》的成员国。

（二）我国规定

此后，最高人民法院又相继发布了《关于人民法院处理与涉外仲裁及外国仲裁事项有关问题的通知》（1995 年 8 月 28 日发布，2008 年已修订）、《关于承认和执行外国仲裁裁决收费及审查期限问题的规定》（1998 年 11 月 14 日发布，现已被废止）等文件。

在《民事诉讼法》第 304 条中，在中华人民共和国领域外作出的发生法律效力的仲裁裁决，需要人民法院承认和执行的，当事人可以直接向被执行人住所地或者其财产所在地的中级人民法院申请。被执行人住所或者其财产不在中华人民共和国领域内的，当事人可以向申请人住所地或者与裁决的纠纷有适当联系的地点的中级人民法院申请。人民法院应当依照中华人民共和国缔结或者参加的国际条约，或者按照互惠原则办理。该条规定改变了既往立法长期采用的“仲裁机构”标准，明确采纳了“仲裁地”的标准，对于将外国仲裁裁决的承认与执行标准同国际接轨有重要意义。

《民事诉讼法》司法解释第543条规定：“对临时仲裁庭在中华人民共和国领域外作出的仲裁裁决，一方当事人向人民法院申请承认和执行的，人民法院应当依照民事诉讼法第二百九十条规定处理。”

2017年12月26日，最高人民法院发布了《最高人民法院关于仲裁司法审查案件报核问题的有关规定》（法释〔2017〕21号）对人民法院的报核作出了审查，该规定于2021年修正。

五、类案练习

(一) 赛奥尔航运有限公司等申请承认与执行仲裁裁决案

2013年7月19日，赛奥尔航运有限公司（SEoILShipping Co. Ltd.，以下简称“赛奥尔公司”）与LMJ International Ltd.（以下简称“LMJ公司”）就租约履行中的争议问题向约定的伦敦仲裁机构申请的仲裁被作出最终裁决。随后，赛奥尔公司提起申请承认涉外仲裁裁决之诉，天津海事法院以（2015）津海法立初字第2号民事裁定书，对赛奥尔公司所提出的确认仲裁裁决之诉不予受理。赛奥尔公司提出上诉，天津市高级人民法院以（2015）津高立民终字第0221号民事裁定书，驳回上诉，维持原裁定。之后，赛奥尔公司向最高人民法院提出再审申请，最高人民法院于2015年12月18日作出裁定，驳回其再审申请。

赛奥尔公司申请再审称：依据《民事诉讼法》第200条第2项、第6项之规定，本案应当再审。具体理由如下。

第一，LMJ公司在一审法院辖区有可供执行的财产。首先，赛奥尔公司与LMJ公司就其租用船舶自印度运输一批散装铁矿砂至中国一事，由于LMJ公司欠付租金及滞期费，因而赛奥尔公司对船上货物进行了留置，并通知了包括LMJ公司和唐山港陆钢铁有限公司（以下简称“港陆钢铁公司”）在内的各方。后货物的买方港陆钢铁公司以货物所有权人的名义向一审法院缴纳担保金并申请海事强制令，自赛奥尔公司处将货物提走。该担保金所担保的是港陆钢铁公司申请海事强制令错误的赔偿责任。涉案仲裁裁决裁定该留置权合法有效，担保范围为运费和滞期费，故港陆钢铁公司申请海事强制令错误，应对侵占赛奥尔公司留置货物的行为承担赔偿责任。根据《物权法》第174条，担保财产毁损、灭失或被征收等，担保物权人可以就获得的保险金、赔偿金或补偿金等优先受偿；根据《民事诉讼法》司法解释第471条，人民法院在法定情形下有权直接执行担保财产，或者裁定执行担保人的财产，可见担保财产具有可执行性。其次，港陆钢铁公司尚未支付购买涉案货物的货款，该笔货款被作为担保金存放于一审法院处。港陆钢铁公司向一审法院缴纳的担保金及/或对侵占留置物而支付的赔偿金及/或应支付货物的价款，系赛奥尔公司所留置货物的替代物，系 LMJ 公司可供执行的财产。一审法院对承认涉案仲裁裁决的申请应具有管辖权。

第二，以没有管辖权为由拒绝承认案涉仲裁裁决违反了《纽约公约》的规定和宗旨。《纽约公约》第 3 条规定："各缔约国应承认仲裁裁决具有拘束力，并依援引裁决地之程序规则及下列各条所载条件执行之。承认或执行适用本公约之仲裁裁决时，不得较承认或执行内国仲裁裁决附加过苛之条件或征收过多之费用。"案涉仲裁裁决仲裁地英国和我国均为《纽约公约》的缔约国，而案涉仲裁裁决并不存在《纽约公约》第 5 条规定的不予承认和执行的情形，且管辖权并非《纽约公约》规定的承认外国仲裁裁决的条件，法院对申请应予以受理。

法院认为，本案审查的重点是 LMJ 公司在一审法院辖区是否存在可供执行的财产，以及承认案涉仲裁裁决的申请一审法院不予受理是否不当，上述证据与本案无关，不能作为确定本案事实的依据。根据赛奥尔公司申请再审的理由，法院审查的重点如下。

（1）关于 LMJ 公司是否有可供执行的财产位于一审法院辖区。根据赛奥尔公司陈述的事实，LMJ 公司所售货物的买方是案外人通贸公司，对应通贸公司的买方是港陆钢铁公司。根据合同相对性原则，对港陆钢铁公司享有应收账款债权的是通贸公司而非 LMJ 公司，该应收账款即使存在也非 LMJ 公司的财产；关于港陆钢铁公司提供的担保，系其为防止申请海事强制令错误造成赛奥尔公司损失而向法院提供，所担保的对象为赛奥尔公司而非 LMJ 公司，该担保金即使存在亦非 LMJ 公司的财产。赛奥尔公司提供的证据不足以证明 LMJ 公司在一审法院辖区有可供执行的财产。

（2）关于一审法院是否应受理赛奥尔公司提出的承认外国仲裁裁决申请。我国系《纽约公约》成员国，负有依《纽约公约》第 3 条承认涉案裁决的公约义务，除非存在公约第 5 条规定的不予承认的情形。但是，《民事诉讼法》第 283 条规定："国外仲裁机构的裁决，需要中华人民共和国人民法院承认和执行的，应当由当事人直接向被执行人住所地或者其财产所在地的中级人民法院申请，人民法院应当依照中华人民共和国缔结或者参加的国际条约，或者按照互惠原则办理。"《海事诉讼特别程序法》第 11 条规定："当事人申请执行海事仲裁裁决，申请承认和执行外国法院判决、裁定以及国外海事仲裁裁决的，向被执行的财产所在地或者被执行人住所地海事法院提出。"故原审法院以 LMJ 公司住所地不在一审法院辖区，一审法院辖区亦无 LMJ 公司可供执行的财产为由对赛奥尔公司的申请不予受理，并无不当。

综上，赛奥尔公司的再审申请被裁定驳回。[①]

思考题：

（1）对于承认外国仲裁裁决的申请，不予受理与拒绝承认之间有怎样的程序差异？

---

① 参见最高人民法院（2015）民申字第 3170 号民事裁定书。

（2）承认与执行外国仲裁裁决的管辖权依据中，“被执行人财产所在地”是一种重要的地域因素。那么，对于其中“财产”的范围，应如何理解？

（二）hemofarm dd 等申请承认及执行国际商会仲裁裁决案

1995 年 12 月 22 日，hemofarm dd、mag 国际贸易公司与济南永宁制药股份有限公司（以下简称“永宁公司”）签订“济南-海慕法姆制药有限公司合资合同”，成立济南-海慕法姆制药有限公司（以下简称“合资公司”或“合资企业”）。合同第 57 条就“适用法律”约定：本合同的订立、效力、解释和履行均受中国法律管辖。合同第 58 条就“争议的解决”约定：凡因执行本合同所发生的或与本合同有关的一切争议，双方应通过友好协商解决；如果协商不能解决，应提交巴黎国际商会仲裁委员会，根据该会的仲裁程序暂行规则进行仲裁。2000 年 4 月，苏拉么媒体有限公司加入合资公司，成为公司股东。

2002 年 8 月 6 日，永宁公司向济南市中级人民法院（以下简称“济南中院”）起诉合资公司，要求给付租金并返还部分租赁财产。合资公司对法院的管辖权提出异议，主张有关租赁争议应根据合资合同第 58 条的约定提交巴黎国际商会仲裁委员会仲裁解决。济南中院经审查认为，永宁公司所诉纠纷是其与合资公司因资产租赁使用而产生的纠纷，而合资合同中的仲裁条款约束的是合资公司的各投资主体，合资公司不是投资主体，本案中不适用合资合同中的仲裁条款，故裁定驳回合资公司的管辖异议。诉讼中，永宁公司向法院提交了财产保全申请，并提供了担保，济南中院准许了申请并查封了合资公司部分银行存款和产品。2003 年 4 月 9 日，济南中院判决支持了永宁公司的诉讼请求，同年 7 月 23 日，本院作出终审判决，维持了一审判决。

2003 年 1 月 17 日，永宁公司向济南中院起诉合资公司，要求支付土地租金并返还部分租赁土地，合资公司提起反诉，要求永宁公司办理出租土地登记手续。2003 年 11 月 25 日济南中院判决支持了永宁公司的诉讼请求，驳回了合资公司的反诉。2004 年 8 月 16 日，山东省高级人民法院作出终审判决，维持了一审判决。

2003 年 8 月 2 日，永宁公司向济南中院起诉合资公司，要求支付新欠租金并返还部分租赁财产。合资公司提出管辖权异议，主张租赁争议应当根据合资合同中的仲裁条款提交国际商会仲裁院仲裁解决。济南中院裁定驳回管辖权异议后，合资公司提起上诉，山东省高级人民法院经审查认为，合资合同中的仲裁条款是对合资企业各投资方在因合资事宜发生争议时解决纠纷方式的约定，永宁公司以合资公司使用其财产未支付费用为由向法院主张权利，属另一法律关系，不受合资合同中仲裁条款的约束，裁定驳回上诉。后永宁公司撤诉，2004 年 9 月，永宁公司就撤诉案件向济南中院重新起诉，要求合资公司支付欠付租金。2005 年 3 月 5 日，济南中院判决支持了永宁公司的诉讼请求，同年 10 月 18 日，山东省高级人民法院终审判决维持了原审判决。

2004 年 9 月 3 日，hemofarm dd、mag 国际贸易公司、苏拉么媒体有限公司作为共同申请人向国际商会仲裁院提起仲裁申请。

仲裁庭草拟了仲裁审理范围书，并转交各当事人签署。范围书第六部分列举了待裁决事项，其中包括：被申请人是否因对合资公司提起诉讼而构成对合资合同的违反；被申请人是否不应当就这些争议提起诉讼，而应当根据合资合同从而依据国际商会的仲裁规则进行仲裁；当事人之间的争议是关于合资合同下的出资，还是被申请人与合资公司之间的租赁关系。永宁公司反对将中国法院已经审理的其与合资公司之间有关争议事项纳入审理范围，对待决事项的界定提出保留，并拒绝在审理范围书上签字。

在仲裁过程中，共同申请人依据合资合同第 58 条，《民事诉讼法》第 257 条、第 111 条第 2 项，《仲裁法》第 5 条，主张仲裁庭对争议事项有管辖权。被申请人主张适用中国法律来决定仲裁协议的有效性和由此产生的仲裁庭的管辖权。

仲裁庭认为：永宁公司就合资公司使用其非出资资产所应付租赁费提起并维持诉讼的行为并没有违反合资合同中的仲裁协议。但永宁公司在诉讼中从中国法院获得执行的财产保全裁定，对共同申请人在合资合同项下的权利和利益造成了损害，并最终导致合资公司终止运营及关闭。由于财产保全裁定，被申请人构成了对合资合同的违反，共同申请人有权依据合资合同第 58 条将它们向被申请人损害赔偿的请求提交国际商会仲裁院仲裁；提起土地租赁诉讼是对合资合同的违反，因为对该争议本应当根据合资合同第 58 条提请国际商会仲裁院通过仲裁解决。仲裁庭最终裁决永宁公司向三申请人承担损害赔偿责任。

2007 年 9 月三申请人向济南中院提交承认及执行仲裁裁决申请书。

被申请人永宁公司辩称该仲裁裁决应不予承认和执行，理由是：（1）仲裁裁决的内容超出了合资合同仲裁条款约定的范围，依据《纽约公约》第 5 条第 1 款（丙）项，应不予承认及执行。依据中国法律，合资合同仲裁条款的范围应当限于合营各方股东之间合资项下的争议，而不包括永宁公司与合资公司之间的争议。本案仲裁庭不顾永宁公司的反对，将永宁公司与合资公司的争议纳入审理范围书，仲裁裁决对我国法院已经明确裁决的永宁公司与合资公司之间的争议进行了实质性审查，作出了独立认定，并依据这种认定裁决永宁公司承担巨额赔偿，甚至裁决永宁公司赔偿申请人在中国诉讼的诉讼费。（2）仲裁裁决关于永宁公司财产保全违法的认定不仅超出仲裁协议范围，更超出了当事人本次仲裁项下提交仲裁的事项，而且永宁公司未能就此得到申辩机会，依《纽约公约》第 5 条第 1 款乙、丙项，应不予承认和执行。（3）该仲裁裁决处理了依我国法律不可仲裁的事项，根据《纽约公约》第 5 条第 2 款甲项，应不予承认及执行。诉讼当事人申请财产保全的权利是由我国民事诉讼法赋予的公法权利，不可仲裁。财产保全申请是否符合法律要件的裁判权，专属于人民法院，不可仲裁。（4）承认及执行该仲裁裁决违反我国公共政策，依据《纽约公约》第 5 条第 2 款乙项，应不予承认及执行。①

济南中院以该国际商会仲裁院仲裁裁决内容超出仲裁协议范围、裁决事项不可

① 参见《最高人民法院关于不予承认和执行国际商会仲裁院仲裁裁决的请示的复函》（[2008] 民四他字第 11 号）。

仲裁、承认和执行该裁决违反我国公共政策为由，拟不予承认及执行。山东省高级人民法院（以下简称“山东高院”）经审查，同意济南中院意见，并请示最高人民法院。最高人民法院复函同意该请示意见。

1. 山东高院的审理意见

山东高院认为，本案仲裁裁决由国际商会仲裁院作出，国际商会仲裁院确定法国巴黎为仲裁地点，裁决应视为在法国作出。中国和法国均为《纽约公约》当事国，应根据公约规定进行审查。依据《纽约公约》，本案仲裁裁决应不予承认及执行。

（1）该案仲裁裁决所处理的争议超出了仲裁协议约定的范围，符合《纽约公约》第5条第1款丙项规定的情形，应不予承认及执行。

hemofarm dd、mag国际贸易公司与永宁公司签订的“济南-海慕法姆制药有限公司合资合同”第58条约定：“凡因执行本合同所发生的或与本合同有关的一切争议，双方应通过友好协商解决；如果协商不能解决，应提交巴黎国际商会仲裁委员会，根据该会的仲裁程序暂行规则进行仲裁。”由于合资合同的法律适用条款明确约定本合同受中国法律管辖，更重要的是三申请人在仲裁程序中以中国法律主张仲裁庭的管辖权，且永宁公司也明确主张应适用中国法律解释仲裁条款，当事人实际上共同选择了以中国法律作为仲裁协议的准据法。

依据中国法，合资合同的签约主体是中外投资者，合同中的仲裁条款也仅能约束各投资主体；合资公司既不是合资合同的签约主体，也不是仲裁条款的签约主体，涉及合资公司的争议，应不受仲裁条款的约束。但在本次仲裁中，申请人以永宁公司在中国法院对合资公司诉讼违反合同和法律为由申请仲裁，仲裁庭在永宁公司明确反对的情况下，将永宁公司与合资公司之间的已经经过中国法院审理的争议纳入审理范围，作出独立认定，并进行了裁决，裁决事项显然超出了仲裁协议的范围。第一，仲裁庭审理了永宁公司与合资公司之间的实体纠纷。在仲裁裁决的第177～214节，仲裁庭对永宁公司与合资公司之间的租赁关系进行了审理和认定。第二，仲裁庭审理了永宁公司与合资公司之间的诉讼程序争议。在仲裁裁决的第218～237节，仲裁庭就永宁公司是否有权对合资公司提起财产租赁诉讼、是否有权申请对合资公司采取诉讼保全措施、永宁公司与合资公司之间的土地租赁纠纷应通过诉讼还是仲裁解决等进行了审理和认定。第三，仲裁庭对永宁公司与合资公司之间已在中国法院进行的诉讼的诉讼费用负担问题进行了裁决，并裁令永宁公司赔偿三申请人为合资公司在中国法院进行诉讼垫付的诉讼费用。

（2）仲裁庭裁决了依据我国法律不能通过仲裁解决的争议事项，依据《纽约公约》第5条第2款甲项，应不予承认及执行。

根据《纽约公约》第5条第2款甲项规定，如果申请承认及执行地国主管机关认定，依该国法律争议事项不能以仲裁解决者，可不予承认及执行仲裁裁决。依据我国《仲裁法》第2条，只有平等主体的公民、法人和其他组织之间的合同纠纷和财产权益纠纷可以仲裁。另根据我国加入《纽约公约》时所作商事保留声明，我国仅对按照我国法律属于契约性和非契约性商事法律关系所引起的争议适用该公约。也就是说，依照我国法律，只有合同和财产权益纠纷可以仲裁，而且只有对因商事法律关系引起争议作出的裁决，才能依《纽约公约》申请我国法院承认及执行。

本案仲裁裁决处理了依我国法律不能仲裁的事项。

首先，永宁公司向中国法院申请并获得财产保全的正当性和合法性问题。永宁公司针对其与合资公司的诉讼向中国法院申请财产保全，属于民事诉讼法律关系的范畴，对于诉讼保全申请的合法性与正当性发生的争议，属于因诉讼法律关系引起的争议，既不属于平等主体之间的合同和其他财产权益纠纷，也不属于契约性和非契约性商事法律关系所引起的争议。对于这种由诉讼法律关系引起的争议，中国法院享有排他的管辖权。无论是诉讼当事人，还是其他案外人，对于在中国法院进行的诉讼保全行为的正当性和合法性的任何异议，均只能向管辖法院或其上级法院提出并寻求救济，仲裁庭无权仲裁。但本案仲裁庭认定永宁公司向中国法院申请并获得财产保全不具有任何法律和商业上的正当性，认定中国法院的财产保全导致了合资公司终止经营，并据此裁令永宁公司承担巨额赔偿责任，显然违反了我国法律关于可仲裁性问题的规定。

其次，永宁公司与合资公司在中国法院进行诉讼的诉讼费用负担问题。对于当事人之间如何负担在中国法院进行的诉讼的诉讼费用问题，同样是一个因诉讼法律关系引起的纠纷，中国法院当然享有专属管辖权，仲裁庭无权仲裁。但本案仲裁庭裁令永宁公司向三申请人赔偿为合资公司垫付的诉讼费用，同样违反了我国法律关于可仲裁性问题的规定。

(3) 承认及执行该仲裁裁决将违反我国的公共政策，依据《纽约公约》第 5 条第 2 款乙项的规定，应不予承认及执行。

根据《纽约公约》第 5 条第 2 款乙项规定，如果申请承认及执行地国主管机关认定，承认及执行裁决有违该国公共政策者，可不予承认及执行仲裁裁决。

首先，本案仲裁裁决侵害了人民法院的司法管辖权，损害了我国的司法主权。具体包括以下方面：第一，仲裁裁决对永宁公司向人民法院申请财产保全的合法性进行了审理和认定，侵害了人民法院对当事人财产保全申请的审查权；第二，仲裁裁决认定永宁公司就土地租赁诉讼向人民法院起诉合资公司违反了仲裁条款，不仅否定了人民法院对诉讼管辖异议的审查权，也直接否定了人民法院对土地租赁诉讼的管辖权；第三，仲裁裁决对永宁公司与合资公司之间的租赁关系进行了独立审查，而依据我国法律以及人民法院已经作出的管辖异议裁定，永宁公司与合资公司之间的租赁纠纷应由我国法院管辖，且济南中院已就此作出了审理；第四，仲裁裁决裁令永宁公司向三申请人赔偿在中国法院进行诉讼的费用，侵害了人民法院对诉讼费用负担问题的决定权。

其次，本案仲裁裁决否定了人民法院生效判决、裁定的既判力，同样损害了我国的司法主权。这包括如下方面：第一，在永宁公司诉合资公司的第一起财产租赁诉讼中，永宁公司向人民法院提起了财产保全申请，济南中院审查认为永宁公司的申请符合法律规定，但仲裁裁决却认定永宁公司提起财产保全申请没有任何法律和商业上的正当性；第二，人民法院依据永宁公司申请作出了财产保全裁定，仲裁裁决却认定对中国法院在诉讼中作出的财产保全裁定的执行是造成合资公司失败直至最终停止运营的最直接、最迅速的原因，实际上是否定了人民法院财产保全裁定的合法性和正当性；第三，对于永宁公司与合资公司之间的前两起财产租赁诉讼，合资公司均提出了管辖权异议，人民法院已裁定驳回了异议，仲裁庭对永宁公司是否有权向人民法院起诉合资公司又进行独立审查，尽管最终未作出与人民法院生效裁定相矛盾的认定，但仍然挑战了人民法院生效裁定的既判力；第四，对于永宁公司与合资公司之间的土地租赁诉讼，人民法院认定永宁公司的起诉符合法律规定并立案审理，在合资公司并未提出管辖异议的情况下，人民法院已作出了生效判决，但仲裁裁决认为永宁公司向人民法院提起土地租赁诉讼违反了仲裁条款，该争议应提交仲裁解决，否定了人民法院就土地租赁诉讼所作生效判决的既判力；第五，在永宁公司与合资公司之间的四起诉讼中，人民法院已就诉讼费用的负担作出了判决，仲裁裁决却裁令永宁公司赔偿三申请人有关诉讼费用，同样否定了人民法院生效判决的既判力。

再次，承认和执行该裁决有违我国基本的民事诉讼法律制度。《民事诉讼法》是我国的一部基本法，财产保全制度是我国《民事诉讼法》确立的基本诉讼制度，当合法民事权益遭受侵害时，公民、法人有权起诉并申请财产保全，申请财产保全是公民、法人最基本的诉讼权利。然而，本案仲裁裁决认定永宁公司申请并获得财产保全构成违约甚至违法，实际上否定了公民、法人提起财产保全申请的权利。承认和执行该裁决必然使民事诉讼当事人产生如下认识：人民法院对当事人财产保全申请的审查不是终局的，即使法院准许了保全申请，仲裁庭仍有权认定财产保全申请违法，而且仲裁庭有权就人民法院采取的财产保全措施裁令保全申请人承担赔偿责任。如此，我国的民事诉讼财产保全制度将受到根本性影响。

最后，承认和执行该裁决有违公平原则。根据人民法院关于永宁公司与合资公司之间财产和土地租赁诉讼的生效判决所确认的事实，永宁公司是在合资公司欠付租赁费的情况下向人民法院起诉合资公司并申请财产保全的，无论是实体请求还是财产保全申请均得到了人民法院的支持。因此，永宁公司与合资公司之间纠纷的真正起因是合资公司欠付租金，仲裁裁决却将永宁公司申请诉讼保全这种正当的诉讼行为作为合资公司停止运营的原因，并据此判令其承担巨额赔偿责任，对永宁公司显然不公平，执行该裁决将违反我国社会最基本的公平理念。

（4）关于永宁公司在仲裁程序中是否获得申辩机会问题，该院同意济南中院意见。①

2. 最高法的复函意见

本案仲裁裁决系国际商会仲裁院作出，应根据我国加入的 1958 年《纽约公约》进行审查。

hemofarm dd、mag 国际贸易公司、苏拉么媒体有限公司与济南永宁制药股份

---

① 济南中院审查意见中认定永宁公司对财产保全是否合法等进行了申辩，其申辩权利得到了行使，仲裁程序并无不当。

有限公司在“济南-海慕法姆制药有限公司合资合同”中约定的仲裁条款仅约束合资合同当事人就合资事项发生的争议，不能约束济南永宁制药股份有限公司与合资公司济南-海慕法姆制药有限公司之间的租赁合同纠纷。国际商会仲裁院在仲裁 hemofarm dd、mag 国际贸易公司、苏拉么媒体有限公司与济南永宁制药股份有限公司合资合同纠纷案件中，对济南永宁制药股份有限公司与合资公司济南-海慕法姆制药有限公司之间的租赁合同纠纷进行了审理和裁决，超出了合资合同约定的仲裁协议的范围。在中国有关法院就济南永宁制药股份有限公司与合资公司济南-海慕法姆制药有限公司之间的租赁合同纠纷裁定对合资公司的财产进行保全并作出判决的情况下，国际商会仲裁院再对济南永宁制药股份有限公司与合资公司济南-海慕法姆制药有限公司之间的租赁合同纠纷进行审理并裁决，侵犯了中国的司法主权和中国法院的司法管辖权。依据《纽约公约》第 5 条第 1 款丙项和第 2 款乙项之规定，应拒绝承认和执行国际商会仲裁院第 13464/ms/jb/jem 号仲裁裁决。

思考题：

（1）本案仲裁裁决是否处理了依我国法律不可仲裁的事项？

（2）违反被请求地国公共政策是《纽约公约》载明的拒绝承认与执行外国仲裁裁决的理由之一，其可能有哪些具体表现？

六、知识拓展

（一）拓展阅读

1. 高晓力. 中国法院承认和执行外国仲裁裁决的积极实践. 法律适用，2018（5）.

2. 王好. 外国仲裁裁决司法审查中“超裁”认定的实证分析. 法律适用（司法案例），2019（4）.

3. 张虎. 外国仲裁裁决在我国承认与执行程序的重构. 法学杂志，2018，39（10）.

4. 郭玉军，付鹏远. 非内国裁决的承认与执行问题研究. 哈尔滨商业大学学报（社会科学版），2018（3）.

5. 刘敬东，王路路. “一带一路”倡议下我国对外国仲裁裁决承认与执行的实证研究. 法律适用，2018（5）.

6. 肖蓓.《纽约公约》背景下我国对外国仲裁裁决承认及执行的实证研究. 现代法学，2016，38（3）.

7. PRAVDA V. Particularity of Recognition and Enforcement of Foreign Arbitral Awards in the Russian Federation：Public Policy. International and Comparative Law Review，2019，19（1）.

8. DEVENISH P. Enforcement in England and Wales of Arbitral Awards Set Aside in Their Country of Origin. Oxford University Commonwealth Law Journal，2018，18（2）.

9. SEYADI R M. Understanding the Jurisprudence of the Arab Gulf States National Courts on the Implementation of the 1958 New York Convention on the Recognition and Enforcement of Foreign Arbitral Awards. International Review of Law, 2017 (3).

10. GRISEL F. Treaty-making between Public Authority and Private Interests: The Genealogy of the Convention on the Recognition and Enforcement of Foreign Arbitral Awards. European Journal of International Law, 2017, 28 (1).

(二) 拓展写作

1. 承认与执行外国仲裁裁决的程序性审查
2. 拒绝承认与执行外国仲裁裁决的相关理由
3. 我国仲裁裁决国籍认定的司法实践

(三) 其他资料

1. 利奇食品株式会社申请承认和执行大韩商事仲裁院仲裁裁决案，天津市第一中级人民法院（2018）津01协外认1号民事裁定书。

2. 华夏航运（新加坡）有限公司申请认可和执行与香港企业东海运输有限公司香港仲裁裁决案，广州海事法院（2018）粤72认港1号之一民事裁定书、（2019）粤72认港1号民事裁定书。

3. 维美德有限公司申请承认和执行国际商会仲裁院仲裁裁决案，浙江省嘉兴市中级人民法院（2017）浙04协外认1号民事裁定书。

4. 香港泉水公司申请承认和执行外国仲裁裁决案，广东省深圳市中级人民法院（2016）粤03民初366号民事裁定书。

5. 美国布兰特伍德工业有限公司申请承认和执行外国仲裁裁决案，广东省广州市中级人民法院（2015）穗中法民四初第62号民事裁定书。

6. 西门子国际贸易（上海）有限公司与上海黄金置地有限公司申请承认和执行外国仲裁裁决案，上海市第一中级人民法院（2013）沪一中民认（外仲）字第2号民事裁定书。

7. DUFERCOS. A（德高钢铁公司）申请承认与执行ICC第14006/MS/JB/JEM号仲裁裁决案，浙江省宁波市中级人民法院［2008］角仲监字第4号民事裁定书。

8. 江苏中天科技股份有限公司与信越化学工业株式会社申请承认和执行外国仲裁裁决纠纷案，最高人民法院《关于不予承认日本商事仲裁协会东京04—05号仲裁裁决的报告》的复函，［2007］民四他字第26号。

9. 德国旭普林国际有限责任公司与无锡沃可通用工程橡胶有限公司申请确认仲裁协议效力案，最高人民法院关于德国旭普林国际有限责任公司与无锡沃可通用工程橡胶有限公司申请确认仲裁协议效力一案的请示的复函，［2003］民四他字第23号。

10. 西南政法大学国际私法学线上课程链接：国际私法学_西南政法大学_中国大学MOOC（慕课）（https://www.icourse163.org/course/swupl-1205596801）。

图书在版编目（CIP）数据

国际私法专题研究／张春良主编；梅傲副主编．--北京：中国人民大学出版社，2024.4
法律硕士精品系列教材
ISBN 978-7-300-32683-2

Ⅰ.①国… Ⅱ.①张… ②梅… Ⅲ.①国际私法—研究生—教材 Ⅳ.①D997

中国国家版本馆 CIP 数据核字（2024）第 061836 号

法律硕士精品系列教材
国际私法专题研究
主　编　张春良
副主编　梅　傲
Guoji Sifa Zhuanti Yanjiu

出版发行	中国人民大学出版社		
社　　址	北京中关村大街 31 号	**邮政编码**	100080
电　　话	010－62511242（总编室）		010－62511770（质管部）
	010－82501766（邮购部）		010－62514148（门市部）
	010－62515195（发行公司）		010－62515275（盗版举报）
网　　址	http://www.crup.com.cn		
经　　销	新华书店		
印　　刷	天津鑫丰华印务有限公司		
开　　本	787 mm×1092 mm　1/16	**版　　次**	2024 年 4 月第 1 版
印　　张	19 插页 1	**印　　次**	2024 年 4 月第 1 次印刷
字　　数	410 000	**定　　价**	59.00 元

版权所有　侵权必究　　印装差错　负责调换

《　　　　　　》※任课教师调查问卷

为了能更好地为您提供优秀的教材及良好的服务，也为了进一步提高我社法学教材出版的质量，希望您能协助我们完成本次小问卷，完成后您可以在我社网站中选择与您教学相关的1本教材作为今后的备选教材，我们会及时为您邮寄送达！如果您不方便邮寄，也可以申请加入我社的**法学教师 QQ 群：436438859（申请时请注明法学教师）**，然后下载本问卷填写，并发往我们指定的邮箱（cruplaw@163.com）。

邮寄地址：北京市海淀区中关村大街59号中国人民大学出版社1202室收

邮　　编：100080

再次感谢您在百忙中抽出时间为我们填写这份调查问卷，您的举手之劳，将使我们获益匪浅！

基本信息及联系方式：※

姓名：＿＿＿＿＿＿ 性别：＿＿＿＿＿＿ 课程：＿＿＿＿＿＿＿＿＿＿＿＿

任教学校：＿＿＿＿＿＿＿＿＿＿＿＿＿＿ 院系（所）：＿＿＿＿＿＿＿＿＿＿

邮寄地址：＿＿＿＿＿＿＿＿＿＿＿＿＿＿ 邮编：＿＿＿＿＿＿＿＿＿＿＿＿

电话（办公）：＿＿＿＿＿＿ 手机：＿＿＿＿＿＿ 电子邮件：＿＿＿＿＿＿

调查问卷：※

1. 您认为图书的哪类特性对您使用教材最有影响力？（　　）（可多选，按重要性排序）
   A. 各级规划教材、获奖教材　　B. 知名作者教材
   C. 完善的配套资源　　D. 自编教材
   E. 行政命令
2. 在教材配套资源中，您最需要哪些？（　　）（可多选，按重要性排序）
   A. 电子教案　　B. 教学案例
   C. 教学视频　　D. 配套习题、模拟试卷
3. 您对于本书的评价如何？（　　）
   A. 该书目前仍符合教学要求，表现不错将继续采用。
   B. 该书的配套资源需要改进，才会继续使用。
   C. 该书需要在内容或实例更新再版后才能满足我的教学，才会继续使用。
   D. 该书与同类教材差距很大，不准备继续采用了。
4. 从您的教学出发，谈谈对本书的改进建议：＿＿＿＿＿＿＿＿＿＿＿＿

＿＿＿＿＿＿＿＿＿＿＿＿＿＿＿＿＿＿＿＿＿＿＿＿＿＿＿＿＿＿＿＿＿＿

＿＿＿＿＿＿＿＿＿＿＿＿＿＿＿＿＿＿＿＿＿＿＿＿＿＿＿＿＿＿＿＿＿＿

选题征集：如果您有好的选题或出版需求，欢迎您联系我们：

联系人：黄　强　联系电话：010-62515955

索取样书：书名：＿＿＿＿＿＿＿＿＿＿＿＿＿＿＿＿＿＿＿＿＿＿＿＿＿＿

书号：＿＿＿＿＿＿＿＿＿＿＿＿＿＿＿＿＿＿＿＿＿＿＿＿＿＿＿＿＿＿

备注：※ 为必填项。